NEW CSR

INDIVIDUAL &
CORPORATE
SOCIAL
RESPONSIBILITY
iCSR

개인과 기업의 사회적 책임

김성택 | NEXT SOCIETY FOUNDATION

도서출판 청람

PREFACE

사회적 책임을 얘기하는 이 책은 재미가 없다. 모두들 자신의 이익과 권리를 챙기기도 바쁜 세상에서 개인과 기업의 사회적 책임을 얘기하고 있으니 참 따분한 주제이다. 같은 CSR을 얘기하더라도 돈벌이에 도움이 된다는 책도 아니고 그저 CSR의 정통성과 진정성을 알리고 그것을 촉구하는 책이니 흥미는 더욱 감소된다. 그래서 이 책이 많이 팔리기를 기대하지도 않았고 그저 책이 세상에 나오는 것만으로 만족한다고 생각했다.

하지만 재미도 없는 이런 책의 독자들이 꾸준히 늘어나고 있다는 것은 매우 고무적인 현상이다. 대한민국학술원에서 '우수학술도서'로 선정되어 국내 주요 기관, 연구소, 대학교 등의 도서관에 비치되어 있고 경영대학에서는 강의교재로 지속적으로 사용되고 있다. 이제 웬만한 기업들의 CSR 관련 부서에서는 꼭 읽혀지고 있다고 한다. 사실 CSR에 관한 책은 기업의 담당자들이 읽어야 하는 책이라기보다 기업의 의사결정권자들이 읽어봐야 하는 책이다. 기업의 사회적 책임은 결국 최고경영자에게 있는 것이지 종업원들에게 있는 것이 아니기 때문이다.

이번에 발간된 책은 사회적 책임이라는 개념을 좀 더 구체화하고 독자들이 보다 명확하게 이해할 수 있도록 설계되었다. 그래서 CSR의 근원과 출발점이 되는 개인의 사회적 책임을 추가하여 그 기원과 필요성부터 설명함으로써 CSR에 대한 이해를 더욱 높일 수 있도록 했다.

개인과 기업의 사회적 책임에 대한 통섭의 책을 만든다는 포부로 시작했지만 모자람이 많다. 특히 개인의 사회적 책임(ISR : Individual Social Responsibility)에 관련한 선행연구들이 많지 않았던 관계로 충분한 논리적 전개가 힘들었다.

저자는 책을 통해 개인과 기업의 사회적 책임을 바탕으로 지구촌 모두가 행복하게 잘 사는 미래사회를 구현할 수 있는 자본주의의 발전적 개념을 설명하고, 그 실천적 도구로서 새롭게 ISR을 정립하고 CSR과의 복합적 개념인 iCSR을 제시한다. 나아가 인류의 지속가능발전을 이루기 위한 우리 사회 다양한 이해관계자들과의 조화로운 화합과 소통의 상생전략으로서 모두의 사회적 책임을 의미하는 iCSR을 요구하며 공정자본주의(fair capitalism)사회로의 변환을 주창한다.

재미도 없는 '책임' 을 주제로 한 책을 몇 번씩이나 발간하는 것은 상업적 이유는 분명 아닐 것이다. 이 책은 다음 사회(next society)를 이끌어갈 경영학도들과 현실을 살아가는 이 땅의 위대한 기업인들에게 창조적 영감(creative inspiration)을 주기 위함이다. 우리 사회발전의 지속가능성(sustainability)을 고민하는 깨어 있는 독자들에게 겸허한 마음으로 이 책을 바친다.

▪ PROLOGUE ▪

왜 삶을 사느냐

왜 삶을 사느냐는 질문에 아리스토텔레스는 '행복해지기 위해서' 라고 답을 한다. 이미 오래전부터 많은 사람들이 답해 왔던 말이지만 생각할수록 참 맞는 말이다. 세상 어느 누구도 불행해지고 싶어 산다는 이는 없을 것이며 궁극적으로 내 가족과 국가와 인류가 다 같이 행복하게 잘 사는 것이 목적일 것이다.

'왜 삶을 사느냐' 는 질문에 대학시절에는 그저 태어났기 때문에 산다고 '던져진 존재'* 에 대한 개똥철학을 얘기하곤 했고, 젊은 시절에는 성공하기 위해서 산다고 이리저리 정신없이 뛰어다녔다. 이제 개인의 삶도 기업도 어느 정도 성공을 이루었다고 생각하지만 정작 자신은 행복하게 살고 있다고 생각하지 않고 있다. 그렇다면 과연 무엇이 우리의 삶을 행복하다고 말할 수 있게 하는가?

세상을 살다 보면 세상에 빚을 지고 산다는 것을 차츰 깨닫게 된다. 사람이 살면서 빚을 지지 않고 살 수는 없다. 세상에 부모로부터 한 푼의 유산도 받지 않고, 사회와 국가로부터 아무런 혜택을 받지 않고, 오직 자신의 힘으로만 성공했다고 말할 사람은 없다. 모두가 부모, 형제, 사회, 국가, 세계에 빚을 지고 사는 존재이다. 왜냐하면 인간이란 도움을 받지 않고 살 수도 없고 아무런 도움을 받지 않고 산 사람도 없으며 심지어 본인이 원치 않던 역설적 도움이라도 받았을 것이기 때문이다. 또한 우리 삶의 마지막 단계에서 지나간 삶을 회고하면서 자신은 세상에 진 빚을 다 갚았다고 생각하는 사람도 아마 없을 것이다. 그러므로 우리의 삶은 세상에 진 빚을 갚으려고 노력하는 데 보람과 의미가 존재한다. 자신의 말년에 모

---

* 하이데거(Martin Heidegger)의 '피투적 투기(被投的 投企, geworfener Entwurf)'

든 재산을 사회에 기부하는 사람들이 있는 것도 마지막으로 이런 아름다운 노력을 하기 위함일 것이다.

기업활동으로 인해 피해를 입게 된 사회와 환경에 진 빚을 갚겠다는 생각으로 많은 기업들이 '기업의 사회적 책임(CSR : Corporate Social Responsibility)'을 외치고 있다. CSR은 이제 지속가능성장의 필수조건이며 존경받는 기업의 척도로서 기업이미지는 물론 매출과 브랜드가치에도 많은 영향을 끼치고 있음을 잘 알고 있기 때문이다.

그런데 이상하게도 빚을 진 사람에게 빚을 다 갚지는 못한다. 내게 평생 부담만 지우고 돈까지 떼먹고 달아나는 친구가 있는가 하면 정작 내가 신세 진 사람에게는 아직 고맙다는 인사도 제대로 못하는 일이 있다. 부모에게 받은 사랑의 빚을 자식에게 갚듯이 내가 빚진 사람에게 갚지 못하고 엉뚱하게 다른 이에게 갚게 된다. 기업에 있어서도 마찬가지이다. 기업의 영리활동을 하다 보면 불가피하게 발생되는 사회적 · 환경적 문제와 피해들에 대한 빚을 당시의 이해당사자들에게는 다 갚지 못한다. 오늘날 경제발전을 이루기 위해 희생된 환경과 사회적 문제들도 그 당시 피해당사자들에게는 미처 갚지 못했으며 또한 일부는 미래세대가 그 피해를 보게 된다.

그러므로 지금 우리의 삶을 오늘뿐만이 아니라 내일에도 유지하고 우리 자손들에게도 유지시키고자 한다면 미래세대가 필요한 자원과 사회와 환경을 해치지 않는 범위에서 충족시켜야 하며 그렇게 해야만 지속가능한 발전을 이룰 수 있다. 환경경영, 책임경영, 정도경영, 윤리경영, 사회공헌, 기부와 선행 등의 CSR활동은 결국 기업의 성과에 긍정적으로 작용하여 경제적 성과와 경쟁력을 높이고 이것은 다시 기업의 사회적 책임을 강화할 수 있는 여력을 창출하는 선순환고리를 만들어 내는 것이다.

내가 행복해지기 위해 남을 불행하게 만든다면 나는 절대 행복할 수가 없다. 개인도 기업도 빚을 갚기 위해 산다는 것이 바로 '사회적 책임'이며, 인류의 지속가능한 발전을 위한 가장 숭고하고 아름다운 삶이다.

왜 돈을 버느냐

CSR이란 돈을 어떻게 쓰느냐가 아니라 어떻게 돈을 버느냐는 것에 더욱 관여한다. 이제 돈벌이도 철학을 가지고 해야 한다는 말이다. 국내 기업들의 CSR활동들이 아직도 거액의 기부금을 내면 사회적 책임을 다하는 것으로 생각하고 자원봉사에 얼마나 많은 자금과 인력을 동원하느냐 같이 돈을 어떻게 쓰느냐에 초점을 맞추고 있는 현실이니 CSR을 제대로 이해하는 기업이 많지 않은 상황이다. 개같이 벌어서 정승같이 쓰면 된다는 방식은 현대사회에서 더 이상 허용되지 못한다.

존경받는 글로벌기업으로 손꼽히는 회사들의 CEO들이 예외 없이 자사의 CSR 철학과 비전을 적극적으로 밝히고, 이를 구체적으로 실천하기 위한 전략을 수립하는 이유도 앞으로 닥쳐올 CSR의 파괴력을 인지하고 있기 때문이다. 아동노동사건으로 곤혹을 치른 나이키의 창업자 필 나이트(Phil Knight)와는 달리 현재 나이키의 CEO인 마크 파커(Mark Parker)는 "우리는 기업의 사회적 책임을 성장과 혁신의 촉매제로 인식하고 있다"며 사회에 기업의 진정성을 전하려고 한다. 한때 아동노동문제로 인해 세계적 비난의 대상에서 존경받는 기업으로 다시 돌아온 나이키의 변화를 본다면 CSR을 이해할 수 있을 것이다.

이해관계자이론**을 살펴보아도 기업은 어디까지나 사회구성원으로서 당연히 책임 있는 역할을 수행하여 기업시민으로서 살기 좋은 사회를 만들기 위한 하나의 도구(tool)적 역할을 해야 한다는 것은 변함이 없다. 다시 말해서, 기업이 환경을 외면하고 사회의 기대와 요구를 외면할 경우 장기적으로 결국 사회 전체의 비용으로 되돌아오게 되어 기업의 비용 지출이 증대될 수밖에 없기 때문이다. 따라서 사회 전체의 발전이 기업의 발전에도 유리하다는 것을 깨달아야 한다.

기업이론은 아담 스미스의 '보이지 않는 손'을 통한 자기이익추구가 사회에 유형의 이득을 가져올 것이며, 이를 공동의 선이라고 한다. 그러나 시장경제체제는 재화와 용역의 균형점을 가져오는 합리적 수요공급에 이바지한다는 점에서는 중

** R. Edward Freeman, The Politics of Stakeholder Theory: Some Future Directions, *Business Ethics Quarterly*, Vol.4, No.4(Oct., 1994), pp.409-421.

요한 의미를 갖고 있지만, 기업들이 항상 공정하고 윤리적으로 행동하지 않는다는 점이 전제되어야 한다. 오늘날 기업의 단순한 자기이익추구는 결국 시장의 실패를 불러일으켰고, 기업의 책임은 단순히 경제적 책임을 넘어 그 이상의 것이어야 한다는 것을 깨닫고 있는 상황에서 아담 스미스의 주장은 이제 설득력을 잃는다.

이제 점차 기업경영자들도 기업이 정부보다도 더 앞장서서 사회를 위해 공공의 선을 실현해야 한다는 자각을 하고 있다. 기업이 사회로부터 '면허(license to operate business)'를 얻어 이익을 얻는 것이므로, 개인이 시민권을 유지하기 위해서는 시민의식을 갖고 책임을 다해야 하는 것처럼 기업도 사업면허를 제대로 유지하기 위해서는 사회적 책임을 다해야 한다는 기업시민의식(corporate citizenship)이 점차 확산되고 있는 것이다.

"1%의 배만 불리는 자본주의는 필요 없다"라고 외치는 '99%'의 분노는 바로 자본가와 기업가들에게 향해 있다. 하지만 책임론에 휘둘려서 경제성장의 원동력이 자본과 기업의 역할이라는 큰 흐름을 간과하면 안 된다. 기업활동과 자본의 흐름이 위축되면 고용창출과 성장을 모두 잃게 되는 것을 알아야 한다. 지난 과거 일자리조차 없었을 때는 불평등 이상의 고통을 겪었다는 것을 잊어서는 안 된다.

일본의 사상가 니노미야 손도쿠는 "도덕을 잊은 경제는 도둑이며 경제를 잊은 도덕은 헛소리다"라고 말했다. 기업의 사회적 책임(CSR)은 바로 이러한 균형점(equilibrium)을 찾아가는 일이며, 기업인들은 바로 이러한 균형감을 통해 우리 사회가 나아갈 방향을 설정하는 역할을 맡고 있는 위대한 경영자들이다.

■ CONTENTS ■

Chapter 3 CSR의 발전과정

Part 02 | CSR의 전략

Chapter 4 국가별 CSR 전략

Chapter 5 효과적 CSR경영을 위한 전략

표 | 목 | 차

그 | 림 | 목 | 차

PART 01

Corporate Social Responsibility

CSR의 개요

Corporate Social Responsibility

01
Chapter

CSR의 이해

CSR의 핵심은 기업이다. 그렇지만 정작 기업으로부터 환영받지 못하고 있는 주제가 CSR이기도 하다. CSR이라는 용어(terminology) 속에는 책임(responsibility)이라는 단어가 들어가 있기 때문에 마치 우리가 겪고 있는 사회적 · 환경적 문제의 책임이 기업에 기인한다는 뜻으로 해석되는 것이 기업으로서는 큰 부담인 것이다. 하지만 책임이 부담스러우니 회피한다고 해서 문제가 해결되는 것이 아니다. 책임은 기업과 개인이 생존하기 위해 반드시 요구되는 가장 기본적인 필수요건이다.

책임이란 인류의 활동이 시작될 때부터 인간에게 부과되어 있었다. 더욱 거슬러 올라간다면 태초에 하느님이 인간을 창조할 때부터라고 할 수 있다. 아담과 이브에게 선악과를 따 먹는 탐욕에 빠지지 말라는 것이 인류 최초의 책임이라고 할 수 있기 때문이다. 이처럼 책임이란 인간이 자연으로부터의 사회적 피조물로서 우리에게 전해온 유산의 일부이며 인류의 생존을 위한 가장 핵심적인 것이다. 고대로부터 인간이 도덕과 책임을 실천하지 않았다면 인류발전을 지속할 수 없었을 것이다. 단지 현재를 살아가는 우리는 자본주의 경쟁사회 속에서 자기중심적인 윤리관으로 왜곡된 가치관과 이기적인 행동들로 인해 책임의 신성함과 중요성을 자각하지 못하고 있을 뿐이다.

찰스 다윈은 1853년 『종의 기원』을 집필하기 시작한다. 그는 인류의 진화를 다음과 같이 압축적으로 설명하였다. "It is not the strongest of the species that survives, nor the most intelligent but the one most responsive to changes." 다시 말해 생존과 진화를 위해서는 가장 강한 것도 가장 똑똑한 것도 아닌 변화에 가장 잘 적응하는(responsive to changes) 집단이 살아남는다는 것이다.

책임(responsibility)이란 바꾸어 말한다면 결국 '적응하는 능력(responsive+ability=responsibility)'을 지닌다는 것을 의미한다. 그러므로 CSR은 전체사회의 기대와 요구에 대한 기업의 반응과 행동(behaviour) 또는 기업의 적응력(responsive ability)이라고 할 수 있으며, 바로 이러한 점에서 CSR은 기업의 가장 중요한 적자생존(fittest survival)전략이 되는 것이다. 이와 같이 CSR은 개인과 기업을 압박하거나 부담을 주기 위해 근래에 만들어진 것이 아니라 오랜 과거부터 있어 왔던 인류역사의 유산이라고 인식해야 하는 것이다.

자, 이제 인류발전의 지속가능성을 찾아가는 CSR의 여정을 시작하자.

제 1 절 ■ CSR의 정의

1. CSR이란?

급변하는 경영환경 속에서 기업의 성장을 지속하고 시장에서 살아남기 위한 경쟁은 점점 치열해지고 있다. 산업발전으로 인한 환경문제와 사회문제가 심각하게 대두되고 반(反)기업정서가 증가되고 있는 상황에서도 '결과로 인한 영향(consequence)' 이나 효과(effectiveness)를 고려하기보다는 여전히 효율(efficiency)과 이익극대화만을 위한 선택과 실적만이 강조되고 있다.

이제 기업들은 무한경쟁을 통한 성장전략을 넘어서 보다 거시적이고 장기적인 관점에서 사회로부터 정상적인 기업활동을 인정받아야 할 때이다. 그렇기 때문에 CSR은 기업활동의 사회적 정당성을 회복하기 위한 기업경영의 전략적 수단으로 활용되어야 한다. 이를 경시한 기업들은 기업 내외부의 이해관계자들은 물론 국가적 차원의 반(反)기업정서를 경험한 바 있다. 바로 이러한 시각에서 우리가 다루고자 하는 기업의 사회적 책임(CSR)과 역할의 문제가 기업의 지속적인 성장을 위한 거시경영 분야의 연구에서도 가장 주목을 받는 이유이다. CSR은 기업의 단기전략이 아닌 기업의 지속성(sustainability)을 찾아주는 거시경영전략이기 때문이다.

다시 말해서 CSR은 사회의 요구와 기대에 부합하기 위한 기업의 자발적 노력이며 기업의 사회적 정당성(social legitimacy)을 회복하고 기업활동의 당위성(appropriateness & justifiability)을 확보하기 위한 선제적 행동이다. 진정한 기업의 사회적 책임은 기업의 사회공헌활동이나 기부행위에 한정되는 것이 아니라 현대 자본주의 사회에서 기업의 포괄적 영향력을 고려한 복합적 차원과 영역에서의 역할과 책임으로 규정되어야 한다.

그러므로 CSR이란 '경제적 책임'을 비롯하여 '사회적 책임'과 '환경적 책임'은 물론 인류발전을 위한 기업의 '자발적 노력'과 '이해관계자와의 소통'에 이르는 다섯 가지 차원과 영역에 이르는 전체사회(society at large)의 기대와 요구를 충족시켜 주기 위한 규범지향적(normative) 체계이다. 이러한 논리와 주장은 저자만의 독자적인 것이 아니다. 이것은 이미 세계적 석학들의 선행연구에 의해 논증된 것으로서 여러 학자들의 주장들 중에 인용 빈도와 중요도가 높은 것들을 중심으로 저자가 이를 적절하게 재구성한 것이라고 할 수 있다.

시대가 변함에 따라 기업가들의 CSR에 대한 인식 또한 변화하고 있다. 기업가별로 여러 가지 의견들이 있을 수 있겠지만 한국의 대표적 기업들을 통해 세대별 차이를 알아본다면 창업주인 기업가 1세대는 기업의 이익을 기본으로 전제하고 사회와 국가적 공헌을 얘기하는 반면, 2세대에서는 사회적 이익을 보다 강조하고 있다는 것을 알 수 있다. 즉, 1세대는 당연히 밀턴 프리드만(Milton Friedman)이 주장했던 주주이론을, 2세대는 에드워드 프리만(Edward Freeman)의 이해관계자이론을 강조하는 인식의 변화로 점차 진화하고 있음을 알 수 있다.

우리 사회 모든 이해관계자들이 동의할 수 있는 기업의 사회적 책임을 정의하기는 쉽지 않다. 여러 학자들과 기업들은 물론 시대별 관점에서 다양한 이해관계자들과 국제기구들의 정의들에서 나타나는 공통적인 강조점들을 기본으로 하고 각각의 상대적 중요도를 고려하여 정의를 내려야 할 것이다. 그러므로 CSR은 이론이 아닌 현실 속에서 사회와 기업과의 합의점을 찾아가는 '과정의 연속'이라고 할 수 있다.

결국 기업의 입장에서도 CSR이 단순히 경제적 이윤추구라는 이익동기를 넘어서 보다 다양한 차원과 더욱 넓은 영역들을 포괄해야 한다는 점에는 이론(異論)의 여지가 없을 것이다. 그렇기 때문에 CSR의 정의는 기업의 투자자나 이해당사자뿐만이 아니라 기업활동에 관련된 다양한 이해관계자(stakeholder)의 이익을 고려해야 하고 경제적 가치와 환경적 가치를 비롯한 다양한 사회적 가치의 실현에 공헌해야 한다는 것이 그 출발점이 되는 것이다.

2. 학계에서 말하는 CSR

기업의 사회적 책임에 대한 논의가 활발하게 이루어지고 있으나 국제기관 및 학계, 그리고 기업에서는 기업의 사회적 책임에 대한 일반적인 정의가 내려지지 않아 이를 해석하고 실천하는 데에는 어려움이 있다. 실제로 학계에서는 지난 50년간 기업의 사회적 책임의 정의를 구축하기 위하여 다양한 접근법을 사용하여 왔다. 그것들은 기존 문헌들에 의해 이미 형성된 기업의 사회적 책임에 대한 정의를 구체화하여 발전시키거나 다른 개념의 도입을 통한 지식을 갖고 접근한 선험적 연구, 실험자가 직관적인 통찰을 갖고 실제 기업의 경영자들이 CSR에 대한 정의를 심층적 인터뷰를 통해 풀어나간 해석적 연구, 마지막으로 일반인을 대상으로 설문조사를 통해 CSR의 개념 및 효과를 분석하여 정리한 실증적 연구로 구분하여 살펴볼 수 있다.

기업의 사회적 책임은 다양한 접근법적 연구가 병행하여 진행되어 왔으며, 그 결과 기업의 사회적 책임이란 절대불변의 가치가 아닌 상대적 · 관계적 가치를 갖고 사회 전체의 공리증진이라는 목적을 시 · 공간에 따라 변화할 수 있는 '사회와의 합의(consensus)'라고 할 수 있다.

현재까지도 기업의 사회적 책임을 정의하기 위한 수많은 논의가 진행되고 있는 가운데 지금까지 이루어진 학계의 CSR에 대한 정의는 다양한 방법으로 구분할 수 있으나, 본서에서는 합리적인 논리전개를 위해 Dahlsrud(2008)의 차원적 구분을 통해 CSR의 합리적 개념을 정립하고 있다.

CSR의 정의와 개념을 차원적 구성을 통해 분류해 본다면, 크게 경제적 · 사회적 · 환경적 · 이해관계자 · 자발적 차원의 5가지로 구분하는 것이 가장 타당할 것이다.

첫째, 경제적 차원은 경제적 · 재무적 관점을 중심으로 기업의 사회적 책임을 정의한 것으로 '경제발전의 기여', '기업이익 보존', '기업경영' 등의 문구가 자리 잡고 있다. Hopkins(2003)는 "기업의 사회적 책임은 기업의 이해관계자들에 윤리의식과 책임을 갖는 데 있다"고 정의하고 있다. 여기서 '윤리의식과 책임'이란 문명사회에서 받아들여질 수 있는 수단으로 이해관계자들을 대하는 것을 말한다. 또한 경제적 책임을 수반하며, 이해관계자들은 회사 내외에 존재한다고 하였다. 사회적 책임의 광의적 목적은 "기업의 이익을 함께하면서도 기업과 내외적 사람들의 삶의 질을 더 향상시키는 데 있다"라며 경제적 차원에서 기업의 사회적 책임을 정의한 바 있다.

둘째, 사회적 차원은 기업과 사회의 관계를 초점으로 기업의 사회적 책임을 정의한 것으로 '더 나은 사회를 위한 기여', '기업 경영을 통한 사회적 통합', '그들의 영향력을 지역사회발전에 기여하는 것' 등의 문구가 자리 잡고 있다. Pinnet(2001)은 "기업의 사회적 책임 혹은 기업시민의식은 기업경영을 통해 발생하는 부정적 영향을 최소화하는 동시에 긍정적인 영향을 최대화할 수 있도록 하는 일련의 경영 실천을 말한다"라며 사회적 차원에서 기업의 사회적 책임을 정의하였다.

셋째, 환경적 차원은 자연환경을 중심으로 CSR을 정의한 것으로 '깨끗한 환경', '환경보호 책무', '기업경영과정에서의 환경에 대한 고려' 등의 문구가 자리 잡고 있다. Lea(2002)는 "CSR은 법적 의무를 넘어 기업의 환경적 · 사회적 영향력으로 기업 내외적 대상을 관리하려는 노력이라 할 수 있다. 이것은 환경보호는 물론 근로자, 공급자, 고객, 그리고 지역사회를 유기적 관계로 형성하려는 노력을 포함한다"고 말함으로써 환경적 차원에서 기업의 사회적 책임을 정의하였다.

넷째, 이해관계자 차원은 이해관계자 및 그 집단에 대한 용어를 중심으로 정의 내리고 있는데, '이해관계자들 사이의 상호작용', '직원, 공급자, 고객 그리고 지역사회와의 상호작용을 조직화하는 것', '기업의 이해관계자들에 대한 태도' 등의 문구가 사용되고 있다. Khoury 등(1999)은 "기업의 사회적 책임은 고객, 근로자, 지역사회, 소유자/투자자, 정부, 공급자와 경쟁자를 포함한 이해관계자들과 기업의 총체적 관계라고 할 수 있다. 사회책임요소로는 지역사회의 복지 투자, 근로자 및 고용환경 개선을 위한 투자, 그리고 환경적 책무와 재무적 성과를 포함한다"라며 이해관계자 차원에서 기업의 사회적 책임을 정의하였다.

다섯째, 자발적 차원은 법률준수행위를 주요 용어로 '윤리적 가치에 기초', '법적 의무를 넘어서서', '자발적으로' 라는 문구가 사용되었다. Marrewijk(2003)는 "지속가능경영과 기업의 사회적 책임은 경영활동과 이해관계자와의 상호작용 안에서 사회와 환경에 대한 자발적인 관심적 행동을 말한다"라며 자발적 차원의 기업의 사회적 책임을 정의하였다.

대부분의 학자들은 5가지 차원에서 기업의 사회적 책임을 정의 내리고 있으며, 학자의 관심 분야에 따라 기업의 사회적 책임은 다양하게 정의되고 있다. 이상 5가지 차원을 기준으로 앞에서 제기되었던 기업의 사회적 책임에 관한 정의를 [표 1-1]과 [표 1-2]로 정리하였다.

표 1-1 | 기업의 사회적 책임에 대한 5가지 차원적 해석

차원	주요 용어	예시 문구
환경적 차원 (The environmental dimension)	자연환경	• 깨끗한 환경 • 환경보호 책무 • 기업경영 내 환경적 고려
사회적 차원 (The social dimension)	기업과 사회관계	• 더 나은 사회를 위한 기여 • 기업경영을 통한 사회적 통합 • 그들의 영향력을 지역사회발전에 기여하는 것
경제적 차원 (The economic dimension)	사회경제적 또는 재무적 관점	• 경제발전의 기여 • 기업이익 보존 • 기업경영
이해관계자 차원 (The stakeholder dimension)	이해관계자 및 그 집단	• 이해관계자들 사이의 상호작용 • 직원, 공급자, 고객 그리고 지역사회와의 상호작용을 조직화하는 것 • 기업의 이해관계자들에 대한 태도
자발적 차원 (The voluntariness dimension)	법률준수 행위	• 윤리적 가치에 기초 • 법적 의무를 넘어서서 • 자발적으로

출처 : Dahlsrud(2008), How Corporate Social Responsibility is Defined: an Analysis of 37 Definitions.

기업의 사회적 · 환경적 · 경제적 책임 각각의 측면은 분명히 그 영향력을 구분하여 정의할 수 있다. 그러나 기업의 사회적 책임은 각각의 차원을 독립적으로 판단하기보다는 유기적인 관계로 보고 이를 균형적인 시각에서 살펴볼 필요가 있다. 이해관계자모형은 사회적 · 환경적 · 경제적 측면의 기업의 사회적 책임을 유기적으로 통합하는 데 큰 기여를 하였다.

표 1-2 | 차원적 관점에서 바라본 연구자들의 CSR에 대한 정의

연구자(연도)	정의	차원
Khoury et al. (1999)	기업의 사회적 책임은 고객, 근로자, 지역사회, 소유자/투자자, 정부, 공급자와 경쟁자를 포함한 이해관계자들과 기업의 총체적 관계라고 할 수 있다. 사회책임요소로는 지역사회의 복지 투자, 근로자 및 고용환경 개선을 위한 투자, 그리고 환경적 책무와 재무적 성과를 포함한다.	이해관계자 사회적 환경적 경제적
Jones (1980)	CSR은 단순히 기업을 소유물로서 이해관계 대상으로 보는 것을 초월하여, 이해관계자에 대한 사회적 의무는 물론 법률적 혹은 기업의 계약준수 차원을 넘어서는 것을 의미한다.	자발적 이해관계자
Hopkins (2003)	CSR은 기업의 이해관계자들이 윤리적 혹은 책임을 갖는 데 있다. '윤리적 혹은 책임' 이란 문명사회에서 받아들여질 수 있는 수단으로 이해관계자들을 대하는 것을 말한다. 경제적 책임을 수반하며 이해관계자들은 회사 내외에 존재한다. 사회적 책임의 광의적 목적은 기업의 이익을 함께하면서도 기업과 내외적 사람들의 삶의 질을 더 높게 향상시키는 데 있다.	자발적 이해관계자 사회적 경제적
McWilliams and Siegel (2001)	CSR은 법률적으로 요구된 행위와 기업의 이익 관점을 넘어 사회적 선을 드러내는 행동이다.	자발적 사회적
Pinnet (2001)	기업의 사회적 책임 혹은 기업시민의식은 기업경영을 통해 발생하는 부정적 영향을 최소화하는 동시에 긍정적인 영향을 최대화할 수 있도록 하는 일련의 경영 실천을 말한다.	사회적
Lea (2002)	CSR은 법적 의무를 넘어 기업의 환경적 · 사회적 영향력으로 기업 내외적 대상을 관리하려는 노력이라 할 수 있다. 이는 환경보호를 위한 노력은 물론 그들의 근로자, 공급자, 고객, 그리고 지역사회를 유기적 관계로 형성하려는 노력을 포함한다.	자발적 이해관계자 사회적 환경적
Foran (2001)	CSR은 기업운영과정 속에서 친환경 · 친노동환경을 위한 일련의 노력들을 의미한다.	이해관계자 사회적 환경적
Andersen (2003)	기업의 사회적 책임은 사회의 한 구성원으로서 시민의식을 갖고 즉각적인 이익을 넘어서 미래세대와 자연을 존중하는 행동들을 말한다.	이해관계자 사회적 환경적
Marrewijk (2003)	지속가능경영과 기업의 사회적 책임은 경영활동과 이해관계자와의 상호작용 안에서 사회와 환경에 대한 자발적인 관심행동을 말한다.	자발적 이해관계자 사회적 환경적 경제적

출처 : Dahlsrud(2008), How Corporate Social Responsibility is Defined: an Analysis of 37 Definitions.

3. 국제기관에서 말하는 CSR

기업의 사회적 책임에 대한 주요 국제기관들의 통일된 정의는 이루어지지 않고 있으나, 이를 살펴보고 더 나아가 시대적 흐름을 살펴보는 것은 중요하다. 국제표준화기구(ISO : International Standardization Organization)는 기업의 사회적 책임을 기업이 경제 · 사회 · 환경문제 등에 대한 기여를 통해 사람 · 사회 전체에 혜택을 가져오는 것이라고 정의하고 있으며, 국제부흥은행(IBRD : International Bank for Reconstruction and Development)은 선량한 경영개발을 통한 지속가능한 경제적 발전과 직원 및 그들의 부양가족, 지역사회 등 사회 가치증진에 기여하는 일련의 기업 활동이라고 정의하고 있다.

유럽공동체연합회(EC : Commission of the European Communities)는 자발적인 사회적 · 환경적 관심 통합과 이해관계자와 상호작용을 하는 기업의 경영활동이라고 정의하였으며, 경제협력개발기구(OECD : Organization for Economic Cooperation and Development)는 기업이 사회와의 공생관계를 성숙 · 발전시키기 위하여 취하는 행동이라고 정의하고 있다. 국제노동기구(ILO : International Labour Organization)는 기업이 법적 의무를 넘어서 자발적으로 이해관계자들에게 미치는 영향으로 정의하고 있으며, CSRwire[01]는 고객, 직원, 투자자, 그리고 환경 등 모든 이해관계자의 가치를 고려한 기업의 전사적 노력이라고 정의하고 있다.

또한 세계지속가능발전기업협의회(WBCSD)[02]는 환경을 파괴하지 않는 경제적 개발, 직원과 그들의 가족 및 해당 지역사회가 함께 일하며 사회 전체의 삶의 질이 개선되는 데 기여하는 기업의 의무라고 정의하고 있으며, 사회적 책임을 위한 경영자협의회(BSR)[03]

01 CSRwire는 기업의 사회적 책임과 지속가능경영에 관한 뉴스, 보고서, 각종 정보를 제공하는 단체이다. 자세한 정보는 http://www.csrwire.com을 참고하기 바란다.

02 The World Business Council for Sustainable Development (WBCSD) is a CEO-led, founded 1995, global association of some 200 international companies dealing exclusively with business and sustainable development.

03 Business for Social Responsibility (BSR) is a global nonprofit organization that works with its network of more than 250 member companies to build a just and sustainable world.

는 사회가 비즈니스를 소유하고 있다는 윤리적 · 법적 · 상업적 · 공적인 기대수준을 충족시키는 수준 또는 초과하는 수준으로 비즈니스를 행하는 것이라고 정의하고 있다.

현재까지도 기업의 사회적 책임에 대한 국제기관들의 일치된 정의는 이루어지고 있지 않지만, 소극적 법적 테두리를 넘어 그 이상의 노력을 기업에게 요구하고 있음을 알 수 있다.

표 1-3 | 국제기구들의 CSR에 대한 정의

국제기구	정의	차원
국제표준화기구 (ISO)	기업이 경제 · 사회 · 환경문제 등에 대한 기여를 통해 사람 · 사회 전체에 혜택을 가져오는 것	경제, 사회, 환경, 이해관계자
세계은행 (World Bank)	선량한 경영개발을 통한 지속가능한 경제적 발전과 직원 및 그들의 부양가족, 지역사회 등 사회 가치증진에 기여하는 일련의 기업활동	경제, 사회, 이해관계자
유럽연합 (EU)	자발적인 사회적 · 환경적 관심 통합과 이해관계자와 상호작용을 하는 기업의 경영활동	경제, 사회, 환경, 이해관계자
경제협력개발기구 (OECD)	기업이 사회와의 공생관계를 성숙 · 발전시키기 위하여 취하는 행동	경제, 사회, 이해관계자
국제노동기구 (ILO)	기업이 법적 의무를 넘어서 자발적으로 이해관계자들에게 미치는 영향	경제, 이해관계자, 자발적
CSRwire	고객, 직원, 투자자, 그리고 환경 등 모든 이해관계자의 가치를 고려한 기업의 전사적 노력	경제, 사회, 환경, 이해관계자
세계지속가능발전협의회 (WBCSD)	환경을 파괴하지 않는 경제적 개발, 직원과 그들의 가족 및 해당 지역사회가 함께 일하며 사회 전체의 삶의 질이 개선되는 데 기여하는 기업의 의무	경제, 사회, 환경, 이해관계자
사회적 책임을 위한 경영자협의회 (Business for Social Responsibility)	사회가 비즈니스를 소유하고 있다는 윤리적 · 법적 · 상업적 · 공적인 기대수준을 충족시키는 수준 또는 초과하는 수준으로 비즈니스를 행하는 것	경제, 사회, 자발적

출처 : Dahlsrud(2008), How Corporate Social Responsibility is Defined: an Analysis of 37 Definitions를 참고하여 저자가 재정리

제 2 절 ■ CSR의 효과

기업의 사회적 책임을 수행하면 기업에 어떠한 효과가 있을까? 과거 밀턴 프리드만(Milton Friedman, 1970)이 "비즈니스의 사회적 책임은 이익증대이다"라고 『New York Times』에 논평한 기고문[04]은 발표 당시뿐 아니라 45년이 지난 현재까지도 기업의 사회적 책임을 연구하는 학자들에게 영향을 미치고 있다. 그 핵심은 정부나 기업의 시장기능에 대한 간섭은 자원을 가장 가치 있게 사용하지 못하게 한다는 것이다. 즉, 사회적 책임 관점에서 기업은 이익을 극대화하기 위해 능률을 제고하고 비용을 절감함으로써 궁극적으로 사회에 공헌한다고 본다. 따라서 기업은 이익을 내는 본분에 충실해야 하고 사회의 제반 문제에 관심을 갖는 것은 그만큼 비용을 증가시켜 주주에게 돌아갈 혜택을 감소시킨다고 주장한다.

그러나 반대자들은 기업의 사회적 책임은 사업에 관련이 있는 이해관계자들에게 유의한 영향을 미치며, 이러한 이해관계자경영은 사회적으로 긍정적인 효과를 제고하는 데 의미가 있다고 주장한다. 이렇게 대립되는 논제에서 해답을 찾을 수 없는가? 본 소절에서는 이에 대한 문제의식을 갖고 출발한다.

04 The Social Responsibility of Business is to Increase Its Profits, *New York Times*, 1970.

1. 긍정적 효과

기업의 사회적 책임의 실행이 궁극적으로 긍정적임을 주장하는 Carroll(1999)은 이해관계자이론에 기초하여 기업의 사회적 역할을 강조한다. 20세기 들어서 자본주의 발달과 함께 기업의 규모가 커지고 영향력이 증대됨에 따라 그에 상응하는 책임도 커졌다고 본다. 현대사회의 많은 문제점들이 기업활동과 관련되어 있으므로 기업은 이러한 문제를 해결할 책임이 있음을 주장한다.[05] 장기적으로는 기업이 사회적 기대를 외면하면 결국 전체사회의 문제를 심화시켜 기업의 비용이 증가하므로, 사회발전은 기업의 경제적 성과에도 도움을 준다는 것이다.

CSR의 긍정적 효과는 다음과 같다.

첫째, CSR은 기업에게 장기적이고 지속적인 기업경쟁력의 원천이다. 기업은 CSR을 통해 기업과 브랜드이미지를 향상시켜 소비자의 구매를 촉진하거나, 우수한 인재들이 몰려오게 하고 이직을 방지하며, 정부 및 이해관계자집단의 기업에 대한 규제 감소와 우호적인 태도 형성을 기대할 수 있다. 결과적으로 일반주주를 비롯한 소비자, 협력업체, 지역사회 등 다양한 이해관계자의 만족을 증대시킴으로써 기업경영기반을 더욱 공고하게 다져나갈 수 있다.

둘째, 기업은 CSR의 실천을 통해 우리 사회의 형평성을 제고하는 데 기여한다. 즉, 기업의 CSR 수행은 정부 복지정책의 미흡한 부분을 보완할 수 있는 동시에 신뢰사회를 만들어가는 토대가 된다. 그것은 기업이 CSR을 실천함으로써 사회 전체의 윤리적 수준을 제고시켜 건전하고 투명한 사회, 정의로운 사회를 만드는 데 기여할 수 있기 때문이다.

셋째, CSR의 수행은 전체 사회경제체제의 효율성을 향상시켜 보다 큰 경제적 이득을 제공한다. 기업이 비윤리적이고 탈법적인 행동을 많이 할수록 그에 대한 감시비용이나 복구비용 등의 사회적 비용이 많이 들지만 기업이 자발적으로 CSR을 수행한다면 이런 지출비용이 줄어들게 되는 것이다.

넷째, 기업이 CSR을 실천하게 되면 경제적 이익동기만을 우선시하는 황금만능주의 사고를 탈피하여 경제적 동기가 사회적 동기와 균형을 이룰 수 있어야만 한다는 전통적 가치관을 실현할 수 있다. 자신의 경제적 이익에만 급급한 기업경영이 아니라 사회 전

05 기업은 경제발전 측면에서 사회에 긍정적인 영향을 끼치고 있지만, 고유의 기업활동으로 인해 발생되는 자원고갈, 환경파괴, 빈부격차, 양극화 등의 문제들로 인해 사회 및 환경적 측면에서 부정적인 영향을 끼치기도 한다.

반의 문화적 수준, 교육 및 복지수준을 높이는 데 공헌하는 한 차원 높은 기업경영을 할 수 있다.

이해관계자이론에 입각한 이해관계자의 효과를 살펴봐도 기업은 사회구성원으로서 당연히 책임 있는 역할을 수행하며, 살기 좋은 사회를 만들기 위한 하나의 도구(tool)적 역할을 강조한다. 다시 말하면, 장기적으로 사회의 요구를 외면할 경우 결국 사회 전체의 비용으로 되돌아오게 되어 기업의 비용 지출이 증대될 수밖에 없다는 것이다. 따라서 사회 전체의 발전이 기업의 발전에도 유리하다는 것이다(Carroll, 1999).

이 밖에도 CSR을 수행하게 되면 실제적인 매출증가, 비용절감, 위험감소 등을 창출할 수 있음이 많은 실증연구에서 증명되고 있다. 우선 CSR이 매출증가에 기여한다는 관점을 살펴보면, 기술에 대한 기업 간 격차가 점차 좁아지고 있는 현대사회에서 소비자들에게는 제품품질과 같은 유형적 가치요소뿐만 아니라 기업이미지 등 무형적 가치요소 또한 중요한 구매요인으로 자리 잡고 있음을 알 수 있다. 전경련 조사(2009)에서도 이미 나왔듯이 소비자의 78%가 사회공헌활동을 하는 기업의 제품을 비싸더라도 구입할 의사가 있다고 한다.

CSR이 기업의 비용절감효과에 기여한다는 관점은, CSR활동을 통해 쌓여진 기업에 대한 신뢰는 소비자들에게 기업에 대한 충성도를 높여주고 이는 결국 광고로 대변되는 홍보비의 감소를 가져온다는 것이다. 또한 CSR은 사내 근로자들의 애사심을 높이고 이직률 감소와 생산성 향상을 가져온다. 따라서 광고·홍보비 등과 같은 외부비용은 물론 고용비용, 교육훈련비용 등 내부비용을 절감할 수 있는 효과가 있다는 것이다.

CSR이 기업의 위험감소에 기여한다는 관점을 살펴보면, 현대 기업은 투자자뿐만 아니라 정치가, 내부고발자, 언론매체, 직원들, 지역사회 공동체 모임, 집단소송 변호사들, 환경론자들, 그리고 인권주주의자, 경제정의 실천 운동가, 소비자운동단체 등 수많은 NGO의 감시와 더불어 이들로부터 많은 책임을 요구받고 있다. 이러한 이해관계자들과의 갈등은 기업이미지와 평판에 심각한 손상을 입힐 뿐만 아니라 기업의 영업이익과 주식수익률의 변동성을 증가시키고 잠재적 경쟁자들에게 확대의 기회를 제공할 수 있다. CSR은 공격적인 이해관계자들과의 갈등을 방지하고 영업위험을 완화시킴으로써 궁극적으로 자본비용을 낮출 수 있다.

2. 부정적 효과

밀턴 프리드만(Milton Friedman)은 CSR의 부정적 효과를 역설한 대표적인 학자이다. 그의 주장의 요지는 기업은 단 하나의 책임, 즉 경제적 성과만 내면 된다는 것이다. 주주는 기업의 주인이기 때문에 기업이 창출하는 이익은 당연히 주주들의 몫이어야 하며, 기업의 경영자는 단지 주주들로부터 전권을 일임받은 중개인이기 때문에 주주들의 이익을 보장하는 경영을 해야 한다는 것이다.

따라서 경영자들의 결정에 의한 사회공헌행위는 금해야 하며, 만약 사회의 요구가 거세질 경우 세금을 더 내면 된다는 논리를 내세운다. 주주는 기업과 관련된 이해관계자들과 맺는 계약에 의해 자신들의 이익을 보장받는다. 따라서 각각의 이해관계자들은 기업과 계약관계를 맺고 있고 이들이 기업에 제공하는 서비스에 비례하여 그만큼의 혜택을 받게 된다. 즉, 경영자와 종업원들은 임금이라는 수단으로, 지역사회는 세금징수로, 하청업자는 적절한 공급가격으로 보상받게 되고, 이러한 보상을 제하고 남은 나머지 부분이 주주들에게 돌아가는 이익이 된다는 것이다.

기업의 사회적 책임을 비판하는 학자들은 기업의 사회적 책임이 기업들을 불리하게 만들 뿐만 아니라 회피적으로 만들어가며 경영적 · 재무적 자원을 기업의 핵심적인 경제적 사명으로부터 멀어지게 한다고 주장한다. 이런 관점에서 Laffer Curve[06]로 유명한 미국의 경제학자 아더 레퍼(Arthur Laffer)는 다음과 같이 언급하였다.

"What corporate social responsibility really means, in my view, is irresponsibility. The modern corporate is meant to be a vehicle to create wealth for its shareholders, and that is what CEOs must always keep in mind."[07]

신고전학파들은 기업의 사회적 책임을 마치 결점이 많은 개념처럼 인식하고 있다. 그들의 논의를 종합해 보면, 기업의 사회적 책임활동은 기업들이 주주가치 최대화에 계속 주력해야 하는 목표의 중요성을 간과하고 있다는 것이다(Vogel, 2005).

그러나 이와 같은 신고전학파의 CSR에 대한 인식은 지금의 기업경영 현실과는 큰 괴리가 있으므로 그들의 주장에 대해 두 가지 측면에서 문제를 제기할 수 있다.

첫째, 신고전학파는 모든 기업들이 주주 이익극대화라는 하나의 목표에만 전념하고 있을 것이라고 주장한다. 하지만 기업의 목표를 천편일률적으로 정의할 수 없으며, 최고경영자의 가치관에 따라서 다양한 경영방식과 목표가 나올 수 있다. 사회적 책임의식이 있는 기업들은 기업시민으로서의 책임과 의무를 다할 수 있기를 바란다. 비록 이러한 비재무적인 목표를 이루기 위한 그들의 꿈과 의지는 내외적인 경쟁상황에 의해 방해받을 수 있지만, 이들의 기업철학이 비현실적이라거나 비논리적이라고 매도되어서는

06 미국의 경제학자 아더 레퍼 교수가 주장하는 이론으로 세율(稅率)과 세수(稅收)의 관계를 나타내는 곡선이다. 일반적으로 세율이 높아질수록 세수는 늘어나지만, Laffer Curve는 일정세율(최적 세부담률)을 넘으면 반대로 세수가 줄어드는 것을 나타내는 곡선으로 레이건 행정부의 등장과 함께 각광을 받고 있는 공급사이드 경제학의 지주(支柱)이다. 레이건 대통령은 래퍼이론에 따라 미국의 세율이 최적수준을 넘는 것으로 보고 대폭적인 감세를 실시한 바 있다.

07 A Standard Oil executive speaking in early 1960s, ibid., p.134.

안 된다. "윤리적인 기업은 경제적 성과도 높다"라는 사실을 넘어서 CSR경영을 하는 기업은 재무적 · 비재무적 목표를 동시에 달성할 수 있다는 가능성을 보여준다. CSR은 가장 강력하고 효과적인 가치경영(value management)이기 때문이다.

둘째, CSR은 기업의 범주 밖에 있다는 주장이다. 이러한 주장을 하는 것은 기업이 정부나 NGO, 소비자 등의 이해관계자들로부터 지속적으로 CSR을 요구받아 왔다는 사실을 간과한 모순적인 주장이다. 기업은 처음부터 사회적 책임의식을 갖고 있는 것이 아니다. 사회로부터의 CSR 요구에 대해 적당히 대응만 잘하면 된다고 생각했다. 하지만 지금은 CSR에 대한 인식이 없었던 기업들조차 그동안 그들이 철저하게 추구해 온 주주 가치극대화 전략만으로는 시장에서 사랑받지 못한다는 인식을 가지기 시작했다.

프리드만의 "기업의 사회적 책임은 이익을 내는 것이다"라는 말은 기업의 사회적 책임의 논의에 대한 강한 비판을 담고 있다. 그리고 이 말은 오랜 세월 동안 수많은 학자와 기업인들에게 CSR을 피하기 위한 논리로 사용되어 왔다. "기업의 책임은 이익을 내는 것이고, 합법적으로 이익을 내고 있는 기업에게 다른 사회적 책임을 묻는 것은 오히려 공공선을 해치는 잘못된 행동"이라는 게 변명의 논리이다.

이처럼 CSR은 오히려 시장원리를 해치면서 경제 전체의 파이를 줄이는 결과를 낳게 된다는 것이 기업인들의 입장이다. 이 말은 기업윤리에 대한 이윤극대화 논리를 대변한다. 이 논리의 기본은 기업이 윤리적으로 책임을 져야 할 원칙이 바로 이윤극대화라는 것이다. 즉, 이윤극대화 행위가 바로 윤리경영이 된다는 것이며, 다른 사회적 책임을 기업에게 부과하는 것은 기업에게 윤리적이지 말라고 하는 것과 마찬가지가 된다. 사회적 책임은 이윤극대화와 대치되는 가치라는 관점이 이 논리의 이론적 배경이 되는 것이다.

그러나 이런 주장을 지지하는 기업인들이 발견하지 못한 것이 있다. 그것은 바로 강한 자유주의적 관점을 유지하던 1960년대 프리드만의 글이 1970년대에 이르러 한 걸음 후퇴한다는 사실이다. 1962년 출판한 책 『자본주의와 자유』에서 그는 윤리경영에 대한 철저한 자유주의적 시각을 견지했다. CSR은 기업의 이윤극대화를 해치는 행위이고, 따라서 공공선에 위배되는 행위라는 것이다. 그러나 1970년의 글에서 이 같은 시각은 "기업도 사회의 윤리적 관습을 지키는 한도 안에서 이윤극대화를 이뤄야 한다"는 시각으로 완화되었다.

CSR에 대해 얘기하는 많은 학자들 가운데 가장 자유주의적 입장에서 서 있는 프리드만의 논리를 따르더라도, 사회의 '윤리적 관습'이 변하는 한 기업의 사회적 책임의 내용과 범위는 변할 수 밖에 없다. 다국적기업들의 끝없는 성장으로 기업에 대한 사람들의 기대는 예전과는 비교할 수 없을 정도로 커졌다. 다국적기업이 세계질서에 끼치는 영향은 웬만한 국제기구나 한 나라 정부가 끼치는 영향보다 훨씬 크다. 이에 따라 시장이 기업에 요구하는 윤리적 책임도 더욱 커진 것이다.

런던 비즈니스 스쿨의 Handy(1997)가 주장했던 것처럼 과거 기업의 본분은 사업이었지만, 그건 기업이 국가보다 커지기 전이었다. 이제 글로벌기업은 단순히 사회를 구성하는 한 개체가 아니다. 기업의 지속가능성에 대한 위협이 다시 사회의 지속가능성에 대한 위협으로 이어지는 시대가 됐다. 그러므로 기업의 사회에 대한 책임이 커지고 다양해지는 것은 당연하다. 지금 우리가 겪고 있는 글로벌 경제위기의 원인을 봐서도 알 수 있듯이 기업행위의 사회에 대한 책임이 기업의 이익과도 직접적인 연관이 있다고 증명된 이상 프리드만도 CSR을 반대할 이유가 없는 것이다.

Chapter 02

CSR의 탄생

자본주의(capitalism)는 인류가 살고 있는 사회의 경제체제 중 이윤추구를 목적으로 하는 자본이 지배하는 경제체제이다. 지금 자본주의의 위기는 자본의 역할이 점점 더 탐욕적이 되어 사회적 폐해가 발생하기 때문에 나타난 것으로 점점 사회구성원들은 이 체제에 만족하지 못하고 있다.

자본주의의 폐해는 우리의 일상에서도 쉽게 확인할 수 있다. 1%에 항의하기 위해 거리로 뛰쳐나온 99%의 젊은이들뿐만 아니라 복지혜택과 일자리가 줄어들면서 중산층까지 불만이 높아지고 있다. 이는 오늘날 자본주의에 기대했던 많은 것들이 실패했다는 것을 의미한다.

우리는 모든 사람을 위해 더 나은 미래와 경제적인 기회를 제공하는 자본주의를 꽤 괜찮은 개념이라고 배웠으며, 비교대상인 사회주의나 공산주의보다 우월한 체제로 인식했었다. 하지만 글로벌 금융위기 이래로 자본주의는 특권층의 혜택만을 지지하고, 과거에 대한 조정과 반성 없이 자본을 축적하고 있는 것으로 보인다.

자본주의가 생존할 수 있었던 이유는 그 다이내믹한 특성 때문이다. 치열하게 투쟁하고 계속되는 위기의 순간[01]마다 맹렬히 대

01 예를 들어 대공황, 석유파동, 금융위기 등이 있다.

02 대표적으로 뉴딜정책이나 유럽의 복지국가 정책이 그 예이다.

응했기 때문이다. 대공황의 지루한 고통은 자본주주의 공정성과 안정화를 위한 새로운 노력들을 촉발시켰으며 효과적인 보호정책과 규제정책을 이끌어 내기도 했다.[02] 자본주의는 자본의 자유로운 이동과 자유무역시대를 열었지만 더 높은 생산성과 혁신을 요구하고 있다. 그동안 자본주의가 서민에게 안긴 고통은 너무 심각하다. 그래서 자본주의는 좀 더 수용적이며 균형적인 체제로 변환되어야 할 필요가 있다는 것이다.

본 장에서는 이러한 자본주의에 대한 내용을 다루게 된다. 자본주의가 무엇이고 이들의 특징 및 의미가 무엇인지 살펴본다. 그리고 자본주의와 사회주의를 비교해 봄으로써 자본주의와 CSR이 나아가야 할 방향을 타진하고자 한다.

제 1 절 ■ 자본주의와 CSR

자본주의(capitalism)란 말은 자본에서 유래한 말이다. 자본이란 축적된 부를 의미한다. 자본을 이런 의미로 이해할 때, 자본이라는 것은 인간이 존재하고 역사가 시작되었을 때부터 존재하였다고 볼 수 있다. 그러나 자본주의에서의 자본의 의미를 이해하기 위해서는, 우리는 좀 더 자본의 구체적인 의미를 이해할 필요가 있다. 자본주의는 역사적 경제체제이며, 자본주주는 바로 역사적 체제 안에서 사람들이 자본을 매우 특수한 방식으로 사용하게 하는 체제를 말한다.

자본주의 이전의 체제하에서의 자본확대과정은 체계화되지 못하였다. 그러므로 자본주의는 체계화되지 못한 자본축적의 과정을 합리화시키고 체계화시키기 위해 탄생했다라고 볼 수 있다.

자본주의 체제 이전의 사람들이 물건을 만들어 그것을 내다 팔기 위해서는 시장이 필요했다. 이 재화는 팔려는 자가 들인 비용보다 더 높은 가격으로 팔려야 한다. 오늘날 우리는 이것을 '이윤'이라고 말하고, 이윤이 있어야만 교환과 거래가 이루어지며 그렇지 않으면 그냥 가지고 있어야 한다. 실제로 근대 이전에는 자본의 순환이 이뤄지는 일은 거의 없었다. 그것은 당시 사회체제에서는 이것이 합리적이지도 윤리적이지도 않다고 생각되었기 때문이다.

자본주의는 바로 자본주의 체제 이전의 이러한 과정들을 세밀한 형태로 재구성시킨다. 이를 위해 필요한 것이 바로 '상품화'의 과정이다. 자본주의 이전 체제에서 합리적인 자본축적이 이루어지지 못한 것은 자본축적을 이루는 요소들이 상품화되어 있지 않았기 때문이다. 자본주의는 바로 종전까지 '시장'을 거치지 않고 처리되어 온 여러 광범위한 과정들[03]을 상품화하려는 노력의 결과라고 볼 수 있다.

03 재화의 교환과정만이 아니라 생산, 분배, 투자과정도 포함한다.

우리는 시장에서 거래되고 있는 재화와 용역을 상품(products)이라고 말한다. 자본주의 사회는 생산물을 교환과정에 투입함으로써 자본축적이라는 개인적 목표와 사회적 기능을 달성하게 된다. 자본주의는 생산품뿐만 아니라 생산하는 노동력조차도 상품화하는 특징을 가지고 있다. 자본가가 노동자의 노동력을 구매할 때, 자기의 생산물로는 노동자의 임금을 지불할 수 없으므로 자본가는 노동자에게 화폐로 임금을 지불하고 노동자는 그 임금으로 자기 생활에 필요한 물품을 시장에서 사게 된다. 그렇기 때문에 자본주의 사회는 노동력의 상품화과정에서 생긴다고 볼 수 있으며 본질적으로 상품화과정에서 벗어날 수 없는 체제이다.

자본주의의 경제학은 자본축적을 합리적이고 합법적으로 만들려는 의도에 의해 규정되었다. 그러나 문제는 그 자본축적의 과정이 모두를 충족시킬 수 있는 합리적인 결과를 가져올 수 없다는 데에 있다. 기업으로서는 매우 합리적인 것이 노동자들에게는 불합리적일 수 있으며, 기업들 상호 간에도 이러한 마찰은 항상 존재할 수밖에 없다는 것이 자본주의의 문제점이다.

자본축적을 극대화하기 위해 생산자들은 반드시 노동력을 필요로 한다. 노동력을 필요로 하는 생산자들은 반드시 그 사용가능성과 비용을 고려하지 않을 수 없다.

먼저 노동력의 사용가능성을 살펴보자. 만약 시장이 안정되고 노동력이 최적의 상태로 고정되어 있다면 생산자와 노동자가 가지는 사회적 생산관계는 안정될 것이다. 그러나 만일 시장이 줄어들거나 늘어났을 경우 노동력이 고정되어 있다면 생산자는 이익확대의 기회를 얻을 수 없게 될 것이다. 이러한 가변적 노동력은 바로 자본주의 체계하에서 자본을 '자본과 노동력의 사회적 관계'로 규정하는 것이다. 불안정한 노동력은 바로 이러한 생산자와 노동력 간의 고정 불가능한 관계에서 비롯된다고 볼 수 있다.

그러므로 자본주의 체제에서 생산력과 생산관계는 자본주의 체제를 이루는 핵심이다. 생산력은 인간의 육체적 · 정신적 생산능력과 수단의 생산능력을 의미한다. 생산관계는 생산수단의 소유, 분배, 처분, 노동과정의 조직, 지휘 등에 관한 인간집단들의 관계를 뜻한다. 이 생산관계의 틀 안에서 자본주의의 사회적 생산이 이루어지며 이 생산관계는 일정한 발전단계의 생산력수준과 관련되어 있다. 자본주의는 바로 이 생산력과 생산관계를 자본축적 의도 속에서 통제 · 관리하는 체제를 말한다.

제 2 절 ■ 공리주의와 CSR

CSR 탄생 배경을 설명하기 위해서는 공리주의를 빼놓을 수가 없다. 공리주의는 사적 소유권을 사회 전체의 효용이나 공리를 위한 사회적 약속으로 보는 논리로 발전하였다. 아담 스미스(Adam Smith)가 이를 자유시장의 유용성 논리로 발전시킨 것이다. 그는 개인들이 자유시장체제에서 자유롭게 각자 자신의 이익을 추구할 수 있다면 그들은 필연적으로 '보이지 않는 손'에 의해 더 나은 공공의 복지를 이루게 된다고 생각하였다. 이는 상층부의 이익이 하층으로 자연스럽게 이동한다는 것이다. 이러한 이면에는 인간은 본질적으로 이윤을 추구하는 특성을 가졌다는 토마스 홉스(Thomas Hobbes)의 이해를 바탕으로 이기심을 열심히 추구하는 사람은 국가와 인류의 부를 증대시킴으로써 다른 사람들로 하여금 그들의 욕구를 더 많이 향유할 수 있게 해준다는 생각이 있다. 즉, 개인은 자신의 이익만을 추구하여도 그것 자체가 사회 전체를 위하여 가장 최선의 결과를 가져오게 된다는 것이다.

아담 스미스의 자유방임주의(noninterference policy)는 자본주의 사회의 탄생에 큰 기초를 제공하였다고 할 수 있다. 자연법 철학에서 자유방임의 시장 논리까지 사적 소유에 대해 이론적 정당성을 갖게 되면서 자본주의는 더욱 발전하게 된다. 그러나 아직도 윤리적인 물음에는 답을 주지 못하고 있다. 자본주의가 산업혁명을 거치면서 엄청난 생산성을 창출하는 비약적인 발전을 이룩했음에도 부익부 빈익빈 현상은 더욱 심화되고, 사유재산을 소유하지 못한 노동자계층은 여전히 비참한 생활을 할 수밖에 없는 상황이 일어난 것은 설명할 수 없기 때문이다. 이들이 낙관했던 최선의 선이나 공공선의 최상의 복지는 이루어지지 않았다. 이 문제는 현대 신자유주주의 흐름으로까지 이어지고 있다.

제 3 절 ▪ CSR과 자본주의 경제윤리

1. 자본주의 경제체제에서 윤리의 의미는 무엇인가?

자본주의 경제체제에 대한 윤리적인 질문들이 과연 어떤 의미가 있는가? 기업가와 자본가의 윤리는 교육에 의해 지켜질 수 있을까? 자본주의가 윤리적일 수 있을까? 이 질문을 하기 전에 우리는 먼저 자본주의가 인간의 본성과 자원의 희소성이라는 조건들 아래서 정당화될 수 있느냐는 질문을 해야 할 것이다.

자본주의 경제의 윤리는 인간의 본능적인 이익실현을 위해 경제가 제공하는 기능에 의해서 정당화될 수 있다. 우리는 지금 자본주의 윤리성을 제기하여 경제이론에 대립하는 것보다는 오히려 이러한 질문들을 통해 경제발전과정에 있어 현대사회의 모든 부정적인 측면들이 제대로 반영될 수 있도록 바라는 것이 더욱 현실적일 것이다.

2. 자본주의가 윤리적인가?

자본주의의 윤리는 자본주의의 구조적인 특징들에서 출발할 수 있다. 그 첫째가 이윤극대화의 문제이다. 자본주의는 자유롭게 자신의 이윤을 위해 열심히 일함으로써 소비자는 값싸게 좋은 물건을 살 수 있는 이익을, 공급자는 제품을 팔아 남는 이익과 더불어 자기의 이윤추구로 말미암아 사회에 좋은 결과를 가져다준다는 "개인의 이기적 행위가 공공복지에 기여한다"라는 아담 스미스로부터 비롯된 실리주의적이며 결과론적 윤리의 법칙[04]을 갖게 되는 것이다. 그러므로 자본주의는 전통이나 공동체의 제약이 아니라 개인의 이윤적 동기에 집중하는 것을 볼 수 있다. 전통적인 의미에서 사랑이나 이웃을 향한 봉사의 행위를 촉발하던 윤리적 동기보다는 개인의 자기중심적 행복추구의 원리가 부상하게 된 것이다(Koslowski, 1996).

부의 축적은 사적 소유권에서 연속성을 가진다. 재산이 사유화되고, 그것에 대한 사회적 제한이 줄어들며, 그것에 대한 사적인 권한이 확대된다는 것이다. 즉, 재산이 개인적 자유의 윤리규범에 놓이게 됨을 말한다. 이를 위해서 개인의 자유가 신장되어야 하며, 따라서 자본주의는 자기 발전을 통해 개인의 자유를 향한 행진을 계속하게 된다. 이는 경제자율화과정으로 분배, 사회구조, 신분체제 및 사회의 계층화에 강력한 영향을 미친다.

경제의 자율화는 생산자들과 소비자들 개인이 자유로이 이윤을 추구하는 행위를 하는 데 그 어떤 제약도 있어서는 안 된다는 것이다. 그러면 이들의 사이에서 이루어지는 경제의 조화는 어떻게 가능할 것인가에 대한 의문이 제기된다. 여기에서는 '보이지 않는 손'에 의해서 이루어진다고 보았다. 자유시장원리의 자율적 통제능력이 소비자와 공급자 사이에 가장 효율적으로 사회복리증진까지의 결과를 이루어낸다는 것이다. 이 내용은 개인화의 주관화과정에 대한 막스 베버(Max Weber)의 표현인 합리화의 과정과 밀접하게 연관되어 있다. 이런 합리화는 자의적인 목표를 실현하려고 노력하는 것이다. 즉, 사회적 가치들로 통합되어 있는 물질적 가치들을 최소의 비용으로 달성한다는 식의 합리성을 가지고 행동하

04 개인의 이기적 행위가 공공복지에 기여한다는 이론이다.

지 않는다는 것이다. 사회나 경제는 더 이상 가치합리적으로 행동하지 않고 모든 개체의 목표들에 대해 합리적으로 행동하는 목적합리적인 행동을 하게 된다고 보았다(이종수, 1988).

그러나 불행히도 자유시장체제와 자본주의가 빈곤을 극복하는 이상적인 체제일 것이라는 기대는 충족되지 못하였다. 상류층의 이익이 결국 하류층으로 이동하게 되므로 모든 이들을 위한 복지가 이루어진다는 아랫목이론[05]도 지금 현실에서는 실현되지 못하고 있다. 자유시장체제에서 자유는 가진 자만을 위한 자유로 변질되어 가고 있음이 증명되고 있는 현대사회에서 "자본주의가 윤리적이다"라는 주장은 정당성을 잃고 있다.

05 한국의 계획경제시절 아랫목이 먼저 데워져야 윗목이 따듯해질 수 있다는 성장논리이다.

제 4 절 ■ 자본주의 윤리와 한계

21세기 자본주의 사회의 불평등이나 자원낭비 등의 문제들을 보면 초기 자본주의가 가지는 윤리적 규범들을 간과하고 있는 것은 아닌가 싶다. 왜냐하면 자원이 희소한 세상에서 자원의 낭비는 곧 비윤리적인 것이기 때문이다. 그러나 앞서 설명한 것처럼 자원의 배분과 소득분배의 문제는 동시적인 과정으로 설명되어야 한다. 그러나 이것이 정당하게 이루어진다고는 볼 수 없다. 재능, 노력, 유산, 행운과 불운의 문제를 윤리적이라고 할 수 있는가? 전혀 그렇지 않다.

개인의 자유로운 이윤추구행위가 공공의 선과 복지를 향해 갈 것이라고 윤리에 그 책임을 지우지만 현실에서는 그렇다고 볼 수 없다. 한쪽이 먼저 윤리적이지 않다면 이 선순환의 고리는 악순환의 고리로 변할 수 있기 때문이다. 나아가 시장의 조건이 항상 동일한 조건으로 존재하지도, 경제가 스포츠 경기 규칙처럼 고정화되어 있지 않다는 사실도 알아야 한다.

자본주의 경제의 결과가 최종적으로 사회에 미치는 영향을 고려하지 않고 시장에서 나타나는 일차적인 현상에 따라 사회정의를 논하고 윤리적 정당성을 말한다면 통제사회와 계획경제의 자의적인 분배보다 더 윤리적이라고 할 수 없다.

자본주의에서 CSR의 역할은 부를 축적하고 새로운 이익을 창출하는 자유로운 기업활동을 지속하게 함으로써 기업들에게 사회적 책임과 기업의 정당성 문제에 대해서 변화된 인식을 가지게 하여 현재 우리가 처한 사회적 문제들을 해결하도록 하는 것이다.

제 5 절 ■ 경제이념으로서 자유주의와 신자유주의

경제적 측면에서 자유주의는 자유방임을 의미한다. 자유방임의 경제정책은 자본주의 사적 소유의 발전과 보호, 자유무역, 자유경쟁이라는 경제적 자유가 확보된다면 사회의 자발적인 힘에 의해서 질서가 확립된다는 믿음을 전제로 하고 있다. 개인들의 경제활동에 대한 국가 간섭을 배제하고 모든 사람을 자유방임케 하면 보이지 않는 손에 의해 사회 전체의 조화가 이루어지고 국가의 富(부)는 저절로 증대된다고 보았다. 이러한 자유방임은 인구정책에도 적용되었다. 맬더스(Thomas Robert Malthus)는 『인구론』[06]을 통해 빈민 구호를 위한 제반 정책이 빈민들의 출산을 촉진시키기에 빈민들이 자신의 경제적 능력에 맞게 출산을 조절할 수 있도록 국

06 죄악이나 빈곤은 인구증가와 식량증가로 말미암은 필연적 산물이라는 경제학이론이다.

가는 교회에 의한 빈민 구호를 없애야 한다고 주장하였다. 데이비드 리카도(David Ricardo)는 『임금론』에서 임금을 통한 경제능력과 출산력과의 관계를 규명하면서 생계유지에 필요한 만큼의 임금수준이 자연적으로 결정된다고 봄으로써 임금규정에 대한 외부의 간섭을 배제할 것을 주장하였다.

이처럼 고전경제학자들이[07] 주장하는 경제의 원칙은 철저한 자유방임원칙이었는데, 이는 곧 빈민들의 열악한 상황은 자연법칙에 의한 것이고 인간의 힘으로 어쩔 수 없다는 것이다. 자유방임에 입각한 고전경제학자들은 국가의 입법이나 정부활동을 적대시하지는 않았지만 기본적으로는 국가 간섭의 무용성을 확신하였다. 따라서 정치적 영역, 즉 국가의 기능은 경제적 자유의 보호에 국한되었다. 자유주의 경제학자들은 국가의 개입을 최소화하려고 하였으며, 입법 등을 통한 국가의 개입도 자유시장원리를 적용시키거나 강화시키는 것에 한정하려고 하였다.

07 고전학파(Classical school) 경제학자인 아담 스미스, 멜더스, 리카도를 거쳐 밀(J. S. Mill)에 이르는 영국경제학파를 말한다.

오늘날 신자유주의는 전 세계를 포괄하는 하나의 지배적인 이데올로기가 되었다. 정치, 경제, 사회, 문화 등 삶의 모든 영역에서 신자유주의는 거역할 수 없는 대세가 되었다. 신자유주의 입장에서 볼 때 개인적인 자유가 향유되는 자유사회란 개인이 타인의 의지에 예속되는 것과 강제력의 행사가 최소화된 사회로서, 개인이 모든 사람에게 차별 없이 적용되는 사회적으로 인정된 규칙만 지키면 되는 사회이다. 자유로운 사회 안에서 개인은 경쟁을 통해 자신의 욕구를 실현시켜 나간다. 따라서 자유사회란 경쟁사회를 의미한다. 이러한 경쟁사회가 가지는 장점은 개인적인 성취를 통해서 사회 전반에 기여할 수 있는 가능성을 내포하고 있다는 데 있다.

사회체제 안에서의 경쟁은 최적의 상태로 나아가는 발전과정이며 그 결과로 자생적 질서가 수립된다. 특히 최선의 선택이 무엇인지 모호한 상태에서 경쟁은 큰 힘을 발휘한다. 경쟁이 모호한 상태에서 최선의 선택을 추구하는 발전과정이 될 수 있는 이유는 경쟁에 참여하는 사람들이 합리적이기 때문이 아니라 경쟁자를 이기기 위해서 사람들이 합리적으로 행동할 수밖에 없기 때문이다. 경쟁이 미지의 것을 알아내는 과정으로서의 역할을 제대로 수행하기 위해서는 경쟁에 참여하는 사람에게 자유를 주어야 한다.

신자유주의는 경쟁을 통한 자생적 질서를 수립하기 위한 최적의 경제체제가 자본주의 시장경제라고 바라본다. 역으로 시장이 기능을 제대로 수행하기 위해서는 완전경쟁이 보장되어야 하고, 따라서 국가의 개입을 최소화하고 시장의 자율적 움직임에 경제적 결정을 맡겨야 한다는 것이다.

제 6 절 ■ 자본주의와 사회주의 비교

지금까지 우리는 자본주의에 대한 내용을 살펴보았다. 본 절에서는 자본주의의 반대개념이라고 볼 수 있는 사회주의(socialism)의 개념을 살펴보고 두 경제체제의 비교를 통해 시사점을 도출하고자 한다. 두 체제가 가지고 있는 상이성과 두 체제의 특징은 현재의 자본주의의 위기를 겪으며 어떤 경제체제가 우수한지 평가하기 힘들게 만든다. 최근의 분배와 보편적 복지를 위한 정책들이 사람들에게 크게 지지를 받고 있는 것을 보면 지금 우리 사회는 자본주의에서 사회주의로 회귀하려 하고 있다고 보이기까지 한다.

우리는 사회주의의 정의를 공산주의와 같다고 생각하면서 적대적이고 비판적으로만 생각한다. 그러나 사회주의는 자본주의의 반대개념이 아닌 개인주의에 대립하는 개념으로 생각해야 할 것이다. 그동안 자본주의 시장경제체제 속에서 생활한 사람들은 이 경제체제가 우월하다고 생각하였을지도 모르겠지만, 현재 시점에서 두 체제의 우월성을 비교한다는 것은 무의미할지도 모른다.

대부분의 세계는 민주화와 산업화라는 과정을 거치면서 자본주의 시장경제체제를 추구하고 있다. 현재 존재하는 경제체제는 자본주의 경제와 사회주의 경제이다. 하지만 1990년대 초 구소련의 붕괴로 인해 동유럽을 위시한 사회주의 국가들은 붕괴되었으며 중국의 경제개방 이후 사회주의 국가들의 시장경제 편입은 가속화되었다. 현재 사회주의 경제체제를 유지하고 있는 국가는 북한, 쿠바 정도라고 말할 수 있다. 사회주의 국가들이 그 부작용으로 인해 시장경제를 받아들이고 있기는 하나 사회경제체제는 과거 굉장히 이상적인 경제체제로 받아들여져 왔으며 지금도 장점은 유효하다. 또한 자본주의 경제도 최근의 시장실패를 본다면 단점이 없는 이상적인 경제체제라 말하기는 어렵다. 그래서 현재 두 경제의 장점을 접목한 혼합경제체제가 나타나게 되었다. 후진국에서는 자본주의보다는 사회주의를 접합시킨 혼합경제가 경제성장을 위해 더 좋은 경제체제가 될 것이다.

제 7 절 ■ 자본주의 시장경제체제의 장 · 단점

자본주의 시장경제체제에서 자본가들의 자유경쟁은 전통적인 생산방식을 고집하던 봉건제도를 넘어서 근대적인 대량생산체제를 구축하는 데 큰 역할을 하였다. 자본가들이 더 많은 이익을 얻기 위해서 노력함에 따라 그 사회는 점점 더 질 좋은 상품을 값싸고 풍부하게 공급받게 되었다. 자기이익추구의 이기심이 동기가 되어 각종 재화를 생산하는 자본가의 활동이 실은 '보이지 않는 손'에 의해 사회 전체의 이익을 증진시키는 결과를 가져오게 된 것이다.

한 사회를 구성하고 있는 사람들의 욕망은 무한하고 그 욕망을 충족시킬 수 있는 재화와 용역은 유한하다. 즉, 사회 전체에 있어서 욕망충족수단의 존재량은 경제적 욕망에 비해서 희소하다. 따라서 경제행위는 욕망충족수단의 희소성이라는 조건하에서 행하여지는데 이 희소한 수단을 가지고 무한한 욕망을 충족시키기 위해서는 그 사회에 일정한 질서가 존재하지 않으면 안 된다. 그 질서란 바로 가격의 성립이다. 모든 재화와 용역에는 각각 가격이 성립하며 그 가격을 기준으로 하여 경제활동이 이루어진다. 시장에서 가격이 성립하면 소비자와 기업은 이 가격을 기준으로 하여 재화를 수요하고 공급한다. 그리하여 재화의 수요와 공급은 가격의 등락에 의하여 조절된다. 그렇기 때문에 자본주의 시장경제는 시장의 수급조절메커니즘에 의하여 질서가 잡히고 있는 것이다. 자본주의 시장경제체제의 최대 특징은 가격체계인데 효과는 다음과 같다.

첫째, 가격에 의하여 경제를 계산할 수 있다. 둘째, 자동적인 수급조절작용이 가능하다. 셋째, 소비자주권의 원리가 작용한다. 넷째, 자유무역에 의하여 국제 분업의 이익이 생긴다. 가격은 재화와 용역의 상대적 희소성을 표시하는 신호이므로 합리적인 경제활동을 할 수 있다. 이것이 가격의 기능이다.

가격체계에 의하여 재화와 용역의 수급균형이 자동적으로 성립하여 경제의 질서가 유지되는 것이다. 개별기업에 대하여 품목별로 생산량의 목표를 정부에서 정하거나 원료, 자재의 배급 · 할당제도를 운영하기 위한 번잡한 통제기구를 둘 필요가 없는 것이다.

자본주의 시장경제체제는 단기간 내에 생산력을 증대시키고 국민의 경제생활을 향상시키는 데 큰 역할을 하였다. 반면에 많은 폐해도 가져왔다. 첫째, 노동자와 자본가 사이의 소득분배의 불균형이다. 자본가는 이윤을 증대하기 위하여 생산비를 인하하려고 한다. 그러기 위해서는 노동시간을 연장하거나 자동화기계를 투입함으로써 노동자 수를 줄여야 된다. 이로 인해서 노동자의 수입은 자본가의 수입에 비해서 상대적으로 감소하고 실업자가 발생한다. 그리하여 노사 간의 대립이 격화된다. 국가는 노동보호법의 제정이라든가 노동시간 및 노동임금계약에 대한 간섭 등에 의하여 노동자를 보호하는 정책을 제정하게 되었다. 또 국가는 누진세율을 적용하여 자본가 등 고액 소득자로부터 보다 많은 세금을 징수하여 실업수당, 사회보장 및 기타 복지시설에 충당하게 되었다.

둘째, 불황과 경제위기의 발생이다. 이것은 주기적으로 발생하는 것뿐만 아니라 그 규모도 커지게 되었다. 경제위기로 인해서 많은 기업이 파산한다. 불황이 계속되고 상당한 기간이 경과한 다음 경기는 다시 회복되어 호경기에 이른다. 그러나 호경기도 절정에 달하면 또다시 불황이 오게 된다. 이와 같은 주기적 변동을 경기변동 또는 경기순환이라고 한다. 기업 간 자유로운 경쟁상태에서는 불황 속에 경기회복의 싹이 저절로 나게 된다. 자유경쟁하에서는 수요가 감소하면 가격이 하락하고, 수요가 증가하면 다시 가격이 상승한다.

제 8 절 ■ 사회주의 계획경제체제의 장 · 단점

사회주의 계획경제체제에서는 생산 · 소비 · 유통 등 경제활동의 과정이 무계획적으로 사적인 이윤동기에 의해 움직이는 시장기구를 통해 결정되지 않고 사회적 목적과 의사가 반영된 당국의 경제 계획에 의해 사전적으로 결정된다. 개인의 물질적 동기보다 상위에 위치하는 사회적 본능이 계획에 반영되며 시장은 이를 위한 유용한 도구에 불과하다.

이러한 경제체제하에서는 생산수단의 사회적 소유와 중앙의 경제계획으로 완전고용이 지속적으로 유지될 수 있다. 생산의 과잉, 과소 등 경기변동이 통제되므로 경제활동은 항상 안정적으로 적정한 수준이 유지된다. 이는 사회주의 경제가 시장기구에 의존하지 않아야 한다는 점을 시사한다. 또한 저축, 투자, 투자재원의 배분 등을 계획에 의해 조절할 수 있으므로 경제발전의 속도와 방향에 있어서 자본주의 시장경제체제보다 우월하다. 또한 사회적 정의가 실현되고 실업의 불안이 없으므로 사회구성원 모두가 열심히 일하게 되어 자본주의 체제에서 나타나는 파업, 자발적 실업 등에 의한 경제적 손실을 줄일 수 있다.

노동자를 사회적 재산의 공동소유자이며 생산과정의 궁극적인 지배자로 간주하므로 노동자와 사용자 사이에 분열이 있을 수 없고 자긍적인 분위기 속에서 노동에 임하게 된다. 모든 사람은 인간적인 생활을 영위하는 데 필요한 재화와 용역을 제공받고 재산의 소유 여부에 따라 인격을 평가받지 않으므로 인간의 존엄성이 보장된다. 그 이유는 재산소득 가운데 불로소득이 없고 교육, 의료 등의 기회가 균등하게 제공되므로 공평한 소득분배가 실현되기 때문이다. 또한 기업가의 사적인 이윤동기에 의해 노동자가 이용당할 수 없다.

사회주의 경제체제에서는 모든 경제적 결정이 당과 관료에 의해 이루어지므로 자원배분의 결정은 합리적 · 경제적 목적보다 정치적 · 이념적 목적이 우선한다. 또한 칼 마르크스(Karl Marx)의 노동가치설에 관념적으로 지배되어 노동 이외의 생산요소가 갖는 희소성과 경제적 가치가 과소평가된다. 중앙계획의 수립과 집행을 위해 방대한 계획기구와 행정기관이 필요하게 되는데, 이에 따라 개인의 정치적 · 경제적 자유가 제약되고 계획의 획일성은 독재정권의 수립을 가져다준다. 국가계획에 의해 자원배분과 생산이 이루어지므로 잘못된 판단에 의한 의사결정의 결과는 경제 전체에 파급된다. 그러나 시장경제체제에서와 같은 자동적 오류수정장치가 존재하지 않기 때문에 계획기간 중 이의 수정이 제한되거나 불가능하게 된다. 그리고 인위적인 오류의 수정은 정치적 · 행정적 · 기술적 문제를 야기하므로 현실적으로 극히 제한된다.

경쟁과 기업의 이윤추구동기가 결여되어 있으므로 기업은 자본축적과 모험의 동기가 없으며, 계획에 따라 목표량이 설정되기 때문에 조잡하거나 저질의 불량품이 발생되고, 사유재산이 허용되지 않으므로 기술적 · 동태적 효율성도 자생적으로 발생할 수 없다. 중앙당국의 계획에 의한 생산이므로 소비자의 의견은 무시되고 서비스만족과 애프터서비스 등이 고려되지 않아 소비자주권 및 만족의 결여가 발생된다.

제 9 절 ■ 소결

인류의 경제발전과정에서 자본주의 시장경제체제와 사회주의 계획경제체제는 가장 대표적인 경제체제이다. 두 체제를 바탕으로 혼합경제체제, 사회주의 시장경제체제, 자본주의 계획경제체제도 발생하게 되었다고 볼 수 있다.

그러나 어떠한 경제체제도 시간이 흐름에 따라 그 성격이 변하게 되고 마침내는 근본적인 속성의 변화에 따라 다른 체제로 바뀌게 된다. 자본주의와 사회주의 역시 이러한 변화과정을 거치고 있다. 자본주의 시장경제는 계획화를 강화하고 있으며, 사회주의 경제도 분권화와 시장경제적 요소의 도입에 의한 자유화가 진행되고 있어 두 체제는 그 중간인 혼합체제를 향해 상호 접근하는 것이 오늘날 세계경제의 추세이다. 그러나 주의해야 할 것은 이러한 변화가 단지 경제적 요인에 의해서만 작용하는 것은 아니라는 점이다. 정치적 · 경제적 · 사회적 · 문화적 · 역사적 제 요인이 함께 어우러져 작용하게 된다. 따라서 어떠한 경제체제를 구상하고 설정할 경우에는 이러한 여러 가지 측면들을 동시에 고려해야 한다.

더 이상 자본주의 경제와 사회주의 경제 어느 한쪽만을 고수하는 시대는 지났다. 국가경제가 살아남기 위해서는 한 경제체제에 다른 경제체제를 혼합하는 혼합경제체제가 절실히 필요하다고 판단된다. 오늘날 사회주의 국가들은 대부분 몰락의 길을 걸었고 자본주의 역시 세계적 경제위험에 처해 있다. 그리고 월가의 위기와 중국의 G2 부상은 아직 어느 체제가 더 훌륭한지 단언하기 힘들게 만들고 있다. 그러므로 오늘날 지속가능한 발전을 위해서는 두 가지 체제의 장점을 선별하여 혼합한 혼합경제체제가 더욱 필요할 것이라고 보는 것이다.

03
Chapter

CSR의 발전과정

앞서 우리는 CSR의 의미에 대하여 살펴보고 그에 대한 다양한 정의에 대하여 살펴보았다. 종합해 보면 CSR은 다양한 개념을 담고 있으며, 정의하기 어려운 모호한 특성이 있지만 그것은 기업행위에 대한 구분이며 시대에 따라 다르게 보일 뿐 전체적인 내용은 기업의 선(善)을 강조하고 있다는 것을 확인할 수 있었다. 이제 우리는 CSR의 역사와 발전과정을 살펴볼 필요성이 있다. 그 이유는 CSR을 논의하고 효과적으로 이해하기 위해서는 이들의 성장과정을 이해함으로써 궁극적으로 CSR이 왜 지금 이슈가 되고 있는지를 알아야 하기 때문이다.

역사는 작게 보면 나라들의 흥망성쇠지만 넓게 보면 모든 인간의 삶의 집합이라 할 수 있다. 과학자의 삶을 보면 과학을 배우는 것이고 작가의 삶을 보면 문학을 알게 되는 것처럼 말이다. 교육의 효율을 위해 수학, 과학, 미술 등 과목을 나누지만 역사를 통해 우리는 모든 지식을 습득할 수 있다. 또한 역사는 과거의 사건들을 통해 지금 우리에게 필요한 교훈을 주며 시간이 흐르면서 우리가 알고 있는 이러한 교훈들이 하나의 형태로 정형화되어 가는 것이다. 그러므로 이 책에서는 역사적 교훈을 토대로 CSR의 발전과정을 주목해야 한다고 강조한다.

제 1 절 ▪ CSR 개념의 발달과정

CSR 발전과정의 논의를 체계화한 학자로는 De Bakker et al.(2005)이 대표적이다. 그들은 CSR에 대한 연구를 계량서지학(bibliometrics)으로 실증분석하였다. 계량서지학[01]은 주로 서지학[02]의 통계연구로부터 시작되었으며, Pritchard(1969)에 의해 "도서와 다른 커뮤니케이션 미디어에 수학 및 통계방법을 적용하는 학문"으로 정의되고 있다.

De Bakker et al.의 분류방식으로 CSR의 발전과정을 연속성(progression), 다양성(variegation), 규범성(normativism)의 3단계로 크게 나눌 수 있다.

첫째, 연속성단계(1950~1960년대)이다. CSR에 대한 사회적 인식은 오래전부터 있어 왔지만 이 시기에 와서야 그 개념이 정의되기 시작한다. 주로 기업의 사회적 책임에 대한 일원적인 고찰로 기업과 사회에 대한 개념적 정의와 연관성에 관한 논의가 주를 이루는 시기이다. 대표적으로 Elles & Walton(1961)은 CSR을 기업과 사회의 관계를 조정하기 위해서 바람직한 일에 기업을 영위하고 투영하여 윤리적 원칙을 다하는 것이라 정의하였다. McGuire(1963)는 기업이 사회에 대한 경제적 · 법적 의무를 다하는 것뿐만 아니라, 이러한 의무 이외에 전체사회에 대한 전반적인 책임을 다하는 것이라고 주장하였다. 특히 그는 기업의 사회봉사를 강조하였다. 따라서 1960년대에는 CSR의 개념을 확립하고 일편적인 관

01 계량서지학(bibliometrics)은 문헌의 분석을 위해 수량적인 방법을 적용하는 학문으로 인용분석(인용색인, 서지결합법, 동시인용법), 로트카의 법칙, 지프의 법칙, 브래드포드의 법칙, 문헌의 수명감소법칙, 핵심과 분산분포 등이 널리 사용되고 있다. 특히 인용분석법은 문헌정보학 분야에서 효율적인 문헌관리를 위한 기초자료를 계량적으로 측정하여 제시한다는 점과 문헌의 객관적인 가치와 신빙성의 인식이라는 측면에서 긍정적으로 평가되고 있다.

02 서지학(書誌學, bibliography)은 책을 물질적 존재로서 조사하고 연구 · 기술하는 과학이다.

점에서 기업의 역할을 부여하는 하나의 개념을 제시하였다는 데서 의의를 찾을 수 있을 것이다.

둘째, 다양성단계(1970~1990년대)이다. 이 단계에서는 CSR이 사회적으로 관심을 받기 시작하면서 다양한 개념으로 불려졌으며, 실증적 개념을 통해 CSR에 대한 해석을 보다 구체화하였고 다양한 개념을 통해 독자적으로 해석하려는 시도가 많았다. 또한 기업윤리, 지속가능발전(sustainable development), 기업자선(corporate philanthropy), 이해관계자모형(stakeholder model) 그리고 사회적 책임성(social accountability)과 같은 대안적 정의를 도입하여 CSR을 유기적으로 해석하려는 시도가 있었다.

Sethi(1979)는 McGuire(1963)의 협의의 관점에서 더 나아가 기업의 사회적 책임은 사회 · 환경문제를 해결하고 윤리원칙을 준수하는 것이라고 간주하고, 궁극적으로 기업의 법률적 · 경제적 의무를 넘어서 사회적 규범이나 가치, 그리고 사회적 기대와 조화를 이룰 수 있는 기업행위라고 말했다. 이는 Carroll(1979)의 '기업수행의 3차원 개념모델'에서 체계화되는데, 그에 따르면 기업의 사회적 책임은 경제적 책임, 법적 책임, 윤리적 책임으로 나누어진다. Mcfarland(1982)는 기업의 사회적 책임을 개인, 조직, 사회제도들 간의 상호의존성의 인식과 그러한 인식을 도덕적 · 윤리적 · 경제적 가치의 틀 내에서 행동으로 옮기는 것이라고 주장하기도 하였다. Swanson(1995)은 자선적 기부활동이나 직원 복지정책 등과 같은 사회적 책무로서의 접근이 결국은 기업의 힘을 과시하고 표현하는 것이라고 정의하였다.

이는 기업의 사회적 책임에 대한 개념의 핵심구조를 이해하는데 지속적으로 기여를 하였지만 근본적 의미를 변화시키지는 못하였다. 연속성단계와 비교해보면, 다양성단계에서는 기업의 사회적 책임에 대한 개념을 새로운 개념들 간의 연관성을 통해 설명했을 뿐만 아니라 왜 기업이 사회적 책임을 이행해야만 하는지에 대한 도덕적 정당성을 제공하고 있다. 이를 통해 CSR이 사회적 관심의 대상이 된 점과 학계에서 주요 연구대상으로 삼았다는 점에서 의의를 찾을 수 있을 것이다. 다만, "사공이 많으면 배가 산으로 간다"는 속담처럼 사회현상들이 복잡화되면서 너무 많은 학자들의 개념 정리로 인해 CSR이 더욱 모호한 개념으로 자리하게 되었다.

셋째, 규범성단계(2000년~현재)에서는 CSR을 현대 경영의 중심으로 보고, 단순 재무성과 측정과 같은 경제적 책임을 넘어 보다 구체적인 CSR의 모델과 측정을 위한 실용적 접근을 시도하였다. 왜 사회적 책임에 우리는 주목해야 되는지를 연구한 Vogel (2005)의 연구를 비롯해, 다양한 실증연구들이 지속적으로 진행되고 있다. 최근에는 CSR의 개념이 보다 진일보하여 기업의 시민의식(CC : Corporate Citizenship)으로 다뤄지면서 도덕적 · 윤리

그림 3-1 ▎시대별 CSR 정의에 따른 명칭의 변화 양상

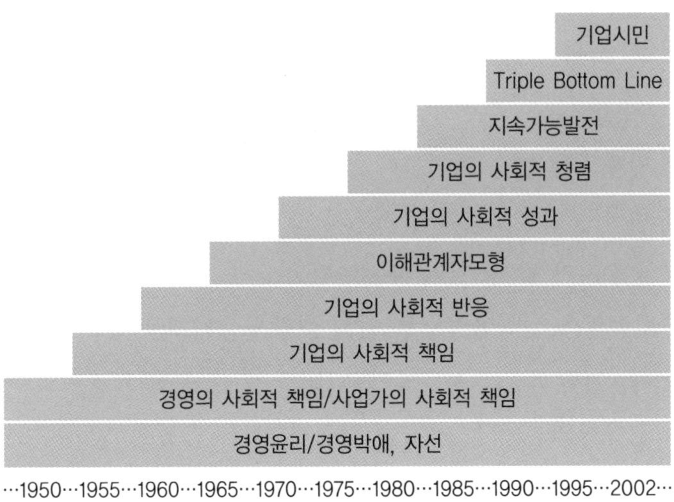

출처 : De Bakker et al.(2005), A Bibliometric Analysis of 30 Years of Research and Theory on Corporate Social Responsibility and Corporate Social Performance.

적 · 종교적 관점과 관련하여 기업의 사회적 책임은 명료한 규범적 인 특징들을 갖고 있다고 한다. 이때 고려되는 것이 이해관계자와 기업의 관계이다. [그림 3-1]은 시대별로 CSR의 발전과정에 따라 정의와 개념이 어떻게 변화하고 있는지를 보여주고 있다.

제 2 절 ▪ CSR의 시대적 발전과정(CSR 5.0)

1. CSR 1.0 : 도약기

CSR의 발전은 주주중심 자본주의에서 출범해 왔다고 해도 과언이 아니다. 주주중심 자본주의란 말 그대로 주주중심의 관점에서 자본주의가 시작한다는 것이다. 우리가 흔히 알고 있는 "회사를 위해 주주가 존재한다"가 아니라 주주중심 자본주의 사회에서는 "주주를 위해 회사가 존재한다". 즉, 주주들을 중심으로 주주에 의한, 주주를 위한, 주주의 회사가 되어 그들이 바라는 방향으로 사업이 진행되는 것을 의미한다. 그러나 이것에도 어폐가 있는데 주주가 원하는 방향으로 무엇이든지 할 수 있다는 것이 다른 사회적 문제의 소지가 될 수 있기 때문이다.

자본주의는 산업혁명으로 인해 대량생산체제와 함께 탄생을 하게 된다. 아담 스미스는 '보이지 않는 손' 을 통한 자기이익추구가 사회에 유형의 이득을 가져올 것이며, 이를 공동선이라고 보았다. 그러나 시장경제체제는 재화와 용역의 균형점을 가져오는 합리적 수요공급에 이바지한다는 점에서는 의의를 갖고 있지만, 기업이 항상 공정하고 윤리적으로 행동하지는 않는다는 점을 간과하였다.

무엇보다 20세기 초부터는 기업의 규모가 커지게 되면서 아담 스미스의 논리는 힘을 잃어갔다.

이때 미국과 영국을 위시한 이른바 영미법 국가들은 주주중심의 자본주의를 도입하게 되며, 주주들은 막강한 기업의 배경을 중심으로 권력을 소유하게 되었다. 이들은 소위 말하는 독과점(monopoly)과 카르텔(cartel)[03]을 통해 시장지배력(market power)을 증대하였고, 결국 경제적 측면을 넘어서 정치 · 사회로 그 영역을 확대하게 되었다. 이러한 기업의 단순한 자기이익추구는 결국 시장의 실패를 불러일으켰고, 기업의 책임은 단순히 경제적 책임을 넘어 그 이상의 것이 존재할 것이라는 기업의 사회적 책임에 대한 태동이 시작되었다. 이때 법적으로나 윤리적으로 문제가 있는 기업과 주주가 출현하면서 사회적 반성을 하자는 공감대가 형성되었고, 지금처럼 CSR이라고 명명하지는 않았지만 이와 같은 개념이 사회운동으로 발전하게 되었다.

03 기업 상호 간의 경쟁을 피하기 위한 목적으로, 동종 또는 유사산업 분야의 기업 간에 결성되는 담합을 말한다.

2. CSR 2.0 : 전환기

CSR의 개념이 막 태어난 시기로 미국에서는 기업의 자선행위에 대해서조차 제한적 시각이 존재하는 시기라고 볼 수 있다. 이는 미국의 법률이 영국법에 기초하였기 때문이다. 당시 영국에서 기업의 자선이라는 것은 인간적 노력이 아니라 회사에서 은퇴하는 이사들에게 제공되는 선물을 의미하였다(Schwartz, 1996). 따라서 이러한 의식 속에서 자선은 기업이 아니라 개인이 해야 되는 것이었기 때문에 주주들은 기업의 기부나 사회공헌행위를 엄격하게 제한하거나 지양하게 되었다.

이러한 주장을 뒷받침해 주는 한 가지 사례로 1881년 매사추세츠 대법원은 철도회사가 지역음악악기회사의 행사에 협찬을 해주는 것을 불허했는데, 이 같은 판결은 두 회사의 기업헌장에는 이들의 참여를 허가하는 내용이 없었기 때문이었다(Himmelstein, 1997). 악기회사는 협찬을 받음으로써 더 양질의 음악회를 개최할 수 있고, 철도회사의 경우도 협찬을 해줌으로써 지역사회에 공헌할 수 있음에도 불구하고 주주의 이익에 반하는 행위는 용납될 수 없다는 당시의 사회적 가치를 반영한 판결인 것이다.

이러한 사례에서 알 수 있듯이 이 시기에는 성숙되지 않았지만 하나의 개념으로 CSR이 다가왔다. 그러나 아직 왜 해야 되고, 무엇을 해야 하는지에 대한 사회적 논의는 미숙했던 시기로 볼 수 있다. 그러나 이러한 시기를 거치게 되면서 이후 CSR은 전환점을 맞이하게 된다.

3. CSR 3.0 : 과도기

이 시기는 CSR이 아직 활발히 논의된 시기는 아니지만, 체계화 및 시금석으로 삼을 수 있는 계기가 되는 시기이다. 1953년 하워드 보웬(Howard Bowen)은 그의 저서인 『Social Responsibility of the Businessman』에서 "사회가 기업인들에게 기대하는 책임은 무엇인가?"라는 질문에 다음과 같이 답한다. "사회적 책임은 우리 사회의 목표와 가치에 부합하는 정책들과 의사결정에 따라야 하는 기업인의 의무이다." 이는 기업의 이익 차원을 넘어서 한 차원 높은 기업의 책임을 강조한 것으로 해석할 수 있다. 이 당시만 해도 주주의 이익을 저해하는 기업의 활동은 법적으로 제한을 받던 시기였기 때문에 보웬의 주장은 당시 획기적인 사건으로 여겨졌으며, 이 때문에 수많은 학자들에게 공격의 대상이 되었다. 그러나 이들의 공격행동은 결국 법이라는 테두리 안에서 당위성을 찾을 수 있었지만, 이를 뒤엎을 수 있는 판결이 내려지면서 CSR은 새로운 국면에 접어들게 된다.

그 국면전환의 사건이란 이렇다. 1953년 미국의 재봉틀회사인 A.P. Smith사는 미국의 명문대학 중 하나인 프린스턴대학에 1,500달러를 기부하였다. 그런데 A.P. Smith사의 주주 중 Barlow는 주주의 이익을 침해한다는 이유로 무효소송을 제기하였다. 이에 해당 법원인 뉴저지 법원은 기부행위가 직접적인 이익과는 무관하지만 사회적 책임의 범주로 인정된다는 판결을 내렸다(Himmelstein, 1997). 이러한 판결은 자본주의의 근원지인 미국에 큰 반향을 일으켰다. 이 사건을 계기로 미국 내의 기업의 자선활동은 법적으로 인정받아 전국적으로 확산되기 시작하였고, 이후 미 회사법은 기업자선활동을 대폭 허용하는 방향으로 개정되기 시작한다.

이러한 판결은 기업의 사회적 역할이 직접적 이익의 원칙에서 전체이익의 원칙을 의미하는 공리주의로 변화되었음을 시사한다. 이는 비영리조직의 번성이 미국의 민주주의 발전에 핵심적인 역할을 하고 있음을 감안할 때, 기업은 사회와 분리되는 것보다 건전하게 발전하는 사회 속에서 함께 발전하는 것이 유리하다는 인식을 심어 주는 시기이기도 했다.

특히 기업이 사회적 책임에 대한 관심보다는 주주들에게 더 많은 경제적 이익을 줄 수 있도록 이윤추구에 전념해야 한다는 프리드만과 같은 경제학자들의 주장에 반기를 들었던 시기이기도 하다.

4. CSR 4.0 : 성장기

1970년대 이후에는 CSR이 성숙한 개념으로 성장하게 된다. 기업의 핵심적 활동이 아니라고 볼 수 있는 사회공헌활동이나 혹은 소비자와 같은 핵심이해관계자가 아닌 지역사회나 시민단체들과의 관계 논의가 집중되는 시기이다. 논의의 핵심은 기업이 경제적 책임 이상의 책임을 소유하고 있기 때문에 대중적으로 인지도가 높은 기업은 대중을 만족시키는 책임이 있다는 것이다. 이러한 만족에는 기업이 생산하는 제품뿐 아니라 다양한 사회적 활동도 포함한다.

이러한 내용을 주장하는 대표적인 학자로서 Johnson(1971)은 사회적으로 책임 있는 기업은 경영진이 이윤추구에 있어 균형적인 시각을 가지고 주주들의 이익만이 아닌 종업원, 하청업자, 판매원, 지역사회, 그리고 국가의 이익을 생각해야 한다고 말한다. Steiner(1971)는 기업의 사회적 책임이 단기적인 자기이익추구와 구분되는 '계몽된 이기심(enlightened self-interest)'과 사회적 이익을 추구하는 철학이라고 주장한다. 계몽된 이기심은 기업에 의한 사회적 공헌활동 등 직접적으로는 이익에 연결되지 않지만, 장기적으로 보았을 때에는 어떠한 형태로든 기업의 이익에 연결되는 이익을 뜻한다.

1980년대 들어서는 사회의 기대에 미치지 못하는 기업이 등장하게 되면서 사회적 책임에 대한 논의가 규정되고 정의와 관련된 논의보다는 구체적인 실행방안이나 대안모색과 같은 구체적인 형태의 논의로 발전하게 된다. 또한 1980년대에 환경에 관한 문제가 대두되면서 기업이 기존의 경제적 · 사회적 책임뿐만 아니라 환경적 책임까지 아우를 수 있는 포괄적 책임(comprehensive responsibility)을 져야 한다는 인식이 생겨나게 된다. 당시 산업화에 따른 성장이 중요시되다 보니 환경파괴나 기업의 무책임 등은 사회적 이슈가 되지 못하였다. 그러나 자원의 고갈문제, 환경에 대한 보전, 환경에 관한 비즈니스 발달 등이 복합적으로 이루어지면서 환경 또한 중요한 이슈로 평가받기 시작했다.

1990년대 들어서 CSR은 조금 더 성숙하게 된다. 이른바 한 국가나 한 기업에 국한되었던 문제가 국제사회나 다양한 기업으로 확대되는 시기이다. 예컨대 국제기구에서 사회적 이슈를 포괄하기 위한 이니셔티브를 창설한다든지 하는 사례가 증가하였다. 지속가능발전세계정상회의(WSSD)[04]에서는 균형적인 자연생태계와 사회생태계에 대한 논의가 제기되었다. 여기서 경제성장과 인구성장으로 더 이상 지탱할 수 없는 지구의 한계가 언급되었으며, 그 대안으로 제시된 것이 성장 자체에 변화를 촉구하는 것이었다. 유엔개발계획(UNDP)[05]에서 인류개발에 초점을 맞춘 과정(사회통합, 고용창출, 빈곤퇴치)을 다루는 기관이 생겨나게 된 시기도 이때이다.

04 WSSD : World Summit on Sustainable Development, 지속가능발전세계정상회의

05 UNDP : United Nations Development Programme

5. CSR 5.0 : 성숙기

얼마 전까지만 해도 CSR은 불합리하고 완성되지 못한 개념으로 취급받아 왔지만, 이제 CSR은 완전한 개념으로 자리 잡고 있다. 구체적으로는 2000년대로 볼 수 있는 시기로 학계, 산업계, 정부 등의 많은 주체들에 의해 CSR에 대한 연구나 논의가 활발하게 이루어지고 있다.

이 시기에는 각국 정부의 보다 적극적인 CSR 정책들이 나오기 시작한다. 영국의 CSR에 대한 논의는 1930년대부터 시작되어 1970년대의 '환경보호주의', 1990년대의 '지속가능한 발전'을 거쳐 CSR이라는 오늘날 현대적인 개념으로 발전하였다. 영국은 정부정책으로 CSR이 크게 발전하였다. 영국정부는 2001년 세계 최초로 CSR 장관까지 임명하여 기업들이 '법적 의무 이상의 행동'을 하도록 장려하는 책임을 부여하였다. 2004년에는 통상산업부 주도로 정부, 기업, NGO, 노동 등으로 구성된 CSR Academy를 설립하여 훈련과 개발, 정보제공을 목적으로 하는 교육을 수행하

고 있다. 2001년 7월에 시행된 '1995년 연금법'의 개혁과 2005년 3월에 도입된 '기업운영 및 재무보고(OFR : Operating and Financial Review)' 제도를 통해 사회책임투자와 기업들의 책임 있는 행동을 독려하였고, 2001년부터 지속가능성에 관한 최초의 정부보고서 발간을 시작하였다.

미국에서는 주주의 이익을 우선시하는 역사적 전통에 따라 윤리경영, 투명회계 등을 중심으로 기업의 사회적 책임관련 규제를 강화하고 있었다. 미국에서 CSR의 개념이 정립되기 시작한 것은 1950년대부터이다. 이후 1960년대에 소비자와 노동자를 적극적으로 보호하는 법안이 만들어지면서 CSR을 강조하는 사회적 분위기가 조성되었다. 이후 사회적 정당성 위기에 따라 법안을 정비하여 규제를 강화해 왔다. 1977년에 해외 부패방지법을 시작으로 기업윤리 행동원칙(1986), 내부비리 고발자보호법(1989), 조직의 범죄에 대한 연방판결 가이드라인(2004 개정), 증시 상장 시 윤리경영의무화(2001), 기업회계 · 투자보호법(Sarbanes-Oxley Act) 등을 차례로 제정하였고, 2001년 엔론(Enron) · 월드콤(WorldComm) 회계부정사건 이후 회계법인에 대한 감시와 CEO와 CFO 처벌을 강화했다. 각 국가별 발전과정은 다음 장에서 상세히 알아보도록 하자.

PART 02

Corporate Social Responsibility

CSR의 전략

Corporate Social Responsibility

Chapter 04

국가별 CSR 전략

본 장에서는 국가별 CSR의 발전과정을 통해 CSR의 국가별 특성을 살펴본다. 그리고 CSR의 중심지라고 볼 수 있는 미국을 위시하여, 유럽 최고의 부국인 독일과 영국을 살펴본다. 그리고 가깝지만 먼 이웃 중국, 일본에 대한 사례도 살핀다. 마지막으로 우리나라의 발전과정을 살펴본다.

각 기업들의 CSR 전략에 대해 분류를 해본다면, 먼저 그간 축척해온 자본과 역량을 가지고 인류사회에 유익한 사업 자체로서 새로운 변환(transformation)을 실행하고 있는 기업, 기업의 고유역량을 활용한 특화된 CSR활동을 하는 기업, 기업활동으로 인한 사회적 · 환경적 폐해를 복구하려는 노력과 활동에 집중하는 기업, 그리고 다양한 영역에서 백화점식 CSR활동을 하고 있는 기업 네 가지로 나눌 수 있을 것이다.

각국 기업들의 CSR경영사례에 대해서는 저자의 판단과 평가를 덧붙이지 않았고 기업에서 제공한 자료와 원고를 있는 그대로 수록하였다. 그렇게 함으로써 각 기업들의 CSR 철학과 정책에 대한 판단과 평가는 독자들이 직접 할 수 있도록 하였다.

그림 4-1 | CSR의 4가지 전략 구분

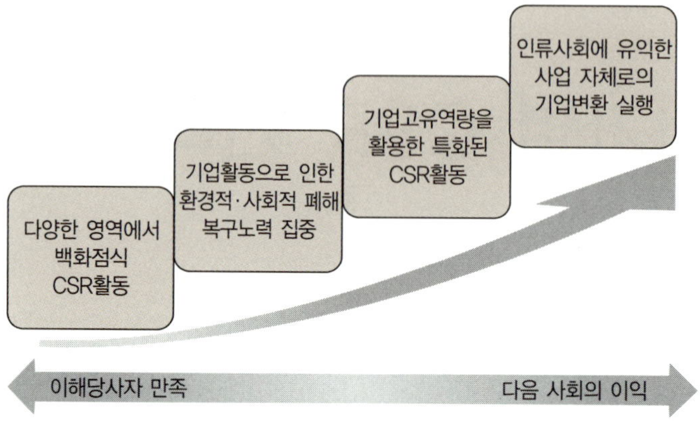

제 1 절 ■ 미국

1. 미국의 CSR[01]

01 이상민(2008)의 자료를 요약 · 정리하였다.

미국의 CSR의 특징은 기업의 자발적인 활동에서 시작하였다. 미국은 CSR의 근거지이면서 가장 활발한 국가이기도 하다. 기업의 기부 및 자선활동이 매우 활발하며, 기업 주주의 이익을 최우선으로 보장하는 차원에서 윤리경영이 강조되었다.

미국에서는 자발적 봉사정신과 자선적 기부에 오랜 역사를 가지고 있어 CSR활동에서도 기부활동이 중요한 위치를 차지하고 있다. 20세기 초반부터 기업의 기부와 관련된 제도적 인프라가 정비되고 지역사회에 대한 공헌이 경영이념 중의 하나로 강조되어 왔기에 CSR이 양적인 측면에서나 질적인 측면에서나 이미 상당한 정도로 발전해 왔다.

미국에서 기업기부가 연간 총기부금에서 차지하는 비중은 경기 상황이나 기업구조조정 등에 의해 영향을 받기도 하였으나, 1965년 이래 평균 5% 수준을 유지하고 있다. 그만큼 개인들의 기부문화가 저변에 깔려 있기 때문에 기업들의 CSR 역시 매우 자율적인 성격을 보인다. 따라서 미국에서는 정부가 CSR활동에 직접적으로 관여하지 않는다. 대신 NGO, 민간의 SRI 펀드, 대형 금융기관 및 연금기금 등이 기업활동에 직접적으로 관여하는 민간중심의 CSR이 발달하여 왔다.

이러한 배경에는 1980년대 이후 미국의 CSR이 정부나 개인이 아닌 캘퍼스, 즉 캘리포니아 공무원연금기금(CalPERS : California Public Employee Retirement System)과 같은 연기금이나 노조기금을 배경으로 하는 기관투자가들에 의해 주도되고 있다는 사실이 존재한다. 실례로, 미국 금융시장에서 기관투자가가 차지하는 비율은 1950년 전체 주주권의 6.1%에서 2002년 50%를 상회하고 있다. 여기서 무엇보다도 중요한 사실은 미국의 기관투자가들은 CSR 수행을 기업가치 제고의 측면에서 접근한다는 점이다. 기관투자가들은 투자기업의 가치를 높이기 위해 기업지배구조에 특별한 관심을 가지고 소액주주들을 대신하여 회사 영업의 양 · 수도와 같은 중요한 사항에서부터 임원의 선임 및 해임 여부 같은 경영감독은 물론 경영진의 경영부실에 따른 책임을 추궁하는 역할을 담당한다. 이렇듯 수익률로부터 자유롭지 못한 기관투자가들이 주역으로 등장하면서 미국에서의 CSR 개념은 사회적으로 책임 있는 기업이 기업가치를 끌어올려 장기적으로는 주주에게도 더 많은 이익을 가져다준다는 원리로 작동되는 것이다. 따라서 미국의 CSR 개념은 수익성, 리스크관리, 주주가치 등의 기준에 초점을 맞추고 있다(O' Rourke, 2003).

한편, 1990년대 이후부터 현재까지 미국의 기관투자가들은 관심의 초점을 사회책임투자(SRI : Socially Responsible Investment)에 맞추고 CSR 문제를 수익률 증대부분에 연관시키려는 시도에 적극적으로 나서게 된다. 사회책임투자는 펀드에 투자자와 신탁자가 투자를 하고 그 자금이 사회적 책임의 원칙을 지키는 기업들에 투자되면 기업들이 자금조달비용을 낮추기 위해 사회적 책임 원칙을 지킬 유인이 생긴다는 경제적 요소와 사회적 요소가 결합된 개념으로 '선별투자', '주주행동주의', 그리고 '공동체투자' 등 세 가지 방식으로 진행된다(Domini, 2001).

지난 10년간 사회책임과 환경관련 선별투자 뮤추얼펀드들은 규모 면에서나 다양한 선별기준 제공 등 모든 면에서 지속적으로 급성장하고 있다. 주류 금융운용자들 역시 그들의 투자결정에 사회적 성과 및 환경성과를 포함시키는 경향이 증대하고 있다. 기관투자가들은 점점 더 그들의 포트폴리오가 들어간 기업의 주인으로서 적극적인 자세를 취하고 있으며, 환경과 사회, 기업지배구조와 같은 이슈에 주주결의안을 상정하고 지원하고 있다. 미국에서는 2005년 말 현재 총 201개의 SRI 펀드가 활동 중이며 그 규모는 2조 2,900억 원에 달하고 있다. 이는 2005년 미국 내 전문적인 펀드운용기관이 투자한 전체금액의 약 10%에 해당하는 액수이다(Social Invest Forum, 2006).

미국의 CSR이 가지는 특성은 CSR을 위한 법적 규제나 강제조치에 대해 대부분의 기업들이 반대하고 있으며 대신 자발성을 강조하고 있다는 점이다. 정부 역시 CSR 문제에 있어 미미한 보조역할만을 수행하고 앞장서는 것을 꺼리는 경향이 크다. 미국의 경우 CSR에 관한 인식이 높아졌다고해서 이것이 수익보다 책임을 중요시한다는 단순한 의미는 아니다. 그보다는 수익과 CSR이 분리되는 것이 아니라 양립할 수 있다는 경험적 학습의 결과이다. 더욱이 사회적 책임을 실천하는 기업이 더 큰 수익을 올린다는 실제 경험이

자본주의적 기제와 맞물리면서 주저하던 기업들마저 CSR에 적극적으로 참여하고 있다. 특히 미국의 경우 전 세계기업들의 미국화 추세로 인하여 마치 미국의 CSR이 국제표준인 것으로 간주되는 경향이 있다.

현재 미국정부는 기업의 글로벌화에 따른 CSR 지원에 초점을 맞추고 있으며, 미국기업들의 글로벌화 · 다국적화가 활발하게 증가하면서 기업 및 정부의 글로벌 CSR 역할을 강조하고 있다. 미국 연방정부 12개 기관에서 약 50개 지원 프로그램을 운영 중인데, 각 지원 프로그램은 크게 다음과 같은 4가지 활동으로 분류된다. 첫째, 보증(endorsing)이다. 보증활동은 글로벌 우수기업 시상을 의미한다. 둘째, 활성화(facilitating)이다. 이는 CSR 정보제공, CSR 이슈 노력에 대한 보상을 의미한다. 셋째, 파트너링(partnering)이다. 이는 공공-민간 파트너십 지원이다. 마지막으로 규제(mandating)이다. 이는 CSR 관련 이슈 규제, 참여기업에 한해 CSR 위임관리를 의미한다.

2. 미국기업의 CSR 사례

1) GE

우리에게 에디슨이 창립한 회사 제너럴 일렉트릭(General Electric)으로 널리 알려진 GE는 이제 혁신적인 의료기술과 서비스를 제공하여 환자 케어의 새 시대를 열어가고 있는 기업이다. 의료영상기술과 정보기술, 의료진단법, 환자관측시스템의 성능 개선, 신약개발, 라이프사이언스 관련 의약품 제조기술부문을 전문으로 하여 세계 각지 의료인들이 더 적은 비용으로 환자들의 삶의 질을 최대한으로 끌어올릴 수 있게 하고 있다. 이 밖에 GE는 보건전문가들과 협력하여 지속가능한 보건제도로의 성공적인 전환을 위해 필요한 글로벌정책 변화를 지원하고자 노력하고 있다.

미국에서는 해외진출기업들이 현지화에 성공하기 위하여 다양한 사회공헌활동을 전개해 나가고 있다. 이러한 다양한 사회공헌활동을 보면 기업의 사업방향과 특성에 부합되는 활동들이 주를 이루게 되는데 그 대표적인 예가 GE이다. GE는 '저개발국가의 의료환경 개선'을 화두로 삼아 성공적인 활동을 펼친 기업 중 한 곳으로 평가받고 있다. GE는 단순한 비즈니스가 아닌 사회공헌사업 'DHG(Developing Health Globally)'를 기반으로 아프리카 시장 진출에 성공하였다. 해당 사업은 의료 인프라가 취약한 국가의 의료환경 개선에 중점을 두고, 새로운 시장에 대한 비즈니스 경험을 쌓는 글로벌 사회공헌활동이다.

GE는 지역사회에 기반을 둔 자원봉사활동 외에도 에너지와 환경문제를 해결하면서 자체 사업을 성장시키는 친환경성장시책 Ecomagination[02]을 2005년 발표하며 녹색성장을 주도해 오고 있다. 또한 범세계적 과제인 보건의료문제를 해결하기 위하여 Healthymagination을 2009년 출범시켜 의료비용을 낮추고 의료

02 환경과 생태를 의미하는 ecology와 GE의 슬로건인 '상상을 현실로 만드는 힘(imagination at work)'의 앞 글자를 조합해 만든 조어이다.

그림 4-2 | Healthymagination의 로고

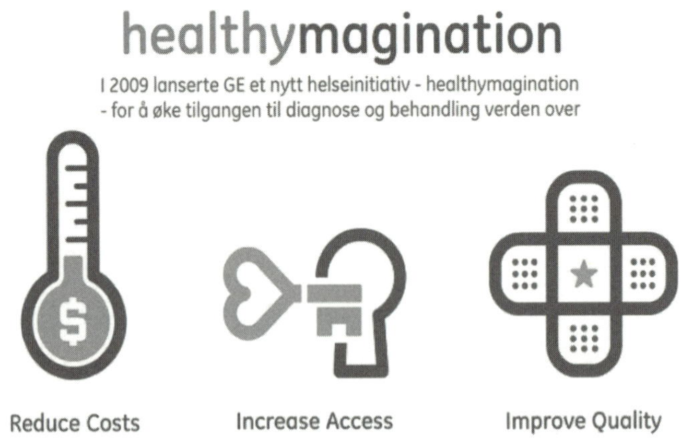

출처 : http://www.healthymaginationfund.com

품질과 의료접근성을 향상시키고자 60억 달러의 투자를 진행함으로써 더 많은 사람들이 더 나은 보건의료혜택을 받는 데 공헌하고 있다.

GE의 Healthymagination은 합리적인 가격으로 더 많은 사람들에게 향상된 의료서비스를 제공하는 사업성장전략으로서 친환경성장전략인 'Ecomagination' 성공모델을 기반으로 하여 의료서비스비용 축소, 접근성 향상 및 품질 개선을 이룩하는 것을 목표로 하는 GE의 새로운 의료기술혁신전략을 말한다. 이 외에도 GE캐피털은 선진의료 IT에 필요한 자금조달에 20억 달러를 제공하고, GE의 여타 사업군들도 향후 5년간 10억 달러를 Healthymagination과 관련된 파트너십, 미디어 콘텐츠, 서비스에 사용할

그림 4-3 | Healthymagination 투자규모

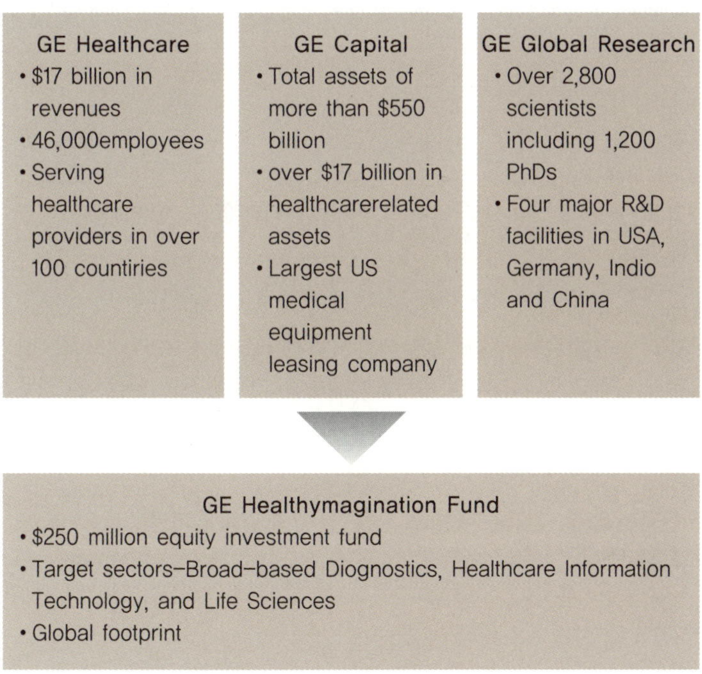

출처 : http://www.healthymaginationfund.com

것이다. 현재까지 의료서비스의 비용, 접근, 품질부문에서 15% 이상의 개선을 충족시킨 7개의 제품을 선정했으며 이런 Healthymagination 제품을 2015년까지 모두 100개로 늘리는 것이 목표이다.

Healthymagination은 크게 고객을 위한, 직원들을 위한, 투자자들을 위한, 대중을 위한 Healthymagination을 표방하고 있다.

Healthymagination의 주요 내용

(1) 고객을 위한 Healthymagination

- 저비용제품을 만드는 기술 : 의료비용에 미치는 기술의 영향력을 줄이기 위해 신제품개발 방식을 다양화하고 있다.
- 더욱 빠르고 생산성 높은 의료 IT 개발 : GE는 전자의무기록(EMR)기술과 기타 정보기술의 이용과 역량을 늘려 커뮤니케이션의 속도를 높이고 의료품질의 격차를 줄이고 비용을 통제한다.
- 모든 사람을 위한 혁신 창출 : 건강한 삶을 유지하기 위한 기본요소문제를 해소하기 위해 농촌지역과 개도국을 위한 모자(母子)보건 및 심장진단기기 관련 제품을 개발했다.

(2) 직원들을 위한 Healthymagination

건강을 중요시하는 혁신문화를 창출하고, GE의 전 · 현직 직원들의 건강을 증진시키며 관련 의료비용을 줄이기 위한 노력을 말한다, GE는 정부 및 다른 기업들과 파트너십을 형성해 '건강한 일터' 인증 프로그램을 운영할 예정이다. GE는 175개 건강센터를 '웰빙 클리닉'으로 바꾸고 직원들의 건강관리와 질병예방을 위한 인센티브와 의사결정지원을 강화할 계획이다.

(3) 투자자들을 위한 Healthymagination

Healthymagination은 장기적으로 GDP 성장률보다 2~3배 높은 유기 매출성장을 위해 고안된 것이다. 헬스케어 '가치갭(value gap)'은 5억 달러에 달하고 있다. 고객의 문제를 해결하고, 더 건강하고 생산적인 업무환경을 조성하는 혁신활동을 지속함으로써 앞으로 이러한 가치갭을 더욱 키울 계획이다.

(4) 대중을 위한 Healthymagination

GE는 GE헬스자문위원회를 발족, 위원회는 GE의 건강을 위한 노력, 투자, 정책에 대해 자문하며 GE의 성과를 발표하는 공개발표회에 정기적으로 참여한다.

출처 : http://www.healthymaginationfund.com

의료사업은 오래전부터 인간의 삶에 있어서 중요한 역할을 해왔다. 최근 건강에 대한 관심이 높아지고 의료서비스 질의 중요성이 대두되고 있다. 특히 비용증가, 서비스 이용의 양극화, 끊이지 않는 품질 이슈 등의 문제에 직면해 있다. 이러한 상황 속에서 GE의 의료부분에 대한 전반적인 혁신은 매우 중요한 의의를 가지고 있다.

첫째, GE의 비용, 접근성, 품질 개선을 위한 혁신활동은 사람들의 더욱 건강한 삶을 돕고, 고객의 성공과 GE의 성장을 동시에 이끄는 win-win전략이 될 것이다.

둘째, 의료산업에서 새로운 기회가 열릴 것이다. GE의 혁신제품들이 의사, 병원, 정부, 가정 및 기업의 의료비용을 줄이고, 모든 사람들에게 균등한 의료서비스를 제공하는 데 도움을 줄 것이다. 즉, 의료혜택의 형평성이 이루어질 수 있는 기회를 제공한다.

셋째, GE의 Healthymagination을 통한 혁신은 시기적절하다고 할 수 있다. 최근 인구 고령화 등으로 의료서비스에 대한 수요가 높아지고, 사람들의 건강에 대한 관심이 지속적으로 증가하고 있는 추세이다. 그러나 의료서비스의 질이나 의료장비의 첨단화는 아직 미숙하다고 할 수 있다. 따라서 이러한 문제점을 극복하기 위한 GE의 혁신은 시의적절하다.

GE는 대대적인 노력을 통해서 의료산업의 질을 향상시킬 수 있는 기회를 맞이했다고 할 수 있다. 그러나 GE의 이러한 노력이 단기간에 이루어질 수 있을 것이라고 생각하지 않는다. 2015년까지 설정하였던 목표를 쉽게 이룩하기는 힘들 것이다. 더 장기적인 안목으로 급속적인 혁신보다는 서서히 바꾸어 나가는 것이 올바르다고 생각한다. GE의 혁신이 단기적인 사업 분위기 조성에 끝나지 않고, 지속적인 발전을 이루기 위해서는 지속적인 기술투자와 연구개발을 해야 할 것이고, 창의적인 인재를 육성하려는 기업문화에 맞게 지속적으로 조직원들의 창의적인 사고를 배양하고 길러나가는 데 주력해야 할 것이다. 또한 GE 혼자만이 아닌 기업과 정부, 그리고 파트너들이 함께 협력할 때 의료서비스의 진정한 솔루션을 찾을 수 있을 것이다. 따라서 다양한 이해관계자들과의 협력을 통해서 GE 내부의 발전뿐만 아니라 의료산업의 전반적인 발전을 기대할 수 있을 것이다.

이처럼 GE는 21세기 의료산업의 혁신을 위해 CSR을 기업 차원에서 펼치고 있다. GE의 헬스케어사업은 이러한 GE의 목표를 잘 보여주고 있으며 GE는 과거 의료산업의 단편적인 전략적 시각에서 벗어나 다양한 혁신목표와 전략을 내세우고 있다. 이러한 GE의 행보는 다른 의료산업 기업의 촉매제 역할을 함과 동시에 미래 의료산업의 잠재력 또한 키울 것이다.

2) P&G

아침에 일어나 하루를 준비하기 위해 화장실을 간다. 이를 닦기 위해 오랄비 전동 칫솔을 사용하고 세수하기 위해 아이보리 비누를 사용하며 머리 감기 위해 비달사순을 애용한다. 또한 깨끗한 이미지를 보여주기 위하여 질렛트 면도기를 사용하여 면도를 한다. 위에 나열한 제품을 생산하는 기업이자 일상생활에 가장 밀접한 관계를 가지고 있는 기업이 바로 세계 최대 생활용품제조업체인 P&G이다.

P&G는 잉글랜드 출신의 양초제조업자인 윌리엄 프록터(William Procter)와 아일랜드 출신의 비누제조업자인 제임스 갬블(James Gamble)이 동서지간으로 만나 1837년 미국 신시내티에서 두 업체를 합병해 세웠다. 합병 이전에 프록터의 양초업체와 갬블의 비누업체는 돼지 사육과 도살의 중심지였던 신시내티에서 제조원료인 동물성 지방을 쉽게 구할 수 있었다. 미국 남북전쟁이

한창이던 1850년대 말 P&G가 북군에게 비누와 양초를 공급하면서 1859년 100만 달러의 매출을 올렸다. 당시 비누 이름이 '아이보리' 였다. 1887년 윌리엄 프록터의 손자인 윌리엄 아넷 프록터는 사내 파업을 줄이기 위한 방법으로 직원들에게 회사의 주식을 나눠주기 시작했다. 1911년 동물성 지방이 아닌 식물성 기름으로 만든 쇼트닝제품인 크리스코(Crisco)를 생산했다. 1920~1930년대 라디오 방송이 유행하자 비누 광고를 냈는데, 이런 방송프로그램을 지금까지도 '소프 오페라(soap opera)' 라고 부른다.

P&G는 1930년 영국 잉글랜드 뉴캐슬에 있던 토마스 헤들리사를 인수하면서 영국에서의 사업을 확장해 나갔다. 1946년 타이드(Tide) 세제를, 1947년 프렐(Prell) 샴푸를 생산했다. 1955년 세계 최초로 불소를 함유한 치약을 생산했다. 1957년 차민(Charmin) 제지업체를 인수하여 화장지와 종이제품을 생산했다. 이미 존슨앤드존슨이 일회용 기저귀를 생산하고 있었지만 P&G의 팸퍼스(Pampers)는 혁명적인 기저귀 발명품이었다. 이때 P&G는 일회용 기저귀에 대한 대중의 인식을 크게 바꿔 놓았다. P&G는 2005년 질레트를 인수하여 브랜드를 확대하였으며, 2010년 현재 팬틴, 비달사순, 헤드&숄더, 웰라, 위스퍼, 페브리즈, 프링글스, 브라운, 오랄비, 아이보리 등의 브랜드를 보유하고 있다.

1989년 (주)서통과의 합작으로 한국에 처음 진출한 P&G는 1992년 P&G코리아를 설립했다. 현재는 전 세계 80여 개국에 진출, 직원 수는 13만 명에 이른다. 또한 300여 개가 넘는 브랜드 가운데 세계 시장점유율 1위를 차지하는 브랜드만 해도 50여 개에 달한다. 단일제품기준으로 연간 매출액이 10억 달러가 넘는 제품만 25개가 넘는다.

P&G는 1991년 중앙아메리카에서 발발한 콜레라를 계기로 식수 정화기술에 눈을 돌리기 시작하였다. 부적합한 식수와 비위생

적인 환경으로 인한 사망자는 매년 300만 명을 넘는데 이는 에이즈로 죽는 사람의 수보다 많다는 사실이 P&G가 식수 정화에 주목하게 된 동기의 하나이다. 이와 같이 P&G는 식수 정화사업이 경제적으로 성장하고 있는 저개발국의 주민들을 대상으로 장기적인 이익을 창출할 수 있으리라 기대하여 연구개발을 시작하였다. 독자적으로 연구를 진행하던 P&G는 1995년 미국 질병통제 및 예방센터(CDC)와 함께 식수 정화제품을 공동으로 연구 · 개발하기 시작하였다.

공동연구개발을 진행한 후 P&G가 CDC의 권유로 기존의 필터 테스트를 진행한 결과, 지역주민들은 필터 사용을 꺼려하는 것으로 나타났다. 필터 사용을 꺼리는 이유는 필터의 사용과 보관을 어렵게 여겼으며 익숙해진 생활방식을 바꾸려는 시도를 불편하게 여겼기 때문이다. 그래서 P&G는 좀 더 손쉽게 사용할 수 있고 퓨어 1개로 10리터의 물을 깨끗하게 만들 수 있는 분말형 제품인 '퓨어(PUR)' 개발을 시작하였다. P&G가 개발한 퓨어제품은 2000년 출시되었고 저소득층을 겨냥해 1봉지당 8~10센트로 저렴하게 판매되었다. 그러나 제품을 출시할 때의 기대와는 달리 과테말라, 모로코, 파키스탄에서 3년에 걸친 테스트기간 동안 제품은 안정적인 수익을 내지 못하였고, 시장에서 수익성 문제에 대한 우려의 목소리는 높아져 경영진은 제품의 철수를 고민했다.

P&G는 2003년 하반기에 상업적 측면에서 퓨어의 미래가 비관적이라고 판단하고, 퓨어를 '기업 사회책임 활동프로그램' 으로 전환하였다. P&G는 기업의 지속적 성장부서(CSD)를 만들어 퓨어 프로젝트를 진행하였으며, 퓨어제품을 효과적으로 배포하기 위해 사회, 건강, 의료, 인도주의 구호단체 등 비영리조직과 파트너십을 맺기 시작했다. P&G는 사회적 마케팅, 상업적 마케팅, 인도주의적 구호단체 네트워크 등 3가지 사회공헌프로그램을 실험하기

위해 2004년 '안전한 물 마시기 연합'을 구성하였다. 이 연합은 국제인구서비스(PSI), 영국 자선기구(UK Charity), 미국 국제개발기구(USAID), 국제빈곤구호단체(Care) 등과 함께 구성하여 실험을 진행하였다. 같은 해인 2004년 P&G는 파키스탄에 마지막으로 상업적 접근을 시도했으나 여전히 결과가 좋지 않았다. 상업적 실패를 겪은 후 P&G는 모든 퓨어제품 재고와 자금을 PSI에 기부했다. 2005년에는 퓨어 주머니 하나당 가격을 제품 제조원가인 4센트로 하향 조정한다. 기부되는 물량은 P&G사와 직원들의 모금으로 충당되었다.

P&G의 구호활동이 가장 큰 효과를 본 곳은 2004년 말 인도네시아를 휩쓴 쓰나미 참사 현장이였다. 당시 깨끗한 물 확보가 어려워지자 아메리케어, UN 등의 구호단체들이 퓨어의 구매를 요청해온 결과, 쓰나미 참사 이전 3년 동안 300만 개의 판매에 그치던 퓨어는 쓰나미 참사 이후 이틀 동안 1,500만 개의 판매를 기록했다. 이에 그치지 않고 참사 이후 2주 동안 P&G는 1,500만 개의 퓨어를 기부하였으며 이것으로 1억 5,000만 리터의 물이 정화되었다. 결과적으로 P&G는 PSI, 적십자, 아메리케어, 유니세프 등 비영리기관에 310만 달러 상당의 돈과 제품을 기부했다. 이 활동으로 인하여 P&G는 각종 비영리단체와 기부자들, 그리고 구호단체들에게 최고의 인도주의 기업의 이미지를 심었고, 위생적인 식수공급의 중요성을 전 세계에 알리게 되는 계기를 마련하였다. 기존의 상업적 접근으로는 300만 개에도 미치지 못했던 판매량이 5,700만 개 이상으로 증가했으며, 기업 매출 역시 급속히 성장해 2003년 8만 달러였던 매출이 2004년에는 28만 달러, 2005년에는 132만 달러에 이르는 등 P&G는 칠드런스 세이프 드링킹 워터(Children's Safe Drinking Water) 프로그램을 통해 인도주의적 이미지 확립과 매출증대의 효과를 동시에 얻을 수 있었다.

그림 4-4 I P&G의 식수 정화장치 시연 장면

빌 클린턴 미국 전 대통령과 그의 딸 첼시 클린턴이 르완다의 수도 키갈리를 방문하여 P&G의 식수 정화장치를 시연하는 모습

출처 : P&G 공식 홈페이지(www.pg.com)

P&G는 퓨어 프로젝트 활동 이외에도 지난 30년간 야생동물 구호단체들과 더불어 기름에 오염된 야생동물을 구조하기 위해 노력하고 있다. 야생동물 구호단체에서는 Dawn 주방용 식기세제를 기름유출 등으로 인해 오염된 야생동물을 구조하는 데 사용해 왔다. Dawn 주방용 식기세제는 기름제거에는 우수한 성능을 가지고 있지만 피부에 자극이 없는 제품이기 때문에 기름에 오염된 야생동물을 구조하여 Dawn 세제로 오염물질을 제거하고 치료가 완치된 뒤 자연으로 복귀시켰다. 실제로 2000년 6월 중앙아프리카 해안에서 발생한 기름유출로 수만 마리의 펭귄이 오염되었으나, 야생동물단체의 활동으로 90%의 펭귄이 구조되었다.

P&G는 이 활동을 소비자 참여 프로그램으로 확대하여 소비자들의 관심과 참여를 유도하고 있다. 한 병의 Dawn 주방세제를 구입하여 통에 있는 기부코드를 온라인에 입력하면 야생동물 구호단체에 1달러가 기부될 수 있도록 하는 프로그램이다.

이 외에도 P&G는 Live, Learn and Thrive 프로그램을 통해 도움이 필요한 0~13세까지의 아이들의 능력을 향상시키는 데 중점을 두는 활동을 진행하고 있다. 오랜 역사를 가지고 있는 P&G는 직원들과 퇴직자들을 중심으로 각자 자신이 속해 있는 지역에서 학습과 교육을 통해 아이들의 요구를 만족시키고, 궁극적으로 아이들의 미래와 다음 세대의 발전까지 도모하고 있다.

100년을 넘게 소비자들의 사랑을 받으며 유지되고 있는 기업은 많지 않다. P&G는 1837년 설립하여 약 180년간 꾸준한 사랑을 받아온 기업이다. P&G에서 팔고 있는 제품 중에서는 자연 및 생활환경에 악영향을 미치는 제품도 분명히 존재하고 있지만, P&G는 환경뿐만 아니라 다양하고 끊임없는 CSR활동을 통해 브랜드의 이미지를 올리고, 존경받는 기업이 되고자 노력하고 있는 기업이다. 이러한 CSR활동이 브랜드이미지 상승뿐만 아니라 기업의 손익에도 영향을 줄 수 있다는 것을 알려주는 좋은 기업의 예시가 되고 있다.

제 2 절 ▪ 독일

1. 독일의 CSR

독일의 CSR제도 도입추이를 살펴보자. 독일의 경우 국가 차원의 CSR 전략을 도입하여 2001년 4월 지속성장개발위원회(Rat für Nachhaltige Entwicklung)가 발족되었다. 15명의 공공인사로 구성되었으며, 국가 차원의 지속성장전략 실행을 위한 구체적 행동영역 명시, 지속성장에 대한 공공이해증진 프로젝트 추진 등의 업무를 담당하기 시작하였다. 이후 독일정부는 2008년부터 경제기술부의 주도하에 10여 개의 관할부와 33개의 기업 및 협회와 함께 CSR 관련 정치적 전략 마련 대책을 추진하게 되는데, 이는 앙겔라 메르켈(Angela Merkel) 총리의 강력한 의지에 의한 것이었다. 2009년 11월 중순 52개 기관 및 42개의 기업 회동을 통하여 사회 프로젝트 관련 100여 개의 파트너십을 결성하기로 결정하기에 이른다. 2010년 7월 1일 CSR 포럼은 국가 CSR Action plan 관련 추천보고서를 연방노동부장관에게 전달하게 되었고 주요 핵심사안은 CSR활동의 가시화 및 신뢰성 고취, 중소기업 지원, 연구개발과 CSR의 연계가능성 및 CSR 국제협력 관련 제안 등이다. 마지막으로 2010년 10월 6일 CSR Action plan을 도입하기로 결정하기에 이른다.

이 계획은 연방노동부가 소집한 전문위원회인 국가 CSR 포럼의 추천에 의거하여 작성되었으며, 지속성장전략 실행 추진 담당인 '지속성장개발위원회(Rat für Nachhaltige Entwicklung)'의 전문가 역할에도 일조하고 있다. 또한 여기에는 국가 참여전략과 CSR Action plan에 대한 목표를 담고 있다.

국가 참여전략의 세부 전략목표

- 연방정부, 연방주 및 지자체 간의 업무 조정
- 재단 및 시민 참여활동의 기업 연계
- 자발적 활동에 대한 인정 강화
- 자발적 활동 관련 조건 개선

CSR Action plan 관련 세부 추진목표

- 기업과 공공 행정기관의 사회적 책임 풍토 토착화
- CSR 관련 중소기업의 참여 확대
- CSR활동의 가시화 및 신뢰성 고취

출처 : www.csrgov.dk

독일정부는 독일과 유럽경제의 글로벌화 및 사회적 도전을 성공적으로 성취하기 위해서는 이를 일관성 있게 실행에 옮겨 나가는 일이 중요하다고 판단하고 있다. Action plan은 특별히 재계 · 정계 및 사회의 네트워크에 초점을 두고 있는데, 독일정부는 이를 모든 사회적 구성원들의 협력 속에 CSR의 지속적인 성공이 가능하기 때문으로 생각하고 있다. 또한 메르켈 독일 총리는 CSR Action plan을 통해 학교나 시민의 CSR 의식 고취에 기여하고자 하며, 이외에도 중소기업을 위한 컨설팅프로그램 및 지역 차원의 정보교환을 위한 모임 역시 기획 중이다. 아울러 연방정부는 차후 정부 차원에서 새로운 CSR상을 제정하여 모범기업에게 포상할 계획이다.

연방정부는 'CSR-Made in Germany' 슬로건 확대 보급과 관련하여 '21세기 글로벌 세계의 핵심 도전과제 성취를 위한 대책' 초안을 마련하고 독일기업에게 특별히 공공입찰 및 구매와 관련된 CSR활동을 적극 펼쳐 나갈 것을 촉구하기도 하였다. 또한 기업의 신용 및 투명성, CSR활동 비교 등과 관련한 정보제공 포털사이트를 신설할 예정이며, 특히 연간 3,600억 유로에 이르는 국가 차원의 수주는 지속가능한 혁신기술 기업의 시장진출에 기여하게 될 전망이다. 이는 어떤 기업들이 실질적으로 CSR과 관련하여 일관성 있게 활동하는지에 대한 정보제공과 함께 소비자들의 구매 선호도에도 직접적인 영향을 줄 수 있을 것으로 예상하고 있다.

독일에서는 전통적으로 현재 미국을 포함한 범세계적으로 통용되는 의미의 CSR 개념이 발달하지 못하였다(Loew et al., 2004). 이는 영국을 제외한 독일 외의 유럽 국가들에서 전통적으로 미국식 사회공헌활동을 CSR의 중심과제로 간주하지 않았던 배경으로부터 기인한다.[03]

사실 많은 독일인들에게 CSR이라는 용어는 매우 낯선 개념인

03 CSR의 개념에 대한 영미식과 유럽식의 차이는 언어학적 · 철학적 기업으로부터 출발한다. 예를 들어, '기업의 사회적 책임'과 '기업시민'이라는 개념은 미국과 영국에서는 동일한 의미를 내포하고 있는 반면, 독일이나 프랑스에서는 전혀 그렇지 않다. 구체적으로 '사회적(social)'을 해석할 때, 미국과 영국에서는 '사회(society)'를 포함하는 개념인 반면, 프랑스에서는 '노동자 관계(labor relations)' 개념에 집중된다. 또한 '책임(responsibility)'의 해석에 있어서도 '책임과 법적 의무' 개념 사이에 차이가 있느냐 없느냐에 따라서 다른 의미가 된다. 따라서 미국과 영국의 CSR과 관련되는 많은 원칙들이 독일이나 프랑스의 전통적인 기업과 사회 개념에서는 보다 더 좁은 의미이거나 다른 의미가 되기도 한다.

데, CSR을 아는 사람들 역시 '미국' 이라는 단어와 연관시키는 경향이 있다. CSR에 대한 대중들의 반응 역시 활발하지 못하며 대중매체의 경우 이에 대해 회의적인 평가가 주를 이룬다. 이러한 상황은 주로 CSR과 기업시민, 그리고 지속가능발전 개념들 간에 큰 차이가 없다는 점에서 비롯된다(Habisch & Wegner, 2004). 전통적으로 CSR 혹은 의무는 국민들로부터 신뢰를 받지 못하는 개념이었기 때문에 CSR은 사회적으로 큰 관심을 받지 못하였고, 일종의 '겉치레' 로 인식되어 왔다. 독일에서는 만약 기업이 사회를 위해 좋은 일을 했다고 했을 때, 사람들은 기업이 뭔가 떳떳하지 못한 일을 했기 때문일 거라는 의구심을 가지는 경향도 존재한다(Ramthun, 2007).

그러나 이러한 외형적 모습들이 독일은 CSR에 전혀 관심을 두고 있지 않다는 의미는 결코 아니다. 독일에서의 CSR은 국제적 기준으로 제시되는 영미식의 시장지향적인 CSR 개념과 일정한 거리를 두고 있을 뿐, 오히려 내부적 CSR은 전통적으로 독일문화에 강하게 배태되어져 온 개념이며, 제도화된 노사관계의 핵심부분을 차지한다(Hofielen & Schau-Larsen, 2006). 이는 독일 특유의 조합주의적이고 제도지향적인 특성을 보여주는데, 독일식 CSR 개념이 형성되는 과정에는 다양한 내부적 요인들이 영향을 미쳤다. 특히 독일의 CSR을 이해하기 위해서는 독일의 독특한 제도적 틀로 일컬어지는 '사회적 시장경제' 와 '노동자의 경영참가권' 을 이해해야 한다.

사회적 시장경제는 정부가 앞장서서 법적인 틀과 가이드라인을 만들고, 국민들은 건강보험 · 고용 · 해고 등의 기초적인 문제들에 있어 정부가 그들을 보호해 줄 것을 기대하는 체제이다. 전쟁 후 독일은 사회적 시장경제체제를 도입하면서 기업의 역할을 명확히 하였다. 'Duale Ausbildung' 과 같은 학교교육과 직무교육이 결합된 도제교육의 경우 기업들이 민간부문과 공공부문의 접점을 찾는 조합주의가 전통인데, 이는 일반적으로 기업들이 제공함에도 불구하고 대중들은 이를 하나의 국가제도로 인식해 버린다. 이러한 예는 독일의 사회적 시장경제체제 내에 존재하는 일련의 의무로 특징지어지는데, 이는 미국식 CSR의 개념과는 분명한 차이점을 보인다. 즉, 미국에서의 CSR이 기업에 대한 긍정적 인지도를 높임으로써 장기적인 매출증대를 시도하고자 하며 자발적이어야만 한다면, 독일에서의 CSR 개념은 복지국가의 재활성화 그리고 세계화에 대한 적응에 도움을 주는 하나의 수단으로 인식하는 것이다.

기업이 국가를 대체할 수는 없지만 기업은 CSR활동을 통해 실업, 지역발전, 교육문제 등을 해결하는 데 필수적인 존재로 인식된다(Debroux, 2007). 독일의 경우 법률 및 기업윤리준수, 계약상 의무의 이행 등은 기업의 다양한 의무이기 때문에 CSR활동으로 간주하지 않으며, 기부 및 자선활동도 CSR활동의 중심에 두지 않고 있다.

미국기업의 경우 공정임금, 근로시간, 근로조건, 건강보험, 잔업, 불공정한 해고에 대한 보장 등과 같이 종업원의 역할과 권리를 명문화하는 것은 CSR 정책에서 중요한 부분을 차지한다. 반면, 사회적 시장경제체제하에서 독일의 기업들에게는 이러한 명문화된 정책 자체가 낯선 개념이다. 그 이유는 독일의 기업들이 미국기업들에 비해 종업원의 건강과 복지에 관심이 없는 것이 아니라, 법적으로 국가에서 이러한 복지서비스에 의무적으로 가입하도록 강제하고 있고 회사에서도 역시 보험금의 일부를 제공해야만 하기 때문이다. 즉, 사회적 시장경제체제라는 제도 자체가 CSR의 일정 부분을 차지하는 요소들을 미리 공식적이거나 법적으로 규정하고 있기 때문에 미국기업과 같이 기업의 수준에서 자발적으로 종업원에게 제공하는 행위를 '사회적 책임'으로 간주하지 않는다. 이러한 제도적 환경의 차이는 독일기업들이 미국기업들보다 자선활동에 덜 적극적이라는 점에서도 드러난다. 그러나 이 역시 독일의 경우 미국보다 더 발달한 복지국가 기반을 가지고 있는 동시에 더 많은 세금부담을 안고 있기 때문에 독일기업들은 교육이나 예술부문에 대한 기부행위를 자신들이 아닌 정부가 해야 할 일로 인식하고 있는 것이다(Matten & Moon, 2004).

전통적으로 독일기업들에게는 주주의 이익을 증대시키는 일보다 종업원이 주가 되는 이해관계자들의 이익을 증대시키는 일이 더 중요시되어 왔다.[04] 이에 따라 노동자들은 회사의 경영에 직접적으로 참여하여 의사결정과정에 영향을 미치는 제도적 틀을 확립하여 왔다.[05] 따라서 독일의 CSR은 노동자 대표에 의한 경영활동의 내부적 통제에 초점이 맞추어져 왔다(Weiss, 2005). 미국기업에게는 자발적인 CSR의 차원일 수 있지만, 독일기업에게는 국가의 경제체제가 채택하고 있는 제도적 틀의 문제이기 때문에 CSR의 차원이 되지 못하는 것이다.

독일의 노사협의회와 노조들은 강한 정치력을 가지고 있지만 그 힘에 비해 CSR에 있어서는 소극적인 자세를 취하고 있다. 전통적으로 독일의 노조는 자신들의 근무여건, 사회적 · 환경적 기준의 개선, 노조결성과 단체교섭권 확보에 대한 투쟁에 주력한다. 그러나 CSR과 같은 문제에는 개입하기 꺼리는 것이 사실이다. 그러므로 노조 입장에서 기업은 무엇보다도 먼저 법과 단체교섭권이라는 경제적 기준을 따르는 것이 진정한 CSR의 실천이며, 기업이 자발적으로 행하는 CSR 행위는 그 다음의 문제인 것이다. 노동자협의회는 CSR 문제를 적극적으로 다루지 않는데, 이는 각각의 제도적 주체는 상호 수평적 네트워크 없이 그들의 개별적 목표만을 수행하는 독일의 조합주의적 전통을 반영하고 있기 때문이다(Habisch & Wegner, 2000).

04 독일의 노조들은 CSR을 대함에 있어 주로 기업 내부적 책임을 강조하는데, 이는 주로 작업환경의 개선, 직원자녀들의 보육시설 확충 혹은 부모직원들의 탄력적 근무시간 조정 등과 같은 복지적 문제로부터 출발하여 근무시간, 교육훈련 등과 같은 제도적 문제에 이르기까지 다양하다. 반면, 지역사회에 대한 봉사활동이나 자연환경보호 문제 같은 기업 외부적 책임에 대해서는 일부 소수의 노조를 제외하고는 큰 관심을 가지지 않는다.

05 독일 기업지배구조의 가장 큰 특징 중 하나는 '이원적 이사회' 제도이다. 종업원이 500인 이상의 독일기업들은 이사회를 '경영이사회(vorstand)'와 '감독이사회(aufsichtstat)'로 분리하여 운영해야 한다. 경영이사회는 전적으로 회사경영에만 전념하고, 감독이사회가 경영이사회를 감독 · 견제하는 역할을 수행한다. 특히, 노동자 대표는 감독이사회 인원의 1/3을 노동자 대표로 충원해야 하며, 2,000명 이상을 고용하는 기업은 감독이사회를 노동자 대표 1/2, 주주대표 1/2로 구성해야 한다(김득갑, 2003).

결론적으로 노조가 CSR 자체를 기존의 전통적인 노동자 이익증대라는 차원에서 하나의 수단으로 활용하고 있음을 보여준다(Preuss et al., 2006). 이에 따라 독일산업연맹(BDI)은 독일정부와 EU 차원의 CSR에 대한 각종 규제의 신설을 반대하고 있다(Loew et al., 2004). 반면 노조는 기업중심적인 CSR보다는 이해관계자 파트너십에 더 큰 관심을 보인다. 여기서 의미하는 파트너십은 민간부문, 공공기관, 시민사회라는 이해관계자 모두가 이익을 얻을 수 있는 자발적인 협력을 의미한다(Heuberger et al., 2004).

최근 가속화되고 있는 역내 지역화(inter-regionalizing) 추세 역시 CSR의 동형화(isomorpism)에 영향을 미치고 있다. EU의 경우가 대표적인데, 유럽의 경우 경제통합 이후 불거진 심각한 수준의 정부실패가 본격적인 외부적 CSR 논의의 기원이다. 경제통합 이전까지는 주로 역내 각국의 제도적 특성에 기인하는 내부적 CSR이 발달하였지만, EU 통합 이후 새로운 유럽 표준의 CSR 제정작업이 가속화되고 있다. 그럼에도 불구하고, 유럽 표준 역시 영 · 미식 CSR 개념으로부터 영향을 받아 국가별 특성보다는 역내 특성을 강조하고 있다.

구체적으로 EU는 2000년 3월 리스본회의에서 CSR활동을 통해 고용확대와 사회적 결속의 향상으로 경쟁력 있는 사회의 실현을 달성하겠다고 선언하는데, 이 선언을 기초로 EU는 CSR 체제 구축과 확산을 위해 2001년 7월 그린 페이퍼(Green Paper)에 이어 2002년 6월 화이트 페이퍼(White Paper)를 발표하였다. 이후 2004년 6월 EU는 CSR 최종보고서를 공표하였는데, 여기에는 지속가능한 발전을 목표로 기업, 노동조합, 시민단체, 환경 · 사회문제 · 개도국문제 관련 NGO 등 이해관계자 전체를 대상으로 한 CSR의 적극적 전개와 향후 방향 등이 포함되었다.

독일에서 전통적인 CSR이 영 · 미식의 CSR로 변화하게 된 배경에는 먼저 정부실패로부터 기인한 국가경제체제의 변동과 제도적 틀의 변화가 있다(Moon, 2002). 이는 가장 먼저 과거 동유럽 국가들의 붕괴과정에서부터 진행되었는데, 시민사회 형성에 필수적인 사회자본의 부족과 기업의 사회적 책임에 대한 인식부족은 민주적인 자본주의 체제로의 이행을 더디게 만들었다(Habisch et al., 2004). 사실 정부실패는 그 이전부터 다른 서유럽 국가들에서도 나타나기 시작했는데, 1970년대 후반에서 1980년대 초반 영국의 경우 대량실업과 소요사태를 통해 정부의 대규모 예산적자를 기록하게 된다. 이는 영국정부로 하여금 교육과 노동부문에 있어서 사회적 지배구조의 정당성을 회복하기 위한 방편으로서 CSR을 장려하게 된 배경이 되었다(Moon, 2002). 이러한 상황에서 영국기업들 역시 기업활동을 지속하기 위해서는 명시적 CSR활동을 통해 일종의 '사회적 면허'를 부여받는 것으로 여긴다(Matten & Moon, 2004).

이후 1990년대 중반 청년실업문제가 심각한 수준에 이르자 유럽의 각국 정부는 중 · 고령자의 조기퇴직을 대안으로 제시했으나 청년실업을 개선시키지 못한 채 재정만 악화시키는 결과를 초래하게 되었다. 이처럼 실업문제가 정부의 노력만으로 해결할 수 없게 되자 유럽 각국 정부는 기업에게 동참할 것을 촉구하게 된다. 더불어 유럽 각국 정부들의 재정적자 상황에서 기업들은 새로운 재원 마련을 시도하였고, 이를 위해 외부적 CSR은 미국과 같은 해외투자자들로부터 새로운 자본을 끌어들이는 데 필수적인 조건으로 작용하게 된다. 더욱이 DJSI 혹은 FTSE 4 Good Index[06]와 같이 새롭게 등장한 사회책임투자기관에서 요구하는 기준에 충족하기 위해서는 CSR로의 전환이 불가피하였다. 이는 유럽기업들의 미국화(Americanization)를 의미하기도 하였다(Whittington &

06 영국의 FTSE인터내셔널이 2001년 7월 윤리적 기업들만을 대상으로 새로 개발한 지수로서 한국기업은 14개 기업이 지수에 포함되어 있다.

Mayer, 2000).

이에 따라 전통적으로 노동자의 경영참가권처럼 기업 내부의 노동조건에 초점을 맞추던 독일의 CSR도 새로운 전기를 맞이하고 있다. 점차 환경보호, 반부패, 그리고 인권문제 등과 같은 기업 외부의 문제들로 그 개념의 폭을 넓혀가고 있으며, 따라서 CSR은 이제 더 이상 기업의 내부이해관계자들과의 문제에만 국한되는 것이 아니라 사회 전체의 문제로 인식되고 있는 것이다(Hofielen & Schau-Larsen, 2006). 즉, 급속한 세계화의 진전과 함께 CSR 문제가 사회적으로 새롭게 부상하고 있는 것이다. 먼저 다국적기업들의 역할과 대응이 전통적 의미의 CSR에 대한 변화를 선도하고 있다. 또한 독일 특유의 사회적 계약이 사회 내에 강하게 배태되어 있지만, 점차 새로운 국제적 환경변화는 전통적인 독일의 노사관계에 의문을 제기하면서 기업윤리에 대한 새로운 태도변화가 나타나고 있다.

독일의 NGO들 역시 CSR 문제를 외부적 특성으로 접근하고 있다. 녹색운동의 전통이 대표적인 예이다. 1970년대 이후 독일에서는 환경보호운동이 큰 사회적 이슈로 등장하게 된다. 이 기간 동안 수많은 녹색운동과 환경 NGO들이 전국에 걸쳐 생겨나고 녹색당의 약진을 통해 각종 환경관련 법안들이 제정되었다. 1990년대 들어와 이러한 환경운동단체들은 그 방향을 '지속적 발전' 으로 설정하게 되고, 이에 따라 각 기업들은 환경관련 부서를 설치하고 지속가능성문제에 대해 대처하기 시작했다. 이러한 독일의 전통은 최근 들어 국제적 NGO들의 환경보호운동에 있어 표준으로 인식되고 있다(Habisch & Wegner 2004).

2. 독일기업의 CSR 사례

1) 바이엘

아스피린으로 유명한 바이엘(Bayer)은 프리드리히 바이엘(Friedrich Bayer)과 그의 동업자 요한 프리드리히 베스코트(Johann Friedrich Weskott)가 1863년 독일 바르멘에 창립한 전통 있는 기업이다. 1897년 바이엘은 자사의 가장 뛰어난 상품인 아스피린을 생산하기 시작하면서 국제적인 기업으로 발돋움한다. 아스피린은 해열, 진통제로서 전 세계 모든 가정의 상비약으로 100년 넘게 사랑받아 왔다.

'보다 나은 삶을 위한 과학(science for a better life)' 이라는 이념을 추구하는 독일 바이엘은 품질지향적이며, 혁신적이고 공정한 경쟁을 추구한다. 이에 따라 기업 내부적으로 기업윤리와 강령을 마련해 직원들과 사업파트너가 이를 함께 준수할 것을 요구한다.

바이엘은 친환경공정 및 이산화탄소 배출감소프로그램의 일환으로 1985년 캐나다에서 시작된 화학산업계의 자발적인 활동인 'Responsible Care(책임을 다하는 사업)' 에 적극 참여하고 있다. 또한 제품의 개발 및 제조과정에서부터 소비자의 사용 및 사용 후 폐기단계까지의 모든 과정에서 인체나 환경에 유해한 요소를 배제하는 것을 원칙으로 삼고 있으며, 친환경경영은 'Bayer 기후변화대응프로그램(Bayer Climate Program)' 을 중심으로 실행하고 있다. 특히 생산공정에 있어 CO_2 배출량을 감소시키기 위해서 새로운 온실가스 방출 측정시스템인 'Bayer Climate Check' 를 도입하고 생산공정 감독체제를 구축하여 향후 제품의 소재에서 운송까지 온실가스 방출을 감소시킬 수 있는 방안을 마련하였다.

또한 염산의 성분에서 염소를 재활용할 수 있는 기술을 개발하여 전력소비와 CO_2 방출을 30% 절감하는 성과를 거두고 있다. 더

그림 4-5 ▮ 바이엘의 CSR 사례

출처 : 바이엘 홈페이지(www.bayer.com)

불어 1990년부터 2007년까지 온실가스 배출량을 37% 이상 감축하는 경이로운 성과를 달성한 데 이어, 2013년까지 2008년 대비 생산공정 에너지효율 10% 달성 및 연간 35만 톤에 이르는 CO_2 감축을 목표로 하였다. 이러한 신기술과 노력으로 에너지효율성의 상승효과를 인정받아 2008년 6월 연방독일 산업협회에서 수여하는 친환경기술부문 환경상을 수상하였다. 또한 바이엘은 온실가스 배출정보 및 기후변화 대응전략과 관련하여 선정된 '탄소배출량 공개 친환경 우수기업 인덱스(CDLI : Carbon Disclosure Leadership Index)에서 여러 차례에 걸쳐 해당 분야 최우수기업으로 선정되는 영예를 얻는다.

바이엘은 이런 활동 외에도 세계 곳곳에서 어린이와 청소년을 위한 12개의 환경 프로젝트를 추진 중에 있으며, 또한 세계적인 학술기관인 내셔널지오그래픽(National Geographic)과 함께 세계 식수보호 등을 위한 기금을 지원하고 있다. 공장 가동 시 발생하는 폐수는 물론 본사가 위치하고 있는 레버쿠젠(Leverkusen) 시에서 나오는 생활하수까지 정화시설을 거쳐 내보내는 등 도시의 친환경사업과 문화 및 스포츠활동 등에도 다양한 지원을 하고 있다. 이러한 바이엘의 글로벌 친환경 의지 실천으로 이전 작은 마을에 불과했던 레버쿠젠은 현재 독일 내 화학, 제약, 기계 등의 제조업과 스포츠, 문화생활이 활발한 기업도시로 성장하였다. 이는 100여 년 이상 기업과 지역사회가 동반성장한 모범사례로 꼽힐 수 있다.

2) 알리안츠

알리안츠(Allinz)는 세계적인 보험금융서비스그룹으로 독일 뮌헨에 본사를 두고 전 세계 70여 개국에서 14만 2,000여 명의 직원들이 7,800만 명 이상의 고객에게 생명보험, 손해보험, 자산운용서비스를 제공하고 있다. 2011년 매출이 1,036억 유로(160조 원)였으며, 1조 6,570억 유로(2,480조 원)의 총운용자산을 보유하고 있는 세계 최대 자산운용사 가운데 하나이다. 총매출기준으로 세계 20대 기업에 속하며, 시가총액기준 전 세계 톱 3 보험사로 포춘 500대 기업들에게 보험서비스를 제공하고 있다.

알리안츠는 사회환원의 일환으로 2003년 인도를 시작으로 '마이크로 인슈어런스(Micro Insurance)' 사업을 시작하였다. 마이크로 인슈어런스는 가입자가 내야 하는 보험료가 1년에 단돈 1달러로 가입 후 5년 후부터 사망, 질병, 재해 등에 340~350달러를 지원받을 수 있는 상품이다. 다시 말해, 마이크로 인슈어런스는 보험의 혜택을 받지 못하는 극빈층을 대상으로 적은 보험료만 받고 최소한의 보장을 해주는 '소액보험' 사업이다. 방글라데시의 그라민은행이 시작해 세계적으로 퍼진 '마이크로 크레디트(영세민들을 위한 무담보 소액신용대출)' 의 보험 버전이라고 칭할 수 있다.

알리안츠는 마이크로 인슈어런스사업을 시작하면서 가난한 사람들을 위한 보험사의 사회적 책임으로서 손실을 감수하고서라도 진행해야 하는 사업이라고 설명하였으며, 마이크로 인슈어런스에 대한 요구가 대단히 높았지만 금융상품 공급이 이를 충족시키지 못하고 있으므로 큰 잠재력을 가진 분야로 향후 세계 각지의 8,000만 이상의 가입자가 있을 것으로 예상되며, 개발도상국의 생명보험 산업성장을 고려한다면 발전가능성이 높은 사업이라고 설명하였다. 알리안츠, 푸르덴셜, AIG 등 세계 굴지의 보험사들이 자발적으로 시행하기 시작했는데, 알리안츠의 경우 2003년 인도에서 사업을 시작해 20만 명의 가입자 확보를 시작으로 아프리카와 인도네시아 등에서 200만 명 이상의 고객에게 보험서비스를 제공하고 있다.

인도네시아, 카메룬, 콜롬비아, 이집트 등의 6개국을 비롯해 점차 지원국을 확대하는 모습을 보이고 있다. 현재 350만 명 이상이 가입하였으며, 매년 50%씩 증가를 목표로 하고 있다. 인도의 경우 2003년 기준 20만 명에서 현재 300만 명을 돌파하였다.

마이크로 인슈어런스는 대부분 개발도상국을 대상으로 지원하고 있는 사업이기 때문에 이들 국가들은 도로, 교통 등의 인프라 시설이 완전하지 못하다. 따라서 대부분 설계사와 지원자들이 직접 찾아가 설명하는 딜리버리(delivery)서비스를 기본으로 하고 있다.

마이크로 인슈어런스는 1년에 1달러밖에 이윤이 남지 않는 사업으로 알리안츠는 이윤의 대부분을 다국적기업의 후원금으로 사용하고 있으며, 지원금 또한 지방정부의 자원을 통해 만들어진다. 박리다매와 서류의 간소화, 상품의 표준화로 부가비용을 최소화하였다. 또한 확장보장형 프리미엄 상품으로 가입 유도를 통한 수익 형태를 이루고 있다.

마이크로 인슈어런스 이외에도 알리안츠는 CSR활동을 펼치고 있다. 2004년 인도네시아는 쓰나미를 겪었고, 그 결과 수많은 사상자가 나타났다. 이 비극적인 재난으로 인해 수많은 노숙자가 생겨났고 도시의 건물들이 대부분 파괴되었다. 이에 인도네시아의 피해복구를 위해 2005년 알리안츠그룹은 독일의 German Agency for Technical Cooperation(GTZ)과 함께 Banda Aceh 지역에 학교를 건설하는 프로젝트를 진행하였다. 또한 전 세계의 알리안츠 근무자들은 학교건설 프로젝트를 위해 돈을 기부하였다. 알리안츠에서 건설한 학교는 여섯 개의 교실과 도서관, 기도실, 의식룸 등으로 구성되어 있으며, 두 개의 교실을 연결하여 공동체 모임장소로 이용할 수 있도록 설계되었다. 또한 긴급 시에는 피난처로도 사용할 수 있도록 설계되었다. 이 외에도 알리안츠 인도네시아의 직원들은 쓰나미 피해학생들의 양부모가 되어 매년 교과서, 교복과 학용품을 보내주는 등 처음부터 끝까지 그들이 일어날 수 있도록 지원하고 있다. 이에 대한 보답으로 학생들은 후원자들에게 그림을 그려 보내고 이 그림은 자카르타에서 전시회를 개최하거나 알리안츠회사 사무실에 걸리는 등 직원들 일상의 한부분이 되고 있다.

또한 알리안츠는 2012 런던 세계장애인올림픽을 앞두고 국제장애인올림픽 경기위원회(IPC : International Paralympic Committee)와 국제협력을 2년 더 연장하고 국제파트너로서 협력을 강화하였다. 알리안츠는 장애인올림픽 협력사업의 일환으로 장애인올림픽 운동을 널리 알리고, 장애와 스포츠 사이의 사회적 거부감을 줄이고자 적극 노력하고 있다.

이상에서 살펴본 바와 같이 알리안츠는 CSR활동을 일찍부터 도입하여 실시하고 있으며, 그 결과 전 세계적으로 인지도 높은 금융 · 보험그룹으로 거듭나게 되었다. 알리안츠는 개발도상국을 위주로 특정 지역에서 완성된 모델을 완성시키고 확장하는 정책을 펼치며 타 단체, 기업과 연계하여 선택한 곳에 인프라, 금융서비스 등 밀도 있는 서비스를 지원하고 있다. 마이크로 인슈어런스의 경우도 이윤추구의 목적이 비교적 약하므로 경쟁사들은 몇몇 한정된 국가에서만 사업을 진행하고 있으나, 알리안츠는 더 많은 국가를 대상으로 매년 많은 고객을 유치하려는 정책을 선보이고 있다.

이처럼 알리안츠는 취약계층을 잠재적 고객으로 인식하여 그들에게 만족할 만한 서비스 제공을 목표로 하며 미래의 발전 국가들을 대상으로 기업이미지 제고효과를 가져오게 할 수 있는 CSR 마케팅을 진행하고 있다. 전 세계적으로 알리안츠의 CSR활동은 성공적으로 평가되고 있으며, 인지도 면에서도 꾸준히 앞서가는 모습을 보여주고 있다. 그러므로 현재 진행 중인 프로젝트와 더불어 앞으로 어떠한 CSR 가치를 실현할 것인지 귀추가 주목되고 있다.

3) 지멘스

독일 베를린과 뮌헨에 본사를 두고 있는 세계적인 전기전자기업 지멘스(SIEMENS)는 1847년에 설립된 이래 현재 전 세계 200여 개국에서 36만 2,000여 명의 직원들이 혁신적인 기술력을 바탕으로 최첨단 제품과 솔루션 및 서비스를 제공하고 있다.

지속가능성이 지금과 같이 화두가 되기 오래전부터 지멘스의 설립자 베르너 폰 지멘스는 "나는 단기이익을 위해 회사의 미래를 팔지 않겠다(I won't sell the future of my company for a short-term profit)"고 선언한 바 있다. 지속가능성은 회사 설립 이래 회사의 행동강령이 되어 왔으며, 지속가능성을 중심으로 한 사회적 책임의 이행은 지멘스 기업전략의 핵심이 되고 있다.

지멘스는 책임 있는 가치창출에 기반하여 수익성 있고 장기적인 성장을 목표로 하고 있다. 지멘스 지속가능성 프로그램의 목표 및 활동은 '사업기회', '약속이행' 및 '이해관계자 참여'의 세 가지 영역에 집중하고 있다. 구체적으로는 친환경 포트폴리오 강화, 사업추진을 통한 지멘스 사업조직의 지속가능성 제고, 비즈니스활동의 사회적 기여 강화, 친환경제품 및 비즈니스 모델의 혁신 가속 등을 포함한다.

그림 4-6 I 지멘스 지속가능성 프로그램

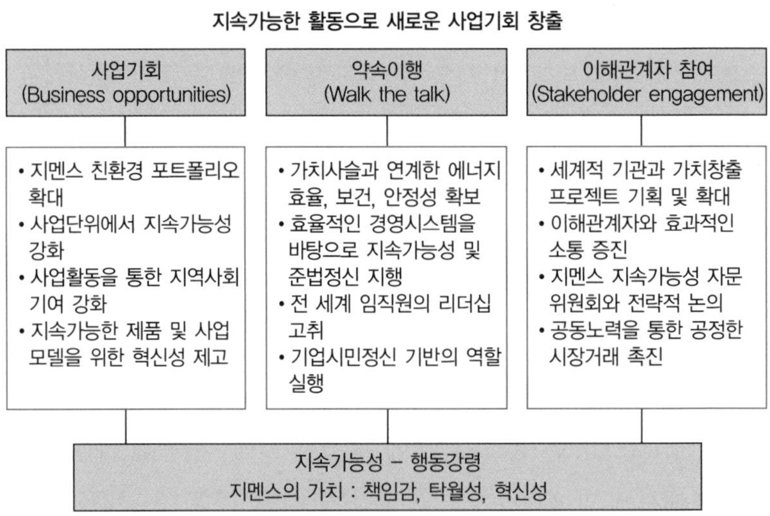

환경보호는 지멘스 주요 경영전략의 하나로, 지멘스는 지구온난화, 기후변화 등 전 세계가 당면한 환경 이슈를 극복하기 위하여 에너지기술과 환경보호에 중점을 두고 사업을 진행하고 있다. 지멘스의 친환경 포트폴리오는 복합 화력발전소, 지능형 빌딩자동

화기술 등과 같은 '에너지 고효율 제품과 시스템', 풍력 등의 '신재생에너지' 및 '친환경기술' 등을 포함한다.

아울러 지멘스는 '깨끗한 사업만이 바로 지멘스가 하는 사업'이라는 명제하에 부패 근절 및 공정경쟁 위반을 방지하는 일을 최우선순위로 여기고 있으며 법과 규정을 철저히 준수하고 지멘스 사업행동지침에 정의된 윤리적 사업 행동원칙을 지킨다. 지멘스는 '예방 · 감지 · 대응'의 세 요소로 구성된 준법시스템을 각 국가별 법규에 반영하여 정책과 절차를 수립하고 교육과 소통을 통하여 위반사항을 감지하고 있다.

지멘스는 다양한 사회공헌활동 등을 통해 지역사회에 지속적인 기여를 하고 있으며 높은 운영기준을 바탕으로 자사의 역량, 자원 및 임직원 자발적 참여 등을 통해 사회에 변화를 줄 수 있는 다양한 사회공헌활동을 진행하고 있다. 지멘스 사회공헌활동의 핵심 분야에는 교육 및 과학, 지역사회, 환경, 예술 및 문화 등이 포함된다.

지멘스는 다우존스와 SAM이 만든 우량기업 주가지수인 다우존스지속가능경영지수(DJSI) 7개 분야 350개 기업들을 포함하는 산업자본재기업(Capital Goods Industry Group)부문에서 2014년 1위를 차지하였으며, 이와 더불어 3M, 필립스와 도시바 등 46개 기업들을 포함하는 산업대기업(Industrial Conglomerates)부문에서 7년 연속 선두자리를 차지하면서 산업부문에서 최고의 지속가능성기업으로 선정된 바 있다.

제 3 절 ■ 영국

1. 영국의 CSR

미국이 CSR의 기초와 토대를 마련했다면 영국은 이를 더욱 활성화시킨 국가 중 하나이다. 미국이 자본주의에 입각한 민간 위주의 발전전략을 세우고 추진했다면 영국을 위시한 유럽 국가들은 민간 차원의 대응과 함께 EU 전체 차원에서 적극적인 대응체제를 모색하고 있는데, 특히 정부 차원의 CSR활동에 주력하는 모습을 보이는 경향이 있다(정후식, 2007). 그러나 영국과 EU가 말하는 CSR은 차이가 있다. 영국은 CSR을 경제 · 사회 · 환경을 모두 아우르는 개념으로 생각하는 반면, EU는 사회와 환경만을 포함시키는 경향이 있다.[07]

영국의 대기업들이 CSR에 대해 관심을 갖는 이유는 기업의 사회적 책임에 대한 내외적 압력에서 비롯되었다(강병로, 2011). 먼저 외적으로는 사회에서 대기업의 역할에 관한 사회적 기대가 변화하면서 비정부기구, 시민단체, 개인소비자들이 기업의 행동변화를 요구하기 시작하였는데, 기업의 이런 변화와 더불어 영국정부도 사회복지라는 목표의 추구에 긍정적인 기여를 하도록 기업을 독려하는 데 주도적인 역할을 하고 있다(Whitehouse, 2006).

영국에서 SRI 시장이 확대되고 투자가 본격화된 것은 바로 1995년에 연기금의 사회책임투자를 의무화하는 '연금법(Pensions Act)'이 개정되고 2000년 7월에 효력이 발생하면서부터이다. 이 법은 연금기금이 투자대상을 선정 · 유지 · 매각함에 있어서 환경, 사회, 윤리 측면을 고려하고 있는지의 여부와 의결권 행사의 기본 방침이 존재하는지에 대한 정보공개를 의무화하는 것을 골자로 하

07 김민주(2007)에 따르면 영국 기업들은 CSR을 마케팅에 적극 활용하고 있으나, 독일기업은 조용히 CSR을 활동하고 있다고 주장한다. 예를 들면 막스 앤 스펜서나 부츠, 그리고 독일의 헨켈, 오토의 CSR활동이 다르다고 주장한다.

고 있다. 비록 이 법이 정확하게 SRI(사회책임투자 : Social Responsible Investing)를 의무화한 것은 아니지만 투자의 기준으로 CSR을 고려하도록 했다는 점에서 영국이 정부 차원에서 CSR을 추진하고 있다고 볼 수 있다.

비록 강제규정은 아니나 연금법에서는 "민간연금펀드를 운용하는 모든 주체는 투자 포트폴리오를 구성할 때 사회 · 환경 · 윤리의 세 가지 요소를 함께 고려해야 할 뿐만 아니라, 주주로서의 권리를 성실하게 이행해야 한다"는 사실을 공개적으로 공시하도록 요구하고 있다. 영국에서 SRI 유형은 핵심 SRI(core SRI), 네거티브 스크린(simple exclusions) 및 적극적인 경영참여(engagement) 등으로 구분된다. 핵심 SRI는 사회적 · 환경적 · 윤리적 및 지속가능한 기업 등에만 투자를 집중하는 것이다. 네거티브 스크린은 무기제조, 담배, 동물실험 및 인권 등과 같은 특정 영역과 연관된 기업이나 산업섹터를 원천적으로 투자대상에서 배제하는 것이다. 적극적인 경영참여는 미국의 이해당사자 옹호정책(shareholder advocacy)과 동일한 형태로 CSR 등과 관련된 이슈들을 제기하면서 기업지배구조 개선 등에 영향력을 행사하는 것이다(강상욱, 2006). 영국의 SRI는 기업들이 사회적 책임을 위해서 어떤 투자를 해야 되는지 그 방향을 제시하고 있다고 볼 수 있다.

2001년에는 프랑스와 함께 세계 최초로 통상산업부(DTI : Department for Trade and Industry) 내에 'CSR 장관'을 임명하는 등 EU 가운데 가장 강력한 정부주도의 CSR을 추진하고 있다. 또한 영국의 통상산업부는 기업의 사회적 책임 수행을 돕기 위해 NGO인 BITC(Business in the Community)를 설립하였다.

2004년에는 정부, 기업, NGO, 노조 등으로 구성된 CSR Academy를 설립하기도 하였으며, 기업의 규모와 상관없이 CSR활동 향상을 원하는 기업에게 CSR 훈련과 개발을 위한 정보를 제공,

이를 통해 CSR을 일상의 기업관행에 통합시킨다는 취지를 가지고 있다. 'CSR 학교'는 아직 초기단계지만 정부와 기타 이해관계 당사자들과 대화하도록 장려하는 CSR 정책방향이 반영된 것이다.

영국의 기업 측면에서도 살펴보도록 하자. 영국의 경우 정부의 가이드 아래 기업들의 활동도 활발한 편이다. Global 100지수[08]에 편입된 영국기업은 16개로, 미국 8개, 독일 5개, 일본 12개에 비하여 많은 기업들이 활발하게 활동하고 있는 것으로 나타났다. 이는 다른 국가에 비해 영국에 소속된 기업들이 더 많이 CSR을 수행하고 평가받는 것으로 해석할 수 있을 것이다. 한국은 2개 기업(포스코 30위, 삼성 73위)이 속해 있다.[09]

2007년 기준 'FTSE 100(런던 증권시장의 100대 기업 주가지수)' 기업 중 80% 이상이 CSR 전문가를 고용하고 있으며, 매년 CSR보고서를 작성해 소비자와 주주들에게 보고하고 있다. 이런 CSR활동은 기업의 경쟁력을 강화하고 영업 및 홍보에 있어서 중요성이 부각되고 있다. 또한 소비자들도 기업에게 도덕적 · 사회적 · 환경적 활동을 위한 뒷받침을 강하게 요구하고 있으며, 이는 영국시장에서 윤리적 제품의 가치가 매년 15%씩 증가하는 현실로 반영되고 있다(이장원, 2007).

영국이 CSR의 중심지가 되었던 이면에는 국가의 보조가 큰 역할을 했지만, 민간 특히 시민사회의 역할도 일조했다고 볼 수 있을 것이다. 영국의 지역사회기업 사회적 책임센터(BITC : Business in the Community)를 중심으로 살펴보자.[10]

BITC는 1982년에 설립되어 영국 내 조직뿐만 아니라 국제적인 네트워크를 구성하고 있는 글로벌 CSR 네트워크이다. 즉, 영국에 있는 기업들의 CSR활동을 장려하고 국가, 기업, 시민사회가 적절히 연결될 수 있도록 컨설팅과 네트워크 역할을 담당하는 지역사회기업 사회적 책임센터이다. BITC는 '사회 속의 기업', '커뮤니

08 Global 100은 캐나다 Corporate Knights사와 미국 Innovest Strategic Value Advisors사에 의해 시작된 프로젝트로, 기업의 ESG(Environment, Social, Governance) 이슈를 분석하고 지속가능한 100개 기업을 선정하여 2005년부터 매년 스위스 다보스포럼에서 결과를 발표한다. 이것은 기업의 ESG 이슈와 재무성과가 밀접한 관계를 맺고 있다고 보고 이 세 가지 이슈관리를 잘하는 기업이 그렇지 못한 기업보다 경쟁에서 우세하다는 개념이다.

09 Global 100(2012)

10 BITC에 관한 내용은 BITC 홈페이지(www.bitcni.org.uk)의 내용을 참고로 하였다.

티 기업센터', '지역사회 사회공헌조직', '영국의 대표적인 공익 마케팅', '사회공헌 컨설팅회사', '기업공동체' 등으로 이해되기도 하며, 기업의 지역사회 참여를 돕는 조직으로 기업과 사회적 기업 간의 비즈니스 멘토링을 연계하는 사업을 실시하고 있다.

전반적으로 BITC는 기업과 비영리기관 등 시민사회를 연결해주는 네트워크중심 기관의 특성을 가지고 있다. 사회문제에 대해서 직접적으로 개입하지 않으며, CSR활동에 대해서 직접 사업을 하는 것이 아닌 기업이 CSR활동을 할 때에 필요한 정보를 제공하고 자문을 통한 컨설팅을 해주며, 해당 지역사회문제에 개입하려는 다양한 지역사회 비영리기관과 연결시켜 주는 역할을 하고 있다.

가장 중요한 역할 중 하나는 이런 네트워크를 위한 다양한 정보를 관리하고 제공하는 것이다. 활동 분야별로 보면, 먼저 홍보 분야에서는 기업의 관점에서 기업의 브랜드를 위한 마케팅과 지역사회문제를 위한 캠페인을 홍보해주는 활동을 하고 있다. 둘째, 시장 분야에서 모든 회사의 소비자, 유통망, 생산품과 소비에 있어서 사회적 · 환경적 요인을 조사하여 기업이 정말 소비자들에게 투명하고 정직하게 접근하는지를 모니터하는 일을 하고 있다. 셋째, 회원 분야에서 BITC는 상장기업 80% 이상이 포함된 약 700개의 회사가 멤버십을 형성하고 있다. 넷째, 교육 분야에서 BITC는 회사들에게 어떻게 CSR활동을 할 수 있는지 가르치고 훈련하는 일을 하고 있다. 마지막으로 지역사회투자 분야에서 BITC는 기업이 어떤 방식으로 CSR활동을 할 것인지 조언을 해주는 일을 하고 있다. 예를 들어 회사에서 상품의 이익 중 일부를 노인시설에 기부한다거나 중소기업에서 해당 지역 우선 채용을 통해 비용을 절감한다는 것과 같은 아이디어를 기업들에게 제공하는 일이다.

그리고 영국은 빈곤지역 개발과 환경에 관련된 CSR에 집중한다. 빈곤지역과 기업이 전략적인 제휴를 할 수 있도록 자금을 지원하고 민간기업에게 빈곤지역 공공서비스에 대한 결정권을 주기도 한다. 또한 기업들의 환경경영을 활성화시키기 위해 탄소배출량을 2020년까지 26%, 2050년까지 60% 줄이는 법안을 의회에서 심의 중이며, 기업에게 탄소감축 컨설팅을 제공하는 탄소마크 인증기관 Carbon Trust에 지난 10년간 4억 파운드의 자금을 지원하고 있다. 그 밖에 CSR을 적극적으로 이행하는 기업에게 세금 인센티브를 제공하고, 공정무역을 장려하기 위해 다양한 NGO들에게 적극적인 자금지원을 이어가고 있다. [그림 4-7]은 Carbon Trust의 로고이다.

그림 4-7 Carbon Trust의 로고

출처 : Carbon Trust 홈페이지(www.carbontruststandard.com)

정리하면, 영국은 다른 나라에 비해 CSR의 역사는 짧지만 보다 역동적이고 열정적인 CSR을 수행한다고 볼 수 있다. 영국의 CSR은 다른 국가들과 비교해 볼 때, 국가 차원의 역할이 얼마나 중요한지를 보여주는 대표적인 사례이다. 다음에서는 CSR을 수행하는 데 있어 영국의 대표적인 기업의 사례를 살펴본다.

2. 영국기업의 CSR 사례

1) 막스 앤 스펜서

막스 앤 스펜서(Marks & Spencer)는 CSR활동보고서와 재무보고서를 홈페이지에 올려 일반시민들에게 공개하는 등 CSR활동의 모범사례로 알려져 있다. 여기서는 막스 앤 스펜서의 주요 CSR활동 현황을 사회적 · 환경적 · 윤리적 측면에서 검토한 문헌을 토대로 제시하였다.[11]

막스 앤 스펜서는 식료품과 의류 등을 판매하는 기업으로 6만 5,000명의 근로자들이 종사하고 영국에 450개의 상점을 가지고 있는 대기업이다.[12] 막스 앤 스펜서에서는 상품들(products), 사람들(people), 장소들(places)의 측면에서 CSR 정책을 실시하고 있다. 2000년대 초반부터 '사회활동의 기대' 라는 슬로건과 함께 다양한 CSR활동을 시작한 막스 앤 스펜서는 유방암 해결에 앞장서고 있는 사회기구와 5년간의 파트너십을 시행함으로써 긍정적인 반응을 얻었다. 또한 Fair-Trade(공정무역) 인증을 받은 면(綿)으로 만든 의류를 처음으로 시장에 내놓은 것으로 소비자들에게 기억되기도 한다. 이러한 막스 앤 스펜서가 추구하는 CSR 정책은 사회적 · 환경적 · 윤리적 분야로 구분할 수 있다.

먼저, 사회적 CSR활동으로 유방암을 위한 기금 마련, 장애인과 노숙자를 위한 고용창출, 쓰나미 피해복구 기부 등이 있다. 둘째, 환경적 CSR활동은 막스 앤 스펜서가 심혈을 기울이는 정책 중 하나로 환경단체인 그린피스(Greenpeace)와 의견교환을 통해 이루어지고 있다. 마지막으로, 윤리적인 CSR활동으로는 1999년부터 캠페인 '라벨 너머의 진실(Look behind Label)' 을 통해서 판매되는 모든 제품이 노동착취와 인종차별, 동물학대 없이 생산되었음을 표시하고 있다. 최근에는 CEO가 나서서 대대적인 CSR 프로그램인 'Plan A' 를 추진하고 있다. 무려 2억 파운드의 예산을 투입, 향후 5년 동안 전 비즈니스영역에 영향을 줄 것으로 예상되는 이번 계획에는 탄소중립, 자체 쓰레기 감소, 지속가능한 사업의 확장, 새로운 공정무역에 관한 표준 확립, 고용자들의 건강을 돕는

11 이현숙, 2006; 이장원, 2007.

12 막스 앤 스펜서는 2011년 세계 최초 탄소중립 속옷을 시장에 내놓았다.

일 등이 포함되어 있다.

막스 앤 스펜서는 협력업체들이 온실가스와 환경오염을 줄일 수 있도록 친환경공장 건설을 지원해 주고 있다. 일례로, 막스 앤 스펜서에 란제리를 독점공급하는 MAS란 업체는 상품제조를 위한 신규공장 건립을 결정하였고, 이에 막스 앤 스펜서는 태양광 발전 설비와 공장 설계비용, 그리고 자사의 탄소절감 노하우를 공유하였다. 결과적으로 막스 앤 스펜서의 이러한 지원 노력은 해당 공장의 탄소배출중립, 물 사용량 50% 절감, 폐기물의 획기적 절감 등을 이루어냈으며, 이는 생산성 향상은 물론 막스 앤 스펜서의 기업이미지로도 연계되어 막스 앤 스펜서가 명실상부한 환경경영 대표주자로 자리매김하는 데 일조하였다. 현재 막스 앤 스펜서는 MAS 외에도 2015년까지 약 200개의 협력업체에 친환경공장 건설 지원을 목표로 하고 있다.

사례를 통해 본 막스 앤 스펜서의 CSR은 기업이 만드는 제품, 회사와 연관된 소비자와 이해관계자 그리고 지역사회를 중심으로 CSR이 이루어지고 있음을 알 수 있다. 막스 앤 스펜서의 이런 경험에서 시사되는 바는 CSR은 기업의 특성과 상황에 맞게 CSR활동을 개발하여 지역사회와 연대하고 의사소통을 통해서 이루어져야 한다는 것이다.

2) 러쉬

1995년에 설립된 러쉬(LUSH) 프레시 핸드메이드 코스메틱은 스킨케어부터 입욕제까지 다양한 미용제품을 파는 영국계 회사다. 러쉬의 제품개발자들은 배스 발리스틱, 샤워젤리 그리고 고체샴푸바와 같은 독특하고 창의적인 뷰티제품들을 개발해 왔으며, 동물실험 반대, 페어 트레이드, 과대포장 반대, 환경보호 등 대중의 인지를 깨울 수 있는 다양한 캠페인을 통해 강력한 기업윤리와 신념을 알려 왔다.

러쉬는 급속한 성장을 거듭하여 2005년에는 『선데이 타임즈(Sunday Times)』가 선정한 '최고기업 100선' 에 들었으며 2006년과 2007년에는 Good Business Award인 RSPCA를, 2006년에는 동물복지를 위한 PETA Trailblazer Award를 수상했다. 그리고 2011년에는 뷰티산업계 발전에 큰 기여를 한 공로로 영국제국 훈장을 수여받았다. 러쉬는 현재 전 세계 48개국, 702개의 매장을 운영하고 있으며, 국내에는 현재 총 35개의 오프라인 매장과 온라인 사이트를 통하여 많은 고객들과 러쉬의 질 좋은 제품과 독특하고 재미있는 감성을 함께 나누고 있다.

러쉬는 다양한 마케팅활동 중 상업적인 광고를 진행하고 있지 않으나, 고객관리관련 캠페인, 온라인마케팅 등 다양한 마케팅활동을 진행하고 있다. 상업적인 광고를 진행하지 않고 마케팅비를 절감하여 좀 더 나은 제품개발에 투자하여 좋은 제품을 선보이는 것이 막대한 마케팅비를 쓰는 것보다 더 좋은 마케팅이라고 생각하기 때문이다. 또한 고객들이 오감으로 제품을 직접 경험할 수 있도록 감성적 마케팅에 관심을 가지고 이를 실천하기 위하여 노력하고 있다. 이와 같은 노력을 위해 러쉬는 소비자에게 신선한(fresh) 제품 전달을 최우선원칙으로 한다. 그들은 신선함이라는 단어가 마케팅 이상의 정직한 의미를 갖고 있다고 믿을 만큼 제품의 신선함을 중시하고 있다. 러쉬는 세계 곳곳을 돌아다니며 현지에서 직접 확인하고 테스팅한 원료만으로 제품을 생산한다. 현지에서 직접 막 생산한 제품만이 신선하고 러쉬 제품으로 알맞다고 생각한다. 코스메틱 원료를 구입하는 데 이러한 방법을 도입한 것은 매우 창의적이다. 러쉬는 이를 'creative buying' 이라고 칭하며 현재까지 이 원칙을 고수하고 있다.

러쉬는 창립된 순간부터 제품의 제조와 판매가 환경에 미치는 관계에 대한 연구를 게을리하지 않고 환경에 긍정적인 영향을 주기 위해 독창적인 방법을 시도해 왔다. 러쉬에게 있어 환경에 대한 이슈는 회사의 심장과도 같아서 매 순간 모든 결정에 있어서 환경을 가장 먼저 고려하고 있다. 원재료를 구매함에 있어서도 신선함과 동시에 환경보전적으로 생산된 재료만을 사용하고자 한다.

그림 4-8 ❙ 러쉬의 팜프리 캠페인

출처 : 러쉬 한국 홈페이지(www.lush.co.kr)

예를 들어 러쉬는 팜오일(palm oil)이 블랙리스트 재료에 오른 이후 비누 베이스에 사용되는 성분을 더욱 친환경적인 오일로 교체하였다. 현재 모든 제품에 들어가는 팜오일을 없애려고 노력 중이며 이에 그치지 않고 다른 회사들도 동참하기를 권하고 있다. 팜오일 사용을 지양하는 팜프리 캠페인(Palm-Free Campaign)도 시행하고 있다.

또한 러쉬의 모든 제품은 자연적으로 미생물에 의해 분해된다. 러쉬 제품들은 모두 쉽게 분해된다고 하는데 이를 단적으로 보여주는 재미난 비화가 있다. 러쉬 제품이 사용되었던 머드 페스티벌 후에, 소들이 러쉬의 비눗물이 가득 묻은 풀을 맛있게 뜯어먹었다는 일화이다. 이렇듯 러쉬의 제품은 모두 환경과 친한, 자연 그대로를 추구한다.

그림 4-9 | 러쉬의 고체샴푸

출처 : 러쉬 한국 홈페이지(www.lush.co.kr)

러쉬에서 최초로 발명한 고체샴푸바(bar)는 환경보호에 앞서는 러쉬의 지향점을 가장 잘 보여주고 있다. 바 형태로 되어 있는 이 고체샴푸 하나(55g)는 액상샴푸의 3개분(250g)에 해당하는데, 결국 3개의 플라스틱 용기를 만들지 않아도 되며, 물로 이루어져 있고 무겁고 비효율적인 액상제품과 비교해 볼 때 고체샴푸는 압축되어 있고 가벼우며 운반하기에도 간편한 이점을 가지고 있다. 또한 제품들을 매장으로 운송하는 동안 환경에 미치는 영향을 생각하면, 한 대의 운송트럭에 실린 샴푸바로 800,000번 머리를 감을 수 있는 반면에 액상샴푸로 800,000번 머리를 감으려면 15대의 운송트럭이 필요하다. 고체샴푸바를 통해 플라스틱 용기를 생산하기 위한 비용과 플라스틱 용기로 발생하는 쓰레기의 양을 줄여 환경을 구할 수 있으며 무겁고 비경제적인 포장제품들의 운송으로 인해 발생되는 오염 또한 줄일 수 있다.

러쉬의 환경보호활동의 핵심적인 부분이 바로 'Packaging is Rubbish' 라는 슬로건 아래 네이키드 제품(포장되지 않은 제품)을 추구하는 것이다. 러쉬는 제품을 디자인할 때 제품 포장을 전혀 사용하지 않는 것에 열정을 쏟고 있다. 포장재를 최소화하여 포장재 생산비용을 더 좋은 제품 연구와 개발에 투자하겠다는 입장이다. 그동안 소비자들은 화장품에는 멋진 용기가 절대적으로 필요하다고 생각해 왔으며, 화장품회사들도 더 화려하게, 더 고급스럽게만 외치며 포장에 공을 들였다. 그러나 러쉬는 이러한 인식을 완전히 뒤집어 버렸다. 즉, 과대포장을 지양하고 부득이하게 제품 특성상 포장을 하게 될 경우에는 값싼 포장재를 사용하고 있다. 실제로 러쉬에서 판매되고 있는 제품 중 70%는 포장이 없는 채 판매되고 있다. 제품보호 등을 위하여 포장을 해야만 한다면 러쉬는 재활용된 재료를 사용한다. 러쉬의 포장재료의 90%는 재활용된 재료이며 나머지 10%도 여전히 연구 중이다. 러쉬는 포장재료가 재사용되고 재활용되어 나중에 그 생명력이 다할 때에는 퇴비로 활용되기를 바라며 포장재료 전부가 재활용 가능하고 퇴비로 활용되는 것에 목표를 두고 있다. 이러한 최소한의 포장정책은 다른 코스메틱 브랜드와 러쉬를 확연히 구분 짓게 한다.

그러나 러쉬의 트레이드마크인 검은 화장품 용기(블랙팟이라고 일컫는다)는 깨끗하고 무독성 물질임에도 불구하고 재활용이 어느 지역에서나 가능하지는 않다. 따라서 러쉬는 스스로 공언한 것을 실천하기 위하여 고객들이 5개의 블랙팟을 가져오면 러쉬 제품을 증정하는 이벤트도 진행한 바 있다. 이렇게 모인 블랙팟은 후에 재활용되거나 예술작품을 위한 재료로 사용되었다. 또한 지금 이 시각에도 새로운 재료를 연구하고 있고 후에 법률이 허가하는 한 리필 사용을 시행할 것이며 매장으로의 제품 수송 시에 재활용 용기를 사용하려는 시도를 하고 있다.

이러한 네이키드 제품지향은 좀 더 적극적인 캠페인으로 이어진다. 제품만으로의 표현을 넘어 직접 러쉬 직원들의 몸으로 과대포장의 심각성을 알리고자 시작한 '고 네이키드 캠페인(GO Naked Campaign)'이 바로 그것이다. 대중에게 환경의 소중함과 고마움을 알리고, 고마운 환경을 함께 지켜나가기 위한 자신들의 작은 움직임이 나아가 모든 사람들에게 감동이 되어 지구상의 쓰레기를 줄여나가는 것에 모두 함께 동참하는 것이 이 캠페인의 목적이다.

이러한 퍼포먼스를 하는 이유는 물론 더 많은 사람들에게 과대포장 반대를 알리고 이에 동참하라는 의도도 있지만, 러쉬는 비영리단체가 아닌 만큼 그 이상의 효과를 얻을 수 있어야 한다. 한국에서든 영국 본토에서든 모두 러쉬의 로고가 새겨진 앞치마를 두르고 있다는 것을 보아 홍보효과를 기대하고 있는 것은 당연하다. 이들이 하고 있는 캠페인은 과대포장 반대이며 이는 러쉬가 환경을 보호하는 기업이라는 인식을 심어준다.

그림 4-10 ｜ 러쉬의 고 네이키드 캠페인

출처 : 러쉬 한국 홈페이지(www.lush.co.kr)

이러한 인식은 소비자로 하여금 러쉬가 친환경적인 재료를 쓸 것이라는 기대까지 하도록 이끌어준다. 러쉬코리아의 검정색 앞치마 역시 러쉬의 용기인 블랙팟을 연상하는 효과를 보여주며, 캠페인을 통해 러쉬의 기업이념은 물론 소비자의 마음속에 러쉬라는 포지셔닝을 제대로 하고 있는 셈이다. 따라서 과대포장 반대 퍼포먼스로 인해 '러쉬=친환경제품을 생산하는 기업' 으로 소비자들의 마음속에 각인될 수 있다.

이와 같이 환경보호 이외에도 동물보호에 앞장서는 러쉬의 제품은 영국 비건(VEGAN)협회로부터 비건 제품임을 인증받고 있다. 비건이란 단순히 채식을 하는 것에 그치지 않고 의류, 화장품 등 생활 전면에서 가능한 한 동물에 대한 잔혹행위를 배제하려는 삶의 방식을 뜻하며, 채식주의자들은 육식만 금하지만 비건은 유제품, 달걀, 가죽제품, 동물 화학실험을 하는 모든 제품을 금하는 적극적인 행동을 한다. 영국의 비건협회는 비건 라이프스타일을 지원하는 자선단체로서, 화장품업체가 비건협회의 인증을 받기 위해서는 동물실험을 하지 않는 것은 물론이고 동물로부터 얻어지는 2차적인 성분을 포함해 제품에 동물성 원료가 절대 들어가는 안 된다. 러쉬는 모든 종류의 동물실험에 반대하는 것은 물론 생산하는 제품의 약 90%가 비건협회에서 인증받은 제품을 취급하고 있다.

또한 러쉬코리아는 2011년 탈북 청소년들의 꿈을 함께 이루기 위해 두드림 캠페인(Do Dream Campaign)을 진행하고 있다. 이 캠페인은 탈북 청소년들의 닫힌 마음의 문을 두드려 그들의 용기 있는 커밍아웃을 돕고 숨어 있는 재능을 꿈으로 키워주기 위한 사회공헌활동의 일환이다. 두드림 캠페인의 가장 핵심적인 내용은 러쉬의 향수인 'The Smell of Freedom' 의 판매수익금 전부를 탈북 청소년들을 위하여 기부하는 것이다. The Smell of Freedom 은 학대와 역경을 견디고 살아남은 생존자들과의 만남을 바탕으로 탄생된 제품으로서 유사한 환경 속의 탈북 청소년들에게 제품의 의미를 담아내어 생존자들과 같이 희망과 자유를 찾길 바라고자 하는 러쉬의 마음이 담겨져 있다.

그림 4-11 I 동물보호를 외치는 러쉬

출처 : 러쉬 한국 홈페이지(www.lush.co.kr)

러쉬의 모든 제품은 각각의 주문을 받은 후 핸드메이드로 특별하게 생산되며 무방부제 제품이 전체 제품의 70% 이상을 차지하고 있다. 인간이 먹을 수 있는 가장 깨끗하고 신선한 과일과 채소를 사용하고 최상의 에션셜오일만을 고집하여 가장 자연에 가까우면서 인간에게 도움을 줄 수 있는 제품을 만드는 것이 러쉬의 신념이다. 제품과 향료를 스스로 개발하며 신선한 재료를 이용하여 손으로 만들고 보존제를 되도록 사용하지 않거나 필요한 경우에 소량만 사용하고 있다.

러쉬의 소비자를 위한 최상의 혹은 최선의 노력은 제품뿐만 아니라 제품 밖에도 나타나 있다. 보통 시중의 화장품들은 제품의 재료성분을 어려운 화학용어로 기재해 놓거나, 그마저도 포장상자에만 적어놓을 뿐 화장품 용기에는 생략하는 경우가 많다. 소비자들은 구매 후 포장상자는 보통 버리기 때문에 자신이 사용하는 화장품의 재료성분을 제대로 알고 쓰는 경우는 드물다. 그러나 러쉬는 천연성분이 대부분이기 때문에 어려운 화학용어는 최소한으로 되어 있으며, 유기농 야채 · 과일은 초록색 글씨로 표시하고, 천연성분은 빨간색으로, 안전한 인공성분은 검정색 글씨로 표기하였다. 또한 제작한 사람의 얼굴과 이름, 유통기한까지 기재하는 것은 러쉬만의 독특하고도 기발한 아이디어인 동시에 소비자에게 알 권리를 선사하는 방법이라고 할 수 있다.

러쉬와 러쉬 직원들은 그들의 제품을 만드는 곳을 '공장' 이라고 하지 않는다. '키친(kitchen)' 이라고 부르고 있다. 화장품은 사람의 피부에 직접 바르는 제품이므로 먹는 식재료만큼이나 위생적이고 소중하게 다룬다는 느낌을 소비자에게 전달하고자 하는 러쉬의 마음이라 볼 수 있다.

CSR의 범위는 더 이상 한 나라에만 국한된 것이 아니다. 러쉬가 글로벌기업이기도 하고 현시대에는 더 이상 물리적 국경이라는 것의 의미도 없다. 위에서 언급한 바와 같이, 러쉬는 여러 나라를 거쳐 더 좋은 품질과 공정한 유통경로를 통해 원료를 구입하기 위해 애써 왔으며 그 과정에서 공정무역을 통해 전 지구적인 책임도 같이하였다. 러쉬의 이러한 기업의 사회적 책임활동은 브랜드에 대한 호감을 높이고 이것은 러쉬가 매년 성장하는 바탕이 되었다. 이런 기업의 사회적 책임(CSR)을 다하는 러쉬에 대해서 고객들은 호감을 가지고, 지속적으로 신념을 행동하는 러쉬에 결국 열광한다.

대규모 브랜드가 아닐지라도 열광적인 마니아를 다수 확보한 브랜드를 컬트브랜드라고 한다. 이 브랜드에 열광하는 이유는 바로 제품 이상의 가치를 전해주기 때문이다. 우리는 제품을 살 때 친환경, 사회공헌, 책임이라는 가치를 추구하고 있음을 느낀다. 그리고 제품 이상의 가치에 만족한다. 이러한 가치소비는 또 하나의 새로운 라이프스타일을 형성한다. 그리고 러쉬가 지향하는 가치인 '재미'는 이러한 'new life style' 형성에 윤활유 역할을 한다. 이러한 가치소비를 중심으로 한 새로운 라이프스타일을 따라 현대인들은 문화와 가치를 찾아 소비하게 되는 것이다.

3) HSBC

1865년 설립된 HSBC는 사회책임경영이 사회적인 이슈로 떠오르기 전부터 미래세대를 위해 투자하며 환경 · 교육 분야에서 사회공헌활동을 수행해 왔다. HSBC는 영국 런던에 본사를 두고 유럽, 아시아태평양, 아메리카, 중동과 아프리카 등 세계 74개국 6,200여 개 지점에서 영업을 하고 있는 세계 최대 금융그룹 중 하나이다. 총자산규모가 2조 7,530억 달러(2014년 6월말 기준)에 달한다.

HSBC는 1897년 인천 제물포에 지점을 열면서 한국에 첫발을 내딛은 후 1982년에 부산지점을 개설하고 한국에서 본격적인 영업을 시작했다. HSBC가 정의하는 사회공헌이란 책임 있고 신중한 경영을 통해 고객, 주주, 직원 그리고 투자자들의 기대에 부응하는 것이다. HSBC는 고객과 주주, 직원들의 신뢰와 지지를 기반으로 사회에 대한 책임을 다하는 것이 곧 장기적인 성공으로 연결된다고 믿고 있다.

HSBC는 책임 있는 기업경영과 함께 지역사회를 위한 직접적인 사회공헌활동도 벌이고 있다. 전 세계 네트워크를 통해 실천하는 사회공헌활동은 특히 교육과 환경 분야에 집중된다. HSBC는 전체 사회공헌활동 예산의 75% 이상을 환경과 교육 분야에 사용하도록 하는 원칙을 갖고 있다. 이런 원칙은 '환경은 우리 세대만이 아닌 다음 세대에게 물려줘야 할 소중한 자산이며, 교육은 다음 세대들이 더 나은 미래를 준비하는 가장 좋은 방법' 이라는 믿음에 근거한다.

HSBC는 환경교육단체인 '녹색교육센터' 와 함께 2002년부터 'HSBC 미래세대 섬환경 캠프' 를 개최해 미래세대 청소년들을 '환경지킴이' 로 키우고 있다. 5박 6일 동안 제주도에서 진행하는 여름 캠프와 하반기 1박 2일 후속 캠프로 구성된 'HSBC 미래세대 섬환경 캠프' 는 중학생 대상 환경생태캠프로, 참가학생들이 환경에 대한 중요성을 직접 보고 경험할 수 있도록 한 것이 특징이다. HSBC가 참가비 전액을 지원하며, 2002년부터 지금까지 전국에서 620명의 중학생들이 참가했다. 청소년들의 캠프 지원율은 매년 10 대 1일을 넘을 정도로 관심이 높다. 2010년부터는 학생들과 학부모들의 적극적인 요청에 의해 참가학생 수를 두 배로 늘려, 매년 80명의 학생들을 선발하고 있다.

HSBC는 환경교육과 더불어 창업 및 진로교육에도 앞장서고 있다. HSBC는 청소년들에게 본인의 진로와 적성을 파악하고 기업가정신을 키우는 'HSBC-JA Aim High 캠프' 를 여름 · 겨울방학에 경제교육 전문단체인 JA(Junior Achievement) Korea와 함께 개최하고 있다. 'HSBC-JA Aim High' 중학생 캠프에서는 다양한 직업과 직종에 대한 설명 및 마케팅, 재무, 무역, 경영전략에 대한 교육과 함께 자연스럽게 기업경영의 내용을 배울 수 있는 모의 경영체험을 통해 미래 자신의 직업을 꿈꾸고 적성을 찾아가는 데 도움을 주고 있다. 고등학생 캠프에서는 대학생 멘토와 함께 창업아이디어를 구체적인 사업계획으로 만들기 위한 과정을 경험하면서 경영에 대한 인식과 기업가정신을 자연스럽게 배우도록 한다. HSBC 임직원들도 캠프에 참여하여 학생들이 준비한 창업계획서를 검토하고 실무경험을 바탕으로 참가학생들에게 조언을 해주고 있다.

또한 HSBC는 대학생들의 사회적 경제활동 후원에도 적극적이다. 일례로 HSBC는 2005년부터 '인엑터스(ENACTUS) Korea' 의 각종 프로젝트를 지원하고 있다. 국제 비영리단체인 '인엑터스(ENACTUS)' 는 지역사회를 긍정적으로 변화시키고 사회적 책임감을 갖춘 비즈니스 리더로 대학생들을 성장시키기 위해 비즈니스 리더 및 대학교와 협력한다. 인엑터스 참가학생들은 자신의 대학 내에서 팀을 구성하고 비즈니스 개념을 적용해 도움이 필요한 지역사회구성원들의 삶의 질을 향상시키는 프로젝트를 기획하고 실행한다. 이들은 매년 '인엑터스(ENACTUS) 국가대표선발전' 을 통해 그동안 실천한 프로젝트의 결과를 평가받는다. 매년 선발전에는 HSBC은행을 비롯한 유수기업의 임원진들이 심사위원으로 참여하여 학생들의 다양한 프로젝트활동을 심사하고 격려하고 있다. 국가대표선발전에서 뽑힌 동아리는 매년 열리는 전 세계 학생들의 경연장 '인엑터스(ENACTUS) 월드컵' 에 국가대표로 출전하게 된다.

HSBC의 사회공헌활동에는 직원들의 적극적인 참여가 뒷받침되고 있다. HSBC는 지역사회에서 기업시민으로서의 역할을 강화하기 위해서 2012년부터 전 직원들에게 연 2일의 유급 자원봉사휴가를 부여하고, 직원들의 적극적인 봉사활동을 장려하고 있다. 이 외에도 HSBC는 직원대상으로 다양한 환경행사를 진행한다. '세계 환경의 날', '지구 시간 행사' 등의 이벤트를 통해 기후변화의 심각성과 환경의 중요성을 널리 알리고 있다. 직원 가족들이 함께 참여할 수 있는 환경프로그램도 있다. 갯벌청소, 나무심기 등의 프로그램을 제공해 직장뿐만 아니라 가정에서도 환경에 대한 인식을 확산시키는 데 노력하고 있다.

특히 HSBC는 회사 차원에서 직원들의 사회공헌활동을 적극 장려한다. 사내 '사회공헌팀'을 따로 둘 정도로 지원에 적극적이다. 사회공헌팀은 외부전문가나 전문성을 갖춘 파트너의 선정 및 협업을 통해 직원들이 양질의 사회공헌활동을 지속할 수 있도록 지원하고 있다.

HSBC의 사회공헌활동 장려 분위기에 힘입어 직원들의 자원봉사도 끊이지 않고 있으며, 특히 사내 봉사활동단체 '함사'의 활동이 활발하다. 함사란 '함께하는 사람들'의 줄임말로, 1998년 한국HSBC은행에서 직원들이 지역사회와 함께 사랑을 나누기 위한 순수 자원봉사로 시작됐다. 함사 회원들은 더불어 사는 세상을 위해 고아원 방문, 심장병 어린이 수술지원, 소년·소녀가장 돕기, 저소득층 청소년 장학금 지급, 결식아동 돕기 등 다양한 사회봉사활동을 지속적으로 실천하여 소외된 이웃들에게 사랑의 손길을 펼치고 있다.

HSBC 함사 회원들은 매월 둘째 주 토요일이면 '성로원 아기집'을 방문한다. 부모가 없는 아이들의 생일을 친자식처럼 챙겨주며 사랑을 전하고 있다. 또한 봄과 가을에는 성로원 아이들과 함께 소풍, 견학 등을 가서 즐거운 시간을 보내고, 몸이 아픈 아이들도 돌보고 있다.

함사 회원들은 사회복지법인 '세이브더칠드런', 동국대 일산병원과 함께 어려운 가정형편 때문에 수술을 받지 못하는 심장병 어린이들의 수술비를 지원하여 새 생명을 찾도록 돕고 있다. 또한 연세대학교 가양4종합사회복지관의 추천을 받아 저소득층 초·중등학생들이 밝고 건강하게 성장할 수 있도록 장학금과 생활비 등을 매월 지원하고 있다.

이 밖에도 함사는 아이티와, 중국 쓰촨성 지진피해돕기 성금모금, 갯벌청소프로그램, 쓰나미 재난민돕기 성금모금, 수재민돕기 바자회 등 다양한 활동을 벌이며 이웃 사랑을 나누고 있다.

HSBC에는 특별한 상생 경영활동이 하나 더 있다. 바로 여성복지다. HSBC는 본부장급 이상 여성임원들의 자발적 참여로 여성위원회를 조직하여 HSBC그룹 내 최초의 여성위원회를 2007년 1월 설립하였다. 여성위원회는 여성들이 가정과 직장에서 균형을 이루며 생활할 수 있도록 다양한 멘토링프로그램과 교육을 통해 여직원들을 지원하고 있다.

여성위원회 구성원들은 사회공헌, 경력개발, 업무환경 개선, 다양성 등 4개 소그룹에서 활동한다. 특히 경력개발위원회의 경우, 1 대 1 멘토프로그램과 같은 다양한 커리어 코칭프로그램을 통해 여직원들의 자기계발과 경력개발을 적극 지원하고 있다. 이는 여성들이 일과 보육을 잘 병행할 수 있도록 도와주어 사회적 문제로 불거진 저출산을 해결하는 데 기여하고 있다. HSBC의 여성임원진들은 HSBC에서 두드러진 활약을 하고 있으며, 후배 여성인재 양성에도 적극적으로 동참하고 있다.

HSBC 사회공헌활동의 특징은 사회공헌활동에 대한 장기적인 안목과 지속적인 노력, 경영진의 정책적·재정적 지원이며, 주된 분야는 세계적 이슈인 환경과 교육, 여성문제이다. 이러한 노력에 힘입어 HSBC그룹은 2006년 영국 『파이낸셜타임즈(Financial Times)』가 선정한 '지속가능금융상(Sustainable Banking Awards)'을 수상하고 2009년 제네바 컨설팅기관인 커벌런스(Covalence)로부터 18개 분야 541개의 글로벌기업 중에서 '가장 윤리적인 기업'으로 선정되기도 했다. 국내에서도 HSBC는 2014년 서울시로부터 '최우수 후원자'로 서울복지상을 수상하였으며 2006년과 2009년 유럽연합 상공회의소(EUCCK)가 선정한 사회공헌부문 최우수기업상, 2008년에는 지식경제부와 대한상공회의소가 주관한 '기업혁신 대상' 장관상 및 주한영국 상공회의소로부터 '영국대사상'을 수상하였다.

제 4 절 ■ 중국

1. 중국의 CSR[13]

개혁개방(1979) 이전까지 중국은 사회주의 국가를 표방하였기에 국가와 기업은 구분되지 않았다. 기업은 모두 국영기업이었으며, 사회의 복지제공 역할을 부담해 왔다(Lin, 2010).

그러나 개혁개방 이후 중국기업들은 덩샤오핑의 선부론[14]에 호응하여 이윤극대화에 매진하였다. 국영기업들은 점차 사유화되기 시작하였고, 사기업도 새로 출현하였다. 급속한 경제성장과정에서 중국의 기업들은 이전에 국영기업이 부담하였던 사회적 역할을 사실상 면제받았고, 국부증대라는 명목으로 이윤창출에만 매진할 수 있었다. 게다가 정부 역시 국영기업이 이전에 담당하던 사회보장

13 중국의 CSR 도입의 시대구분에 관해서는 Wang, Lei and Heikki Juslin(2009), "The impact of Chinese culture on corporate social responsibility: The harmony approach," *Journal of Business Ethics* 88; Ip, Po Keung(2009), "The challenge of developing a business ethics in China," *Journal of Business Ethics* 88 참조

14 선부론(getting rich first)은 일부가 먼저 부유해진 뒤 이를 확산한다는 이론으로 1978년 개혁과 개방 이후 중국 경제정책의 핵심논리였다.

기능을 충분히 부담하지 않았다. 그 결과 개혁개방 이후 국가의 전체적인 부는 급증하였으나 빈부격차, 환경오염 등의 사회문제도 경제성장에 비례하여 급증하였다.

중국의 경제성장에 따른 사회문제들은 1990년대 들어 더 이상 간과할 수 없게 되었다. 경제성장에만 집중한 나머지, 각종 사회문제들이 수면으로 부상하기 시작하여 빈부와 도농격차, 부정부패, 환경오염 등의 현안들을 더 이상 묵과할 수 없다는 인식이 형성되었다.

이런 배경을 바탕으로 CSR은 사회문제 해결책의 하나로 중국에 출현하게 된 것이다. 그러나 기업의 사회적 역할에 대한 논의가 도입된 초기, 대부분의 중국기업인들은 CSR에 대해 다음과 같이 부정적인 반응을 보였다. 첫째, 아직 자신들은 그런 역할을 담당할 여력이 없다고 부정하거나, 둘째, 서구가 고안한 일종의 비관세장벽으로 폄하하거나, 셋째, 오랜 전통과 문화를 지녔으며 한창 개발단계인 중국은 서구 선진국의 관행을 그대로 실행하기에는 현실성이 없다는 회의적인 입장을 표출하였다(Lin, 2007).

결국 사회문제의 심각성을 인식한 중국공산당이 직접 해결책을 제시하게 되었다. 비록 덩샤오핑이 경제발전을 최고의 목표로 설정한 이후 20여 년간 급속한 경제성장을 이룩했지만 발전에 따른 폐해도 상당하다는 반성과 함께 2003년에 출범한 후진타오-원자바오 체제는 '사람을 근본으로 삼는다(以人爲本)', '조화로운 사회(和諧社會)' 등 기존의 성장일변도 정책과는 차별화되는 발전전략을 제시하였다(이남주, 2005). 2003년 10월 중국공산당 제16기 제3차 전체회의에서 제창된 과학발전관에 이어, 2005년 중국공산당 제16기 중앙위원회 제4차 전체회의에서는 '사회주의의 조화로운 사회건설의 능력 향상'을 당의 중요한 지도이념으로 발표하였는데, 조화로운 사회는 과학발전관의 최종단계에 해당한다.

그뿐만 아니라 최근에 벌어진 일련의 사태들은 중국인들이 CSR을 적극적으로 기업에 요구하는 촉매제로 작용하였다. 2008년 베이징올림픽 전후에 발생한 마텔(Mattel)의 인형 리콜 및 멜라민분유 사태로 중국인들은 기업의 비윤리적 행위에 대한 경각심을 제고하게 되었고, 쓰촨대지진 당시 왕라오지(王老吉) 같은 일부 중국기업이 출연한 파격적인 성금액과 코카콜라 같은 다국적기업의 미약한 성금액의 현격한 차이를 보면서, 기업이 중국사회를 위해 기여할 수 있는 역할에 대하여 고찰하게 된 것이다(Dariga et al., 2009).

일련의 부정적 사건들로 조성된 사회문제의식과 새로운 국가발전관은 중국기업인들 스스로 CSR을 수용하는 계기로 작용하였으며, 그 결과 현재 중국 내에서 CSR에 대한 공감대가 형성되었다.[15] 반면에 사회주의 국가임에도 불구하고 중국이 CSR에 대한 이해와 연구가 활발하게 된 것은 그들의 자발적 노력이라기보다는 세계의 공장으로 활용하는 다국적기업들의 영향이 컸기 때문이라고도 볼 수 있다.

이처럼 CSR이 중국 내에 확산되고 있다고는 하지만, CSR이 정확히 무엇을 의미하는지 모르고 해석자에 따라 자의적으로 풀이되고 있는 것이 현실이다. 일례로 한 설문조사에 따르면, 68%의 중국기업인들은 이윤창출이 CSR의 일부라고 생각하고 있으며(Kolk et al., 2010), 더구나 'China Enterprise Survey System'의 설문조사는 70% 이상의 조사대상자가 자사의 이미지 제고가 CSR의 주된 동기라고 대답하고 있다고 밝히고 있어, 아직 중국의 CSR의 관행은 초기단계라 볼 수 있다(Moon & Shen, 2010).

15 특히, '조화사회'는 기업의 CSR을 내재적으로 요구하는 개념이라는 것이 중국인들의 중론이다.

2. 중국기업의 CSR 사례

1) 중국민생은행

민생은행은 설립 초기부터 계승되어 온 "대중에게 서비스를, 민생에게 정성을"이라는 경영이념을 가지고 우수한 금융서비스를 제공하며 CSR에 적극적으로 동참해 왔다. 또한 2009년 민생은행은 사회적 책임 조직체계를 완성하였는데 사회책임중심을 기초로 하여 민생은행의 사회책임연락인제도를 설립하였으며, 본점부실, 각 사업부 및 분점의 사회책임연락인은 민생은행의 사회적 책임을 추진하는 중요한 자원이 되었다. 이와 함께 국제기준 및 요구에 맞춰 CSR보고서를 작성하여 지속적으로 발간하고 있다.

민생은행은 전체 은행원의 사회적 책임에 대한 의식을 제고시키기 위해 적극적으로 노력하고 있으며, 사회책임훈련의 확장, 책임조직의 완성, 포럼개최, 사회책임보고 발표, 법과 규율준수제도 완성 및 실시 등을 통해 사회책임업무를 수행하고 있다.

중국민생은행의 CSR활동의 목표는 경제적 이익만을 추구해서는 지속적인 성장과 발전을 달성할 수 없다는 것을 인식하게 됨에 따라 환경과 사회공헌을 고려한 지속가능경영으로의 전환을 위함이다. 이는 중국민생은행의 CSR활동 중 조화공영(win-win)부분에서 잘 나타나고 있다. 조화공영부문은 고객과 직원으로 분류된다. 고객부분은 고객을 존중하는 것을 가장 큰 목적으로 하여 최적의 서비스 제공을 통한 고객의 만족도 향상에 있다. 직원 분야는 사람을 은행 발전의 가장 큰 동력으로 인정하여 직원들의 자기개발과 직원들의 복지에 관심을 가지는 것이다. 고객과의 원만한 관계는 은행의 신뢰와 생존의 기초이며 조화사회의 중요한 내용이다. 민생은행은 고객이 중심이 되는 사업부 개혁을 통하여 고객관계관리의 체계를 완성했으며, 새로운 서비스를 제공하며, 고객의 불만에 적극적으로 대응하고, 고객정보를 보호하여 고객의 만족도를 높이기 위해 노력하고 있다.

표 4-1 | 책임관리관련 업무와 성과

		2008~2009		대비
사회책임업무	책임관리	책임이념 명확		개선
		사회책임의식의 제고		개선
		책임조직 완성, 각 단위별 사회책임 연결인 확정		개선
	책임추진	사회책임훈련 확장		개선
		건전사회책임지표통계시스템 설립		개선
		사회책임우수사례 평가 선발		개선
		'중국기업사회책임보고편집지침' 지지		개선
	책임소통	사회책임보고 발표		불변
		'사회책임 중의 민생현상' 포럼 개최		개선
		건전한 사회책임내부연결체제 설립		개선
	법과 규율준수	법과 규율준수제도 완성 및 설치		개선
		법과 규율준수제도 훈련반 확장		불변
관련업적수치	책임관리지표	2009년	2008년	2007년
	법과 규율훈련명수	1,720	700	100
	법과 규율훈련횟수	27	31	2
	반돈세탁복계율	100	100	100
	반돈세탁훈련횟수	158	149	25
	반부패훈련명수	5,000	4,000	4,000

출처 : 중국민생은행 2009년 사회책임보고(2010).

2008년 7월 민생은행은 정식으로 '투자교육인터넷학원'을 설립하여 투자자에게 투자와 재테크관련 지식들을 제공하며, 인터넷교육과정 또한 개설하였다. 민생은행은 정성을 다하여 직원들과의 관계를 만들어가고 있다. 중국정부의 노동법률과 법규를 준수하여 노동계약서에 의한 노동계약이 100%이다. 또한 미성년자의 고용을 엄격히 금지하고 있으며 어떠한 형태의 강제노동도 반대하며 종교, 종족, 성별, 인종차별 등으로 인해 직원들을 경시하지 않는다. 이러한 활동들은 현재 중국민생은행의 비즈니스 운영에서의 사회적 성과를 고려한 활동으로 Halme & Laurila(2009)의 분류에 의하면 CSR의 통합적 활동에 속한다.

중국민생은행의 CSR활동을 통한 기대수익은 이미지 개선 및 사회적 · 환경적 문제의 개선 및 완화이다. 이것은 중국민생은행의 사회적 활동 중 녹색금융과 자선활동에 나타나 있다. 특히 CSR활동을 통한 기대수익은 자선적 활동, 통합적 활동, 혁신적 활동을 모두 포함하고 있다.

먼저 Halme & Laurila(2009)이 CSR의 자선적 활동으로 분류한 행동으로 구분하여 보면, 중국민생은행은 공익사업과 사회복지의 증진을 지원하기 위해 많은 활동을 하고 있다. 재난을 당한 이재민들을 도와주며, 정기적으로 빈곤구제를 위해 노력하며, 각종 자원봉사활동을 지원하고, 문화 · 예술활동 및 스포츠 지원활동을 통해 적극적으로 이익의 사회환원을 추구하여 조화로운 사회건설을 위해 많은 공헌을 하고 있다. 특히 2008년 11월 20일 주주총회의 결의를 거쳐 민생은행은 중국 국내은행 중 첫 번째로 고정적으로 공익기금을 기부하는 '중국민생은행 공익기부기금'을 만들었다. 이 기금의 1단계 운영은 2008년부터 2013년까지이다. 2008년은 세전 이익이 1%를 지원하였고, 2009년에서 2013년 기간에는 매년 세전 이익의 0.8%에서 1.2%를 지원하였다. 이 밖에도 민생은행은 청년의 취업과 창업을 지원하기 위해 전방위적으로 노력하고 있으며, 교육지원금과 과학연구기금회, 위생건강기금회 등의 다양한 지원을 통하여 중국정부의 정책에 적극적으로 도움을 주고 있다. 또한 문화 · 예술사업과 스포츠사업에 대한 지원사업 역시 지속적으로 진행하고 있다.

둘째, 민생은행은 녹색금융을 대대적으로 제창하고 있으며 이미 초보적인 녹색대출시스템을 형성하고 있다. 또한 에너지절약과 온실가스 감축을 적극적으로 지지하며, 수자원발전 · 풍력발전 · 태양력발전 등의 신재생에너지 자원의 발전을 지원하고 있다. 민생은행은 처음부터 줄곧 환경변화에 관심을 가지고 있었기 때문에 환경보호이념을 업무계획, 경영 및 업적심사에 포함시킬 것이다. 또한 기후변화에 대처하기 위하여 업무발전과정 중에서 에너지절약과 온실가스 감축, 신재생에너지 자원의 발전, 저탄소경제로의 전환, 청정에너지항목개발 및 에너지 자원기술의 기술적 업그레이드 개조를 대대적으로 지원하고 있다. 예를 들면, 신용공여항목의 환경위험 통제를 강화하고 있으며 일상영업에서 환경보호의식을 제고시키며 사회의 환경보호활동에 적극적으로 참여하여 녹색공익을 추진하고 있다.

셋째, 중국민생은행은 농민들의 농산품 판매난을 실질적으로 해결하기 위해서 중국에서 최초로 '빈곤구제 무료광고모델'을 만들었다. 2006년부터 민생은행과 중앙TV의 농업채널은 합작으로 매년 1,450만 위안을 지원하여 전국 농산품들을 무료로 광고할 수 있도록 했으며 광고효과는 매우 긍정적으로 나타났다. 이러한 활동은 사회적 문제의 완화를 위한 혁신적인 활동으로 평가할 수 있다.

표 4-2 | 전국 농산품 무료광고 현황

연도	무료광고(건)	방송시간(분)	지역	판매농산품(억 kg)
2006	24	1,424	14개성 27개현시	118
2007	59	1,354	17개성 46개현시	210
2008	56	2,507	17개성 50개현시	161
2009	59		49개현시	83.8

출처 : 중국민생은행 2008년/2009년 사회책임보고(2009년 자료는 1~10월까지의 자료임).

제 5 절 ▪ 일본

1. 일본의 CSR

일본의 CSR은 미국이나 영국, 독일과 또 다른 특성을 보여준다. 전통과 문화적인 측면을 강조하는 일본기업들의 CSR 기원을 찾기 위해서는 멀리 에도시대까지 거슬러 올라가야 한다.

일본의 CSR은 에도시대의 사상가인 이시다 바이간(石田海岩)이 무사의 사회지배 기본지침인 '무사도'에 대응하기 위해 제창한 '상인도(商人道)' 혹은 '장사도(商事道)' 그리고 오우미 상인(近江商人)의 경영이념에서 유래했다고 주장한다. 여기서 '상인도'란 일본불교인 정토신종으로부터 기원한 경제적 윤리체계로, 이시다 바이간이 상인 천시의 사회통념에 대해 상행위의 의의를 적극적으로 옹호하면서 교환의 경제적 · 사회적 의의를 강조하기 위해 제창한 것으로 규율을 준수함과 더불어 정직하고 효율적인 생산 및 상업활동은 이 세상에 크게 공헌하는 길로 이어진다는 윤리사상이다(Aoki, 2004).

오우미 상인은 오사카지역의 상인들로 신용을 중요시한다는 필요성에서 파는 사람도 좋고, 사는 사람도 좋고, 세상 사람에게도 좋아야 한다는 의미의 '산보우요시(三方良し)'를 철저하게 준수하였다고 한다(Kurihama, 2005). 현대에 와서 기업에게 파는 사람은 기업 자신, 사는 사람은 소비자 · 고객 · 거래처를 가리키며, 세상은 사회를 지칭한다. 이렇듯 효율적인 생산활동이 사회공헌으로 이어진다는 상인도 및 오우미 상인 등의 경영이념이 후대 기업에게 전수되었으며 이는 고객만족과 사람을 중시하는 기업문화로 발전하였다는 것이다(한국은행, 2007).

한편, 제도적 틀을 강조하는 입장에서는 문화보다는 전후 일본 사회에 배태되어진 제도적 특성에서 그 해답을 찾고자 한다(APEC, 2005). 즉, 일본의 CSR은 독일의 사회적 시장경제체제와 노동자의 경영참가권과 비슷한 맥락에서 종신고용제와 연공서열제라는 일본 특유의 독특한 제도로 구현되어 왔다는 것이다(Okuwaki, 2008). 일본의 CSR은 도덕적 유대감(moral unity)을 기반으로 하고 있는데, 이는 집단 내부의 구성원들에 대한 무조건적인 책임감을 통해 표출된다. 기업은 종업원들에게 종신고용을 보장해줌으로써 직업안정성 향상과 충성도를 높이는 방법을 사용하여 왔다(Wokutch & Shepard, 1999).

그러나 문화적인 설명과 제도적인 접근에도 불구하고 일본에서 현대적 의미의 CSR 개념이 등장하기까지는 오랜 시간이 필요하였다. 제2차 세계대전 이전까지 대부분의 일본인들은 자선활동이 천황의 의지에 따라 행해지며 자신이 속한 기업에 충성하는 것을 공동체에 대한 공헌과 동일시하였다. 또한 자선활동이 종교에 뿌리를 두고 발전해 온 서구에 비해 일본에서는 대부분의 종교가 널리 확산되지 못했기 때문에 종교적 자선을 위해 개인 또는 기업소득의 일부를 기부한다는 사고방식도 뿌리를 내리지 못하였다. 명치시대에는 부호들에 의한 기부활동이 주류였으나 전후에는 주로 경제적 책임만을 강조하였다(Kawamura, 2004). 이는 기부전통이 미약한데다 사회문제나 국민복지는 정부의 영역이기 때문에 기업은 이에 참여하지 않는 것이 좋다고 보는 견해가 지배적이었기 때문이다. 이러한 상황에서 일본기업들의 자선활동은 기업비판에 대한 일시적인 대응의 양상을 가지고 전개되어 왔다(이상민 · 최인철, 2002).

이후 일본에서는 일본형 기업시스템에 대한 구조적인 비판이 제기되고 기업의 해외진출이 본격화된 1980년대 중 · 후반에 이르러서야 비로소 그 중요성이 강조되기 시작하였다. 이전의 고도의 경제성장과정에서 일본기업들은 CSR에 큰 관심을 가지고 있지 않았다. 대부분의 기업과 국민들은 기업의 경제적 성과가 좋다면 공식적인 책임을 다한 것으로 간주하였다(Lewin, et al., 1995).

독일과는 다르게 전통적으로 사회공헌활동을 CSR의 중심과제로 간주하지 않았고, 그보다는 양질의 제품공급, 고용 및 소득창출 등과 같은 기업 본연의 기능수행과 환경에 대한 공헌을 강조하였다. 특히, 일본의 고도 경제성장과정에서 CSR의 문제는 경제발전이라는 거대한 구호 앞에서 큰 의미를 가지지 못하였다. 즉, 싸고 질 좋은 제품을 만들어 수출하는 것이 가장 존경받는 기업인의 표상이었다(Wokutch & Shepard, 1999; Kurihama, 2005). 또한 일본에서는 기업시민의 의미도 상당히 제한적으로 해석되었는데, 이는 안정적인 직장의 제공과 세금납부를 의미하였다. 따라서 지역사회에 대한 공헌활동은 정부의 영역일 뿐 기업의 영역은 아니었다(Yotsumoto, 2002).

일본기업은 기본을 벗어나지 않으려는 노력과 경제적 책임수행은 비교적 충실하게 수행하고 있으나 CSR은 아직 미흡한 단계로 평가받고 있는 게 사실이다. 최근 들어 CSR에 대한 일본기업들의 인식은 '반드시 해야 하는 것'으로 바뀌고 있지만, 아직까지는 전략적인 접근에 있어 미흡하다는 평가를 받고 있다. 그 원인으로는 대부분 일본기업들은 CSR을 비용 대비 투자기회라는 시각으로 접근하고 있으며 더욱이 이해관계자라는 개념이 크게 발전하지 못하였기 때문이다(APEC, 2005). 또한 일본기업들은 CSR에 대해 잘 이해하고 있지만 서구와 달리 CSR 추진을 위한 공식적인 행정적 절차는 회피하려는 반면, 기업철학과 사훈과 같은 문화적인 기제를 이용하려는 경향이 강하다(Lewin et al., 1995).

경제적 합리성에 기반한 미래에 대한 사회적 투자행위의 CSR이

미국기업이라면, 일본기업에서 CSR은 이윤의 사회환원이라는 윤리적 측면이 강하다. 예를 들어, 일본기업들에게 사회공헌활동이란 일종의 은혜를 갚는 행위이자 정당성 확보를 위해 필수불가결한 일종의 사회적 비용이다. 이러한 정당성은 사회에서 소외된 사람들에 대한 동정을 포함하는 높은 수준의 윤리적 기준을 충족시킬 때 얻어지는 것으로 보인다. 따라서 이러한 높은 수준의 윤리적 원칙을 고수하게 되면 언젠가 어떤 식으로든지 보상받을 것이라는 믿음을 대부분의 기업 CEO들은 가지고 있다. 이에 따라 아직까지 일본에서의 CSR은 미국식의 '계몽된 자기이익(enlightened self-interest)' 추구와는 일정한 거리를 두고 있다. 즉, 대부분의 일본기업들은 CSR에 있어서 도덕과 윤리 그리고 전통적인 상인도의 정신에 가장 큰 의미를 부여하고 있다(Aoki, 2004).

한편, 일본에서도 미국화로 인한 자본주의적 CSR이 진행되고 있다. 일본에서는 전후 50년간에 거의 10년 주기로 대규모 기업불상사나 기업비판이 일어날 때마다 CSR에 대한 논의가 재연되어 기업이 반성과 자숙을 하는 유형으로 반복되어 왔다(Kawamura, 2004). 따라서 미국식의 CSR 개념도 1990년대 이후 본격적으로 등장하게 된다. 버블경제가 한창이었던 1980년대 일본기업들의 경영진들은 일본식 경영이 가장 효율적이고 따라서 가장 윤리적이라고 믿었다.

2000년대에 들어와서도 일본기업들은 일련의 기업불상사를 경험하였다.[16] 이렇게 기업에 대한 신뢰가 흔들리는 상황에서 일본의 경제단체, 금융기관, 기관투자가, NGO들은 기업에 대한 시각을 구조적으로 재검토해야 할 필요성을 강하게 인식하였다. 이에 따라 2003년 Rico를 시작으로 선진기업들이 미국식 CSR경영으로 재빨리 전환했고 평가기관들은 사회책임투자를 본격화시켰다. 또한 경제동호회가 CSR 기업백서와 자기평가기준을 공표하였고

16 대표적으로 2002년에는 유키지루시식품과 니혼햄의 미국산 소고기 위장 판매, 동경전력의 원자력발전소 문제 은폐 등이 잇따라 고발되었고, 2003년에는 니혼TV의 시청률 매수, 2004년에는 미쓰이물산의 DPF 데이터 날조, 세이부철도의 주주 허위보고 등 불미스러운 사건들이 잇따라 일어났다.

NGO들은 GRI(Global Reporting Initiative)에 의한 제3자 평가기준을 제시하는 등 사회 전반에 미국식 CSR 논의가 봇물을 이루게 된다. 따라서 일본에서는 2003년을 'CSR경영 원년'으로 부르고 있다(Kawamura, 2005).

한편, 전통적으로 일본기업에서는 전후 고도 성장기에 기업중심의 사회경제시스템이 형성되는 과정에서 주주를 포함한 이해관계자들의 존재 자체가 주목을 받지 못하였다. 이해관계자들은 내부적으로 회사 공동의 이익을 위한 일종의 운명공동체였고, 회사의 발전은 곧 사회의 번영이라고 무의식중에 이해되고 있었다. 따라서 기업은 주주를 위한 IR과 같은 기업설명회에 노력하지 않았고, 주주들은 계열사 간의 주식상호보유를 인정하고 전면에 나서지 않았고, 소비자는 기업에게 존경과 신뢰를 보내며 이를 사회번영의 엔진으로 인식하였다. 대기업 종업원은 장기적으로 안정된 고용계약의 담보로 기업에 충성심을 요구받고 회사의 이익을 자신의 이익과 동일시하였고, 하청업체들은 안정적인 거래관계를 지속시키기 위해 값싼 노동력을 제공하며 피라미드형의 수직적 계열체제에 편입되어져 왔다. 이러한 상황에서 이해관계자들이 독자적인 목소리로 기업경영을 감시하는 구조를 구축할 수 없었다. 결국 모든 이해관계자집단들이 기업의 통제범위 내부에서 통합된 것이다(Tanimoto, 2002; Kawamura, 2005).

따라서 전통적으로 일본기업에서 소액주주들의 역할은 극히 제한되어 왔다. 거대한 계열구조에서 우리의 대기업들처럼 계열사들이 서로 주식상호보유로 복잡하게 얽혀 있는 상황에서 소액주주들은 그저 회사의 발전을 위해 조용히 지켜보는 권리를 가지고 있을 뿐, 회사에 대해서 자신의 권리를 적극적으로 주장하는 선까지는 나아가지 못하였다. 그러나 1990년대 일본경제에서 거품이 붕괴되고 난 뒤 외국인들의 일본 국내 주식시장에의 투자가 급증하게 된다. 실례로 1990년에는 그 비율이 4%에 불과했지만 2004년에는 그 비율이 22%로까지 증가하였고 대부분 우량기업들의 경우 외국인 주식보율비율이 50%를 넘어가는 상황이 도래하였다. 또한 연기금과 같은 기관투자가들이 주총에서 적극적으로 발언하게 되어 그들의 영향력을 높이고 있다. 이러한 상황에서 외국인 주주들이 자신들의 권리를 적극적으로 행사하게 됨에 따라 주주의 권리는 서구기업들에서와 마찬가지로 중요한 문제로 등장하게 되었다(Kawamura, 2005).

최근에는 환경문제를 포함한 보다 광범위한 기업의 사회적 역할을 기대하는 기업의 CSR에 대한 관심이 증대하고 있다. 일본기업들은 1990년대 후반부터 환경문제 등에 대한 관심이 높아져 환경매니지먼트체제를 갖추게 되었다. 일본이 CSR에 대해 관심을 갖게 된 이유는 먼저 거대한 다국적기업의 출현으로, 이들 기업이 제도나 문화에 미치는 영향력이 커졌을 뿐만 아니라 그 역할도 확대되어 갔기 때문이다. 다음으로는 기업의 각종 부정적 사건과 리스크 등의 재무적 요인 이외의 요인이 기업의 사업, 특히 재무상황에 미치는 영향력이 커졌기 때문이다. 마지막으로 다양한 이해관계자의 요구로 인해 CSR이 강화되어야 할 필요성이 높아졌기 때문이다. 예를 들어, 경제적 성과와 사회적 책임을 동시에 추구하는 기업을 투자대상으로 삼는 사회적 책임투자(SRI)가 국제 자본시장에서 큰 영향력으로 작용하게 된 것을 들 수 있다.

일본기업은 과거부터 사훈이나 사내윤리강령 등을 채택하고 오랫동안 실천해 왔으나 이를 외부관계자에게 공표하는 것은 소홀히 하였다. 최근 경제가 글로벌화하면서 일본기업에 대한 외국인 지분비율이 높아지니 비재무적 상황을 'CSR보고서'로 공표하는 기업이 늘고 있는 실정이다. 그런 추세에 따라 일본의 CSR에 대한 접근은 크게 기업윤리론 측면, 이해관계자론 측면, 지속가능성론 측면에서 이루어지고 있다. [그림 4-12]는 Yamamura(2005)가 주장한 일본의 CSR에 대한 세 가지 접근방식을 도식화하였다.

그림 4-12 | 일본의 CSR에 대한 세 가지 접근

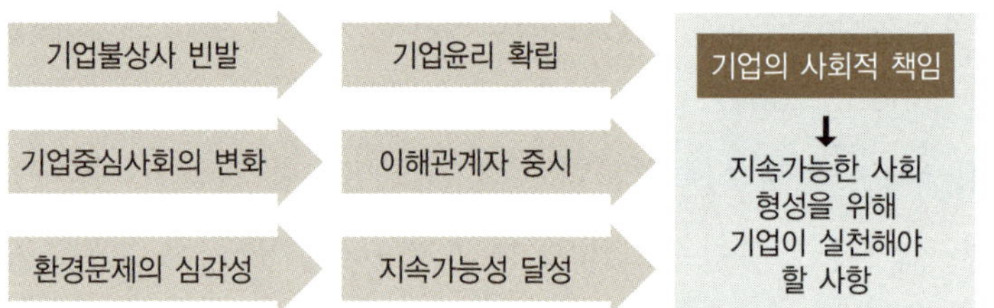

출처 : Yamamura(2005), 日本の企業の社的責任の系譜(その2), ニッセイ基礎REPORT.

일본 게이단렌(經團連)은 1991년부터 회원기업과 '1% 클럽' 법인회원을 대상으로 '사회공헌활동실적조사'를 실시하고 있다. 동 조사는 크게 사회공헌활동지출조사, 사회공헌활동에 관한 제도·의식조사, 동일본 대지진 관련 후속조치조사로 구분하여 평균 33%의 응답률을 바탕으로 분석을 진행하였다.

그림 4-13 | 일본 사회공헌활동지출액 추이(1개사 평균)

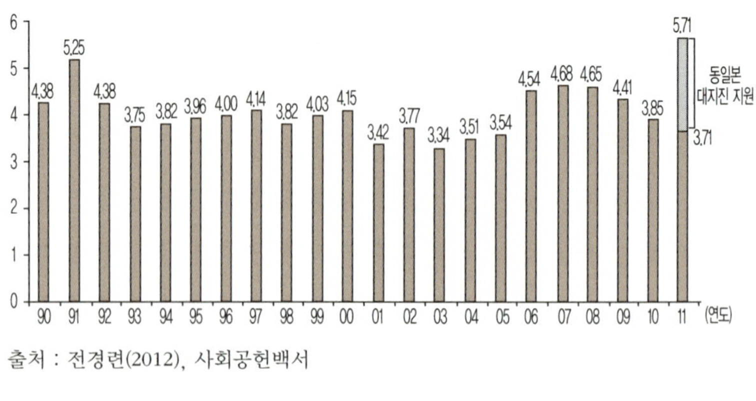

출처 : 전경련(2012), 사회공헌백서

조사에 따르면 2011년 사회공헌활동으로 총 2,460억 엔이 지출된 것으로 조사되었다. 2011년 3월에 발생한 동일본 대지진에 860억 엔이 지원되었고, 이외의 사회공헌활동으로 1,600억 엔이 지출되었다.

1개사 평균 지출액은 2010년에 비해 48.4%가 증가한 5억 7,100억 엔이며, 동일본 대지진에 관계되어 활동한 2억 엔을 제외한 금액은 3.6% 감소하여 3억 7,100만 엔이 사회공헌금액으로 지출되었다. 1개사 평균액은 42.5% 증가한 6억 1,700만 엔이며, 동일본 대지진 지원을 제외한 금액은 1.6% 증가한 4억 4,000만 엔이었다.

표 4-3 | 1개사 평균 사회공헌활동지출액

	2010년(302개사)	2011(323개사)
1개사 평균	4억 8,200만 엔	6억 1,700만 엔
전년도 대비 증가율		42.5% 증가

출처 : 전경련(2012), 사회공헌백서

분야별 사회공헌지출 현황을 살펴보면, 동일본 대지진의 영향으로 재해피해지 지원 분야가 2010년도 1.4%에서 39.4%로 가장 크게 증가한 것으로 나타났으며, 교육 · 사회교육 분야와 학술 · 연구 분야의 경우 11.0%, 8.9%로 전년도 대비 가장 많이 줄어든 것으로 나타났다.

■ 표 4-4 | 분야별 사회공헌지출비율 추이

	지출총액을 차지하는 비율(추산)		
	2009년(%)	2010년(%)	2011년(%)
재해피해지 지원	2.4	1.4	39.4
교육 · 사회교육	18.8	18.7	11.0
학술 · 연구	14.8	16.8	8.9
건강 · 의학, 스포츠	12.7	11.4	8.4
문화 · 예술	11.6	12.6	8.3
환경	12.4	13.9	7.2
지역사회의 활동, 사적 · 전통문화보전	10.9	8.4	5.2
사회복지, 사회통합(social inclusion)	5.3	4.9	3.6
국제교류	3.0	2.1	1.5
NPO의 기반 형성	0.5	1.0	0.7
정치 기부	1.0	0.8	0.6
고용창출 및 기능개발, 노동지원	0.4	0.5	0.3
방재도시계획, 방범	0.2	0.3	0.2
인권, 인간안전보장(human security)	0.1	0.2	0.1
기타	6.0	7.1	5.8

출처 : 전경련(2012), 사회공헌백서

일본기업의 경우 자연재해에 대비하여 기업별로 각 사가 전문성을 살리면서 효과적인 지원을 하기 위하여 기업 간뿐만 아니라 정부, NGO 등과의 긴밀한 협력관계 구축에 더욱 노력하고 있다. 경상이익 대비 사회공헌활동지출액이 차지하는 비중을 보면, 대체로 1.5~2.5% 전후를 기록하고 있다. 1998년의 2.59%에서 2001년에는 2.03%, 2004년에는 1.75%로 다소 하락하는 추세를 보이며 증가 및 하락이 연속되었다. 최근 2007년 1.42%에서 1.87%, 2.57%까지 증가하였고, 2010년 1.81%로 하락되다 2011년 2.46%로 다시 증가하였다.

그림 4-14 I 경상이익 대비 사회공헌활동지출액(1개사 평균)

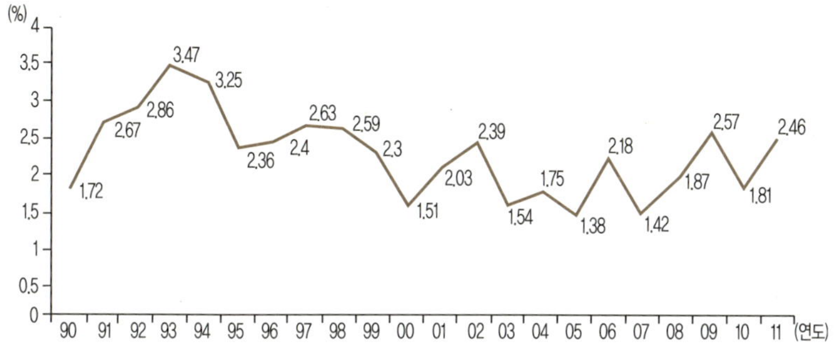

출처 : 전경련(2012), 사회공헌백서

2. 일본기업의 CSR 사례

1) 미쓰비시상사

미쓰비시상사(Mitsubishi Corp.)의 CSR은 비교적 이른 1973년부터 시작되었다. 당시 CEO인 후지노는 사회공헌을 위한 전문부서인 '기업환경실'을 설치하고 "기업은 기업활동을 통하여 발생하는 유 · 무형의 사회적 비용을 부담하고 사회적 서비스를 제공한 후에 이익을 향유해야 한다"고 말하며 본격적인 사회공헌활동을 하기 시작하였다. 1991년 훌륭한 기업시민(Good Corporate Citizen)으로서의 자각을 가지고 글로벌 차원에서 사회에 대한 폭넓은 사회공헌활동을 CSR의 기본이념으로 보았다. 이를 바탕으로 지구환경, 복지, 국제교류, 문화예술, 교육 분야에서 지속적인 사회공헌활동 참여를 장려하고 있다.

원래 미쓰비시상사의 사훈은 소기봉공(所期奉公), 처사공명(處事公明), 입업무역(立業貿易) 등 세 강령이다. 소기봉공(所期奉公)은 사업을 통하여 물심양면으로 풍요한 사회건설에 노력함과 동시에 지구환경 유지에 기여하는 것이다. 처사공명(處事公明)은 활동의 공개성과 투명성을 의미하며, 이해관계자에 대한 정보공개에 더욱 적극적으로 나서는 것이다. 끝으로 입업무역(立業貿易)은 전 세계적, 우주적 시야에 입각한 사업전개를 목표로 한다는 것이다. 미쓰비시상사는 세 강령을 CSR의 기본이념으로 하면서 CSR을 "본업에 있어서 환경 · 사회(특히 인권과 노동)문제에 대한 배려를 모든 이해관계자를 고려하면서 기업이 자주적으로 하는 것"으로 생각하고 있다.

미쓰비시상사의 CSR 추진체제로는 사회 · 환경위원회와 CSR TF팀이 있다. 사회 · 환경위원회는 동사의 각 영업그룹의 사회 · 환경책임자와 각 부문의 부장으로 구성되며, CSR과 지구환경문제, 사회공헌활동의 활동방침과 시책 등을 논의하고 있다. CSR TF팀은 각 영업그룹과 본부의 중견사원으로 구성되며, 사내의 정보공유 및 관련 시책의 검토를 담당하고 있다.

미쓰비시상사의 CSR 중점시책은 사원교육, 대응실태 파악, 정보공개의 세 가지이다. 즉, 사원에게는 전문가의 CSR 강연회 개최

그림 4-15 ❙ 미쓰비시상사의 투 · 융자 안건 심사 플로

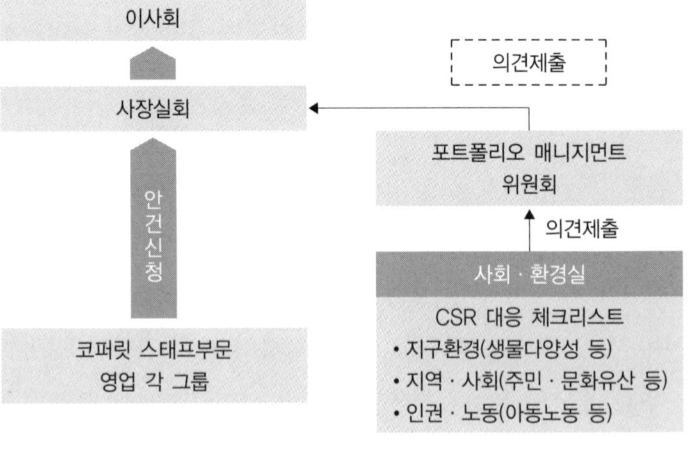

출처 : http://www.mitsubishicorp.com

와 e-learning 등을 통하여 CSR에 대한 지식과 의식을 주지시키고 있다. 또한 사업투자업체에 대하여 CSR 대응상황에 관한 설문조사를 실시하고 있다. 종래의 투자에 대한 평가가 환경 분야에 국한된 것에 반해 노동환경, 인권, 지역사회, 제품 · 서비스까지 평가대상을 확대하고 있다.

특히 구매와 조달에 대한 조사항목도 신설하여 실태 파악에도 나섰다. 또한 이해관계자와의 양방향 커뮤니케이션과 정보공개 확대에 나서고 있다. 2002년부터 환경보고서 대신에 지속가능성보고서(sustainability report)를 발행하고 있으며, 관련 정보를 웹사이트에 공개하고 있다. 또한 투자안건을 심사할 때도 CSR 관점에서 하고 있다. 즉, 투자를 신청할 때도 환경과 사회에 대한 영향을 설명하고, 사회 · 환경의 영향평가도 하도록 하고 있다.

2) 유니클로

유니클로(UNIQLO)는 SPA 브랜드 중 하나로 독특하고 다양한 의류창고라는 뜻을 지닌 패스트리테일링사(FR : Fast Retailing)의 브랜드이다. "옷을 바꾸고 의식을 바꾸고 세계를 바꿔 나간다"라는 모토를 중심으로 "시장수요를 제때 파악하여 고객들이 편리하고 싼값에 입을 수 있는 의류를 공급한다"를 사업원칙으로 한다. 또한 유니클로는 소품종 대량생산, 질이 높은 베이직 캐주얼 의류 브랜드를 추구한다.

1984년 6월 히로시마에 유니클로 1호점을 개업하여 캐주얼 의류브랜드로의 첫발을 내딛은 유니클로는 불황과 소비저하가 나타나기 시작한 1990년대 이후에 본격적으로 성장하게 된다. 1999년 도쿄증시 1부에 등장하면서 매출 1,000억 엔을 돌파했으며 다시 10년 만에 패스트리테일링의 회장인 야나이 다다시는 일본 최고의 부자가 될 정도로 성장하였다.

기업에 있어 CSR활동과 비즈니스활동은 표리일체로, 그 둘 중 어느 한쪽이라도 모자라면 그 기업은 사회적으로 평가받지 못하는 경우가 많다. 더욱 좋은 사회와 기업의 성장을 함께 실현하기 위하여 패스트리테일링그룹 유니클로는 CSR과 비즈니스가 수레의 양 바퀴가 되어 '세계를 좋은 방향으로 바꾸어 나가는 것' 을 목표로 한다. 일상의 업무활동을 통하여 좋은 옷, 지금까지는 없었던 새로운 가치를 가진 옷을 창조하여 전 세계의 모든 사람에게 좋은 옷을 입는 기쁨, 행복, 만족을 제공함으로써 "옷이 가진 힘으로 사회와 사람들의 생활을 풍요롭게 만들어 가고 싶다"는 것이 패스트리테일링그룹 유니클로의 궁극적인 지향점이다.

패스트리테일링그룹은 생산파트너를 매우 중시하며 항상 장기적인 관점에서 더불어 성장하는 것을 생각한다. 더욱 고품질의 상품을 고효율로 생산하기 위해서 어떻게 할 것인가에 대해 파트너와 함께 현장에서 땀을 흘리며 과제 해결을 위해 진지한 자세로 노력한다. 유니클로의 상품은 중국을 중심으로 베트남과 방글라데시 등 주로 아시아지역의 생산파트너가 생산하는데 생산기업 수는 70개사다. 이는 글로벌사업을 전개하고 있는 다른 SPA 브랜드와 비교해도 아주 적은 수다. 구체적으로 대표 경쟁브랜드로 꼽히는 H&M의 생산기업 수는 700개사로 10배에 달한다. 여기에는 FR의 '파트너' 에 대한 자세가 반영되어 있다. 생산파트너를 단지 가격과 납기를 교섭하는 일회적인 거래상대로만 생각하지 않고, 같은 목표를 공유하는 동료로서 생산파트너와 협력하고 더불어 성장한다는 신뢰관계를 기반으로 장기간 협력한 결과다.

예를 들어 유니클로는 그러한 사고방식을 바탕으로 염색과 봉제 등 섬유업계에서 풍부한 경험을 가진 기술자를 모아 '장인팀' 을 편성하여 각지의 파트너 공장에 파견, 기술지도와 공정관리, 인재육성 등을 담당하고 있다. 이러한 FR과 파트너 공장의 상호

지속적인 노력으로 생산현장의 기술수준과 관리수법이 향상되고, 상품의 경쟁력이 높아졌다. 또한 최근 중국에서의 급격한 경제성장과 더불어 종업원들의 라이프스타일도 크게 바뀌었는데, 이러한 면을 고려하여 FR은 생산파트너와 긴밀하게 연계하여 현장 종업원들이 일하기 편한 환경을 제공하기 위해 발주시기와 수량을 평준화하는 등의 대응을 하면서 CSR기능 강화를 꾀하고 있다.

2010년 9월, 유니클로는 그라민은행그룹과 공동으로 방글라데시 인민공화국에서 소셜 비즈니스를 시작했다. 고품질 저가격의 옷을 효율적으로 생산 · 판매하는 유니클로의 노하우와 그라민은행그룹의 네트워크를 활용하여 방글라데시에서 '그라민 유니클로'의 소셜 비즈니스를 운영하고 있다. 방글라데시 현지에서 좋은 옷을 생산하여 빈곤층 사람들이 구입가능한 가격으로 판매하고, 주주는 투자금액만을 회수하고 이익은 모두 소셜 비즈니스에 재투자되는 구조로 순환된다.

유니클로는 단순한 생필품으로서의 '옷'의 제공이 아닌 학교와 지역 커뮤니티를 방문하여 좋아하는 색과 디자인에 대한 사전조사를 바탕으로 현지의 니즈를 반영한 상품을 기획 · 생산한다. 크게 남성, 여성, 어린이로 분류하여 가장 선호하는 컬러와 디자인을 참고하여 출시한다. 또한 위생환경이 열악한 방글라데시의 상황을 고려하여 속옷과 생리용품의 역할, 그리고 그것들이 위생적인 면에서 개선에 도움이 된다는 것을 상품을 통해서 전하고 있다. 위생과 함께 크게 문제시되는 현지의 교육환경을 고려하여 일러스트와 그 의미를 나타내는 벵골어를 프린트한 '학습용 T셔츠'를 판매하여 어린이들이 즐겁게 글자를 배우는 기회를 제공한다.

방글라데시에서 T셔츠 1장의 시장가격은 50엔 정도이다. 현지인들이 구입할 수 있는 판매가격을 맞추기 위해 방글라데시의 직물공장과 파트너 계약을 맺고, 값싸고 좋은 품질의 소재를 조달한다. 가격을 낮추더라도 품질에 있어서는 타협하지 않는다는 유니클로의 철학은 유지된다. 따라서 소셜 비즈니스의 이념과 유니클로의 품질관리 노하우를 바탕으로 한 독자적인 기준에 찬성하고 동의하는 현지의 공장에서 생산한다. 생산뿐만 아니라 이러한 유니클로의 확고한 소셜 비즈니스의 이념에 찬동하여 상품을 구입하는 현지인도 있고, 형편이 어려워도 아이들에게만큼은 좋은 옷을 사주고자 하는 부모들의 구입으로 아동복은 소셜 비즈니스 총매출의 약 40%를 차지한다. 이러한 매출구조는 유니클로 상품에 대한 '신뢰'가 바탕이 되었다고 볼 수 있다.

그림 4-16 I 유니클로 소셜 비즈니스 사업구조

출처 : 그라민 유니클로 홈페이지

상품은 위탁판매방식으로 판매되며 상품판매를 담당하는 사람은 그라민은행으로부터 융자를 받아 그것을 바탕으로 자립을 위해 노력하는 가난한 농촌 출신의 '그라민 레이디'들이다. 그녀들은 농촌의 집들을 돌거나 자신의 집을 매장으로 활용하며, 상품의 특징을 설명하면서 판매한다. 그라민 레이디들에게는 판매대금에 따라 수수료가 지불된다. 판매수익은 소셜 비즈니스에 재투자되며 첫해에는 10만 장, 3년 후에는 100만 장을 생산 · 판매목표로 설정하고 있다.

최빈국의 자활과 경제성장이라는 지역사회의 니즈를 통합한 비즈니스 모델의 선순환적 과정은 기업수익과 더불어 일자리창출, 경제적 자립 지원, 현지인에게 깨끗한 옷과 위생교육 제공, 옷 기부를 통한 어린이의 등교 지원, 빈국의 경제발전에 기여라는 부가적인 사회적 가치를 창출한다. 이러한 과정에서 현지인의 비즈니스를 발전시킴으로써 고용과 생활 개선, 자립을 향한 의지를 낳게 하고 이를 통해 사회적 문제에 대한 해결 노력이 이루어진다. 유니클로는 기업정신을 바탕으로 과거 단순한 현물 기부형태로 유지되었던 기업의 CSR활동에서 사회문제 해결을 위한 근간을 마련하여 새로운 가치를 창출하는 한 단계 발전된 CSR활동의 모델을 제시하고 있다. 이는 지속성 측면에서도 여전히 일시적 · 일회적인 CSR활동에 정체되어 있는 다수의 국내기업에 영향을 미쳤으며, 기업의 독립적 활동이 아닌 기업 간의 상호협력적인 CSR활동으로 각 기업의 다양한 전문성을 특화하여 개별기업이 투입하는 비용을 최소화하고 성과를 극대화하는 효율성의 제고를 추구하였다. 이러한 유니클로의 협력형 CSR활동은 사회가 복잡해짐에 따라 기업이 단독으로 접근하는 사회공헌으로는 근본적인 문제를 해결할 수 없다는 것을 인식하게 되었다.

이 외에도 유니클로는 CSR활동의 일환으로 전 상품 리사이클활동을 실시하고 있다. 고객이 오래 입을 수 있는 품질 좋은 옷을 생산하고 판매하는 것뿐만 아니라 사용 후의 상품을 거두어 재사용하거나 재활용한다는 것, 옷의 가치를 마지막까지 최대한으로 살리는 것도 중요한 책무라고 강조한다. 2006년에 활동을 개시했을 때는 공업용 섬유 등의 '재료'로서 리사이클을 생각했으나, 고객으로부터 회수한 의류의 대부분이 아직 충분히 입을 수 있는 상태였던 것과 '옷'은 '옷'의 상태로 활용하고 싶다는 마음에서, 재사용품으로 전 세계 난민(피난민)에게 전달하는 활동을 시작했다. 유니클로는 모든 상품을 '나눔(SHAREABLE)'이라 정의하면서 이러한 생각을 바탕으로 모든 상품에 대하여 리사이클활동을 실시함으로 인해 옷을 필요로 하는 사람들에게 도움을 주고 있다.

더 이상 입을 수 없는 옷은 섬유소재로서 재활용된다. 주로 공장 등에서 기계의 기름을 닦을 때 사용되는 기름걸레로 다시 태어나 마지막까지 활용된다. 여러 번 세탁하고 오랫동안 사용한 옷감은 기름을 잘 흡수하기 때문에 리사이클로 회수한 옷은 기름걸레로 쓰기에 최적의 소재라 할 수 있다.

그림 4-17 ㅣ 유니클로 리사이클 진행 현황(2012년 8월 기준)

출처 : 유니클로 CSR 홈페이지

2013년 1월을 기준으로 25개국들이 참여했으며, 총 2,053만 3,211개의 옷을 회수했고 그 중 649만 976개의 옷을 기증하였다.

이 활동은 현지인은 물론 국제사회에서도 인정을 받았다. 이 실적을 바탕으로 유니클로 전 상품 리사이클활동은 계속해서 발전 중에 있다. 의류 회수지역을 일본에서 한국, 그리고 프랑스, 영국, 미국으로 확대했으며, 향후 유니클로가 출점해 있는 전 세계의 모든 나라로 확대실시할 계획이다. 그와 동시에 "모든 난민 한 사람에 1장의 유니클로 옷을 전달한다"는 목표에서 "옷을 필요로 하는 전 세계의 모든 사람들에게 유니클로의 좋은 옷을 전달한다"는 것으로 목표를 수정하고 목표 달성을 위해 노력하고 있다.

리사이클활동은 옷을 폐기하는 과정에서 유발되는 환경오염도 줄이고, 옷이 필요한 이웃들에게 도움을 줄 수 있는 일석이조의 프로젝트다. 특히 빠르게 생산되고 버려지는 패스트 패션이라는 고정관념에서 벗어나 옷의 가치에 주목하고, 계속 사용할 수 있는 방안을 모색했다는 점에서 일반적인 패션브랜드의 기부활동과는 차별화를 지닌다. 이러한 과정에서 유니클로는 기업이미지 제고뿐만 아니라 고객의 참여를 기반으로 이루어지는 CSR활동으로, 고객의 사회적 문제해결에 참여할 수 있는 통로와 고객과 기업 간의 지속적인 소통채널을 제공하면서 그로 인한 자긍심, 성취감과 함께 "기업과 고객이 함께 같은 이념을 지향한다"는 친밀감 또한 인식시키고 있다. 또 다른 측면에서는 고객이 사회적 활동에 참여 · 기부하기 위해 매장을 직접 방문하기 때문에 판매와 연결될 수 있는 마케팅적 요소도 포함되어 있어 이러한 활동이 더 높게 평가되고 있다.

3) 다케다제약

우리에게 잘 알려져 있지는 않지만 다케다(DAKEDA)는 아시아 1위, 글로벌 12위의 제약회사이다. 233년의 역사를 가진 다케다제약은 일본에 본사를 둔 다국적 제약사로, 전 세계 100여 개국에

신약을 수출하며 2013년 약 165억 7,000만 달러에 이르는 매출을 기록했다. 또한 아시아 제약기업 중에서는 유일하게 글로벌 톱 제약기업으로 성장한 회사다. 2008년 미국 항암전문회사 밀레니엄, 2011년 스위스 제약회사 나이코메드를 인수하여 글로벌사업 인프라 확장과 항암, 호흡기질환 및 소화기질환 치료 분야를 강화하고 있다.

다케다제약의 한국법인인 한국다케다제약은 2011년 설립 이후 활발한 사회공헌활동을 진행하고 있다. 한국법인을 설립하기 이전까지 약 50여 년간은 국내 제약사들과의 탄탄한 파트너십을 바탕으로 제품을 공급해 왔다. 한국다케다제약은 현재 국내에 네시나, 액토스(당뇨병), 에비스타(골다공증), 닥사스(만성폐쇄성폐질환), 미팩트(골육종), 애드세트리스(림프종), 마디핀(고혈압) 등을 직접 공급하고 있다. 제휴사를 통해 공급 중인 다케다 제품은 란스톤(소화성궤양), 덱실란트(위식도역류질환), 루프린(전립선암, 성조숙증), 옴나리스(알러지성비염), 알베스코(천식), 타코실(지혈제), 베이슨(당뇨) 등이 있다.

다케다제약은 환자의 건강증진을 최우선으로 하는 기업이념과 '성실(integrity)'의 핵심가치를 기반으로 엄격한 윤리기준을 준수하며 최상의 의약품과 정보를 제공하고 있다.

다케다제약은 우리 사회의 낮은 '건강 문해력(건강정보를 읽고 해석하여 실천할 수 있는 능력)' 수준을 높이는 것이 글로벌 제약기업으로서 국민건강증진에 기여하는 방법이라고 판단하고, 이를 위한 노력의 일환으로 어린 나이부터 필수 건강상식과 올바른 생활습관을 정립할 수 있도록 돕는 어린이 대상 건강교육 및 문화콘텐츠를 개발 · 배포하는 프로젝트를 이어가고 있다. 특히 해당 콘텐츠는 문화혜택이 적은 소외계층 어린이들에게 우선적으로 제공하고 있으며, 사회경제적 격차에 따른 건강 문해력 및 정보 불균형을 해소하는 데도 긍정적인 영향을 줄 것으로 기대하고 있다.

어린이를 대상으로 한 대표적인 사회공헌활동으로 어린이 건강 연극 '도로시와 건강마법사'와 어린이 건강 동화책 시리즈를 들 수 있다. 어린이 건강 연극 '도로시와 건강마법사'는 필수 건강상식을 재미있는 문화공연으로 전달하는 사회공헌 프로젝트이다. 한국다케다제약과 (사)문화예술사회공헌네트워크가 동화 『오즈의 마법사』의 캐릭터를 각색하여 창작한 해당 연극은 아름다운 목소리로 노래하고 싶은 도로시와 운동이 부족한 허수아비, 감기에 걸린 양철나무꾼, 편식하는 사자 등 어린이들에게 호기심을 끌 만한 개성 넘치는 캐릭터들이 흥미로운 건강상식을 전달한다.

건강한 삶과 직결된 교육만큼은 누구에게나 차별 없이 이루어져야 한다는 취지로 교육·문화혜택이 상대적으로 적은 소외아동들에게 우선적으로 기회를 제공하고 있다. 2013년 6월 막을 올린 이후, 매년 새롭게 정비된 공연을 선보여 왔다. 2013년 서울 성로원을 시작으로 전국 곳곳에 위치한 보육원 및 지역아동센터에 직접 방문하는 '찾아 가는 공연'을 선보이고 있다. 매년 초 5세부터 10세 이하의 아동 20명 이상 거주하고 있는 아동복지시설을 대상으로 공연신청을 받았으며 선정된 곳에는 배우들과 다케다제약 임직원 자원봉사단이 직접 방문해 어린이들에게 무상으로 공연을 선사했다. 지난 연말에는 공연지로 채택되지 못한 어린이 기관 및 일반인들 500여 명을 초청해 대규모 무료공연을 개최하기도 했다.

한국다케다제약은 당뇨병, 고혈압 등 주요 만성질환과 그 예방법을 재미있는 창작 이야기로 배울 수 있는 어린이 건강 동화 시리즈를 개발하여 온 가족의 생활지침서로 활용하도록 돕고 있다. 지난해 첫 번째 시리즈인 『당뇨병 편-주니야 아빠를 부탁해』를 선보인 이후 최근 두 번째 시리즈 『고혈압 편-할머니의 까까통』을 출간했다. 한국다케다제약은 해당 건강 동화책 시리즈를 공공기관 및 교육시설 등에 무상 제공하고 있다.

『당뇨병 편-주니야 아빠를 부탁해』는 동화 속 어린 주인공이 아빠가 앓고 있는 당뇨병에 대한 작은 궁금증으로 시작해, 질병의 증상부터 예방법에 이르는 중요한 건강상식을 깨우쳐 나가는 이야기로 구성되어 있다. 아빠의 생신을 맞아 엄마와 깜짝파티를 준비하게 된 주니는 아빠가 '케이크'를 안 드신다는 말에 깜짝 놀란다. 그 이유가 '당뇨병' 때문임을 알게 되고, 주니는 아빠가 건네준 신기한 요술안경으로 아빠 몸속을 훤히 들여다볼 수 있게 된다. 인슐린을 만들어 내야 하지만 지쳐버린 췌장세포들과 대화를 나누면서 '당뇨병'의 개념과 이를 예방하기 위한 생활습관들을 익혀 나간다.

『고혈압 편-할머니의 까까통』은 대한민국 국민 10명 중 3명이 관련 있는 대표적 만성질환 고혈압에 대해 쉽게 이해할 수 있도록 제작됐다. 할머니가 매일 '까까통'에 맛있는 과자를 숨겨 놓고 혼자 드시는 것을 수상하게 여긴 손자가 할머니가 외출하신 틈을 타 '까까통(과자통)'의 정체를 추리해 나간다. 이 과정에서 주인공 어린이는 할머니가 드시는 것은 과자가 아닌 '고혈압 치료제'임을 깨닫고 고혈압의 원인과 증상, 예방습관을 깨우쳐 나간다.

이와 같이 고혈압이나 당뇨병과 같은 성인병 예방을 재밌는 동화를 통하여 접근함으로써 어린이들에게 좋은 습관을 유지할 수 있도록 이끄는 등 온 가족의 건강생활지침서로 활용하고자 노력하고 있다.

제 6 절 ■ 한국

1. 한국의 CSR

산업화로 경제발전을 성공적으로 이루어낸 우리나라의 CSR은 기업에 대한 사회로부터의 비판에 대응하는 과정에서 등장했다는 점에서 일본과 비슷하다. 그러나 기업과 기업 소유주의 사회적 책임문제가 혼재되어 있다는 것이 다른 국가들과 큰 차이를 보인다. 한국에서는 먼저 기업과 기업가를 바라보는 관점부터가 다르다. 해방 후 경제의 압축성장과정에서 상당기간 자본주의적 경제질서가 성숙되지 못하고 시장의 불안정성으로 인해 기업들이 자본을 축적하는 과정에서 여러 가지 파행적인 행동이 나오게 되었다. 미국의 원조와 정부의 특혜를 중심으로 한 정경유착이 자본축적의 가장 큰 수단이 되었으므로 우리 기업들은 성장 초기부터 부정적 이미지가 강하였다. 문화적으로도 일본의 상인도(商人道)와는 달리 한국에서는 과거 사농공상(士農工商)이란 전통적 가치관이 지배적이었다. 이러한 인식이 바뀌지 못한 채 우리나라는 급속한 경제성장과정에 들어서게 된다.

근대적인 자본축적과 그에 따른 정당한 기업이익추구에 대한 가치관이 확립되지 못한 상황에서, 1997년 외환위기를 거치면서 특혜나 부패, 정경유착, 투기, 탈세, 그리고 부실경영과 같은 기업가에 대한 부정적 시각이 많아지게 되었다. 이 시기 경제위기를 초래한 원인 중 하나로 재벌의 방만한 경영이 지적되면서 사회 전반에 전면적인 재벌체제의 변화를 요구하는 사회적 압력이 증가하였고 이것은 반재벌정서로 표출되었다.[17] 한국에서의 CSR은 이렇듯 재벌기업과 재벌총수에 대한 반감에 깊은 뿌리가 있으며, 외환위

17 실제로, 외환위기 직후 전경련(2006a, 2006b, 2006c, 2006d)의 조사에 따르면, 대기업의 연상내용으로 '문어발식 기업확장(15.9%)', '부실기업(10.4%)' 등 비합리적인 경영방식의 이미지와 '졸부 · 사리사욕(13.0%)', '비자금 · 뇌물(6.5%)', '정경유착(11.8%)' 등 부정적인 거래의 이미지가 주류를 이뤘다. 또한 '그룹총수'의 연상내용으로는 '독단적이며 권위적(21.3%)', '정경유착(11.8%)', '이윤만 추구(8.8%)', '부도덕(7.4%)', '호화생활(5.3%)', '재산은닉(4.0%)', '비자금(3.9%)', '소황제(3.4%)' 등의 부정적 이미지가 강하게 형성되어 있었다.

기 이후 최근까지도 구조조정으로 인한 고용 불안정성이 증대되고 중산층이 무너지고 계층 간의 격차가 급격히 확대되면서 기업에 대한 비판적 분위기가 높아지며 반기업정서가 더욱 확산되었다.

한국에서 CSR에 대한 인식이 확산되기 시작한 것은 2000년 이후의 현상이라고 할 수 있다. 재화와 서비스의 공급이 절대적으로 부족했던 1950~60년대의 생산중심시대에는 국민들의 기본적 욕구를 충족시킬 수 있는 제품을 값싸게 빨리 많이 제공할 수 있는 기업이 좋은 기업이며 존경받는 기업이었다.

수출주도형 공업화전략이 지속적으로 추진된 1970년대에는 국가 기간산업에 참여하여 수출을 증대시킴으로써 국민경제의 발전에 기여하는 기업이 훌륭한 기업이라는 공급주도형 경제의 기업인식이 지배적이었다. 따라서 이 시기에는 성공한 기업가가 수해 등의 국가적 재난 시에 성금을 내거나 방위성금은 물론 준조세적 성격의 각종 부담금을 기부하는 소극적인 자선활동이 주로 이루어졌다(이상민, 2002).

1980년대 들어서는 많은 국내기업들이 재단을 설립하는 등 보다 적극적인 CSR활동이 필요하다는 인식이 점차 확산되기 시작하였다. 이는 주로 기업에 대한 사회적 비판에 대응하기 위한 것이었기 때문에 당시 CSR활동은 자발적이기보다는 사회적 분위기와 압력에 의해 마지못해 참여하는 정도였다. 그러나 소득분배의 격차와 부의 정당성에 대한 문제제기가 본격화되고 노사대립, 환경문제 등이 사회적으로 이슈화되면서 기업들도 이제 CSR의 필요성을 인식하게 되었다.

1980년대 전반까지만 해도 기업에서 설립한 재단의 사업내용은 대부분 장학사업이나 학술 및 문화활동 지원에 집중되어 있었다. 이는 1980년대 후반까지 군사정부가 집권한 권위주의 정권하에서 기업들이 자신들의 이해관계를 보호하고 외부기업환경을 스스로 통제하기 위한 기부에 주로 치중하였음을 보여주는 것이다(이상민, 2002).

한국의 CSR 특성은 많은 제도적 틀 중에서도 기업지배구조로부터 가장 큰 영향을 받았다. 한국의 기업지배구조는 재벌 사주와 가족들이 소수의 지분을 가지고 있음에도 불구하고 상호 순환출자 구조의 피라미드에서 윗부분을 차지하는 한 계열사의 지분을 집중적으로 매입함으로써 그룹 전체에 영향력을 행사하여 왔다.

그러므로 객관적으로 볼 때, 한국 CSR의 현재 상황은 아직까지 초보적인 단계에 머물러 있다고 할 것이다. 정부 차원에서도 이미 유럽, 미국, 일본 등의 선진국의 CSR 대응은 2000년 즈음부터 시작되어 체계화된 데 반해 한국은 2007년 지식경제부에서 '지속가능발전기본법'[18]만 제정해둔 상태이다. 하지만 여기에서도 CSR에 대한 직접적인 언급은 없고 정부 및 지자체의 지속가능발전 방향에 내용이 집중되어 있다. 결국 한국정부는 기업에게 CSR, 즉 그들의 사회적 책임을 언급하지도 못하는 상황이었고 지금은 산업통상자원부 산업정책과에서 기본적인 CSR업무를 담당하고 있는 정도이다.

국내에서 지속가능보고서나 GRI 리포트를 발간하는 기업은 다른 국가들과 비교한다면 매우 적고 역사도 매우 짧다. 또한 전경련의 '2009 윤리경영 현황 및 CSR 추진 실태' 조사에서도 국내 200대 기업 중 16개 기업만 CSR위원회를 설치하고 있으며, '신흥시장 환경 · 사회 · 지배구조 공개 프로젝트(EMDP : Emerging Markets Disclosure Project)' 에서도 2006년 이후 한국기업의 CSR 관련 보고서 발간은 늘었지만 질적인 면과 양적인 면에서 개선할 점이 많다는 의견이 있었다. 이 같은 내용을 종합해 볼 때 국내 CSR은 아직도 걸음마수준에 머물러 있다고 할 것이다.

2014년을 기준으로 전경련에서 실시한 실태조사를 통해 국내

18 지속가능발전기본법은 2010년 '지속가능발전법'으로 명칭이 변경되었다. 하지만 기업과 정부 모두가 추진하는 지속가능발전이 아닌 정부와 지자체중심의 지속가능발전만을 부각하는 점에서는 변함이 없고 더구나 그들의 사회적 · 환경적 책임을 요구하는 언급은 없다.

CSR활동의 현황을 살펴보자. 먼저, 사회공헌비용에 대하여 살펴본다. 2013년 사회공헌 지출비용은 약 2조 8천억으로 나타나 2012년 대비 사회공헌비용(3조 2천억)에 비해 약 13% 감소한 것으로 나타났다(234개사 기준). 이러한 감소이유로는 경영성과가 가장 큰 요인으로 꼽힌다.[19]

19 실제 이 시기에는 응답기업의 세전이익이 전년 대비 22.2% 감소하였다.

표 4-5 | 사회공헌 지출규모 추이

	2012년	2013년
사회공헌 지출비용(234개사)	3조 2,534억 7,827만 원	2조 8,114억 8,330만 원

출처 : 전경련(2014), 사회공헌백서

그러나 질적인 측면에서는 크게 하락하지 않은 것으로 보인다. 예를 들어, 2013 세전이익 대비 사회공헌 지출비율은 3.76%로, 2012년 3.37%에 비해 증가한 것으로 나타났다. 이는 국내기업들이 경영성과의 부진 속에서도 꾸준히 사회공헌활동을 전개하고 있음을 단적으로 보여주는 그림이다.

그림 4-18 | 세전이익 대비 사회공헌 지출비율

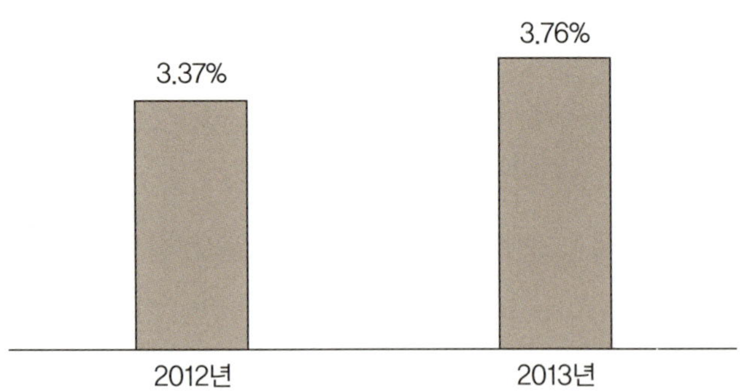

출처 : 전경련(2014), 사회공헌백서

이 같은 결과를 확장하여, 한국과 일본기업의 사회공헌수준을 비교하였다. [표 4-6]은 한국과 일본기업의 경영성과 대비하여 사회공헌 지출비율을 정리하였다. 먼저, 2013년 기준으로 세전이익 대비 사회공헌 비중을 보면, 국내 기업들은 3.76%인 것에 반해 일본은 1.77%로 나타나 국내 기업이 일본기업에 비해 2배 높은 수치를 보인다. 또한, 매출액 대비 사회공헌 비중도 국내기업들은 0.17%인 것에 반해 일본은 0.1%로 나타났다. 이는 한국이 일본보다 높은 수치를 보이는 것을 감안할 때 국내기업이 일본기업에 비해 높은 사회공헌활동 수준을 보인다고 해석할 수 있다.

표 4-6 | 한 · 일 기업의 경영성과 대비 사회공헌 지출비율 분포 (단위 : %)

	한국	일본
세전이익 대비 사회공헌 지출비율	3.76(234개사)	1.77(331개사)
매출액 대비 사회공헌비율	0.17(234개사)	0.10(331개사)

출처 : 일본자료는 경단련, 2013년 상회공헌 실적조사결과

마지막으로 분야별 사회공헌 지출비율은 다음의 [그림 4-19]로 나타낸다. 취약계층 지원에 대한 지출(33.9%), 교육 · 학교 · 학술(23.7%), 문화예술 및 체육(12.7%) 순으로 나타났다. 특히 교육사업의 사회공헌 지출비율이 크게 증가하였는데, 이는 사회적 분위기에 편승되었기 때문이다. 우리 기업들이 교육분야가 빈곤의 대물림을 끊고 소외계층이 스스로 자립할 수 있는 기반이 될 수 있다고 인식하기 때문이며, 이 같은 형태의 사회공헌활동을 많이 수행하는 것으로 보인다. 그리고 기업의 미래 핵심자원인 인적자원의 대한 투자라는 점에서 교육분야가 강조되는 요인도 반영된 것으로 유추된다. 문화예술사업도 전년(11.1%)에서 소폭 증가하였는데 이는 기업들이 문화예술사업에 대해서도 관심을 갖고 있음을 시사한다.

그림 4-19 | 2013년 분야별 사회공헌 지출비율

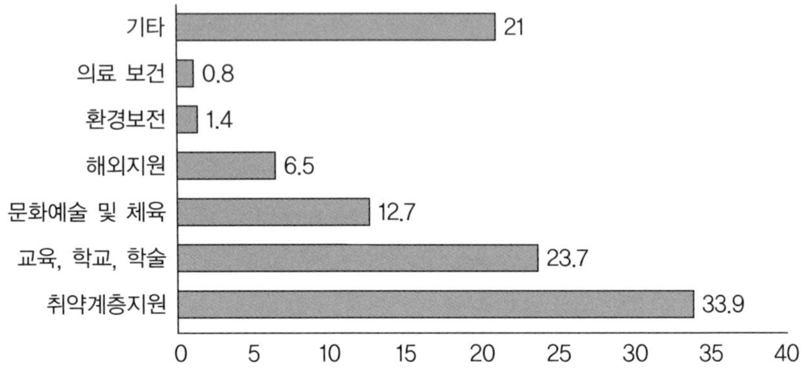

출처 : 전경련(2014), 사회공헌백서

2000년대에 들어서면서 기업들의 CSR에 대한 관심이 크게 증가하였으며 기업들의 해외진출로 현지 생산공장이 생겨나면서 선진기업들의 CSR활동을 배우기 시작하였다. 이에 따라 CSR활동이 결과적으로 경제적 이익창출과 연관된다는 것을 깨닫게 되었다. 이에 따라 대기업을 중심으로 국제적 기준에 맞는 CSR활동을 펼치기 시작했고, 2003년 삼성 SDI, 현대, 기아자동차, 한국다우코닝 등이 GRI 기준에 근거하여 지속가능성보고서를 처음으로 발간한 데 이어 2011년 말까지 총 54개 기업들이 동참을 하고 있다(한국표준협회, 2011). 전경련에서도 CSR 관련 부서를 만들어 회원기업들의 CSR활동을 지원하고 있다.

한국에서도 기업지배구조 개선에 대한 소액주주들의 목소리가 점차 높아지고 있다. 일본의 경우와 마찬가지로 대기업을 중심으로 외국인 주식보유비율이 급격히 높아지면서 주주의 역할이 주목받기 시작했다. 외환위기 이후 참여연대의 소액주주운동을 통해 시장감시자로서의 시민단체들의 활동이 급격히 증가하고 있고, 이들이 GRI와 같은 CSR의 국제적 표준화 작업에 적극적으로 참여함

으로써 기업들에게 사회적 압력을 가중시키고 있는 상황이다(이상민, 2008).

2. 한국기업의 CSR 사례

1) 삼성전자

사회의 구성원이자 사회를 기반으로 성장하는 기업시민으로서 삼성전자는 우리의 성장규모만큼 지역사회의 지속가능성을 유지하고 강화시켜야 하는 책임을 갖고 있다. 우리 사회의 다양한 소외계층을 위해 기부를 지속하고 임직원 봉사활동의 시간과 규모를 늘리는 동시에, 근본적인 해결책을 모색하며 소외계층의 정착과 자립을 지원하고자 일자리를 제공하고 사회 기반시설을 지원한다. 무엇보다도 사회공헌을 실행함에 있어서 삼성전자는 기업의 핵심역량을 활용하는 것은 물론, 각 국가별 상황을 고려한 맞춤형 사회공헌프로그램을 운영하여 지역사회가 당면한 문제를 해결하는데 실질적인 도움을 제공하고자 한다.

삼성전자는 글로벌 사회현안을 심도 있게 분석하고 회사역량을 파악하여 현안의 시급성과 업의 연계성이 높은 항목을 선정하였다. 그 결과 양질의 교육, 취업의 기회, 그리고 의료보건문제가 우선순위가 높은 이슈로 파악되었으며, 삼성전자는 이 세 가지 항목을 글로벌 나눔경영의 주요 추진 분야로 선정하고 관련 프로그램을 재정비하였다.

2013년부터 나눔경영 주영역인 교육, 고용 및 의료보건 분야의 5개 대표 프로그램을 지역 특성에 따라 맞춤형으로 운영하고, 지역현안 문제해결을 위한 현지 맞춤형 프로그램을 전개하고 있다. 고용 분야의 경우 IT 직업교육을 통해 청년층 대상 취업경쟁력을 지원하고, 교육지원을 통해 소외지역 학생대상 IT 교육기회를 제공하여 지역 간 교육격차 해소에 기여하고, 의료보건 분야에서는 당사 의료기기를 활용하여 삶의 질을 향상할 수 있도록 지원한다.

그림 4-20 | 삼성전자 글로벌 현안분석(좌) 및 글로벌 나눔경영 5대 활동(우)

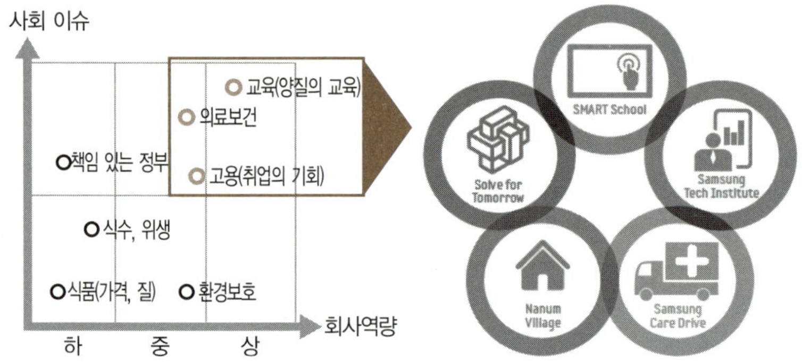

출처 : 삼성전자 2014 지속가능경영보고서

(1) 삼성 스마트 스쿨(Samsung Smart School)

2012년에 시작한 '삼성 스마트 스쿨'은 삼성의 첨단 IT기술을 각국의 교육환경에 적용함으로써 지역 간 교육격차를 해소하는 데 기여하고, 디지털기기를 활용한 참여형 교육을 전파하며 창의적인 인재를 양성하는 데 목적을 둔 프로그램이다. 삼성전자는 2014년 국내에서는 약 30여 개교의 75개 학급, 세계 각지에서는 700여 개가 넘는 스마트 스쿨을 운영 중이며, 지역별로 '맞춤형 교육 솔루션'을 제공하기 위해 노력하고 있다.

IT 네트워크 인프라가 지원되는 고소득 국가에는 갤럭시 노트, 전자칠판(e-board) 등 삼성 스마트 스쿨 솔루션을 지급하여 소외지역 청소년들에게 선진교육과 수업을 제공한다. 중 · 저소득 국가에서는 정부 및 교육관련 단체와 협력해 낙후지역 학교를 위주로 기본적인 교육 IT 인프라 제공, 학교와 도서관 등 건물 개 · 보수, 교육 기자재와 도서 기증 등의 활동을 전개한다.

또한 프랑스에서는 장기입원아동을 위해 병원학교에 설치했고, 영국에서는 대영박물관 내에 설치해 방문객의 문화교육을 위해서도 활용한다. 폴란드는 스마트 스쿨 사업의 일환으로 초등학교에서 소프트웨어 코딩교육을 지원하는 '삼성 코딩스쿨'을 열었는데 이 과정에서 삼성전자 바르샤바연구소 개발자들이 소프트웨어 코딩 교육과정을 개발해 교사와 초등학생을 교육시켰다. 각국에서 전개된 삼성 스마트 스쿨은 현지 정부와 교육부로부터 교육시스템을 향상시키고 IT기술과 교육이 조화를 이루는 교육의 미래에 대한 중요한 정보를 제공하는 활동으로 많은 이들로부터 찬사를 받고 있다.

그림 4-21 I 삼성 스마트 스쿨

출처 : 삼성투모로우(http://samsungtomorrow.com)

(2) 삼성 나눔 빌리지(Samsung Nanum Village)

'나눔 빌리지'는 저소득 취약지역을 대상으로 주민들의 기본적인 생활에 필요한 에너지, 교육, 의료 등의 종합적인 인프라를 지원하여 빈곤의 악순환을 벗어나고 경제적 자립 기반을 마련하기 위해 계획된 프로그램이다. 삼성전자는 각 나라 정부와 국제단체 등과 협력하여 사회적 인프라 개선을 논의하고 '삼성 나눔 빌리지' 구축을 실행한다. 전력이 부족한 아프리카지역에서는 태양광을 에너지원으로 활용하며 한 마을 안에 원격의료센터, 이동형 의료차, 학교, 조명 및 발전기 등을 갖춘 '나눔 빌리지'를 구축한다.

이로써 지역사회 사업체들이 에너지 부족문제를 해결할 수 있으며, 태양광 원격진료센터는 주민 건강을 돌보기 위해 환자정보를 체계적으로 관리할 수 있는 데이터베이스시스템과 서버를 갖춰 대형병원과 화상회의로 진단과 처방에 대한 정보를 공유한다. 또한 태양광 모바일 인터넷 스쿨(Solar Powered Internet School)은 12m 길이의 컨테이너를 개조하여 태양광 패널로 자가발전하는 첨단 교육설비인 스마트 스쿨 솔루션을 갖춘 교실로 하루 9시간 이상 사용가능한 전력을 공급함으로써 학생들은 원격 위성통신을 통해 인터넷에 접속하며 교육을 받을 수 있다.

그림 4-22 ▮ 삼성 나눔 빌리지

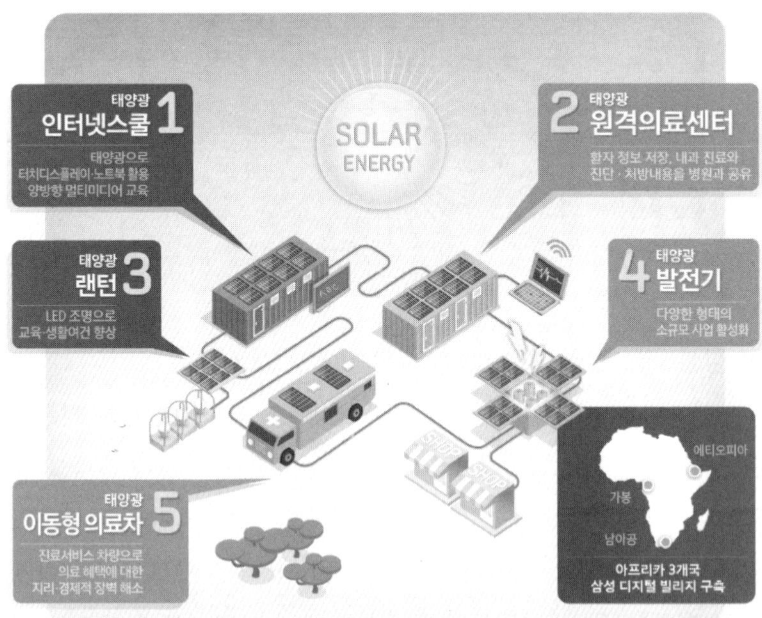

출처 : 삼성투모로우(http://samsungtomorrow.com)

2013년 남아프리카공화국에 설립한 '삼성 디지털 빌리지' 출범을 시작으로 2014년에 아프리카에 3개, 아르헨티나, 베트남 및 인도에 나눔 빌리지가 추가로 구축될 예정이다. 삼성전자는 '나눔 빌리지'가 지리적 · 경제적 장벽을 해소하여 소외지역의 질병문제 해결 및 삶의 질을 개선하는 데 기여할 것으로 기대한다.

(3) 솔브 포 투모로우(Solve for Tomorrow)

삼성전자는 학생들의 창의적인 문제해결능력을 존중하며 이들의 혁신적인 아이디어가 지역사회의 현안과 불편함을 해결하는 솔루션이 될 수 있다고 믿는다. 그 일환으로 지난 2010년부터 미국을 시작으로 전 세계 15개국에서 솔루션 공모전인 '솔브 포 투모로우(Solve For Tomorrow)'를 개최하는데, 이는 제품연계형 사회공헌활동으로 성공적으로 자리매김하였다. 공모전에 참가하는 학생들은 학교에서 배운 과학, 수학 지식을 바탕으로 삼성전자의 다양한 제품을 활용하는 실습과 훈련을 통해 창의적인 문제해결능력 향상과 함께 과학기술에 대한 열정을 키울 수 있다.

전 세계적으로 지역사회 현안을 개선할 수 있는 다양한 프로젝트가 도출되었다. 대표적으로 미국 뉴멕시코의 '몬순시기에 물 소비량 감축이 가능한 빗물 채집시스템 제작 프로젝트'나 펜실베이니아 아카데미 학생들이 학교 주변의 교통패턴을 과학적으로 분석해 고안한 '가장 안전하고 효율적인 등하굣길 경로시스템' 등이 우수한 아이디어로 선정되었다.

국내에서는 '투모로우 솔루션'이라는 이름으로 공모전이 진행되는데, 더 나은 내일을 위해 지역사회 현안과 불편함을 해결하고 싶은 사람이라면 누구나 나이와 소속에 상관없이 '투모로우 솔루션'에 참가할 수 있다. 참가자들은 임직원, 전문가 멘토와 함께 문제해결 솔루션을 직접 실행하고 사회에 적용하며 더 나은 내일을 만들어 간다. 2013년에는 에너지절약을 위한 애플리케이션이 개발되었고, 거동이 불편한 노인을 위한 보행보조기구 등의 혁신제품이 등장했다. 삼성전자는 참가자와 임직원이 각자의 지식과 경험을 공유하고 사회적 가치를 창출할 수 있는 장(場)을 마련해 기술이 지역사회와 환경에 기여할 수 있도록 지속적으로 노력할 것이다.

그림 4-23 I 솔브 포 투모로우

출처 : 삼성투모로우(http://samsungtomorrow.com)

(4) 삼성 의료보건 지원 프로그램(Samsung Healthcare and Medical Service)

삼성전자는 "지역에 상관없이 누구나 건강한 삶을 누릴 수 있도록 하자"는 취지하에 2013년부터 의료 분야의 사업역량과 삼성전자의 제품과 서비스를 활용하여 개발도상국에서 진단의료인을 양성하는 소노스쿨(Sono School)과 이동의료센터(Mobile Health

Center)를 중심으로 하는 보건의료프로그램을 전개하였다.

소노스쿨은 인프라가 부족한 지역의 의료진들에게 첨단장비와 시설을 제공하고, 관련 장비들을 사용할 교육프로그램 제공은 물론 필요시 교육장 리모델링도 지원하는 사업이다. 삼성전자는 개발도상국 등 의료서비스가 낙후된 지역이 당면한 높은 영유아 사망률 문제를 감안하여 임산부를 대상으로 한 초음파기기와 관련된 진료교육을 우선적으로 제공하고 있다. 작년 동안 동남아, 중국을 포함한 4개국에 8개소를 운영했으며 2014년에는 중동, 러시아 등에 31개소까지 확장하였다.

이동의료센터는 의료시설을 짓기 어려운 지역에 의사와 치료장비를 갖춘 차량을 통해 기본적인 의료서비스를 제공하는 사업이다. 이동의료센터의 차량은 간단한 검사(눈 · 치아 · 혈액)와 외상처치가 가능한 설비를 갖추고 있으며 태양광 패널을 장착하여 자체 전기수급을 통해 오지에서도 서비스 지원이 가능하도록 설계되었다. 2013년 남아프리카공화국 정부 요청에 따라 음푸말랑가와 가우텡지역에 이동의료센터를 설치하여 총 2천여 명을 진료했으며, 올해에도 추가 설치할 예정이다. 미국 주요 6개 도시에서도 현지 아동의료 지원사업을 펼치는 비영리기관인 '칠드런스 헬스 펀드(Children's Health Fund)'와 협력하여 도시빈민층 어린이를 대상으로 개조된 트럭을 활용한 의료보건교육을 진행하고 있다. 삼성전자는 의료와 IT산업과의 융합을 모색하며 낙후지역 주민들의 건강증진과 삶의 질 향상에 지속적으로 기여하고자 한다.

그림 4-24 I 삼성 의료보건 지원 프로그램

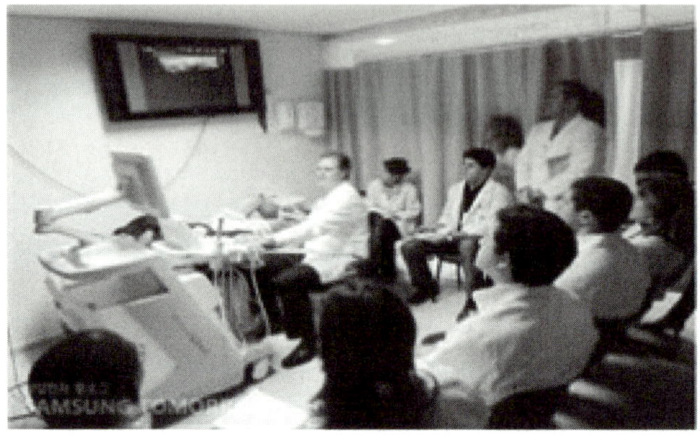

출처 : 삼성투모로우(http://samsungtomorrow.com)

글로벌기업으로 성장한 삼성전자는 국내부터 해외까지 다양한 사회공헌활동을 펼치고 있다. 전 세계 곳곳의 소외된 지역과 소외계층을 위해 삼성전자의 기술과 제품을 활용해 더 나은 삶을 살 수 있는 다양한 솔루션을 제공하고 있다. 삼성전자는 사회공헌의 4대 핵심요소인 사회적 니즈와 비즈니스 간의 전략적 연계, 파트너십 구축, 지속가능한 투자, 결과중심의 성과관리를 염두에 두고 지역사회에서 실질적으로 도움이 될 수 있도록 전략프로그램을 운영한다. 삼성전자만의 핵심역량을 발휘해 우리 사회의 소외되고 어려운 이웃이 자활역량을 갖출 수 있도록 지원한다. 더 나아가, 공익성을 갖춘 사회적 가치를 증대하고자 하는 여정 중에 삼성전자는 기술과 제품의 혁신을 꾀함으로써 경제적 가치도 얻을 수 있다고 기대한다. 삼성전자는 사회와 공생공존하는 기반을 갖춤으로써 기업의 영속성을 추구하는 경영 기반을 구축하는 동시에, 사회공헌활동을 통해 각 지역사회에서 사랑받는 회사로 거듭나는 원동력을 마련하고 있다.

2) 현대자동차

1967년에 설립된 현대자동차는 설립 이래 대한민국 자동차산업과 경제를 이끌며 발전을 거듭해 왔으며, 인도 · 중국 · 터키 · 미국 · 브라질 등지에 해외공장과 연구시설을 마련하여 생산력과 최상의 품질력으로 대변되는 글로벌 Top 5 자동차 메이커로 성장하는 등 위상을 더욱 높여가고 있는 국내의 대표적인 자동차회사다.

현대자동차는 수많은 현대자동차의 제품들을 개별적으로 홍보하기보다는 하나의 통합된 개념으로 현대자동차라는 브랜드 자체를 각인시키는 방식의 브랜드마케팅을 통하여 브랜드이미지를 강화하고 있으며, 환경과 사회, 고객에 대한 새로운 생각으로 주도하는 CSR을 다하는 기업으로 브랜드이미지를 강화하기 위하여 CSR 마케팅을 적극적으로 활용하고 있다.

현대자동차는 2003년 글로벌 환경경영이념과 방침을 발표한 후 현재까지 꾸준히 환경경영방침을 강화하고 제품이 생산 · 사용 · 폐기과정에서 환경에 미치는 부정적 영향을 최소화할 수 있도록 저탄소 녹색기술전략인 블루드라이브를 전개하고 있다. 블루드라이브란 자동차의 CO_2 배출량을 감축하기 위한 현대자동차의 저탄소 녹색기술전략으로, 이러한 기술이 적용된 친환경 자동차의 통합 브랜드명을 지칭하기도 한다.

현대자동차는 단기적으로는 내연기관의 연료효율성을 높이는 정책을 실시하고 있으며, 장기적으로는 고효율 내연기관, 바이오연료, 하이브리드, 플러그인 하이브리드, 전기차, 수소연료전지차 개발 등의 연구도 강화하고 있다. 아울러 글로벌환경 이슈 및 규제에 대해 종합적인 대응능력을 강화하고자 기후변화, 자원순환, 배출가스(대기환경), 유해물질을 4대 핵심이슈로 정하고 이를 중심으로 환경경영을 이행하고 있다. 특히 기후변화를 자동차회사가 적극적으로 해결해야 할 근본적인 과제로 인식하고 있으며 자동차의 CO_2 감축은 물론 전 사업장의 온실가스를 줄이기 위해 노력하고 있다.

그림 4-25 | 현대자동차의 무브사업

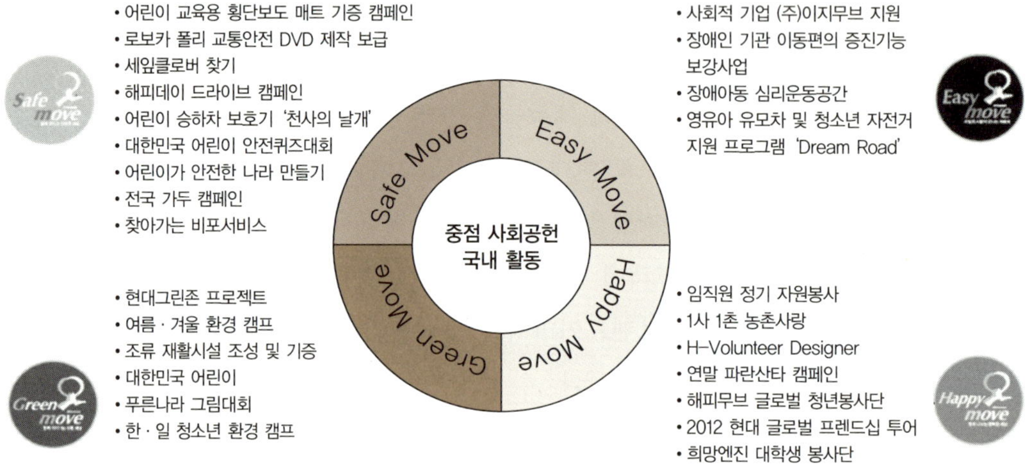

출처 : 현대자동차 2013 지속가능성보고서

현대자동차의 또 하나의 방침은 자동차 전문기업의 특성을 살린 '무브사업'이다. 크게 Green Move, Safe Move, Easy Move, Happy Move 네 가지로 분류되는 무브사업은 2005년부터 지속적으로 시행해 온 현대자동차의 중점 사회공헌사업으로 사회복지, 교육 · 학술, 문화 · 예술, 스포츠 등 다양한 분야에서 자동차제조업의 특성과 연계된 사회공헌사업을 전개하고 있다. 이는 '자동차를 통한 인류의 행복추구'라는 현대자동차의 경영이념을 실천하기 위한 하나의 방법이며, 글로벌기업시민으로서 사회적 책임을 다하려는 노력이기도 하다.

첫째, 그린무브는 '건강한 환경으로 가꾸는 푸른 미래'라는 슬로건하에 진행되고 있는 사업으로 자동차제조업체로서의 책임을 인지하고 기후변화, 에너지 고갈, 유해 화학물질 사용에 따른 폐해 등을 방지하고 대기환경을 개선하기 위하여 다양한 노력을 기울이고 있다.

현대자동차의 '블루드라이브' 전략은 자동차의 CO_2 배출량을 감축하기 위한 현대자동차의 저탄소 녹색기술전략이며, 이러한 기술이 적용된 친환경자동차의 통합 브랜드명이기도 하다. 현대자동차가 최종적으로 달성하고자 하는 목표는 CO_2가 전혀 발생하지 않는 자동차시장의 실현이며, 이를 위해 차량의 연비를 높이면서 동시에 바이오연료차, 하이브리드자동차, 전기자동차, 수소연료자동차 등 단계별로 다양한 저탄소 녹색기술을 적용한 제품들을 개발하여 선보이고 있다.

그림 4-26 | 수소연료전지차 개발 로드맵

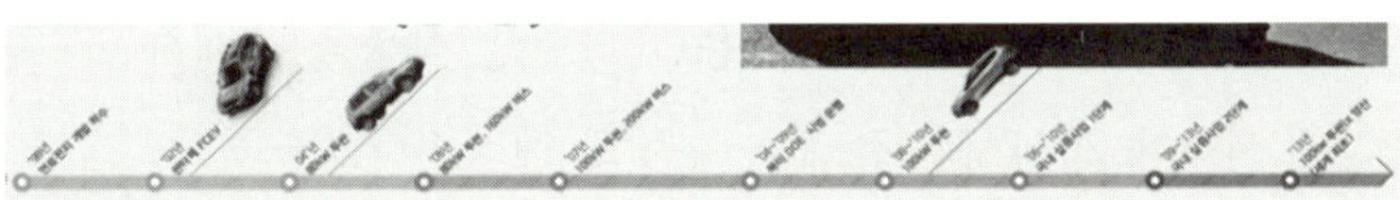

출처 : 현대자동차 2013 지속가능성보고서

그림 4-27 | 현대 그린존 차이나

중국의 대표적인 황사 발원지 중 한 곳인 차칸노르지역의 사막화 방지를 위한 생태 개선 활동 모습

출처 : 현대자동차 2013 지속가능성보고서

현대자동차의 그린무브사업의 대표적인 그린 프로젝트인 '현대 그린존 코리아'와 '현대 그린존 차이나' 사업은 자연생태환경 개선에 기여하기 위해 꾸준히 시행되고 있다. 현대 그린존사업은 각종 개발로 인하여 훼손된 각 나라의 자연생태계의 보존과 회복을 목표로 멸종위기에 처한 생물 종(種)에 대한 복원과 보호활동을 펼쳐 소중한 자연과 환경을 지켜가고 있다. 특히 현대 그린존 차이나는 중국과 우리나라에 악영향을 끼치는 황사의 주요 발원지인 내몽골 쿤산타크사막 차칸노르지역에서 2008년부터 2012년까지 1차 사업을 진행하였다. 1차 사업이 진행되는 동안 매년 현대자동차 임직원과 해피무브 글로벌 청년봉사단, 중국 대학생들의 적극적인 자원봉사가 이어졌으며, 2012년에도 300여 명에 이르는 한국과 중국 자원봉사자들이 참여하여 활동을 펼쳤다. 2013년부터는 감모초 등 사막화 방지에 유용한 다년생 식물을 식재하는 2차 사업을 시작해 2017년까지 계속 진행할 예정이다.

2005년부터 멸종위기에 처한 꼬리명주나비의 복원작업을 추진해온 현대자동차는 2007년 꼬리명주나비의 복원에 성공하면서 어린이들에게 자연과 생명체의 소중함을 알려주고, 지역주민들에게는 정서적 휴식공간을 제공하는 생태학습장을 운영하고 있다. 울산과 전주, 아산, 화성, 부산 등 총 5개 지역에 위치한 생태학습장

그림 4-28 | 현대 그린존 코리아 꼬리명주나비 생태학습장

출처 : 현대자동차 홈페이지(www.hyundai.com)

은 최적의 꼬리명주나비 서식환경으로 조성되었다. 또한 꼬리명주나비의 탈피시기에 맞춰 꼬리명주나비 축제도 진행하여 지역주민들의 관심을 더욱 높여가고 있다.

둘째, 세이프무브는 '안전하고 즐거운 교통문화 확립' 이라는 슬로건하에 진행되고 있는 사업으로 교통사고 없는 안전한 세상을 위한 노력을 의미한다. 이를 위해 현대자동차는 교통사고 유자녀 지원, 어린이 교통안전 강화, 자동차 사전 안전점검 등의 활동들을 실천하고 있다.

현대자동차는 2005년부터 부모의 교통사고로 상실감과 경제적 어려움을 겪고 있는 교통사고 유자녀의 소원을 들어주는 '세잎클로버 찾기' 라는 프로젝트를 전개해오고 있다. 불의의 교통사고로 부모님이 사망하거나 혹은 중증 이상의 후유증을 갖게 된 19세 이하의 교통사고 유자녀가 소원을 신청하면 엄격한 심사를 거쳐 지원자를 선정한 후 이들 소원을 실현시켜주는 프로그램이다. 현대자동차는 교통사고 유자녀에게 물리적 지원뿐만 아니라 정신적 유대감을 형성하고 다각적 측면에서 지원하는 것을 목표로 하고 있으며 이를 위하여 현대자동차 임직원과 신청자가 결연을 맺고 수호천사가 되어 소원을 이루어주는 방식으로 이를 수행하고 있다.

세잎클로버 프로젝트의 해택을 받은 교통사고 유자녀 수는 2008년 130명에서 2010년 199명, 2012년 250명으로 증가하는 등 조금씩 그 규모를 확장시키며 사업을 지속적으로 추진해 나가고 있다. 2012년에는 접수된 인원 가운데 심사를 통해 250명을 선정하고, 꼭 필요한 물품을 전달하는 행복물품, 학원비나 치료비 등 필요한 일에 소요되는 행복비용, 여행이나 하고 싶었던 일을 수행하는 행복활동 등으로 나누어 소원을 이뤄주기 위하여 노력하고 있다. 또한 국외로도 이러한 노력이 전해져 이란 등 7개의 중동 국가에서도 세잎클로버 찾기 프로젝트가 성공적으로 실시되었다.

2010년에는 애니메이션 캐릭터 변신로봇 경찰 '폴리'를 교통안전 홍보대사로 임명하여 어린이 안전용품 및 교통안전 캠페인 DVD 등에 활용함으로써 어린이들이 보다 쉽고 재미있게 교통안전교육을 받을 수 있도록 지원하였다. 2012년에는 '서울 캐릭터 라이선싱 페어 2012'에 로보카폴리 어린이 교통안전 특별관을 마련하였으며, 로보카폴리를 활용하여 용인과 대전 대덕밸리지점 등에 키즈카페를 운영하고 있다.

그림 4-29 I 현대자동차 로보카폴리 교통안전 홈페이지

출처 : 로보카폴리 교통안전 홈페이지(www.poli.hyundai.com)

이 외에도 로보카폴리 웹사이트 및 스마트폰용 애플리케이션 제작을 통해 어린이 교통안전문화를 더 널리 알리려 노력하고 있다. 또한 현대자동차는 다국어로 더빙한 DVD를 제작하여 전 세계 어린이집, 유치원, 학교, 복지기관 등에 배포하여 전 세계 어린이들이 교통사고로부터 안전한 생활을 할 수 있도록 힘쓰고 있다.

셋째, 이지무브는 '함께 움직이기 위한 따뜻한 배려'라는 슬로건 아래 진행되고 있는 캠페인으로, 모든 사람이 평등하게 이동의 자유를 누리는 세상을 만들고자 한다. 특히 장애인, 노인, 어린이, 임산부 등 교통약자들이 편리하고 안전하게 움직이며 세상의 아름다운 점들을 체험하도록 다양한 이동편의 증진사업을 펼치고 있다.

현대자동차는 2010년 국내 최초로 장애인과 노인 등 교통약자를 위한 이동편의 증진을 위한 보조기구와 재활기구를 전문적으로 생산하는 사회적 기업 ㈜이지무브를 경기도와 연계하여 설립하였다. 현대자동차는 지난 3년간 29억 원을 투자하여 복지와 경제를 함께 성장시키고 장애인과 같이 고용 취약계층에게 일자리를 제공해 일자리창출을 이끌어냈고, 장애인용 보조기구와 재활기구를 생산해 판매하기 때문에 이들이 사회의 일원으로 생활할 수 있는 계기를 마련해주었다고 할 수 있다. ㈜이지무브는 이외에도 다양한 활동들을 전개하고 있는데, 2006년부터는 공모를 통해서 이동편의기능 보강사업으로 장애인들이 이동하는 시설에 자동문과 미끄럼방지롤, 점자블럭, 높낮이 조절 싱크대를 설치해주고 건물 외부의 탄성공사나 내부의 고무블럭 시공 등을 지원해주고 있다. 또한 교통약자의 이동편의성을 높여주는 이지무브차량을 지속적으로 개발하여 지원하였다.

마지막으로, 해피무브는 '세상으로 퍼지는 밝고 따뜻한 나눔'이라는 슬로건 아래 진행되고 있는 사업으로 현대자동차 임직원들이 세계를 대상으로 펼쳐나가는 자원봉사활동을 말한다. 대표적인 해피무브활동으로는 'Happy Move 글로벌 청년봉사단'이 있다. 이는 대학생을 주축으로 하는 봉사단으로 매년 여름방학과 겨울 방학 기간에 대학생을 500명씩 1,000명 정도의 규모로 파견한다. 이들은 중국, 인도, 에티오피아, 터키와 같이 현대자동차가 진출한 해외지역 곳곳으로 파견되어 지역봉사, 의료봉사, 문화교류 등의 활동들을 전개한다. 또한 단순히 일회적인 해외봉사에 그치는 것이 아니라, 이 경험을 바탕으로 국내에서도 다문화가정

멘토링과 이주노동자시설 정기봉사, 기아체험 및 빈곤퇴치 캠페인, 헌혈 캠페인 등 지속적이고 자발적인 자원봉사활동을 펼치고 있다.

해피무브는 임직원뿐만 아니라 어린이들이 직접 봉사활동에 참여할 수 있는 기회를 마련해주었는데, 145명의 어린이 나눔리더들로 구성된 '희망엔진스쿨 나눔봉사단'이 바로 그 조직이다. 이들은 나눔과 봉사에 대해서 체계적으로 교육을 받고 장애체험을 할 수 있는 기회를 가지며, 이외에도 수화를 배우거나 독거 어르신 방문 및 도시락 배달 등의 프로그램 활동을 통해서 자원봉사에 대한 진정한 의미를 깨닫고 체험할 수 있는 시간을 가졌다.

이 외에도 현대자동차는 '파란산타' 봉사활동을 통하여 연말 사회공헌프로그램을 운영하고 있다. 12월 한 달의 기간 동안 임직원

그림 4-30 | 현대자동차 자원봉사체계도

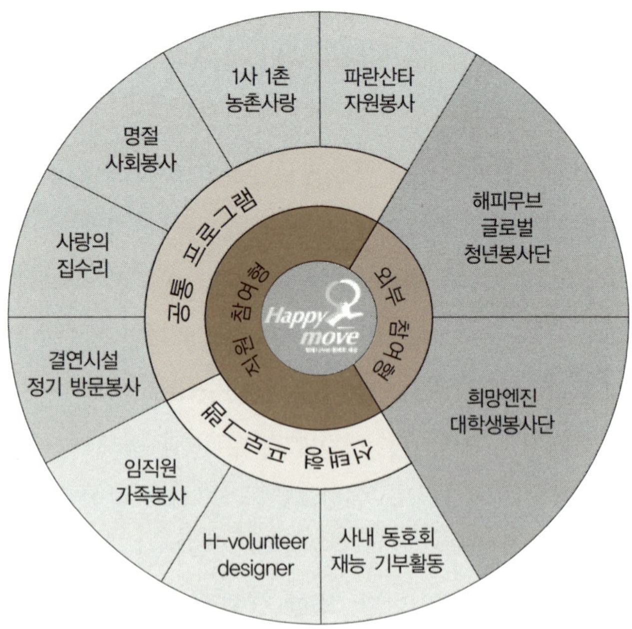

출처 : 현대자동차 홈페이지(www.hyundai.com)

들이 직접 파란산타가 되어서 결연 복지기관을 방문하면서 후원금과 선물을 전달하고 일손이 필요한 다양한 봉사활동을 수행하는 것이다. 현재에는 국내에만 국한된 것이 아니라 미국이나 중남미, 아시아 등의 해외로도 그 영역을 넓혀 수행하고 있다.

현재자동차는 2001년 사업장별 환경사업, 사회공헌사업을 추진하고 지속가능보고서를 출간하는 것을 시작으로 2005년부터는 CSR사업을 체계화하고 조직체계를 정비하였으며 보여주기식의 봉사활동이 아니라 자동차제조업체에게 부여되는 사회적 책임과 비난에 대해 직접적인 해결책을 마련하고자 대기오염, 지구온난화, 교통사고 등의 발생되는 사회적 문제를 해결하기 위한 방안을 적극적으로 모색하고 실천하고 있다. 따라서 CSR활동과 기업이 추구하는 이미지를 연관지어 마케팅활동을 펼치고 브랜드 경쟁력을 강화하는 것이 가능하였던 것이다. 또한 현대자동차는 향후 CSR 마케팅활동에 차별성을 두고 브랜드 슬로건에 맞게 좀 더 특별하고 획기적인 생각을 바탕으로 기업과 사회 모두를 만족시킬 수 있는 활동을 위하여 노력하고 있다.

3) 포스코

지역사회와 함께 성장하기 위해 1988년 자매마을활동으로 시작한 포스코의 사회공헌활동은 2003년 '포스코봉사단' 을 공식 창단하면서 더욱 발전해 왔다. 봉사단 출범 10주년인 2013년에는 '더 나은 세상' 을 만들기 위해 사회공헌의 전략방향과 중점영역을 수립하여 보다 현장중심의 사회공헌을 진행하고자 노력하고 있다.

그림 4-31 | 포스코의 사회공헌전략

for a better world

포스코는 창립 초기부터 국가발전에 대한 기여를 기업의 사명으로 여기며 다양한 사회공헌활동을 추진해 왔다. 지금까지의 노력과 성과를 기반으로 이제 포스코패밀리와 함께 '더 나은 세상을 향해' 새롭게 나아가고자 한다.

전략방향 · 중점영역

더 나은 세상을 만들기 위해 3가지 전략을 수립하고 5가지 중점영역을 설정해 보다 전략적이고 체계적으로 사회공헌활동을 실천하고 있다.

전략방향

1. Collaboration
정부 · 전문NGO · 언론기관 등과 협동 강화
2. Business Orientod
포스코패밀리사별 핵심역량 및 사업의 특성과 연계성 강화
3. Big Difference
타 회사, 기존 프로그램과 차별성을 갖는 명품브랜드 프로그램화

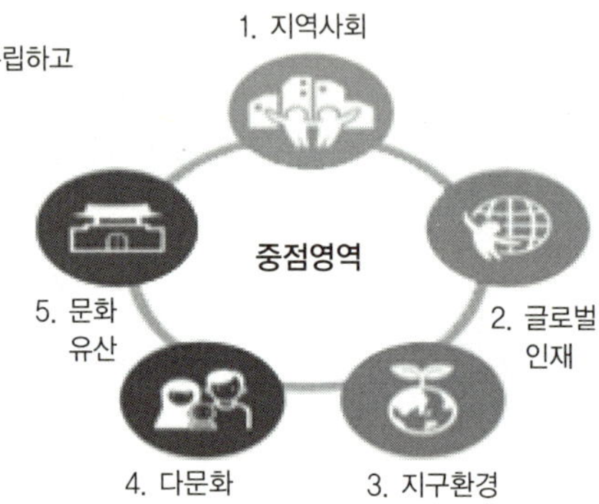

포스코패밀리봉사단 엠블럼

포스코패밀리봉사단

포스코패밀리봉사단의 엠블럼은 사회공헌 비전인 'for a better world'를 실현하기 위해 노력하는 봉사자의 모습과 함께 성장하는 사회적 모습을 담았다. 서로 돕는 봉사의 즐거움을 '춤추는 봉사자'로 더 나은 내일을 꿈꾸며 함께 나누는 희망은 '별'로 친근하게 표현했다. 녹색의 하늘색의 사람은 소중한 포스코패밀리봉사단 한 사람, 한 사람을 의미하며 깨끗한 환경, 지구를 뜻하는 녹색의 원 위에서 즐겁게 어울려 행복한 이상향을 향해 다가가는 모습을 나타냈다. 또한 포스코블루색은 포스코패밀리봉사단의 단결력을, 오렌지색은 서로 돕는 따뜻한 마음을, 하늘색은 포스코패밀리봉사단이 만들어가는 희망찬 내일을 각각 의미한다.

(1) 지역사회

제조업을 중심으로 성장해온 포스코에 지역사회는 가장 중요한 이해관계자이다. 직원과 제철소의 터전이 되는 지역사회의 어려움

표 4-7 | 독거노인 간병인 지원사업

지원 현황

간병사 지원		수혜자 지원	
기간	1년(1년 연장 가능)	선발	지자체 및 유관단체 추천, 심사
방법	지역별 공개모집 및 면접 심사	지원	간병사 1개조(2명) 1가구당 주1회/4시간 간병 및 가사서비스 * 3개월 단위(최대 2년간)
급여	주 10시간/일급 4만 원 (월 100만 원 수준) 4대 보험료 및 퇴직금 지급		

인원 현황

	1기	2기	3기	4기
포항	20	20	20	21
광양	15	15	15	16
합계	35	35	35	37

* 1기(2004.5~2008.4), 2기(2008.5~2010.4), 3기(2010.5~2012.4), 4기(2012. 5~2014.4)

을 함께 나누고 성장하는 것은 포스코가 지켜온 가장 기본적인 전통이자 신념이다.

그림 4-32 I 포스코 사회적 기업

포스코휴먼스

posco 포스코휴먼스

설립일
2013. 1. 4(포스위드, 포스에코하우징 합병)

사업내용
사무지원, 세탁서비스업, IT서비스업 및 친환경 스틸하우스 건축, 자재 제조

위드플러스부문(구 포스위드)
인원 현황 총 369명/장애인 191명(51.8%)
장애인 표준사업장 인증 2008. 4

스틸하우스부문(구 포스에코하우징)
인원 현황 총 60명/취약계층 28명(46.7%)
사회적 기업 인증 2010. 10

포스플레이트

포스코 사회적기업 posplate

설립일
2010. 1. 22

사업내용
포스코 광양제철소 신후판 시험편가공 및 제품 창고관리 작업 수행, (주)하이메탈 조업 지원 외주 작업

인원 현황
총 191명/취약계층 99명(52%)

사회적 기업 인증
2011. 5

송도SE

Songdo SE

설립일
2010. 4. 29

사업내용
포스코 신사옥 및 포스코 글로벌 R&D센터 청소, 주차관리

인원 현황
총 138명/취약계층 124명(89.9%)

사회적 기업 인증
2010. 12

장애인 표준사업장 인증
2008. 4

포스코는 지역사회의 소외된 계층을 돌보고 안정적인 일자리를 나누기 위해 사회적 기업을 비롯해 다양한 희망일자리창출사업을 전개해 왔다. 포스위드와 포스에코하우징을 합병, 새로 출범한 포스코휴먼스를 비롯하여 포스플레이트, 송도SE 등 사회적 기업을 운영하고 있으며, '1사 1사회적 기업 지원' 활동을 통해 포스코패밀리 차원에서 사회적 기업 제품과 용역의 우선 구매를 지원하고 있다. 아울러 포항과 광양에서 지역 독거노인을 위한 간병인 지원사업을 펼쳐 취약계층의 일자리창출에 기여하고 있다.

포스코는 1988년 광양 하광마을을 시작으로 '1부서 1자매마을' 활동을 꾸준히 전개해 왔다. 자매결연을 한 포항, 광양의 총 245개 마을과 학교, 단체를 위해 장학사업, 긴급복구, 환경정화, 농어

촌 일손돕기 등의 봉사활동을 적극적으로 펼쳐 지역과 더불어 성장하기 위한 노력을 이어가고 있다. 이 외에도 담보가 없거나 신용등급이 낮아 금융권 대출을 받기 어려운 서민들을 위하여 미소금융재단을 운영하고 있다.

포스코의 사회공헌활동은 해외진출국과 저개발국에서도 활발하게 이루어지고 있다. 포스코형 지역사회공헌활동은 현지 지역사회에 꼭 필요한 도움을 주고 미래를 향한 희망을 심어주는 가치 있는 나눔과 봉사로 자리 잡고 있다.

포스코는 개발도상국 현지 주민들의 니즈를 반영하여 각 지역별로 차별화된 새마을운동을 펼쳐 지역사회의 확고한 자립 기반을 만들어가고 있다. 모잠비크 새마을 농업훈련원(Nova Villa)에서는 1년 과정의 새마을정신교육, 각종 농기계 실습과 농장 · 양계장 운영, 이론교육 등을 통해 매년 30명의 영농지도자(남/녀 각 15명)를 양성하고 있다.

에티오피아에서는 한도데, 데베소, 아둘랄라 마을에 포스코/그룹사 퇴직직원과 직원자녀를 새마을봉사단원으로 파견하여, 현지 주민들과 함께 마을에 필요한 변화를 만들어가는 실천형 새마을운동을 전개하고 있다.

몽골에서는 현지 영농인을 위한 선진 농업기술 교육 및 실습을 진행하고, 교육 수료생 중심의 마을 소득창출 프로젝트를 지원하여 실질적인 마을의 변화와 영농인 역량 강화에 기여하고 있다.

포스코는 2011년부터 포스코베트남이 위치한 바리어붕타우성에서 현지 주민의 주거문제 해결을 위해 주택과 주민센터, IT교육센터 등으로 구성된 포스코빌리지를 조성해 왔다. 2013년까지 총 36세대의 주택을 건설해 현지 주민에게 따뜻한 보금자리를 마련해주었다. 2014년부터 포스코는 베트남 포스코빌리지 조성사업을 새로운 CSV(공유가치창출) 모델로 육성하고자 한다. 해외진출지역 취약계층의 주거문제 해결에 기여하면서 새로운 철강 수요창출로 현지 사업도 확대하는 모범적인 CSV활동이 될 것으로 기대한다. 포스코빌리지 조성에는 포스코는 물론 포스코A&C, 포스코ICT, 포스코특수강 등의 포스코패밀리가 참여하고 있으며, 2015년까지 총 85세대의 주택을 건설해 현지 주민에게 지원할 예정이다.

(2) 글로벌 인재

우리 사회에 필요한 미래형 인재 양성은 국가의 미래와 사회의 안녕을 추구하는 포스코가 가장 중요하게 생각하고 투자하는 일이다. 건강한 미래 인재 양성을 위해 학교 설립 · 운영부터 대학생 봉사단 운영, 장학금 지원 등 다양한 활동을 전개하고 있다.

글로벌시대의 주인공이 될 대학생들이 더불어 사는 삶에 대해 경험하고 공감할 수 있도록 2007년에 포스코 대학생 봉사단 '비욘드(Beyond)' 를 창단하였다. 매년 100명의 대학생을 선발, 국내외에서 사랑의 집짓기, 성금모금, 문화교류 등 다양한 봉사활동을 펼치며 나눔의 진정한 가치를 체험할 수 있도록 지원하고 있다.

그림 4-33 I 포스코 대학생 봉사단 해외활동

2008 인도델리
2009 태국 촌부리
2010 인도네시아 반동
2011 인도네시아 보고르
2012 베트남 티엔장성/붕타우성
2013 인도 델리

건강한 학교문화를 만들어 학교폭력을 사전에 예방하기 위해 2012년부터 한국YWCA와 함께 '우리 학교는 친친와이파이존' 사업을 진행하고 있다. 누구나 평등하게 인터넷을 무제한으로 즐기는 와이파이존처럼 학생들 모두가 친한 친구가 되어 즐겁게 소통할 수 있는 학교를 만들기 위해 임직원 참여로 다양한 프로그램을 진행 중이다.

그림 4-34 | 2013년 친친와이파이존 운영 현황

주요 프로그램
교사 워크숍, 학부모 강연, 공감프로그램, 공간 바꾸기, 꿈멘토링

참가인원
학생 1,890명, 교사 322명, 학부모 477명

참가학교
서울(대신중, 공릉중), 인천(만수중), 수원(삼일중), 안산(본오중), 포항(대도중), 광양(광영중)

1971년에 출범한 포스코교육재단은 포항, 광양지역에 총 12개의 유치원, 초 · 중 · 고교를 설립 · 운영 중이다. 우수 교사를 적극 유치하고 교과교육과 더불어 특기 적성교육을 실시하는 등 전인교육을 실현하여 미래 인재 육성에 기여하고 있다.

표 4-8 | 포스코교육재단 주요 활동 현황

학교 운영	12개(유치원 2, 초등학교 5, 중학교 2, 공고 1, 자율형 사립고 2)
기부금 출연 (1976~2013년)	9,039억 원(교육비 및 시설비 8,307억 원, 수익사업기금 688억 원, 근로복지기금 44억 원)

이 외에도 1971년 제철장학회에서 시작한 포스코청암재단은 포스코청암상, 포스코아시아펠로십, 청암과학펠로십, 지역사회장학 등 다양한 장학사업을 운영하여 국내는 물론 아시아지역의 우수 인재를 육성하고 있다.

표 4-9 | 포스코청암재단 주요 사업

사업명	사업내용
포스코 청암상	• 창업자의 업적을 기념하고, 포스코 창업정신의 기본인 창의존중, 인재중시, 봉사정신을 고취하기 위한 시상 • 2006년 제정하여 8년간 8회에 걸쳐 26명의 수상자 시상(2014년 3월말 기준) • 2014년 수상자(2014. 3. 26 제8회 포스코청암상시상식) - 과학상 : 김범식(고등과학원 수학부 교수) - 교육상 : 가나안농군학교(하남, 원주) - 봉사상 : (사)무지개공동회(대표 천노엘 신부)
포스코 아시아 펠로십	• 아시아의 상호 이해증진과 한국 및 포스코에 대한 우호적인 이미지 제고를 위한 학술 · 문화 교류사업 • 주요 사업 1) 아시아학생 한국유학 장학 : 2005년부터 27개국 236명 선발 (아프리카 학생 3명 포함, 2014년 1월말 기준) 2) 아시아 지역전문가 양성 : 2006년부터 19개국 67명 선발(2014년 1월말 기준) 3) 아시아 인문사회연구 지원 : 2005년부터 14개국 189과제(국내 133과제, 해외 56과제) 연구자 지원(2014년 1월말 기준) 4) 아시아 우수대학 장학 : 2005년부터 12개국 37개 대학 2,959명 지원(2014년 1월말 기준) 5) 문예 계간지 『ASIA』 발간 지원 : 2005년 5월 창간하여 분기 1회 총 31호 발행(2014년 1월말 기준)
청암 과학 펠로십	• 국내에서 연구하는 수학, 물리학, 화학, 생명과학 분야의 박사과정, Post-doc(박사 후 연구원), 신진교수급 과학자가 세계적인 과학자로 성장하도록 매년 30명을 선발해 2~3년간 지원하는 사업 • 2009년 11월 시작하여 5기까지 총 150명 지원(2013년 12월말 기준)
지역 사회 장학	• 주요 사업 1) 포스코샛별 장학 포항, 광양지역 우수 고등학생을 선발해 고등학교 장학금 및 대학입학 시 특별 격려금을 지원하는 우수 인재 장학사업 - 2006년부터 529명 선발(2013년 12월말 기준) 2) 포스코비전 장학 어려운 환경 속에서 올바른 품성을 가지고 학업에 전념하는 지역사회 불우 청소년에게 장학금을 지원해 나눔과 상생의 따뜻한 사회 만들기에 기여하는 장학 - 2006년부터 268명 선발(2013년 12월말 기준) 3) 어민회자녀 장학 포항, 광양 지역어민회 자녀 장학금 지원 - 2004년부터 1,538명 지원(2013년 12월말 기준)

(3) 지구환경

임해제철소를 운영하는 포스코는 지역어민들과 함께 해양환경 개선에 기여하고, 나아가 지구의 해양보호에 앞장서고자 꾸준히 노력해 왔다. 특히 직원들로 구성된 클린오션봉사단을 중심으로 다양한 환경보호활동을 펼쳐 보다 건강하고 깨끗한 바다를 만들어 가고 있다.

지역사회 해양환경 개선을 위해 2009년에 스킨스쿠버 동호회원으로 구성된 클린오션봉사단을 출범하였다. 포항, 광양, 서울, 인천, 창원 등 포스코패밀리 사업장이 위치한 각 지역의 바다에서 700여 명의 회원들이 해양 폐기물과 불가사리 수거 등 활발한 정화활동을 펼치고 있다.

표 4-10 | 클리오션봉사단 현황

(2009~2013년 누계)

<table>
<tr><th colspan="2">구분</th><th>봉사단(명)</th><th>활동횟수</th><th>참여인원</th><th>수거실적(톤)</th></tr>
<tr><td rowspan="3">포스코 등</td><td>포항</td><td>447</td><td>172</td><td>8,827</td><td>388</td></tr>
<tr><td>광양</td><td>122</td><td>53</td><td>3,028</td><td>424</td></tr>
<tr><td>서울</td><td>70</td><td>22</td><td>676</td><td>44</td></tr>
<tr><td>합계</td><td></td><td>639</td><td>247</td><td>12,531</td><td>856</td></tr>
<tr><td>ICT</td><td>경기</td><td>29</td><td>10</td><td>66</td><td>3</td></tr>
<tr><td>건설</td><td>인천</td><td>40</td><td rowspan="4">24</td><td>498</td><td rowspan="4">27</td></tr>
<tr><td>에너지</td><td>인천</td><td>18</td><td>57</td></tr>
<tr><td>엔지니어링</td><td>인천</td><td>19</td><td>52</td></tr>
<tr><td>AST</td><td>인천</td><td>8</td><td>40</td></tr>
<tr><td>특수강</td><td>창원</td><td>22</td><td>8</td><td>515</td><td>13</td></tr>
<tr><td>합계</td><td></td><td>775</td><td>289</td><td>13,759</td><td>899</td></tr>
</table>

(4) 다문화

다문화가정이 급증하는 시대적 환경 속에서 다문화는 국민대통합을 추구하는 우리 사회가 해결해야 할 중요한 과제 중 하나가

되었다. 포스코는 일찍부터 다문화가정이 안정적으로 정착하고 사회의 구성원으로 성장할 수 있도록 일자리창출, 인식개선 등의 단계적 지원을 계속하고 있다.

카페 오아시아(Cafe OAsia)는 포스코와 사단법인 사회적기업지원네트워크가 함께 설립한 고용노동부 인증 제1호 사회적 협동조합으로, 소규모 카페가 조합을 이뤄 만든 소셜 프랜차이즈 브랜드이다. 카페 오아시아는 결혼 이주여성을 직원으로 고용하여, 여성들의 자립기회를 마련하고 한국에서의 적응을 돕고 있다. 공동구매와 마케팅을 통해 비용을 절감하고, 프랜차이즈사업 수익은 다문화 캠페인과 창업지원사업에 활용한다. 또한 각 지역의 카페가 다문화 네트워크의 거점 역할을 할 수 있도록 다문화 관련 문화행사와 교육도 진행하고 있다.

포스코는 2011년 여성가족부와 함께 결혼 이주민과 다문화가정을 위해 생활상담과 통·번역서비스를 제공하는 다누리 콜센터를 설립하고 초기 운영을 지원하였다. 다누리 콜센터에는 결혼 이민자가 직원으로 근무하며 중국어, 캄보디아어, 몽골어, 러시아어, 일본어, 베트남어, 영어, 필리핀어, 태국어 등 10개 국어로 서비스를 지원하고 있다.

다문화가정이 원활한 의사소통으로 건강한 가족문화를 만들어 갈 수 있도록 쌍방향 언어와 문화 이해를 돕는 일은 다문화사회로 가는 우리 사회에 꼭 필요한 지원이다. 포스코는 한국외국어대학교 다문화교육원과 함께 결혼 이민여성을 이중언어강사로 양성하는 교육프로그램과 다문화가정의 미취학 아동과 초등학생을 위한 언어영재 특성화 프로그램을 운영하고 있다.

(5) 문화유산

고유한 전통문화의 계승과 세계화에 앞장서고 민족기업의 역할을 충실히 하고자 문화재와 문화유산을 지키는 일에 앞장서고 있다. 또한 음악회를 비롯한 다양한 메세나활동을 펼쳐 문화예술의 감동을 더 많은 사람들과 나누고 있다.

포스코는 한국문화의 우수성을 알리고 문화재를 보호하는 문화재 가꿈이 봉사단을 통해 우리의 문화가치를 보존해 나가고자 한다. 문화재 모니터링, 환경정화, 개·보수 작업과 같은 노력 봉사를 넘어 문화유산을 안내하고 홍보물을 번역하는 등 문화재 알림이의 역할도 하고 있다. 1999년 12월에 시작된 국내 유일의 정기 사옥음악회는 지난 12년간 계속된 총 142회의 공연을 통해 관객들과 공감하고 소통하는 도심 속 음악회로 자리 잡았다. 국악, K-pop, 클래식, 오페라 등 다양한 장르의 음악회를 개최하여 문화예술의 지평을 넓히고, 보다 많은 사람들에게 관람혜택을 제공하고 있다.

제 7 절 ▪ 다국적기업들의 CSR 성과

최근의 CSR에 대한 요구는 과거의 지속가능경영에 비해 점점 더 조직화되고 있을 뿐 아니라 새로워지고 있고 전 세계적으로 전파되고 있다는 점을 주목해야 한다. 실제로 CSR은 지역공동체와의 관계, 환경적 실천, 노동계 같은 국내에서의 기업정책에 지속적으로 초점을 맞추어 왔다. 그러나 이제 CSR의 요구는 다국적기업들의 행위, 특히 개발도상국에서 벌어지는 다국적기업의 행위가 관심의 초점이 되고 있다. 해당 기업뿐만 아니라 공급업체와 파트너회사들이 행하는 노동권과 인권문제에 대처하는 사례들에 대한 다국적기업들의 도의적 책임이 오늘날 지속가능경영에서 가장 두드러지는 측면이 되었다. 게다가 지리적으로 CSR의 중심이 미국에서부터 이동하고 있다.

이는 경제주도권과도 연결하여 생각할 수 있다. 미국에서 유럽으로 아시아로 이동하는 것처럼 말이다. 최근 중국과 인도의 경제성장과 함께 아시아권으로 경제권이 이동하는 모습을 볼 때, 미국이나 유럽의 전유물이라고 여길 수 있는 CSR 이슈의 중심도 이제 아시아로 이동할 것이다. 최근 연구동향을 보아도 사회주의 국가임에도 불구하고 CSR의 이슈가 활발한 중국을 비롯한 아시아 국가들의 연구가 활발히 이루어지고 있으며, 기존의 중국, 일본, 한국 동아시아 3국에서부터 베트남, 인도, 대만, 말레이시아 등에서 규모가 큰 다국적기업들이 출현하고 있다. 이러한 관점에서 우리는 아시아 국가들에 속한 기업들에 대해서도 일정지표를 통하여 CSR 수준을 파악해야 할 필요가 있다.

Global 100은 2005년부터 2014년까지 지속가능경영의 수행정도를 매년 매출액 상위 500개 기업을 표본으로 하여, 매년 다보스 포럼에서 상위 100위까지 발표를 하고 있다.

다음의 [표 4-11]에서는 Global 100의 평가지표와 계산방법을 정리하였다. Global 100은 크게 자원관리(Resource Management), 재무관리(Financial Management), 종업원관리(Employee Management)의 3가지 대분류로 나뉜다. 첫째, 자원관리는 에너지 생산성, 탄소 생산성, 물 생산성, 폐기물 생산성으로 나뉜다. 둘째, 재무적 관리는 혁신능력, 세금부담률, 직원 대비 경영자의 연봉, 연금펀드의 등급을 포함한다. 셋째, 직원관리는 안전성과, 이직률, 여성의 고용, 지속가능경영에 따른 임원의 보상 등을 내용으로 하고 있다.

표 4-11 | Global 100의 평가지표

대분류	소분류		계산방법
Resource Management	Energy Productivity		Revenue($US)/Energy use (Gigajoules)
	Carbon Productivity		Revenue($US)/Greenhouse gas emissions(Greenhouse gas protocol Scopes 1 +2)
	Water Productivity		Revenue($US)/Water withdrawal (cubic metres)
	Waste Productivity		Revenue($US)/Non-recycled/reused waste generated(metric tonnes)
Financial Management	Innovation Capacity		R&D Expenses/Revenue
	Percentage Tax Paid		Cash tax/EBITDA
	CEO to Average Employee Pay		Total CEO Compensation/(Total wagebill/Number of employees)
	Pension Fund Status		Unfunded liabilities/Total assets
Employee Management	Safety Performance	Lost Time Injury Rate	Number of fatalities(absolute) and number of lost time incidents(per 200,000 employee hours)
		Number of Fatalities	
	Employee Turnover		Number of departures/Average total employees
	Leadership Diversity	Percentage Women on Board of Directors	Female representation on the Board of Directors and Executive Management team
		Percentage Women in Executive Management	
	Clean Capitalism Pay Link		Mechanisms that link Executive Management compensation to corporate sustainability performance

주) 2014년 기준

다음의 [표 4-12]는 2014년을 기준으로 Top 10에 드는 기업들을 나타내고 있다. 2014년의 평가지표를 살펴보자.[20] 2014년을 기준으로 가장 지속가능경영을 잘 수행하는 기업은 Westpac Banking Corporation[21]으로 나타났으며, 그 뒤를 Biogen Idec

20 자세한 구체적인 평가지표의 결과는 www.global100.org에서 확인하기 바란다.

21 호주에 본사를 둔 은행

Inc[22], Outotec OYJ[23] 순으로 높은 평가를 받았다. 1위와 2위를 제외한 하위의 기업들은 모두 유럽기업으로 나타났다. 그리고 산업측면에서는 다양한 산업들이 높은 지속가능경영 수준을 보이고 있다.

22 미국 소재의 제약업체

23 핀란드 소재의 에너지사업 업체

표 4-12 | Global 100의 상위 10대 기업

Rank	Company Name	Country of Headquarters	GICS Industry Group
1	Westpac Banking Corporation	Australia	Banks
2	Biogen Idec Inc	United States	Pharmaceuticals & Biotechnology
3	Outotec OYJ	Finland	Capital Goods
4	Statoil ASA	Norway	Energy
5	Dassault Systemes SA	France	Software & Services
6	Neste Oil OYJ	Finland	Energy
7	Novo Nordisk A/S	Denmark	Pharmaceuticals & Biotechnology
8	Adidas AG	Germany	Consumer Durables & Apparel
9	Umicore SA	Belgium	Materials
10	Schneider Electric SA	France	Capital Goods

출처 : 글로벌 100 홈페이지(www.global100.org)

다음의 [그림 4-35]는 2014년을 기준으로 Global 100의 국가별 빈도를 나타낸다. 국가별로는 미국이 18개의 기업, 캐나다가 13개의 기업, 프랑스와 영국이 8개의 기업이 Global 100에 편입되었다. 한국의 경우에는 신한금융지주(30위), 삼성전자(34위), LG전자(82위)가 Global 100에 편입되어 있는 것으로 조사되었다. 추가적으로 아시아의 경우에는 일본이 가장 많은 기업인 5개의 기업이 Global 100에 편입되었으며, 싱가포르(4개), 한국(3개) 순이었다.

그림 4-35 | Global 100의 국가별 빈도

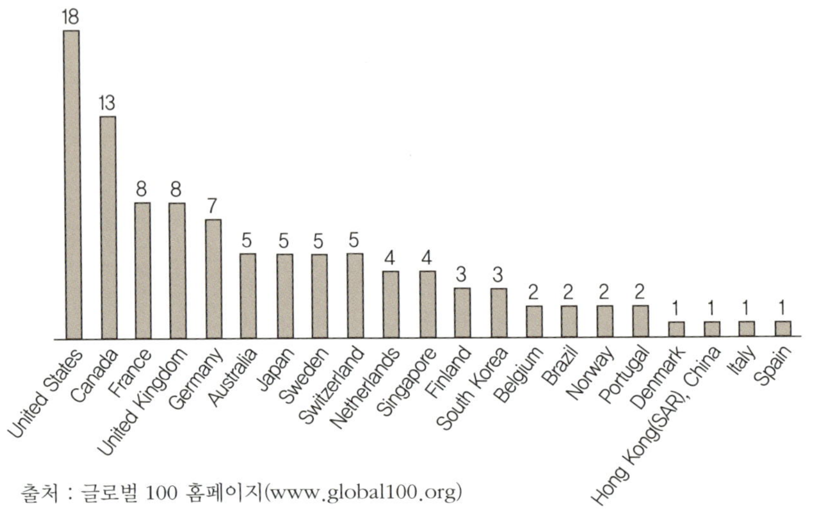

출처 : 글로벌 100 홈페이지(www.global100.org)

다음의 [표 4-13]은 우리가 살고 있는 아시아 국가들의 Global 100을 정리하였다. Panel A는 기초정보를 나타내고 있다. 아시아 국가 중에서 가장 높은 점수를 기록한 기업은 Keppel Land Limited[24]로 나타났다. 국내 기업 중에서는 신한금융지주가 30위로 나타나 가장 높은 수치를 보인다. 일본의 경우에는 Daiwa House Industry Co Ltd가 65위로 나타내고 있다. Panel B, C, D는 자원관리, 재무관리, 종업원관리를 나타내고 있다.

시계열 관점에서 아시아 국가들은 전년도 대비해서 숫자가 늘어난 수치를 보인다. 예를 들어 2013년 Global 100의 경우에는 9개의 기업(한국 1개 기업)이 편입되었지만, 2014년에는 13개의 기업(한국 3개의 기업)이 편입되었다. 이는 아시아 국가들이 지속가능경영 수준이 증가되었음을 증가하였음을 시사한다. 특히 신한금융지주의 경우 2013년의 경우에는 86위를 기록하였으나, 2014년에는 30위를 기록하기도 하였다. 이는 신한금융지주가 높은 수준의 지속가능경영을 통해 보다 높은 성과를 나타내는 것으로 보인다.

24 부동산을 주업으로 하는 싱가포르소재의 기업

표 4-13 | 아시아 국가들의 Global 100

Panel A : 기초정보

Rank	Company Name	Country Headquarters	GICS Sector	Overall Score
17	Keppel Land Limited	Singapore	Financials	65.1%
29	StarHub Ltd	Singapore	Telecommunication Services	61.6%
30	Shinhan Financial Group Co Ltd	South Korea	Financials	60.8%
31	Hang Seng Bank Ltd	Hong Kong (SAR), China	Financials	60.4%
34	Samsung Electronics Co Ltd	South Korea	Information Technology	60.1%
39	City Developments Ltd	Singapore	Financials	58.6%
58	CapitaLand Limited	Singapore	Financials	54.3%
65	Daiwa House Industry Co Ltd	Japan	Financials	54.0%
66	Mitsubishi Heavy Industries Ltd	Japan	Industrials	53.4%
69	Eisai Co Ltd	Japan	Health Care	52.8%
74	Nissan Motor Co Ltd	Japan	Consumer Discretionary	51.6%
77	Ricoh Co Ltd	Japan	Information Technology	50.5%

Panel B : Resource management

Company Name	Energy Productivity	Carbon Productivity	Water Productivity	Waste Productivity
Keppel Land Limited	$8,071	$57,369	$2,882	–
StarHub Ltd	$4,497	$31,869	$77,053	$15,763,305

Shinhan Financial Group Co Ltd	$35,287	$146,548	$60,703	$51,631,081
Hang Seng Bank Ltd	$41,427	$226,385	$83,615	$19,742,102
Samsung Electronics Co Ltd	$1,550	$23,861	$2,602	$4,928,699
City Developments Ltd	$11,906	$83,126	$3,540	–
CapitaLand Limited	$903	$5,684	$326	$43,453
Daiwa House Industry Co Ltd	$3,539	$72,758	$3,648	$653,678
Mitsubishi Heavy Industries Ltd	$3,499	$80,172	$3,486	$2,154,449
Eisai Co Ltd	$4,423		$2,208	$1,469,056
Nissan Motor Co Ltd	$3,603	$35,654	$4,225	$3,480,966
Ricoh Co Ltd	$4,586	$51,099	$5,429	$5,464,734
LG Electronics Inc	$4,698	$33,503	$3,921	$903,270

Panel C : Financial management

Company Name	Innovation Capacity	Percentage Tax Paid	CEO to Average Employee Pay	Pension Fund Status
Keppel Land Limited	0%	19%	62	0%
StarHub Ltd	1%	10%	31	0%
Shinhan Financial Group Co Ltd	0%	4%	–	0%
Hang Seng Bank Ltd	0%	15%	51	1%
Samsung Electronics Co Ltd	6%	13%	–	0%

City Developments Ltd	0%	13%	–	0%
CapitaLand Limited	0%	20%	101	0%
Daiwa House Industry Co Ltd	0%	22%	46	26%
Mitsubishi Heavy Industries Ltd	3%	19%	80	5%
Eisai Co Ltd	20%	24%	25	0%
Nissan Motor Co Ltd	5%	8%	464	8%
Ricoh Co Ltd	6%	17%	57	27%
LG Electronics Inc	5%	10%	37	0%

Panel D : Employee management

Company Name	Safety Performance		Employee Turnover	Leadership Diversity		Clean Capitalism Pay Link
	Lost Time Injury Rate	Number of Fatalities		% Women on Board of Directors	% Women in Executive Management	
Keppel Land Limited	0.03	0	13%	27%	33%	50%
StarHub Ltd	0.00	0	18%	0%	36%	0%
Shinhan Financial Group Co Ltd	0.02	–	2%	0%	4%	50%
Hang Seng Bank Ltd	3.00	0	12%	31%	33%	0%
Samsung Electronics Co Ltd	0.04	0	17%	0%	8%	50%
City Developments Ltd	0.03	0	18%	0%	22%	0%
CapitaLand Limited	0.23	0	22%	20%	27%	50%

Daiwa House Industry Co Ltd	0.15	1	2%	0%	0%	0%
Mitsubishi Heavy Industries Ltd	0.02	1	2%	5%	0%	0%
Eisai Co Ltd	–	–	2%	9%	9%	0%
Nissan Motor Co Ltd	0.13	2	4%	0%	0%	50%
Ricoh Co Ltd	0.30	0	1%	0%	0%	50%
LG Electronics Inc	0.32	0	30%	0%	0%	50%

출처 : 글로벌 100 홈페이지(www.global100.org)

05 Chapter 효과적 CSR경영을 위한 전략

본 장에서는 CSR경영의 전략적인 사례를 살펴본다. 구체적으로 기업이 위기에 처했을 때 어떻게 CSR을 활용할 것인지, CSR이 새로운 시장개척에 어떻게 실제적인 도움을 주는지, CSR 차원에서 효과적인 커뮤니케이션이란 무엇인지, 그리고 그것들을 통해 어떻게 브랜드가치를 올릴 수 있는지를 사례를 통해 배워본다.

기업마다 CSR활동을 하고 있지만 그 성과에는 차이가 있다. 재원이나 담당 인력이 없고 지식과 정보가 모자라는 것도 있지만 CSR에 대한 '철학'이 없기 때문이기도 하다. CSR을 그저 기업활동에 있어 불필요한 비용이나 불가피한 준조세로 여기는 인식은 많이 사라졌지만, 아직 이를 단순히 마케팅비용으로 생각하고 단기적 촉진(promotion)의 수단 정도로만 여기는 기업들을 어렵지 않게 볼 수 있다.

CEO의 일방적인 지시에 의해 공동모금액으로 지출하는 1억 원과 담당 사회복지사까지 채용해 가며 고민 끝에 지출하는 1억 원의 가치는 크게 다르다. 선진국 기업들의 CSR활동에는 경영자의 철학이 담겨 있고 종업원들은 이에 대해 강한 자부심을 느끼는 반면, 아직도 많은 기업들의 CEO와 종업원들은 왜 CSR을 해야 하는지에 대한 명확한 인식이 없는 상태로 보인다.

기업의 CSR활동이 체계적이지 못하고 기부나 자선, 봉사활동처럼 단편적이고 즉흥적인 이벤트성 개념으로 이해하여 수행하는 것은 개선해야 할 문제다. CSR은 우리 사회의 이해관계자 전체가 나서야 할 인류의 숙제라는 인식을 전제로, 기업뿐만 아니라 정부, 시민단체, 시민들이 파트너십을 구성하여 이루어져야 한다.

CSR은 최고경영자가 철학을 가지고 직접 나서서 챙겨야 하지만 집행은 전문적 · 체계적 지식을 가진 전문가들에게 맡겨야 한다.

기업들은 CSR에 대한 인식이 여전히 부족하며 기업이익에 도움이 되지 않는다며 부정적이다. 또한 그들은 자신들이 이미 CSR활동을 하고 있는데도 기업에 대한 사회적 인식과 호감도가 크게 개선되지 않는다고 한다. 그것은 CSR이 기업경영과 연계되지 못하고 일회성 기부와 자선, 보여주기식 사회공헌과 봉사활동에만 머물면서 CSR에 기초한 장기적인 경영전략을 내놓지 못하는 것이 원인이다.

만약 아프리카지역에서 활약하고 있는 금융회사가 "우리는 환경보호를 위해 재생용지를 사용함으로써 산림을 보호하며 탄소배출량을 줄이고 있고 이로써 기업의 사회적 역할을 다하고 있다"고 한다면 누가 그 기업이 CSR활동을 잘한다고 할 것인가? CSR은 그 지역사회의 요구에 맞는 원칙과 계획을 세우고 이를 토대로 활동을 벌여 나가야 한다.

코카콜라의 CSR활동을 보면 철학과 전략의 필요성이 더욱 명확해진다. 코카콜라는 1953년부터 나이지리아에서 생산을 시작하여 현재 23개 공장과 100개가 넘는 영업망을 가지고 있다. 이 나라에서 코카콜라의 기업 영향력은 대단하다. 수천 명을 고용하여 경제성장에 기여하고 있으며 아프리카인들의 삶을 개선해가고 있다.

이런 영향력을 가진 기업이 에이즈 예방에 적극 나서자 사회 전체적인 변화가 시작됐다. 코카콜라가 유니세프에 지원한 기금으로 2002년 1월부터 2003년 9월까지 20만 명이 넘는 직원들이 건강과 에이즈 예방을 위한 교육을 받은 바 있다. 또 전국적으로 7천 명의 자발적인 회원이 생겼으며 그 회원들이 다시 30만 명을 교육시켰다. 에이즈 예방효과는 물론이고 기업에 대한 호감도가 크게 높아진 것은 말할 필요도 없다. 기업이 속한 지역의 특성과 문화를 고려한 CSR활동의 영향력이 얼마나 큰지를 보여주는 사례다.

아메리칸 익스프레스 카드는 세계문화유산 보존운동을 펼치고 있다. 이 카드의 주요 고객인 여행객들의 관심사가 세계 각지의 문화유산임에 주목한 전략이었고 이는 회사 브랜드이미지 제고에 크게 기여한 것으로 나타났다.

화이자제약은 제3세계의 건강문제에 관심을 가지고, 임직원들에게 최대 6개월까지 유급 자원봉사를 지원한다. 이처럼 똑같은 돈을 쓴다 하더라도 CSR에 대한 명확한 이해와 전략을 가지고 접근하는 철학을 가진 기업과 그렇지 않은 기업과의 차이는 클 수밖에 없을 것이다.

제 1 절 ■ 위기극복을 위한 CSR

기업과 다른 사회부문들의 관계가 어느 때보다도 밀접해진 지금, 사회적 책임을 적극적으로 수행함으로써 기업이익을 보호하거나 증진시키는 기업경영 사례는 점점 늘어나고 있다. 이제 사회적 문제에 대해 시장원리는 과거 국가가 맡았던 사회 각 부문에 빠르게 스며들고 있으며, 새로운 이익의 원천이 점점 더 많이 발견되고 있다. CSR에 앞장선 기업들은 이 새로운 원천들을 발굴해 이익을 창출해가고 있다. 이제 사회책임경영은 이익극대화 목적과 반대되는 이상을 추구하는 고상한 구호가 아니라 이윤극대화를 위해 기울여야 하는 필요불가결한 노력의 일부가 된 것이다.

프리드만(Milton Friedman)은 기업경영은 '자유'라는 가치 위에 서 있다고 했다. 사회책임에 대한 의무부과는 기업의 자유를 침해할 가능성이 높고, 자유가 침해된 기업은 생산극대화에 실패할 가능성이 높아져 결과적으로 사회 전체의 편익(social welfare)이 줄어들게 된다는 주장처럼 효율적 자본주의 시장경제와 자유는 매우 밀접하게 연관되어 있다. 자본주의와 자유를 연관시킨 최초의 연구는 프리드만보다 130년 전인 1831년 프랑스의 철학자 토크빌(Alexis de Tocqueville)에게서 나왔다. 그 해 토크빌은 미국을 방문해 관찰한 뒤 『미국의 민주주의』라는 책을 냈다. 그 책에서 토크빌은 미국이 개인의 자유에 기반을 둔 민주주의 체제를 도입하고 있으며, 자유를 핵심가치로 삼는 이 체제가 100년 안에 미국경제를 세계 최대로 키워낼 것이라고 예측했다(Tocqueville, 2000).

자본주의 자유경제체제는 여전히 역동성을 잃지 않고 꾸준한 성장세를 이어가고 있다. 글로벌기업들이 주도하는 첨단산업은 전 세계시장을 선도하는 신기술을 계속 만들어내고 있다. 자유주의 경제체제에 대한 강조가 이런 탄탄한 성장의 중요한 배경이라는 데는 의심의 여지가 없다. 그러나 최근 높아지고 있는 CSR에 대한 강조와 사회적 요구가 자유주의 경제체제의 가치와 충돌할 것이라는 기업들의 주장은 일방적이다. 사실 사회적 책임경영은 많은 글로벌기업들이 국가나 사회로부터 스스로의 자유를 지키기 위해 '자율'을 형성하는 과정에서 시작됐다. 어떤 국가의 사회체제에서도 기업이 사회가 요구하는 책임을 저버리는 순간 국가의 개입이 시작되고 기업의 자유는 침해될 것이다. 기업이 지금의 자유를 지키기 위해서라도 사회적 책임은 더욱 중요하다.

앞서가는 글로벌기업들은 스스로의 경제적 자유를 지키기 위해 선제적으로 CSR경영에 나섰다. 정부나 시민단체 같은 사회의 다른 권력이 기업의 의사결정에 개입할 여지를 갖지 못하도록, 예방적으로 사회적 책임을 수행한 것이다. 마이크로소프트는 기업지배구조와 보수적 회계의 중요성이 강조되기 이전부터 가장 보수적인 회계시스템을 앞장서 도입하고 주주들에게 발표하는 이익을 오히려 줄이려고 노력했다. 나이키는 사회적 책임을 감안하지 않고 확장하다가 제3세계 하청공장에서 불거진 일들로 엄청난 타격을 입었고 이후 CSR경영을 본격 도입하면서 위기를 극복했다. 이런 기업들에게 CSR은 경영 위에 덧붙여진 무거운 의무가 아니다. 사회로부터 받고 있는 인정을 유지하기 위한 위험관리전략이다. 윤리와 전략의 융합이 CSR경영을 창조하는 것이다.

1. 마이크로소프트

1) 마이크로소프트와 회계[01]

수많은 기업들이 회계장부를 조작해 투자자들을 속이려다가 기업의 종말을 맞았다. 엔론이나 월드콤 같은 세계적인 기업도 여기에 연루돼 기업의 운명이 바뀌었다. 이들은 모두 이익을 부풀리는 방법으로 투자자들을 기만하려 했다. 주가는 천정부지로 올랐다가, 부풀린 실적이 들통난 뒤에는 거품처럼 꺼져 내렸다. 수많은 투자자들은 자신의 주식이 휴지조각이 되는 과정을 지켜봐야만 했

01 이 부분은 한겨레경제연구소(2010)의 내용을 수정·보완하였다.

고 여기에 개입한 기업경영자 상당수는 결국 감독당국의 철퇴를 맞았다. 세계경제계에는 '기업투명성' 이라는 새로운 이슈가 떠올랐다. 그런데 이익을 억지로 줄이려는 기업이 있다면 어떻게 봐야 할까? 투자자들에게 발표하는 이익전망치를 줄여 주가 거품을 미리 방지하려고 노력했던 세계적인 소프트웨어기업 마이크로소프트(Microsoft)가 그 주인공이다.

마이크로소프트가 주식시장에 상장된 1986년부터 1999년까지 매출액은 연평균 43%, 영업이익은 연평균 49% 늘어났다. 사실 성장속도보다 더 놀라운 건 성장의 지속성이다. 상장 뒤 1999년까지 마이크로소프트의 순이익은 매분기, 전년 같은 분기보다 늘어났다. 분기 매출액 성장률은 전년 같은 분기에 견줘 한 번도 15% 이하로 떨어진 일이 없다. 그러나 가장 놀라운 것은 마이크로소프트는 언제나 시장의 예측을 넘어섰다는 사실이다. 이 회사의 분기 순이익은 단 한 분기를 제외하고는 매분기 증권사 애널리스트 평균 이익예측치와 같거나 높았다. 소프트웨어산업이 그 기간 동안 상당한 변동을 겪었고 산업에 대한 주식시장의 예측도 그에 따라 크게 출렁였다는 것을 감안하면 정말 놀라운 성과다.

감독기관에서 이런 기업을 본다면 이익을 부풀렸을지 모른다고 의심하게 마련이다. 그러나 마이크로소프트는 실적에 관하여 보수적인 것으로 유명했다. 부풀리기는커녕 줄이려고 노력했다는 것이다. 경영진은 투자자들에게 오히려 장래 실적에 대해 어둡고 조심스러운 전망을 내놓으면서 경고를 하곤 했다.

마이크로소프트는 구체적으로 두 가지 보수적인 회계원칙을 갖고 있었다. 먼저 소프트웨어 연구개발비를 어떻게 처리하느냐이다. 당시 대부분의 소프트웨어회사들은 연구개발비를 돈이 나가는 즉시 비용으로 처리하지 않았다. 오히려 자산으로 기록해 쌓아두었다. 지금 쓰는 연구개발비는 당장 써서 없어지는 돈이 아니라 언젠가 회사에 수익을 가져다줄 '지식'이라는 자산이므로, 지금은 자산으로 기록해놓고 나중에 연구개발의 결과로 매출이 나타날 때 비용으로 처리하는 회계방법이다. 매출은 같은데 비용이 적어지니 당연히 장부상 순이익은 늘어난다. 물론 감독기관에서도 인정하는 방법이다. 그러나 마이크로소프트는 소프트웨어 개발비를 발생하는 족족 비용으로 처리해 이익을 줄였다.

또 한 가지는 매출을 언제 기록하느냐이다. 마이크로소프트는 소프트웨어를 판매해 얻은 수입 가운데 일부는 매출로 기록하지 않는다. 업데이트 등 사후관리에도 비용이 들어간다는 게 그 이유다. 이는 "특정 제품이나 서비스에 대한 매출과 비용은 같은 시점에 기록돼야 한다"는 회계의 기본원칙과 관련이 있다. 지금 판매하는 소프트웨어에 들어가는 비용은 지금까지뿐만 아니라 앞으로도 생길 것이므로, 소프트웨어 판매대금을 둘로 나눠 이미 비용이 투입된 부분만 현재의 매출로 기록하는 것이다. 이런 방법으로 마이크로소프트는 매출액 기록을 뒤로 미뤘다. 물론 대부분 소프트웨어업체들은 이렇게 기록하지 않는다. 소프트웨어 판매계약이 맺어지는 즉시 매출을 기록한다. 비용은 회계장부에 앞당겨 기록했다. 비슷한 업종의 다른 기업들에 견줘 같은 장사를 하고도 적은 이익을 발표하게 되는 건 당연하였다.

빌 게이츠(Bill Gates)는 보수적 실적전망과 회계에 대해 이렇게 변명했다. "내가 정말 겁을 내기 시작했던 때는 친구들을 고용하기 시작했을 때죠. 거래업체가 부도나는 일이 생기곤 하면서 친구들에게 월급을 주지 못하는 사태가 생기면 어쩌나 겁이 났습니다. 그래서 극단적 보수주의를 채택하였습니다. 항상 1년 치 월급을 은행에 현금으로 쌓아둔 채 경영을 하기 시작했습니다." 보수적인 실적발표는 보수적 재무관리의 연장선상에 있다는 얘기다.

2) 현재 주주뿐 아니라 미래 주주에 대해서도 책임

마이크로소프트는 투자자들이 기업의 실적이 좋을 때 주식을 비싼 값에 샀다가 주가가 내려가면 발생할 손실을 미리 걱정해 애초부터 이익을 최대한 낮게 발표하려 노력했다는 것이다. 다른 기업들이 공격적 주주배당이나 과장된 경영전망 발표를 통해 인위적 주가관리에 나서 주가 거품을 조장하는 동안 마이크로소프트는 거꾸로 거품을 진화하는 데 애썼다. 현재뿐만 아니라 미래 주주들까지 책임을 지겠다는 태도다.

마이크로소프트의 보수적인 태도는 한편으로는 투자자에게 실적을 투명하게 알려준 윤리경영의 일환이었지만, 다른 한편으로는 전략적 의미도 함께 갖고 있었다. 마이크로소프트는 창업 초기의 엄청난 이익증가세가 언젠가는 끝나고 실적둔화가 따라올 것이라는 우려를 갖고 있었다. 많은 기업들은 사업 초기 엄청난 이익증가세를 과장하는 방식의 회계처리를 하다가 실적이 둔화되기 시작하자마자 더 이상 보여줄 게 없어지면서 주가가 폭락한다. 특히 무리한 보여주기 전략을 쓰는 기업들에게서는 어김없이 회계조작 스캔들이 터진다.

마이크로소프트는 이런 사태를 미리 방지하기 위해 이익이 많이 날 때 보수적 회계기준을 적용하여 언젠가 이익이 갑자기 줄어들 때를 대비하고 있는 것이다. 매출과 이익이 많이 날 때 보수적으로 처리해두면, 성장이 둔화할 때도 급락하지 않도록 조절할 수 있다. 감독 당국의 의심스런 시선도 피할 수 있는 것은 물론이다. 투자자들 앞에 기업실적을 솔직하고 보수적으로 보여주는 태도는 기업투명성을 높이는 주주책임경영, 즉 윤리경영일 뿐만 아니라 전략경영이기도 하다. 인터넷 붐과 거품붕괴에도 흔들림 없이 탄탄한 실적을 이어가며 투자자들의 신뢰를 얻고 있는 마이크로소프트의 이면에는 회계를 전략적인 윤리경영을 실현할 수 있는 의사

소통수단으로 인식한 경영진이 있었던 것이다.

2. 나이키의 두 얼굴

우리는 CSR의 대표적 사례를 말할 때 자주 나이키의 아동노동 사건을 얘기한다. 그러나 이 세기적 사건에 한국의 기업이 연관되어 있었다는 사실은 기억하지 못한다. 15년 전 한국기업은 이 중대한 사건에서 벗어날 수 있었지만, 오늘날 글로벌시장에서 경쟁하고 있는 한국기업이 이러한 부정적 사건에 또다시 연루된다면 치명적인 결과를 가져오게 될 것이라는 것을 우리는 이미 알고 있다.

미국 오리건주에 본사를 둔 나이키는 1962년 설립되어 1972년 NIKE로 회사명을 변경하고 1979년에는 스포츠시장 매출액의 50%를 점유하였으며, 1990년에 30억 달러를 능가하는 매출액을 가진 세계 넘버1 스포츠기업으로 자리를 잡게 되었다. 2007년에는 160억 달러의 매출을 달성하고 2008년 포춘지의 발표로는 세계 브랜드가치 28위에 랭크되었다. 2011년 나이키는 미국에서 순수이익은 20번째, 총매출규모는 15번째로 큰 기업으로 전 세계 180개국에 진출되어 있으며, 스포츠 의류 및 운동화 전 세계 매출 1위 및 점유율 1위를 차지하고 있다. 이런 나이키에도 시련은 찾아온다.

1996년 미국잡지 『라이프』 6월호에는 12살짜리 소년이 나이키 상표가 찍힌 축구공을 바느질하고 있는 사진과 함께 파키스탄 시알콧지역에서의 아동노동을 비판하는 기사가 실렸다. 각종 매체들이 앞다퉈 이 사진을 받아 게재했고, 나이키 제품이 아동노동으로 만들어졌다고 보도했다. MIT 슬론 스쿨을 찾아왔던 나이키 부사장 마리아 아텔(Maria Atel)은 『라이프』의 보도가 나이키라는 기업의 정체성을 근본적으로 바꿔놓은 대형사건이었다고 말했다. 월드컵에서 동네 축구까지 전 세계 아이들에게 꿈을 주던 축구공이 아동들의 노동을 착취해 만들어졌다는 사실은 누구에게나 충격적이었다. 젊고 세련된 나이키 스포츠용품이 아동노동착취로 만들어진다는 사실을 알게 된 소비자들이 느낀 배신감은 더욱 컸다. 미국 소비자단체들은 아동노동으로 생산된 제품을 사지 않겠다는 발표를 잇달아 내놓았고, 노동조합들과 시민단체들은 시알콧지역에서 생산된 축구공 불매운동을 시작했다.

어린이들에게 꿈과 용기를 주겠다며 축구공을 팔던 젊은 기업 나이키의 이미지는 순식간에 가난한 나라의 어린이들에게 강제로 바느질을 시켜 축구공을 생산해 비싸게 파는 악덕기업의 이미지로 변해갔다. 나이키는 혁신적 비즈니스 모델로 세계화의 맏아들 역할을 자임하며 유명세를 탄 기업이다. 나이키 창립자 필 나이트(Phil Knight)는 스탠퍼드 비즈니스 스쿨을 다닐 때, 본사가 디자인과 마케팅만 맡고 생산은 모두 다른 하청회사에서 생산해서 공급하는 비즈니스 모델을 생각해 냈다. 생산비용이 낮은 곳을 찾다 보니 점점 임금이 낮은 해외로 생산거점이 옮겨 갔다.

그림 5-1 ▮ 나이키의 파키스탄공장 아동착취 사진

출처 : 1996년 미국 『라이프』지 6월호

나이키 제품은 처음 일본에서 시작해 한국을 거쳐 최근에는 중국, 베트남, 인도, 파키스탄 등 주로 제3세계 각지에서 생산된다. 이런 방식으로 자유자재로 계약을 맺고 또 해지하며 생산자를 바꾸기 때문에 생산공장을 직접 갖고 있는 당시 다른 기업들에 비해 경쟁력이 클 수밖에 없었다. 세계화 바람을 타고 나이키 방식은 세계화를 이끄는 모범적인 경영방법으로 소개되기도 했다. 특히 나이키 본사는 마케팅과 디자인부서만 있기 때문에 항상 광고회사나 디자인회사처럼 상상력과 창의력이 넘치는 분위기라 젊은이들이 가장 선호하는 직장 가운데 하나이기도 했다.

MIT 슬론 스쿨 리처드 로크(Richard Locke) 교수의 기업사례연구 "세계화의 약속과 도전 : 나이키의 사례"에 따르면, 나이키는 이렇게 전 세계 노동력을 이용하는 전략을 펼친 결과 쉬지 않고 성장가도를 달려왔다. 'Blue Ribbon Sports'라는 이름으로 출발한 이 회사는 1972년 '나이키' 브랜드를 출범시키고 1978년에는 회사이름을 아예 나이키로 바꾼다. 그리고 매출 쪽에서는 프로 스포츠 부흥에 힘입은 미국 스포츠 의류산업의 급속한 성장에 올라타고, 비용 쪽에서는 과감한 국제 아웃소싱으로 마진폭을 넓혀 나간다. 1985년 50억 달러였던 미국 운동화시장의 규모는 2001년 130억 달러까지 커졌다. 나이키의 미국시장 점유율은 1991년 22.5%에서 그 부도덕성이 전면에 부각되던 1997년 35.3%까지 늘어났다. 나이키는 이렇게 상상력, 창의력, 젊음, 꿈, 세계화 같이 새롭고 좋은 단어는 모두 독점하고 있는 기업이었다. 그런데 『라이프』의 보도는 소비자들에게 이 모든 이미지가 거짓이었다는 배신감을 안겨다준 것이다. 당연히 나이키의 브랜드이미지는 엄청난 타격을 받았다.

나이키에 있어 세계화에 대한 가장 큰 도전은 윤리와 책임이었다. 세계화가 가져다준 효율성도, 상상력도, 다국적기업의 경영이념이던 주주중심주의도 부도덕한 경영행위에 대한 책임을 요구하는 사회의 물결 앞에 무릎을 꿇었다. 『뉴욕타임스』나 CNN에 나이키의 부도덕성을 드러내는 기사가 나올 때마다 나이키의 주가와 매출은 추락했다. 그러나 나이키는 여전히 우리 회사가 아니라 하청업체에서 잘못한 일 아니냐며 책임을 회피했다. 나이키가 책임 소재를 따지고 있는 동안 경쟁자인 리복과 아디다스는 "우리는 인권을 생각하는 기업입니다. 우리 제품은 100% 미국공장에서 생산됩니다"라는 광고공세를 벌이며 나이키의 브랜드이미지에 타격을 주었다. 기사에서나 광고에서나 나이키에 붙는 수식어는 대부분 '아동노동', '노동착취' 같은 단어였다. 리처드 로크 교수의 조사결과, 세계 52개 주요 영자신문에서 나이키와 아동노동, 착취, 노동착취공장(sweatshop)이라는 단어가 함께 등장한 기사 숫자는 1992년 6건이던 것이 1997년 300건에 육박할 정도로 급증했다.

처음 나이키에게 세계화는 번영의 상징처럼 보였다. 세계화는 저비용생산이고, 저임금노동이고, 아웃소싱이었다. 그러나 시간이 지나면서 그 세계화의 이면을 보게 되었다. 사회와 소비자들은 '글로벌기업' 나이키에게 이전에 요구하지 않던 새로운 윤리와 책임을 요구했다.

"나이키는 법적으로 아무런 잘못이 없다. 아동에게 노동을 시킨 것은 하청업체들이다. 부도덕한 경영자들은 파키스탄의 공장장들이고, 인도네시아와 베트남에 진출한 한국기업가들이다. 기준을 어기라고 지시한 것도 아닌데 왜 나이키에게 책임을 묻는가?"

"나이키는 다국적기업의 제국주의적 횡포를 적나라하게 보여준다. 하청업체가 무슨 힘이 있는가? 나이키가 원가를 낮추지 않으면 당장 계약을 해지한다고 위협했을 것이고, 어떻게 해서든 생산비용을 낮춰 납품가격을 맞춰주지 않으면 생존이 어려운 상황이었을 거다."

나이키 경영진의 대응은 전자였다. 우리 회사가 아니라 하청업체에서 잘못한 일이라고 당연한 듯 책임을 회피했다. 그러나 소비자와 투자자들은 이를 받아들이지 않았다. 부정적인 보도는 늘어갔고, 아웃소싱에 힘입어 나온 눈부신 실적 뒤에 가려진 제3세계 공장들의 노동착취 실태가 모두 불거졌다. 현재뿐 아니라 과거까지 속속들이 파헤쳐졌다. 참다못한 나이키는 시민단체와 언론을 상대로 반박 주장을 펼쳐보기도 하고 로비공세를 벌이기도 했지만 전혀 소용이 없었다. 연간 매출은 오랫동안의 고속 성장세가 꺾이면서 1997~1998년 갑자기 하락세를 탔다. 더 중요한 건 주가였다. 주가는 1997년 이후 그동안의 오름세를 접고 하락세로 접어들었다. 미국 주식시장이 여전히 호황을 누리고 지수는 상승가도를 달리는 중이었는데도 말이다. 투자자들이 사회책임관련 리스크가 나이키 성장에 치명적 타격을 줄 가능성이 높다고 판단한 것이다.

결국 나이키는 세계화전략 자체에 근본적 변화를 가져온 뒤에야 이 위기에서 헤어나올 수 있었다. 나이키 경영진은 상황 전체를 정면 대응하기로 결정한다. 사회책임경영 전문가인 마리아 아텔 부사장을 전격 영입한 것이다. 아텔 부사장은 백악관, MCI 커뮤니케이션스, 마이크로소프트 등을 거치면서 기업이 사회와 맞닥뜨리는 문제를 해결하는 데 전문가로 손꼽히는 인물이다.

아텔 부사장은 나이키에 들어오면서 언론보도에 대한 산발적 대응 대신 적극적으로 불거진 문제 자체를 해결해 '기업시민권(corporate citizenship)'을 되찾겠다고 선언했다. 우선 여기저기 흩어져 있던 노동 및 환경관련 업무를 모아 기업책임부서를 신설했다. 현재 나이키에는 전 세계 제품생산지에 흩어져 근무하며 각 하청공장의 노동과 환경문제를 담당하는 직원만 85명이다. 여기에 신발공장 종사자의 연령을 18세 이상으로 제한하는 등 안전 · 건강 · 경영자 태도 · 인력개발 · 환경관련 내용을 담은 새로운 생산지침을 만들었다. 이 지침을 지키지 않으면 하청계약을 맺지 않는 것은 물론, 기존 하청업체에게도 주문물량을 조정하거나 자격을 평가하는 데 이용하는 등 제재를 가한다.[02]

아텔은 또한 국제기구 및 시민단체들과의 관계 개선에 힘썼다. 현재 나이키는 노동, 환경, 인권 등의 측면에서 다국적기업의 사회적 책임을 향상시키려는 UN 글로벌 콤팩트(Global Compact)[03]에 가장 적극적으로 참여하는 기업 가운데 하나다. 개발도상국의 노동환경과 청년근로자들의 교육훈련환경 향상을 위해 활동하는 '근로자와 공동체를 위한 국제 연대'를 공동창립하기도 했다. 미국 내 노동이나 인권관련 시민단체활동을 측면 지원하는 데도 적극적이다.

나이키는 결국 근본적 변화를 추진한 뒤에야 비로소 시장의 신뢰를 되찾을 수 있었다. 세계 51개 주요 신문이 나이키를 아동노동, 착취, 노동착취공장이라는 단어와 함께 언급한 기사 건수는 1997년에 300건에 육박하다가 2002년 50건 아래로 떨어졌다. 매출도 상승세로 돌아서서 증시 거품이 꺼져 주가지수가 하락세이던 2001년 이후에도 나이키 주가는 상승세를 탔다. 나이키는 정말 중요한 교훈을 다른 기업들에게 남겼다(김덕호 · 석지연, 2010).

위의 예시와 같이 생산환경에 따른 변화 말고도 다양한 분야와 테마를 가지고 CSR활동을 나이키는 전개하였다. 그 중 대중적인 지지를 받으며 미국의 대통령까지도 동참한 나이키의 성공 CSR 사례 중 단연 으뜸은 바로 'Livestrong 캠페인'이다.

미국의 사이클 스타 랜스 암스트롱이 고환암을 극복하고 재기에 성공한 후 2004년 5월 암환자재단의 모금을 위해 랜스 암스트롱 재단과 나이키가 손을 잡고 리브스트롱(Livestrong, 강하게 살

02 http://www.goodeconomy.hani.co.kr

03 UN Global Compact는 기업시민의식 확산을 위하여 2000년 시작된 세계에서 가장 큰 규모의 자발적 사업으로서 현재 3,800여 개의 기업과 기관이 참여하고 있으며, 인권, 노동, 환경, 반부패 분야의 10대 원칙을 준수하기 위하여 노력하고 있다(http://www.unglobalcompact.org).

자) 팔찌를 제작하였다. 미국 대통령인 조지 부시 대통령이 1달러인 이 노란색 팔찌를 차고 방송에서 연설을 하였으며, 세계적인 그룹 U2의 보노, 영화배우 브루스 윌리스, 로빈 윌리엄스, 맷 데이먼 등이 착용을 하여 사회적으로 큰 이슈를 만들었다. 이 팔찌는 이미 7,000만 개 이상이 판매되었다.

그림 5-2 ▌ 나이키의 Livestrong 팔찌

출처 : Livestrong 홈페이지(www.Livestrong.org)

이 기세를 몰아 나이키는 운동화, 의류, 각종 장신구로 구성된 Livestrong 제품들을 출시 판매하였으며 2009년 6월에는 암스트롱뿐만이 아닌 다른 스포츠부문의 일류 선수들, 각계의 유명인사들, 그리고 이 세계적인 암 예방 캠페인에 참여한 암 생존자들을 출연시키며 대대적인 마케팅활동을 펼쳤다. 'IT'S ABOUT

YOU(당신의 이야기)'라는 이 캠페인은 암 투병에 관한 감동적인 사연을 담은 TV광고로 시청자들의 동참을 이끌었다. 이 팔찌 캠페인의 성공으로 우리나라에서도 벤치마킹 사례들이 발생되었다.

실례로 사랑의전화복지재단에서 결식아동 후원기금을 조성하기 위해 만든 'Be Friend(결식아동과 친구가 되자)' 팔찌가 있다. 삶의 기쁨을 상징하는 주황색 팔찌로 KBS 개그콘서트 출연자들, 유재석, 신정환, 엄기영 앵커 등이 착용을 하였다.

나이키는 모든 사람들이 갖고 싶은 브랜드로 대중뿐만 아니라 스포츠 및 각계 인사들이 좋아하는 브랜드가 된다. 이러한 브랜드 이미지를 이용하여 나이키는 스포츠 및 월드 스타들과 연계한 기업의 사회적 책임활동, 즉 CSR을 전개해 나간다. 그 예가 바로 'RED 캠페인'이다. 2009년 나이키는 RED와 파트너십을 체결하고 빨간색 축구화 끈이 세상을 치유할 수 있다는 의미의 'Lace up, Save Lives'라는 구호 아래 스포츠의 힘을 통해 아프리카 에이즈 퇴치운동을 펼쳐나갔다.

RED는 세계적인 브랜드들과 파트너십을 체결하여 빨간색 'RED' 마크가 표시된 제품 판매수익을 모아 아프리카 에이즈 퇴치를 위한 교육과 의료활동에 앞장서는 새로운 개념의 기부단체이다. 아일랜드 출신의 세계적인 록그룹 U2의 보컬리스트인 '보노'와 사회운동가인 '바비 쉬리이버'가 만든 자선단체로 에이즈뿐만이 아니라 말라리아와 결핵의 예방과 퇴치를 위해서도 힘쓰고 있는 것으로 잘 알려져 있다.

나이키는 이 캠페인을 통해서 아프리카 축구 기반의 지역사회 프로그램 활동에 에이즈 예방교육과 의료시스템 등을 지원하고 있다. 교육과 치료 이 두 가지 근본적 접근방식의 에이즈 퇴치운동에 나이키는 전 세계 젊은이들을 참여시키며 스포츠의 힘을 적극 활용하고 있다.

그림 5-3 I RED 캠페인 행사

U2 멤버 보노(왼쪽),
축구선수 드로그바(오른쪽)

출처 : 나이키 홈페이지(www.nike.com)

2009년 11월 29일 아스날과 첼시 전에서 디디에 드로그바, 조콜, 마스첼노, 그리고 안드레이 아르샤빈 등이 빨간색 축구화 끈을 매고 경기에 임했으며, 11월 30일 런던 옥스포드 거리에 있는 나이키타운에서 29일 참여했던 선수들 외에 클리프 뎀프시, 미르코 마테라치, 데닐손, 루카스 닐, 그리고 한국의 축구 스타 설기현 등 전 세계 각 대륙을 대표하는 축구선수들과 RED 단체의 공동수장인 U2의 보노가 함께 캠페인의 공식 시작을 알리는 행사를 개최하여 대중의 많은 관심을 유발하였다(한국에서는 2009년 12월 3일부터 RED 마크가 새겨진 나이키 빨간색 운동화 끈이 판매되었다).

21세기 들어 환경에 따른 문제들이 발생되면서 많은 기업들이 환경문제에 관심을 가지게 되었다. 제품을 생산하는 나이키도 환경문제에 관심을 가지게 되고 자연스럽게 환경을 주제로 하는 사회적 책임활동을 계획하고 진행하였다. 그것이 바로 '컨시더드 디자인' 이다.

나이키에서 나오는 제품 중 환경친화적인 제품에는 컨시더드 디자인이라는 이름을 붙이는 사회적 마케팅이 실시되었다. 2008년에 발표된 에어 조던 23은 나이키 컨시더드 디자인 방침이 적용된 최초의 제품이고, 스티브 내쉬를 위해 디자인된 '줌 MVP 트래쉬 토크 농구화' 는 운동화 제조공정에서 발생한 폐기물을 재활용한 소재로 제작되었다. 그뿐만 아니라 신발의 끈은 모두 재활용 폴리에스테르 섬유로 제작되었으며 깔창에는 재활용 발포고무, 그리고 갑피와 밑창에는 각각 재활용 가죽과 친환경 고무소재를 사용하였다. 마지막으로 신발상자 또한 재활용으로 제작되었다. 사회적 마케팅의 일환으로 2011년 초까지 나이키의 모든 신발상자에 이를 적용하는 계획을 수립하여 실행하였으며, 이러한 계획 실천에 따라 대략 매년 1만 2,000톤의 마분지를 절약할 수 있다는 계산이 나온다. 이는 나무로 환산하면 20만 그루의 나무를 절단하지 않는 환경보존의 효과 수치를 나타낸다. 이 컨시더드 디자인을 통하여 나이키라는 브랜드가 다시 한 번 '그린마케팅' 의 선두주자로 전 세계의 주목을 받게 되었다.

2013년 세계 브랜드 24위, 스포츠 의류브랜드 부동의 1위 기업인 나이키는 1996년 파키스탄 및 인도네시아의 아동노동착취 이슈 이후 위의 내용들을 포함하여 스포츠뿐만이 아닌 환경교육 등 다방면에서 꾸준하게 CSR활동들을 진행해온 결과 결국 아래와 같은 타이틀을 얻게 된다.

2008년 포춘지가 선정한 의류산업부분 3년 연속 미국에서 가장 존경받는 기업, 2007~2012년까지 6년 연속 친환경기업평가 의류 및 액세서리 부분 1위, 2010~2011년 성장률과 탄소배출량 감소 부분에서 가장 높은 평가를 받은 5개 기업에 선정되었다.

이러한 사회적 마케팅과 사회적 기업활동은 브랜드이미지의 상승뿐만 아니라 매출에도 지대한 영향을 미쳤다. 나이키는 1972년 300만 달러 매출을 시작으로 1996년까지 미국의 경제성장과 함께 가파른 매출 상승세를 타다 1996년 아동노동착취 이슈로 인하여 2001년까지 주식 폭락과 매출액의 감소를 경험하고, 브랜드이미지 및 매출을 다시 한 번 끌어올리기 위하여 계획한 사회적 기업활동을 통하여 2005년 전 세계적으로 137억 달러의 매출을 올렸으며 2011년에는 240억 달러라는 최고매출액을 기록하였다. 이러한 매출은 비단 스포츠 스타를 활용한 광고홍보만을 통한 업적이 아닌 그와 동시에 진행한 사회적 기업활동이 시너지를 일으켜 달성한 성과이다.

제 2 절 ▪ CSR경영을 통한 시장개척

더 공격적인 기업들은 시장에서 소외된 사람들에게 관심을 기울임으로써 새로운 시장을 개척해 이익을 창출했다. 이것이 '사회적 기업(social enterprise)'이라고 불리는 새로운 흐름이다. 이들에게는 사회적 책임경영 자체가 비즈니스 모델이다. 사회문제는 곧 개척해야 할 신시장이고 사업기회다. 사회적 기업들은 사회개혁을 목적으로 내걸면서도 이익창출에도 성공해 투자자들에게 큰 투자수익을 돌려주고 있다.

사회문제에 눈을 뜨고 사회문제 해결에 대한 열정을 가졌으면서도 전문 경영기법을 익힌 '사회적 기업가'들이 늘어나고 있다. 사회문제를 시장이나 기업의 방식으로 해결하려고 시도하는 것이 이들의 특징이다. 이들은 전통적 시민운동가들과는 달리 장사나 이익에 대해 거부감을 갖지 않는다. 오히려 사회개혁운동을 지속시킬 수 있는 자원으로 여긴다. 사회적 기업은 MIT나 하버드 같은 톱 스쿨 MBA과정에서도 빠지지 않고 등장하는 과목이며, 경영학의 최신 연구주제이기도 하다(Vogel, 2005).

전통적 기업의 존재목적은 이익창출이다. 사회적 기업은 이익을 필요불가결한 전제조건으로 삼되, 존재목적은 좀 더 고결한 데서 찾는다. 사회가 당면한 특정한 문제를 기업의 해법으로 풀어가려는 것이다. 전통적 국가경영은 사회자원의 배분을 공정하게 관리·감독하는 데 있다. 반면에 사회적 기업방식은 효율과 생산에 더 큰 무게를 싣는다. 사회 속으로 들어가 가장 효율적인 경영으로 사회에 최적의 영향을 끼치려 하며, 직접 사회적 가치와 경제적 가치를 생산하려 한다. 전통적으로 시민단체의 활동무대는 결국 정치다. 대중을 설득하고 공분을 불러일으켜 기성 권력에 저항하며 사회문제를 해결하고자 한다. 그러나 사회적 기업의 무대는 바로 시장이다. 소비자와 투자자들이 사회문제를 해결하는 방향으로 움직이도록 제품과 서비스를 개발하고 새로운 사회적 인센티브를 창출하고 마케팅활동을 벌인다.

혁신적인 사회적 기업들은 고기를 잡아주거나 고기를 잡는 법을 가르치는 데서 만족하지 않는다. 어업의 산업구조를 혁신하고 함께 고기잡이를 하는 것이다. 현대적 마케팅기법을 사회문제 해결에 적용하는 것은 이미 새로운 것이 아니다. 최근에는 '사회자본가(social capitalist)' 라는 개념으로 사회적 기업가를 소개하기도 한다.

가난과 불평등은 21세기에도 여전히 인류에게 문제로 남아 있다. 지난 세기 세계의 절반을 지배했던 사회주의는 이 문제를 재산 공동소유와 계획경제로 풀겠다는 실험이었다. 금세기 초 지구에는 같은 문제를 정반대로 사회적 기업방식의 도구를 사용해 풀겠다는 실험적 기업운동이 시작되고 있다. 이것이 바로 전통적 기업 입장에서는 새로운 마케팅전략으로서의 사회적 책임경영이며, CSR경영이다. 시민단체나 장애인단체가 운영하는 재활단체 혹은 사회사업단체들만이 사회적 기업이 아니다. 선도적 기업이 CSR경영을 이행함으로써 진정한 사회적 기업으로 변환되는 것이다.

1. 현대 마케팅과 의료서비스의 만남

1) 애러빈드 안과병원

마케팅에 대해 많은 사람들이 갖고 있는 부정적인 통념과는 반대로 현대 경영학에서 마케팅은 세상을 구하는 데 사용되기도 한다. 특히 많은 기업들은 세상을 구함으로써 스스로를 구하려고 한다. 기업 스스로의 전략에 유기적으로 통합된 사회공헌활동을 펼치고 있는 것이다. 사회문제를 해결하는 데 최신 경영기법, 특히 마케팅과 관련된 기법을 동원하는 흐름도 점점 확산되고 있을 뿐 아니라 이를 거시적 전략에 통합시키는 노력도 많아지고 있다. 이런 흐름을 사회적 마케팅(societal marketing)이라 한다.

인도 마두라이의 애러빈드 안과는 사회마케팅의 가능성을 보여준 대표적 사례이다. 1992년 인도에서 실명환자의 눈을 개수로 치면 2,000만 개였다. 이 가운데 대부분은 수술로 치료가능한 백내장 환자들이었다. 인도정부는 매년 6,000만 루피(200만 달러)를 실명치료에 투입하고 있었다. 백내장은 그만큼 인도인들의 건강과 행복에 가장 중요한 문제였다. 정부 예산에도 백내장 치료 지원이 중요한 항목으로 잡혀 있을 정도였다.

인도에는 1992년 당시 8,000명의 안과의사가 있었는데, 이들은 그해 120만 건의 백내장 수술을 시술했다. 문제는 새로 생겨나는 백내장 건수가 200만 건에 육박하고 있다는 것이었다. 인도의 당시 1인당 GDP는 275달러였다. 인구의 70% 이상은 100달러 미만의 수입을 얻는 데 그치고 있었다. 백내장 수술을 받는 데 드는 비용은 최고 건당 100달러에 육박했다. 개인비용으로 백내장 문제를 해결하기는 무리였다. 그러나 정부지원도 한계가 있었다. 애러빈드 안과는 이런 상황에서 인도의 모범적인 백내장 해결방안으로 떠올랐다. 1992년 당시 이 병원에는 30명의 안과의사가 있었는데, 이들은 한 해 동안 무려 33만 5,000여 건의 무료수술을 해냈다. 1인당 한 해 1만 건 이상의 수술실적을 올린 것이다. 더욱 놀랍게도 이 가운데 70% 이상이 무료시술이었다.

애러빈드 안과는 순수한 개인병원이다. 정부나 각종 단체로부터의 기부를 통해 운영되는 곳도 아니다. 이 병원의 창립자인 고빈다파 벤카타스와미(Govindappa Venkataswamy) 박사는 원래 마하트마 간디(Mahatma Gandhi)의 뜻을 따라 인도독립운동에 투신했던 사람이었다. 그는 은퇴 뒤 가난한 인도인의 백내장 치료를 무료로 해주고 싶다는 생각으로 애러빈드 안과병원을 열었다. 애러빈드 안과는 이런 순수한 정신에 따라 유료병원과 무료병원 양쪽을 동시에 운영하고 있다.

환자의 70%가 공짜환자이고 병원의 운영목적 역시 자선이다. 그러나 외부 도움 없이 스스로 이익을 내며 경영한다. 어떻게 이런 일이 가능할까? 당시 인도 상황에 잘 맞는 마케팅기법을 적용함으로써 다른 어떤 병원보다도 효율적으로 경영할 수 있었기 때문에, 결국 많은 사람들을 도우며 인도의 중요한 사회문제 가운데 하나를 해결하는 데 기여했다는 얘기다.

가장 중요한 건 운영의 효율성이었다. 어떻게 안과의사 한 명이 한 해 1만 건, 즉 하루 30건가량의 시술을 해낼 수 있었을까? 몰려드는 백내장 환자와 수술시간이 비결이었다. 수술소요시간은

15~30분, 1건의 수술이 끝나면 의사는 옆 환자에게 가서 바로 수술을 시작할 수 있어 엄청난 효율성을 창조해냈다. 의사가 환자를 기다려야 하는 대부분의 정부 소유 병원과는 완전히 달랐다.

이렇게 많은 사람을 모은 것은 역시 독특한 마케팅이었다. 외부 고객 확보의 중요한 경로는 '아이 캠프(eye camp)' 였다. '아이 캠프' 는 애러빈드가 개발한 환자발굴시스템이다. 때로는 의사들이 환자가 사는 지역에 직접 찾아가 그 지역사람들의 시력을 무료로 측정해주고 수술 필요성을 진단해주는 것이다. 인도는 워낙 땅이 넓고 이동이 불편하다. 따라서 진단을 위해 병원을 찾아왔다가 수술날짜를 잡은 뒤 다시 한 번 병원을 찾아와야 하는 환자의 불편을 없애기 위해 고안한 시스템이다.

그런데 애러빈드의 초기 조사결과, 아이 캠프에서 수술 필요 환자로 진단된 환자들 가운데 약 15%만이 실제로 병원을 찾아와 수술을 받은 것으로 나타났다. 충분한 환자 수 확보가 필수적이었던 애러빈드에게 이 문제는 매우 중요했다. 수술을 받지 않은 사람들을 상대로 표본조사를 벌인 결과, 이들 가운데 대부분은 집에서 병원까지 며칠씩 걸리는 먼 길을 오는 동안 음식, 교통수단 등을 부담할 경제력이 없어서 수술을 받지 않는 것으로 나타났다. 가족들이 생업에 종사한 터라 마땅한 동행인이 없었던 것도 큰 이유였다.

애러빈드는 이를 극복하기 위해 커뮤니티 후원자제도를 도입했다. 아이 캠프를 찾아온 환자 중 수술이 필요한 사람의 경우, 지역 커뮤니티 기업이나 개인이 그 환자가 병원까지 오는 비용을 후원하도록 한 것이다. 놀랍게도 수많은 지역기업과 지역유지들이 여기에 동참했다. 들어가는 비용이 그다지 크지 않은 대신에, 한 번 후원하면 누군가에게 세상을 보게 해줬다는 평생의 은인이라는 엄청난 영예를 얻게 된다는 데 다들 매료됐던 것이다. 특히 기업들의 경우 직원 가족들의 개안수술을 적극적으로 후원했다. 직원의 충성도는 생산성에 엄청난 영향을 준다는 판단에서였다.

충분한 환자 수 확보는 무엇보다도 백내장 수술 전문병원이라는 틈새전략을 사용했기 때문에 가능했다. 마두라이 인근 주민들에게 있어 백내장 하면 처음으로 떠오르는 병원은 애러빈드였다. 내부고객관리도 마케팅전략의 일환이었다. 애러빈드의 내부고객, 즉 의사와 간호사들은 다른 사설병원에 견줘 절반 정도밖에 되지 않는 보수를 받았다. 그러나 만족도와 충성도는 매우 높아서, 의사들의 평균 노동시간은 다른 병원 평균의 두 배나 됐다. 비밀은 교육훈련에 있었다. 우선 의사들에게 가장 중요한 매력은 백내장 수술에 대한 교육과 훈련이었다. 애러빈드에서 1년 일한 경험은 일반적인 미국 안과병원에서의 10년 일한 경험보다도 강도가 높았다. 무료환자가 많아 그만큼 수술기회가 많았기 때문이었다. 그리고 애러빈드는 연봉을 적게 주는 대신 직무와 관련된 교육과 세미나 참석, 책 구입 등의 활동에 대해서는 전적으로 지원해주었다. 간호사들은 다른 병원들과 달리 간호교육을 시킨 다음 업무에 투입했다. 그러니 충성도가 높을 수밖에 없었고 내부고객 만족도가 매우 높았다. 병원 경쟁력의 가장 중요한 요소는 우수한 의사이다. 애러빈드 안과는 들은 있어도 지원자가 몰렸다.

대신 가격정책에서는 유료와 무료환자 사이에 분명한 경계를 뒀다. 애러빈드는 30%의 유료환자들에 대해서 특별대우를 해줬다. 무료환자들이 수술에 들어가기 전까지 수십 명의 다른 환자들과 함께 바닥에 앉아 기다려야 했던 것과 달리, 유료환자들은 거의 기다리는 시간이 없도록 인력을 투입했다. 심지어 병원 건물도 무료시술 건물과 따로 분리해 놓았다. 그리고는 유료환자들 사이에서도 얼마짜리 수술을 받느냐에 따라 사용하는 시설과 수술 전후의 병실 대우가 현격하게 차이 나도록 했다. 가난한 사람들의 실명을 막는다는 애러빈드 안과의 윤리적 행동인 동시에 기가 막힌 마케팅전략이기도 했다. 무료시술 병원과 함께 흔치 않은 고급병원을 함께 세운 셈이니 말이다. 우리도 분명 이런 시스템을 활용한 사회적 기업 형태의 병원 운영이 가능할 것이다. 현재 의료계에서 치료비의 거품 논란이 되고 있는 고가의 임플란트 시술 전문병원이 그 예가 될 수도 있다. 그러나 우리 사회에서 수혜자들이 실제 이러한 차별적 운영을 수용할지는 극히 의문이다.

2) 연세사랑병원

연세사랑병원은 40여 명의 의료진 중 대다수가 연세대 세브란스병원 출신으로 이뤄진 관절 전문병원이다. 2003년 부천에서 개원해 2008년 4월 서울 서초구 방배동에 강남 1병원을, 2009년 4월 노원구 공릉동에 강북병원을 잇달아 개원하는 등 빠른 성장세를 보여 왔다. 2010년 10월 4일에는 송파, 강동지역에 1,200평 규모 110병상의 강남 2병원 문을 열어 현재 총 4개 병원, 330병상을 갖고 있다. 그리고 강남 1병원은 2011년 11월 1일부로 보건복지부 지정 관절 전문병원으로 선정됐다.

연세사랑병원은 연골재생세포치료센터, 인공관절센터, 관절내시경센터, 족부센터, 척추센터, 스포츠손상센터, 체외충격파센터 등 총 8개의 특화된 센터를 운영한다. 국내 관절 전문병원 중 유일하게 '관절염 · 연골재생연구소'를 설립해 최대한 자기 연골을 보존하는 관절염 치료를 시행하고 있다. 수술실력에서도 높은 평가를 받는다. 2008년엔 관절내시경 수술 아시아 지정병원으로 선정됐다. 또한 '국제 관절내시경 수련지정병원'으로 선정돼 2003년부터 현재까지 10개국 60여 명의 아시아지역 의료진이 방문하고 있다. 병원의 연혁은 이제 10년을 갓 넘겼지만 많은 CSR활동을 전개해 나가고 있다. 그 중 대표적인 사례들을 알아보자.

서울시의 희망드림 프로젝트 주요 사업인 '아름다운 이웃, 서울 디딤돌' 사업은 서울시와 서울복지재단에서 실시하는 CSR활동으로 지역의 기업, 단체, 및 중소 자영업자 등이 재능기부의 형태로 나눔과 기부에 동참할 수 있도록 기획된 사업이다. 이 사업은 저소득층에게 의료서비스 제공을 하고 있다. 또한 연세사랑병원은 노인들의 질병예방을 위한 건강한 다이내믹 라이프(Dynamic Life)사업을 실행하고 있다. 이는 건강지원사업으로 대한노인회 소속의 지부를 찾아 후원물품 등을 전달한다.

그림 5-4 | 연세사랑병원의 찾아가는 건강강좌

2013년 1월 서초양재 노인복지관에서 열린 찾아가는 건강강좌 모습
출처 : 연세사랑병원 홈페이지(www.yonserang)

연세사랑병원에서는 퇴원 후 활기찬 생활로 돌아갈 수 있도록, 그리고 병의 재발을 방지하기 위하여 사랑회 모임 운영을 지속해오고 있다. 이 사랑회 모임은 수술환자로 구성되어 퇴원 후에 지속적으로 병원과의 교류를 이어오고 있다. 이 행사에는 병원장을

비롯하여 많은 의료진과 재활 전문가들이 참석하여 사랑회 회원들에게 도움을 주고 있다.

마지막으로, 연세사랑병원에서는 관절 · 척추 전문 의료진과 함께 '찾아가는 건강강좌 및 무료검진' 활동을 전개해 나가고 있다. 이 활동은 지역주민의 건강관리사업의 일환으로 '찾아가는 건강강좌 및 무료검진' 을 매월 2회 이상 실시하고 있다.

2. 마이크로 파이낸스

1) 매거진 루이자백화점

마이크로 파이낸스라고 하면 우리는 대부분 유누스의 그라민은행을 얘기할 것이다. 그는 빈민들에게 소액대출을 하여 서민들을 구제한 공로로 노벨평화상까지 받았다. '사회적 기업' 의 대표적 성공사례로서 알려져 있는 이런 '마이크로뱅킹' 의 미소금융제도를 우리 정부도 대기업과 은행들로부터 '기업의 사회적 책임' 활동의 일환으로 기부금을 출연받아 운영하고 있다. 방글라데시는 1인당 국민소득이 100달러도 되지 않는 세계에서 가장 가난한 나라이고, 사업형태도 대다수가 가내수공업 같은 단순한 것이다. 또 수혜자의 97%는 여성이다. 저개발국 기혼여성의 자녀양육과 가정에 대한 책임감과 성실함이 성공요소였고, 맨해튼까지 이러한 사업이 진출하게 된 것은 미국처럼 성숙한 사회에서는 제3섹터로부터의 사회운동으로 자연스럽게 시작될 수 있기 때문이다. '사회적 기업' 을 국가와 정부가 주도해 추진하는 것은 다른 일이며 그들의 비즈니스 모델이 우리 한국사회에서도 성공할 것이라는 논리는 무리가 있다.

비즈니스란 돈 있는 사람의 주머니를 열어야 돈을 벌 수 있다. 부자들이 주머니를 열어야 경제도 산다. 거역하기 힘든 정설이다. 누군가 돈을 쓰기 시작해야 돈이 물 흐르듯 자연스레 흘러다니게 된다. 일단 돈이 돌아다니기 시작해야, 그 돈이 가난한 사람들에게까지 골고루 흘러가게 된다. 물론 물이 골고루 흐르도록 적절한 배수관을 만들어둬야 하겠지만 말이다. 그게 제대로 된 경제다. 그리고 그 물꼬를 처음 터뜨리기 가장 쉬운 곳은 돈 많은 사람들이 있는 곳이다.[04]

돈 많은 사람들의 주머니를 겨냥하는 기업들을 미워해서는 안 되는 이유가 여기 있다. 가난한 사람들은 꿈도 꾸지 못할 고가 명품들을 늘어놓은 백화점 명품관들도 결국 가난한 사람들을 위한 일을 하고 있는 셈이다. 부자들의 주머니를 효과적으로 열어 그 돈을 직원들과 납품업체들에게 공정하게 분배한다면 결국은 가난한 사람들에게 돈이 흘러가기 시작하는 관문 노릇을 할 수 있으니 말이다. 그러나 가난한 사람에게 돈 쓰는 법을 가르쳐 돈을 버는 기업도 있다. 브라질의 저가 백화점 매거진 루이자는 처음부터 가난한 사람들의 주머니만을 열기로 작심하고 사업을 시작했다. 이 백화점은 도시 변두리의 빈민층을 주요 목표고객으로 설정하고 마케팅을 펼친 한 지역의 자그마한 상점이었지만, 공격적 확장전략을 채택한 지 10여 년 만인 2005년 말 400여 개의 점포를 거느리고 연 9,000억 원의 매출을 올리는 전국 3위 백화점으로 발돋움했다.

이 기업이 가장 먼저 주목을 받기 시작한 건 가난한 사람들에게 할부판매를 시작하면서부터다. 브라질은 빈부격차가 심한 만큼 금융시스템에서 소외된 사람들도 많다. 인구 가운데 절반은 은행계좌를 갖고 있지 않다. 나라의 절반이 수입과 지출을 현금으로만 관리하고 있다는 얘기다. 이런 사람들에게 신용카드나 할부판매 같은 이야기가 꿈만 같은 것은 당연하다.

매거진 루이자는 매장에 책상을 마련하고 고객들의 계좌 개설을 도왔다. 여기에 개인대출이나 보험가입과 같은 서비스도 곁들였다. 매거진 루이자는 외상판매를 통해 금융시스템에서 소외된

04 한겨레신문(2004), "가난한 자들이 지갑을 열기 위한 조건," http://www.hani.co.kr

사람들에게 신용거래의 길을 열어주기 시작한 것이다. 금융시스템 소외계층이 시스템으로 편입하는 통로 역할을 한 셈이다.

인플레이션과 신용평가시스템의 부재 탓에 이런 사람들의 신용카드 이자가 월 13%를 넘어설 때, 매거진 루이자는 담보 없이 대출은 꿈도 못 꿀 저소득층에게 월 4%의 이자로 외상판매를 했다. 가난한 고객들의 연체와 파산을 걱정할 만도 했지만, 매거진 루이자의 실험에는 거침이 없었다.

결과는 놀라웠다. 저소득층이 주요 고객인 매거진 루이자에서의 외상매출 부도율은 브라질 소매업체 평균의 절반에 지나지 않았다. 가난한 사람들이 부자들보다 더 돈을 잘 갚았다는 얘기다.

물론 여기에는 몇 가지 장치가 뒷받침되었다. 우선 할부구매를 한 고객들이 월 납부금을 갚기 위해서는 반드시 매거진 루이자백화점을 직접 방문하도록 했다. 여기다 매달 공과금을 낼 수 있도록 서비스 창구도 만들었다. 게다가 저소득층이 관심을 가질 만한 제품을 집중적으로 판매한 탓에 판매단가를 낮출 수 있었다. 이런 장치 덕에 한 번 외상구매를 한 고객은 한 달에 한 번씩 백화점을 들르는 충성고객이 됐다.

인구밀도가 상대적으로 낮은 변두리 매장들에서 성공을 거둔 매거진 루이자는, 저소득층이 밀집한 도심지역에 진입하면서 또 다른 실험을 시작했다. 브라질의 경제중심지 상파울로에 진출하는 데 가장 큰 걸림돌은 기존 백화점들과의 경쟁과 높은 매장 유지비용이었다.

이번에는 금융 소외자뿐만 아니라 정보기술 소외자들에게 주목했다. 브라질 저소득층 대부분은 컴퓨터 문맹이라는 데 착안했다. 해답은 방문객들에게 인터넷 쇼핑방법을 교육시키면서 구매를 유도하는 전자매장이었다.

저소득층 주거지역에 개설된 매거진 루이자 점포들에는 서비스

담당 직원들과 수백 대의 컴퓨터만이 있었다. 직원들은 이곳을 방문하는 고객들에게 무료로 컴퓨터 사용법을 가르쳤다. 고객들은 자리에 앉은 채로 백화점 네트워크를 통해 물건의 사진과 정보를 검색할 수 있었다.

물론 그 자리에서 직원의 친절한 안내 아래 백화점이 제공하는 신용시스템을 통한 결제도 가능했다. 물건은 48시간 이내에 집으로 배송됐다. 컴퓨터와 인터넷의 혜택을 받지 못하는 사람들을 상대로 전자상거래사업을 시작한 것이다.

매거진 루이자의 기업실적은 화려했다. 확장을 시작하던 1992년 이래 매거진 루이자는 한 해도 거르지 않고 이익을 냈다. 그동안 호황과 불황을 오가던 불안한 브라질 경제에서는 보기 힘든 수확이었다. 2003년 브라질 경제성장률은 마이너스였지만 이 백화점 매출은 30% 늘었다. 2004년에는 56%, 2005년에는 45%의 매출성장을 보였다.

매거진 루이자의 브라질 남부지역 임직원 전체는 매주 월요일 아침 7시 45분마다 조례회의를 위해 모인다. 브라질 국가를 부른 뒤 매출실적을 토론하는 수천 명의 직원들은, 자신들의 직업은 가난한 브라질 사람들을 돕는 신성한 일이라는 자부심을 자랑한다.

"부자가 돈을 써야 경제가 산다"는 이야기에는 한 가지 큰 전제조건이 필요하다. 그건 부자들의 주머니에서 나온 돈이 모든 사람들에게 흘러갈 수 있도록 잘 설계된 배수시스템이다. 배수관이 미치지 못하는 곳이 많다면, 돈은 몇몇 사람들 사이에는 잘 흘러다니지만 구경도 못하는 사람들이 대부분이 될 것이다.

이런 배수시스템을 설계하고 건설하는 건 전통적으로 신용을 먹고 사는 정부와 금융의 책임이다. 매거진 루이자는 정부와 금융이 손대지 못한 빈자리를 파고들어 배수관과 함께 신뢰를 건설하는 데 성공했다. 이 백화점은 금융과 정보기술 소외자들을 교육시키고, 시스템 안으로 편입시켰다. 그리고 가난한 사람들이 마침내 시스템의 규칙대로 주머니를 여는 순간, 그 과실은 매거진 루이자의 몫이 되었다. 매거진 루이자는 지역사회에서의 사회적 책임경영, 즉 CSR경영의 대표적 성공사례이다.

2) ACCION

법학도이자 아마추어 테니스선수였던 조셉(Joseph Blatchford)은 라틴아메리카의 30여 개 도시에서 친선 테니스투어를 다니면서 도시들의 가난함을 목격하게 된다. 각 도시들에서 본 가난한 사람들과 혼잡한 판자촌과 열려 있는 하수구, 그리고 배고프고 절망한 사람들의 모습은 투어를 마치고 집에 돌아와도 머릿속에서 떠나지를 않았다. 이에 조셉은 도시들의 가난한 사람들을 돕기로 결심하고 같은 학교에 다니는 친구들과 함께 모여 가난한 자들이 스스로를 도울 수 있도록 하는 공동체 개발 프로그램을 담당할 새로운 형태의 조직을 만들기 위하여 기업들에게 모금을 시작하였다.

9만 달러의 모금에 성공한 조셉은 도시들의 빈곤을 해결하고자 1961년 ACCION International을 설립하고, 그해 여름 다른 30명의 자원봉사자들과 함께 베네수엘라로 날아갔다. 처음에는 많은 회의적인 반응에 부딪혔으나, 지역주민들과 협력하여 지역사회에서 가장 시급한 문제점을 파악하였다. 이에 따라 지역주민들은 자원봉사자들과 함께 전기와 하수구시설을 설치하고 교육훈련 및 영양프로그램을 실시하였으며 또한 학교와 커뮤니티센터들을 지을 수 있게 되었다. 그 후 10년에 걸쳐 ACCION은 브라질, 페루, 콜롬비아 등에서도 1,000명이 넘는 자원봉사자들을 파견하여 프로그램을 진행하였으며, 라틴아메리카의 가장 가난한 지역사회 개발을 위하여 900만 달러 이상을 원조하였다.

1970년대 초반 ACCION의 리더들은 학교나 급수시설 자체가 반드시 장기간의 효과를 가져오지 않는다는 사실을 자각하기 시작하였다. 지역의 자원을 증가시키기보다는 단지 이미 있는 자원들을 재조직하기만 하는 것으로 판단하고, 이와 같은 프로그램들이 라틴아메리카 도시들의 근본적 가난 이유인 경제적 기회부족이라는 문제를 해결하는 데는 역부족이라는 사실을 깨닫기 시작하였다. 따라서 ACCION은 프로그램 이외에 도움이 되는 정책을 마련하고자 하였다.

당시 시골의 청년들이 매년 도시의 직업에 대한 환상을 안고 수천 명씩 고향을 떠나 도시로 몰려들면서 도심중심부에서의 고용상황은 비참한 상황이었다. 이와 같은 이들을 수용할 수 있는 사회안전망의 부족으로 인하여 생계임금조차 지불하지 못하는 형편에 이르게 되자 많은 빈곤층들은 자신의 생업을 위한 소규모 사업을 시작하기에 이르렀다. 그러나 그들이 진행하는 작은 사업을 크게 키우기에는 어려움이 많았다. 제품을 만들기 위한 원자재 구매자금이 부족하여 지역 내 대부업자들로부터 하루에 10%에 이르는 높은 이자율을 부담하면서 사업을 이어나갔지만, 대부분의 수익은 이자를 갚는 데 쓰여 다시 생존을 위한 투쟁을 계속할 수밖에 없었다. 이러한 작은 규모의 사업이 성행하고 있다는 사실을 파악한 ACCION은 소규모 업체들이 영업이자로 자본을 빌릴 수 있다면 그들 스스로 빈곤에서 탈출할 수 있지 않을까 궁금하게 여겼다. 이로부터 ACCION은 브라질에서 'Micro Enterprise' 라는 용어를 시작으로 소규모 대부를 시작하게 된다. 'Micro Enterprise' 가 ACCION의 Micro Credit의 출발점이 되었다.

브라질에서 시작된 Micro Credit(저소득층의 창업자금을 무담보 신용으로 대출해주는 대안금융)는 4년 내내 총 885회의 대출을 하였고, 이를 통해 1,368개의 새로운 직업들을 만들어내고 도시의 안정화에 기여를 하게 되었다. 이 프로그램의 성공은 라틴아메리카의 가난한 노동자들을 위한 새로운 부를 창출할 수 있는 방법을 발견하게 되는 계기가 되었다.

ACCION과 파트너들은 소규모 기업체들만의 독특한 니즈에 부합하는 대출방식을 개발한 결과, 소규모 단기대출에 대한 신용과 신뢰감을 낳았으며 현장방문이 문서작업을 대신하게 되었다. 이와 같이 소액대출이 발전하였고, 대출금의 상환율은 97%에 이르게 되면서 ACCION의 클라이언트들은 가난한 사람들은 신용수준이 낮다는 편견이 잘못되었다는 것을 깨닫게 되었다. 부담할 수 있는 수준의 자본에 접근할 수 있다면 그들도 자신의 삶을 개선시킬 수 있었던 것이다.

또한 ACCION은 이러한 소액대출이 또 다른 긍정적인 효과를 지니고 있음을 발견하였다. 바로 각각의 대출자가 지불한 이자는 곧 또 다른 대출비용을 커버할 수 있었던 것이다. 이런 식으로 비용이 해결되고 또한 ACCION의 새로운 대출보증펀드인 Bridge Fund의 도움을 바탕으로 ACCION의 파트너들과 지역은행을 연결시켜 수혜 소규모 기업체들의 수를 극적으로 증가시킬 수 있었다. 이에 1989년과 1995년 사이에 ACCION 라틴아메리카 네트워크를 통해 대출된 금액은 총 20배 이상으로 증가하기도 하였다. 그러나 ACCION은 이러한 서비스를 필요로 하고 있는 전체 소규모 업체들의 요구에 단 2%에도 미치지 못하고 있었다.

ACCION은 여전히 이러한 소액대출프로그램이 라틴아메리카의 경제상황을 크게 개선할 수 있는 잠재력을 갖고 있다고 믿고 사업에 박차를 가하였다. ACCION의 소액대출프로그램사업을 확대하고자 Micro Enterprise를 주목적으로 한 세계 최초의 상업은행 설립을 지원하기 시작하였다. 1992년 볼리비아에 설립된 BancoSol은 가난한 사람들의 은행으로, 주로 샌들장사나 재봉업 등의 시장상인들을 대상으로 시작하여 오늘날에는 볼리비아의 상류층에게만 가능했던 저축, 신용카드 및 주택융자금 등의 대대적인 금융서비스를 제공하고 있다.

BancoSol의 성공에 힘입어 현재는 15개 이상의 ACCION 가맹기관들이 금융기관으로서 제대로 모습을 갖추고 있으며 다른 기관들도 현재 진행 중에 있다. 금융시장에 접근할 수 있는 능력을 바탕으로, 이제 그들은 단지 수천 명이 아닌 수백만의 도움을 필요로 하는 사람들에게 다가갈 수 있는 잠재력을 갖게 된 것이다. 이와 같이 ACCION은 카라카스에서 학생들이 운영하는 자원프로그램으로 시작하여 오늘날 라틴아메리카지역의 여러 Micro Finance 기관들과의 네트워크를 바탕으로 세계 최고의 소액자본대출기관으로서 자리 잡게 되었다.

1991년 미국 내 소득불균형과 실업에 대한 우려가 높아지면서, 미국 내에도 소액대출프로그램이 필요할 것으로 판단하여 ACCION은 소액대출모델(Microlending model)을 적용시켜 뉴욕 브룩클린에 ACCION USA를 시작하게 되었다.

ACCION USA는 ACCION International의 비영리 부속기관으로서 지역공동체에 기반을 두고 소규모 업체 오너들이 지속적인 대출을 할 수 있도록 하는 것을 임무로 하고 있는 조직이다. 미국 내 소규모 비즈니스에 종사하는 다양한 사업자들, 즉 이전 신용기록의 부재, 신용불량, 은행의 적정 대출수준에 미달하는 금액을 필요로 하는 등의 어려움을 겪고 있는 사업자들을 위해 그들이 자존심과 존엄성을 잃지 않고 스스로 경제적 성공으로 나아갈 수 있도록 돕고 있다.

신용을 필요로 하는 더 많은 저소득 기업인들에게 다가가기 위해서 ACCION USA는 대출과정을 집중시키고, 인터넷 기반의 대출시스템 및 콜센터 추진과 새로운 대출사무소를 여는 일에 노력하였다. 또한 소규모 업체의 발전을 위한 신용제공 및 교육훈련을 위해 이를 가능케 해줄 더 나은 파트너십을 위한 기회를 모색하고 있다. 이와 같은 기회를 마련하기 위하여 ACCION USA는 Bank of America, Fleet Bank, Wachovia, AXA Financial과 같은 금융업체와 협력하여 은행대출의 조건들에 미치지 못하는 사람들을 더 많이 끌어들이기 위해 노력하고 있다.

그림 5-5 I ACCION의 2011~2012년 수익

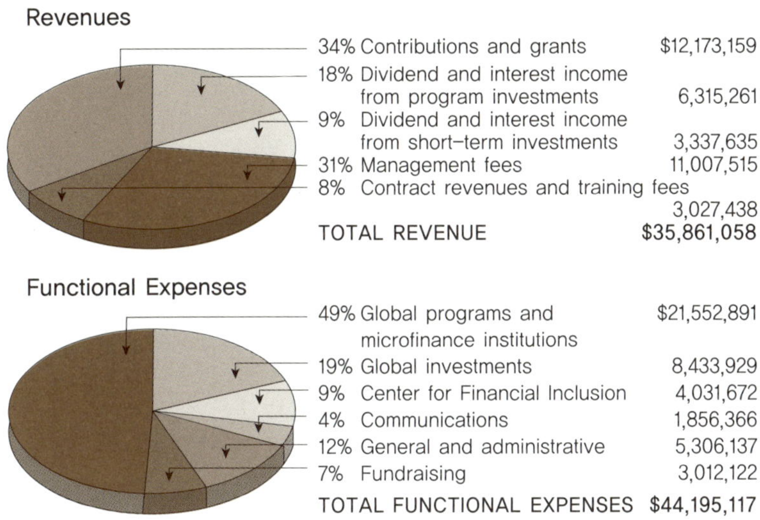

출처 : ACCION 홈페이지

보통 MicroCredit는 개발도상국이나 후진국에서 활발한 것으로 알려져 있지만 현재는 미국 같은 선진국에서도 점차 늘어가고 있는 추세이다. ACCION의 전체적인 재정은 개인기부에 주로 의존하고 있으며 정부보조 비중은 줄이고자 노력하고 있다. 최근 들어서는 지역은행에 마이크로 파이낸스사업 컨설팅을 통한 매출을 올리고자 노력하고 있다.

3. 코즈마케팅(Cause Marketing)

1) 탐스 슈즈

탐스 슈즈(Toms Shoes)의 설립 배경은 다른 기업의 설립이념 및 배경과는 약간의 차이가 있다. 이 회사의 설립자인 블레이크 마이코스키(Blake Mycoskie)는 2002년 그의 여동생과 함께 경주 프로그램인 '더 어메이징 레이스(The Amazing Race)' 에 참가하여 근소한 차이로 2위를 기록하였다. 그 후 휴식을 취하기 위해 촬영장소 중 가장 인상이 깊었던 나라인 아르헨티나로 휴가를 떠난 블레이크는 아르헨티나의 어느 마을에서 대부분의 아이들이 울퉁불퉁한 길을 맨발로 걷는 것을 목격하게 된다. 신발조차 신을 수 없을 정도의 빈곤으로 어린아이들의 발은 상처투성이였으며, 질병까지 생겨 건강의 위험 속에 많은 아이들이 살고 있는 것을 알게 되었다. 또한 맨발로 먼 곳에 있는 학교도 다니지 못하는 상태이다 보니 가난으로 인하여 건강뿐만 아니라 삶의 질적인 면까지도 영향을 받는 아이들의 모습을 보며 그들을 도와주고 싶다는 생각에 방법을 궁리하게 되었다.

신발이란 시중에서 쉽게 구할 수 있을 뿐만 아니라 너무도 당연하게 신고 생활하는 필수품으로 여겨지지만, 전 세계 60억 인구 중 40%는 신발이 없어 많은 어려움을 겪으며 살아가고 있다. 신발이 없어 생기는 많은 문제들은 세계적으로 심각한 문제로 대두되고 있다.

블레이크는 NGO에서 함께 일하자는 제의를 받았지만, 자선에 의해선 한계가 있다는 생각에 일회성 도움이 아닌 지속적으로 도울 수 있는 신발 비즈니스를 구상하게 되었다. 그 후 아르헨티나 현지에서 알게 된 알레호 니티(Alejo Nitti)와 힘을 합쳐 회사를 설립하였다. 탐스 슈즈는 한 켤레의 신발을 팔면 다른 한 켤레를 똑

같이 제3세계 아이들에게 기부하는 일대일 기부방식, 즉 원포원(One for One)운동을 벌였다. 이러한 탐스 슈즈의 활동은 CSR에서 가장 많은 예시로 활용되고 있으며 탐스 슈즈의 설립 배경이기도 하다.

그림 5-6 I 탐스 슈즈의 신발 기부 사진

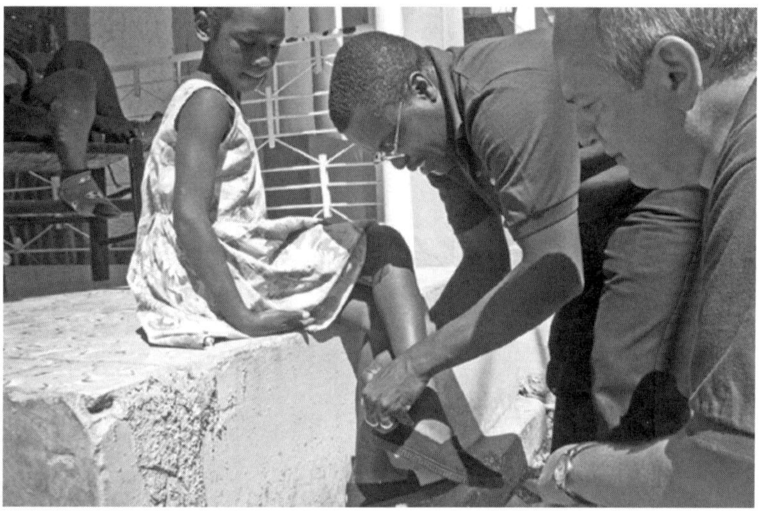

출처 : 탐스 슈즈 한국 홈페이지

탐스 슈즈의 이름은 '내일을 위한 신발(Shoes for Tomorrow)'이라는 뜻을 내포하고 있다. 탐스 슈즈의 디자인은 아르헨티나 민속화인 알파르가타(Alpargatas)의 편안한 착용감에서 영감을 받아서 플랫한 고무바닥과 가죽안창, 심플한 캔버스 어퍼로 만들었다. 이와 같은 탐스의 브랜드 철학에 사람들은 열광하고, 이러한 지지 속에 글로벌 브랜드로 성장하고 있다.

탐스 슈즈의 원포원(One for One)은 앞에서 언급했듯이 일대일 기부방식으로, 소비자가 신발 한 켤레를 사면 고스란히 신발 한 켤레가 제3세계 아이들에게 기부가 되는 방식을 말한다. 보통

그림 5-7 I 탐스 슈즈의 One for One 기부철학

당신이 신발 한 켤레를 사면 필요한 아이들에게 신발 한 켤레를 기부할 수 있다. 이것이 일대일 기부방식, 'One for One'이다.

출처 : 탐스 슈즈 홈페이지

기부는 식량이나 의약품을 중심으로 이루어지고 있지만, 탐스 슈즈의 경우 식량이나 의약품들은 생활을 해나가는 데 있어서 중요하지만 근본적인 문제를 해결하지는 못한다고 판단하고 좀 더 본질적이고 근본적인 해결책을 주기 위해서 신발을 기부하고 있다.

신발을 기부함으로써 첫째, 상피병(Elephantiasis)의 위험에서 제3세계 아이들을 보호할 수 있다. 상피병은 흔히 코끼리 발이라 불리는 질병으로 열대아프리카, 중앙아메리카, 북부인디아 등과 같이 규산성분이 강한 화산토 지역에서 감염되기 쉬운 질병이다. 상피병은 주요 공공문제로 인식되고 있는 병으로, 화산토지대 위에서 걷거나 일하는 것만으로도 감염이 되어 개인의 정상적인 생활을 영위하기조차 어렵게 한다. 하지만 신발을 착용함으로써 토양으로부터 감염되는 상피병을 예방할 수 있으며, 초기 감염자의 경우는 신발을 신고 위생관리만 잘해주면 치료도 가능하다. 이처럼 신발을 제공함으로써 그들의 삶을 위협하고 있는 건강문제를 해결할 수 있다.

둘째, 제3세계 아이들에게 교육의 기회를 제공할 수 있다. 대부분의 학교들이 유니폼 중의 하나로 신발을 요구하고 있으며, 신발을 제공함으로써 아이들에게 학교에 다닐 수 있는 기회를 제공하게 된다. 즉 신발로 교육의 기회를 제공하여 아이들에게 삶의 아주 기초적인 필요와 욕구들을 채워줌으로써, 아이들은 자신의 삶을 더 나은 방향으로 설계해 나갈 수 있는 기회를 얻게 되는 것이

그림 5-8 ❙ 신발을 기부하는 이유

출처 : 탐스 슈즈 기빙리포트

다. 약이나 물을 제공하는 것도 좋은 방법이 될 수 있지만, 신발을 제공하는 것은 일단 인간이 삶을 살아가야 하는 데 채워줘야 하고 해결되어야 할 건강과 교육 등의 문제에 대한 해결책을 줌으로써 그들이 그들 자신의 삶을 더 나은 방향으로 설계해 나갈 수 있는 좀 더 장기적인 해결책이 되는 것이다.

탐스 슈즈에서는 신발을 기부할 때 현지와의 소통을 통하여 현지 생활에 가장 적합한 신발을 제작하여 기부하고 있다. 예를 들어, 산악지형에는 밑창이 두꺼운 신발, 열대기후지역에는 궂은 날씨에 영향을 잘 받지 않는 튼튼한 신발을 제작하여 기부하고 있다. 이 외에도 현지에서 맨발로 생활을 한 아이들의 경우 발볼이 일반아이들에 비하여 넓다는 점을 고려하여 폭이 넓은 신발을 제작하는 등 세심한 부분까지도 고려하여 기부하고 있다. 이와 같이 탐스 슈즈는 단지 제품을 기부하는 것이 아닌 현지에서 신발이 필요한 아이들을 생각하며 보다 근본적인 기부활동을 전개해 나가고 있다. 그것이 탐스 슈즈의 기업정책이며 사회적 활동의 본보기라고 할 수 있다.

지속적이고 책임 있는 기부를 실천하고 있는 탐스 슈즈는 각국의 현지 전문가를 통해 조사를 진행하여 경제, 건강 그리고 교육적인 측면에서 신발이 가장 필요한 지역을 선별하고 있다. 탐스 슈즈는 지역 선별조사 시 현지 신발관련 사업에 영향을 끼치는 부분에 대하여서도 반드시 조사하여 지역을 선정하고 있으며, 평균 6개월이 지나면 신발이 닳거나 사이즈가 맞지 않아 신발 착용이 어려워질 아이들을 위해 최대한 자주 신발을 받을 수 있도록 지속적인 기부에도 많은 노력을 기울이고 있다. 지속적인 기부를 위하여 탐스 슈즈는 NGO 또는 현지의 단체와 협력관계를 맺는 등 일회성이 아닌 지속적인 기부활동을 전개하고 있다.

2006년 탐스 슈즈가 시작할 당시 기부관련 직원은 단 2명이었지만, 현재는 기부 담당 임원(Chief Giving Officer)을 포함하여 20명의 직원들이 기부팀을 이루고 있다. 이러한 기부 노력 끝에 현재 탐스 슈즈는 3개국에서 신발을 제작하고 있으며 현재 58개국

그림 5-9 ▌탐스 슈즈 천만 켤레 기부 감사 포스터

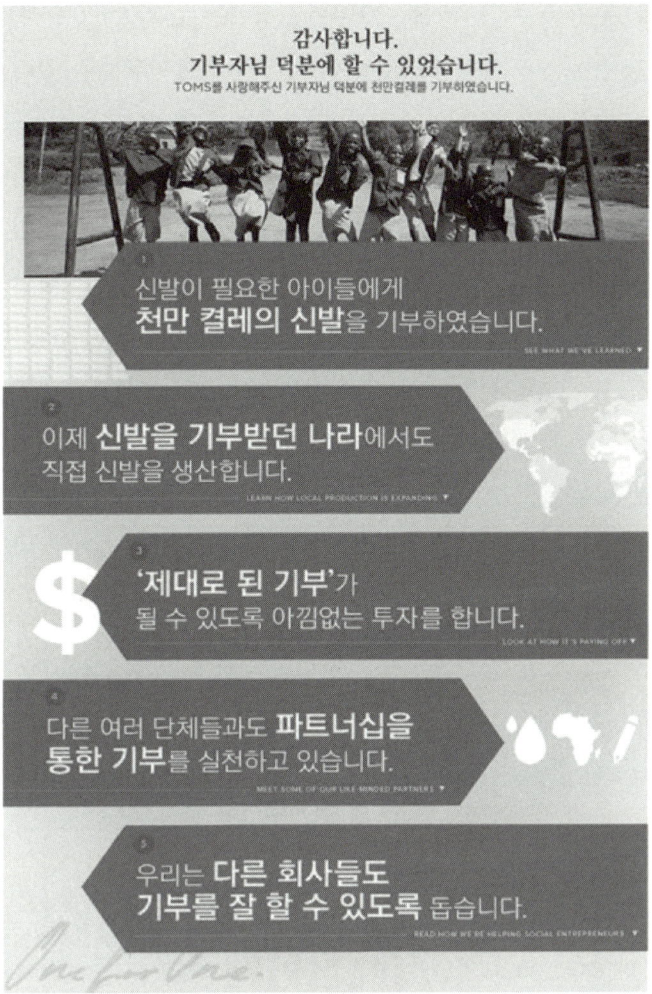

출처 : 탐스 슈즈 한국 홈페이지

에 신발을 기부하고 있다. 2006년 기부를 시작한 첫해에는 아르헨티나의 아이들에게 10,000여 켤레의 신발이 기부되었고, 2007년에는 남아공의 아이들에게 총 50,000여 켤레의 신발이 기부되었다. 2008년에는 연 1회 기부하던 방식에서 상시적으로 아르헨티나를 비롯한 여러 나라에 신발을 기부하는 방식으로 발전하였으며, 2009년 말까지 총 400,000여 켤레를 기부, 2010년 4월 집계기준으로 총 600,000켤레를, 2010년 9월에는 1,000,000켤레, 그리고 2013년에는 드디어 10,000,000켤레의 신발이 기부되었다.

탐스 슈즈에서는 이외에도 '신발 없는 하루(One day without shoes)' 캠페인을 전개하여 CSR활동을 진행하고 있다. '신발 없는 하루' 캠페인은 여느 신발회사에서 유래를 찾아볼 수 없는 행사이다. 매년 4월 중 하루를 신발 없는 날로 정해놓고 신발 없이 생활하는 아이들이 얼마나 힘들게 살아가는지를 직접 경험해보는 기회를 제공하고자 하는 취지에서 만들어졌다. 이날은 신발 없이 맨발로 하루를 보내야 한다. 이 캠페인은 2013년으로 6회째를 맞이하였다.

미국에서 처음 시작한 이 캠페인은 베니스에서 리틀락, 두바이

그림 5-10 ❙ 2011년 '신발 없는 하루' 캠페인 포스터

출처 : 탐스 슈즈 한국 홈페이지

에서 런던까지 세계 곳곳에서 진행되었으며, 2010년에는 지역사회단체, 대학교 캠퍼스 또는 회사에서 개개인들이 모여 1,600여 개의 행사를 직접 열고, 250,000여 명의 사람들이 참여하였다. 할리우드의 유명배우들도 이 캠페인을 적극 알리고 참여하였다. 영화배우 데미 무어는 NBC의 Jay Leno Show에 나와 TOMS의 원포원(One for On) 기부방식과 이 캠페인에 대해 설명하며 적극 동참할 것을 강조했고, 자신의 트위터에 이와 관련된 글을 올리기도 했다. 또한 여배우 크리스틴 벨, 유명가수인 조나스 브라더스, 올리비아 와일드 등은 캠페인 홍보 동영상을 찍거나 적극 홍보하는 일을 하였다. 우리나라에서도 2011년부터 시작하여 매년 4월 '신발 없는 하루' 캠페인을 전개해 나가고 있으며 많은 사람들이 이 캠페인에 동참하고 있다.

그림 5-11 ı 2013년 '신발 없는 하루' 캠페인 홍보사진

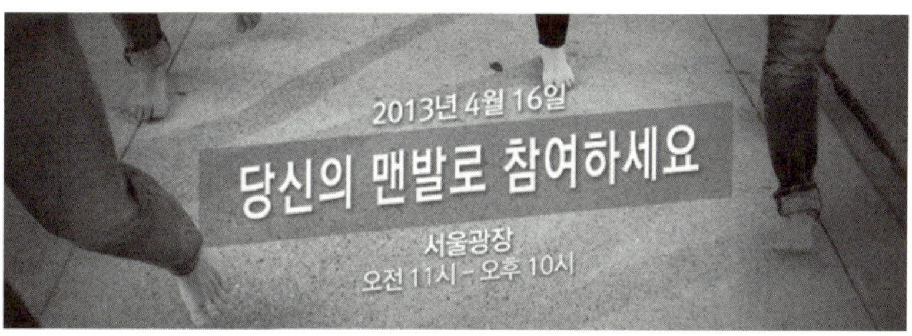

출처 : 탐스 슈즈 한국 홈페이지

2) 아메리칸 익스프레스

1850년 뉴욕시와 버팔로, 그리고 중서부 여러 도시 간에 상품, 귀중품, 정금 등을 특송하던 3개의 회사가 합병하여 남북전쟁이 끝날 무렵 10개 주에 900여 개의 사무실을 운영할 정도의 규모로 번창하게 된 시점인 1866년, 강력한 경쟁업체인 머천트유니언 익스프레스(Merchants Union Express Company)가 설립되었다. 이들 두 회사는 2년간 경쟁을 벌인 끝에 1868년 아메리칸 머천트 유니언 익스프레스(American Merchants Union Express Company)로 합병하기에 이르렀고 1873년 지금의 이름인 아메리칸 익스프레스로 사명을 바꾸게 되었다. 이후 아메리칸 익스프레스는 우편환, 여행자수표를 도입하는 등 운송업무와 더불어 다양한 여행 및 금융서비스활동을 시작하였다.

아메리칸 익스프레스는 1965년 새로 법인화되었으며 주로 여행, 보험, 은행, 투자자문 등 4개 분야에서 활동하고 있고, 여행부문에는 여행자수표, 크레디트카드(아메리칸 익스프레스 카드 및 옵티마 카드), 여행사, 패키지 여행, 모텔 및 렌터카 예약 대행 등을 운용하고 있다. 보험으로는 1968년 이래 파이어맨스펀드 아메리칸 인슈어런스 컴퍼니스 그룹(Fireman's Fund American Insurance Companies group)을 소유하면서 광범위한 개인 및 단체의 보험청약을 받고 있다.

은행업으로는 아메리칸 익스프레스 인터내셔널 뱅킹(American Express International Banking Corp.)과 그 계열회사가 유럽, 아시아 등지에서 활동하고 있다. 투자자문 분야의 경우 1980년의 여러 차례에 걸친 인수로 거대한 네트워크를 이룬 결과, 미국의 최대 투자자문회사 가운데 하나인 시어슨 리먼 브라더스(Shearson Lehman/Brothers)가 계열사로 탄생하였다. 또한 교육, 출판, 지구물리학적 조사, 케이블텔레비전 등의 분야로 사업을 다각화하고 있다. 1984년에는 미니애폴리스에 본사를 둔 대형 보험 및 상호금고, 투자자문 등의 회사인 인베스터스 다이버시파이드 서비시스(Investors Diversified Services Inc.)를 인수하였다.

위에서 살펴본 바와 같이 아메리칸 익스프레스의 역사는 현재 150년이 넘어가고 있으며, 150년이 넘는 시간 동안 아메리칸 익스프레스가 가장 중요하게 여겨온 가치관은 '신뢰와 안심' 이다.

아메리칸 익스프레스 브랜드 힘은 하루아침에 이루어진 것이 아니다. 1932년 뉴욕주의 전 민주당 주지사였던 프랭클린 D. 루스벨트가 공화당 대통령인 휘어 후버 대신 정권을 잡았다. 루스벨트의 최대의 과제는 심각한 금융위기에서 미국경제를 어떻게 되살리느냐 하는 것이었다. 이미 미국에서는 1929년 이후 4,000개에 달하는 은행이 파산지경에 이르렀다. 이 때문에 루스벨트는 1933년 3월 나흘 동안 은행 문을 닫게 한 다음 예금인출을 막는 긴급조치를 취했다. 그러나 대통령의 선언에도 불구하고 아메리칸 익스프레스는 문을 닫지 않았다. 대통령의 선언이 있은 직후, 미국 내의 아메리칸 익스프레스 전 사무실에 "아메리칸 익스프레스는 충분한 유동성을 갖추고 있고, 고객의 예금인출 요구에 얼마든지 응할 준비가 되어 있다. 현금이 부족한 경우, 통화(通貨)를 이송 중이며 일시적인 지연이라는 사실을 고객에게 알리도록 한다"라는 내용을 전달하도록 지시하여, 경쟁은행들이 전부 문을 닫는 와중에도 끝없이 몰려든 고객에 대하여 끝까지 현금인출을 허용하였다. 그 결과 아메리칸 익스프레스의 '지불보증' 은 고객의 마음속 깊이 '신뢰와 안심' 을 심어주었고, 그 후 많은 고객을 유치할 수 있는 계기가 되었다.

이와 같이 아메리칸 익스프레스는 사고의 순간에도 최상의 판단기준은 바로 고객과의 약속이라고 보고 고객과의 약속을 우선적으로 지켜나갔다. 어떤 경우에라도, 회사에 아무리 큰 금전적 손실이 있더라도 아메리칸 익스프레스는 신뢰를 저버리는 결정을 내리지 않았다. 그리고 이런 전설 같은 행동은 미국인은 물론 전 세계 비즈니스맨들에게 영원히 가슴에 남을 브랜드 인지도 및 선호도를 쌓게 하는 발판이 되었다.

아메리칸 익스프레스는 미국의 전통적인 비전기업으로서 여러 분야에서 사회적 마케팅의 성공사례를 가지고 있을 뿐 아니라 기업의 사회적 책임을 충실히 수행하고 있는 기업이다. 또한 아메리칸 익스프레스가 오늘에 이르기까지 가장 중요하게 여겨온 가치관은 신뢰와 안심이다. 기업의 가치관 및 경영철학으로서뿐만 아니라 실제 대중들의 인식상태 또한 윤리적 기업으로 인식하고 있다.

1980년대에 들어서면서 미국은 무역적자와 재정적자가 누적되면서 일명 쌍둥이 적자에 시달리게 되었다. 당시 미국은 경제문제뿐만 아니라 각종 사회문제나 국제관계에서도 새로운 도전에 직면한 시기이다. 이러한 위기 가운데 사회 · 공공 분야에서 정부의 영향력이 급속도로 약화되었고 대신 사회단체나 일반기업들이 일정 부분 정부의 빈자리를 메우고자 노력하였다.

이러한 미국의 상황에서 아메리칸 익스프레스는 1983년 어느 날 마케팅 담당자의 아이디어를 시작으로 '자유의 여신상 프로젝트'를 기획하게 된다. 자유의 여신상 복원 프로젝트는 100년 전 시민들의 성금에 의해 자유의 여신상의 받침돌이 세워진 것처럼 자유의 여신상 보수공사에도 시민들의 적극 참여를 유도한다는 생각으로 시작되었다. 아메리칸 익스프레스 카드의 사용금액 중 일정부분을 적립해서 기부하는 방식으로 소비자들의 구매를 독려함과 동시에 기부를 진행하는 방식이었다.

미국국민들에게 있어 자유의 여신상은 미국의 상징과 같은 존재이다. 과거 아메리칸 드림을 안고 뉴욕 항구로 들어오는 이민자들에게 눈앞에 우뚝 솟아 있는 자유의 여신상의 위풍당당하고 단호한 모습은 밝은 미래를 약속하는 징표로서 자유와 압제로부터의 해방 자체를 의미하는 미국의 상징물이다. 침체되어 있던 미국사회에서 자유의 여신상 복원사업을 통해 미국의 자존심을 회복한다는 의미도 반영된 이 사업은 미국국민들의 큰 호응을 얻었다.

아메리칸 익스프레스의 자유의 여신상 복원 프로젝트는 기존고객이 카드를 사용할 때마다 1센트씩, 신규고객이 가입할 때마다 1달러씩 기부해 자유의 여신상 보수공사 재원을 마련한다는 구상이었다. 아메리칸 익스프레스는 이 프로젝트의 공식명칭을 '내셔널 아트 마케팅 프로젝트(National Arts Marketing Project)'로 정하고 이를 실행하였다.

캠페인에 대한 고객들의 반응은 예상보다 훨씬 뜨거웠다. 캠페인 기간 동안 카드 사용은 27%나 증가했고, 170만 달러에 이르는 복구공사기금도 모아졌다. 이 프로젝트는 세계 최초의 코즈마케팅(Cause Marketing) 사례라는 기록을 남겼다.

아메리칸 익스프레스는 이후에도 1992년부터 1996년까지 결식문제 해결을 돕는 카드 사용(Charge against Hunger) 캠페인을 진행하여 매년 추수감사절과 크리스마스 쇼핑기간 중 자사의 카드 이용금액의 3%를 결식퇴치단체에 기부하는 방식으로 2천만 달러 이상의 기부금액을 모았다. 또한 2001년 9·11 테러 이후에는 뉴욕에 아메리칸 익스프레스 재난기금을 설립하여 피해지역과 주민을 돕는 데 사용하기도 하였고 침체된 뉴욕경제를 살리기 위하여 각종 지역축제의 스폰서가 되기도 했다. 이와 같이 아메리칸 익스프레스는 기업의 매출을 높이고 사회문제 개선에 기여하는 코즈마케팅을 꾸준히 실행하고 있다.

오늘날 다수의 기업들이 사회적 마케팅을 실시하고 있지만, 아메리칸 익스프레스의 사례처럼 성공적인 사회적 마케팅 사례가 있는 반면에 소비자의 감성을 자극시켜 놓고 상업적인 면모를 드러내어 지속성을 지니지 못하고 막을 내리는 사례들도 많이 있다. 기업이 사회적 마케팅을 성공적으로 이끌려면 위에 제시한 아메리칸 익스프레스의 성공요인처럼 명확한 비전과 전략도 있어야 하지만 그 마케팅의 성패를 좌우하는 가장 중요한 요소는 진실성이라는 사실을 알아야 한다.

제 3 절 ■ CSR과 지속가능경영

지금까지 기업의 사회적 책임에 대해 수많은 시각이 존재하고, 각 시각에 따른 다양한 해석이 가능하다는 점을 살펴보았다. 많은 공감대를 형성하는 대세적인 이론이 정립되고 있는 것은 사실이지만, 어느 한 가지 주장이 옳다고 단정할 수는 없다. 그렇다면 이렇게 많은 시각이 존재하는 이유는 무엇인가? 이러한 문제의식 속에 본 절에서는 혼용되고 있는 사회적 책임의 개념과 지속가능경영의 의미를 살펴보고, 이들의 차이점 및 연관성을 고찰해본다.

글로벌기업들의 홈페이지에 들어가서 CSR 보고서 메뉴를 찾는 것은 이제 어렵지 않다. CSR은 기업의 사회적 역할을 강조하는 용어이다. 우리나라에서는 아직도 '기업의 사회적 역할' 이라는 용어가 낯선 탓에 '책임경영', '사회봉사', '기부와 자선', '사회공헌' 등의 용어가 뒤섞여 사용되고 있다.

과거 기업가들은 기업정보를 공개하는 것이 오히려 부정적인 효과를 가져올 수 있다고 믿었다. 정부나 시민단체들이 기업정보에 대해 자세히 알 경우, 세무조사를 받거나 윤리적으로 공격받을 수 있지 않을까 하는 우려 때문이었다.

그러나 기업들은 급격한 사회변화를 겪으면서 기업의 존재목적에 '이윤추구' 는 물론이고 '사회적 역할' 을 추가하게 되었다. 비록 자신들이 발표한 보고서를 근거로 공격을 받더라도, 보고서를 내지 않고 '불투명한 기업' 이라는 비난을 받는 것보다 낫기 때문에 보고서를 공개하는 추세이다. 종업원은 회사에 대해 더 많은 정보를 요구하고 있고, 주주들은 기업이 사회를 위해 '옳은 일' 을 하고 있다는 것을 알려 달라고 요구한다. 기업들은 지역사회에서 그것을 증명하고, 자신들이 한 일에 대해 책임을 져야만 하는 시대에 살고 있다. 지구촌 사회에서 함께 발전하며 살기 위해 기업의 생존 방식이 바뀐 것이다.

비즈니스를 하는 데 있어 좀 더 인도적이고, 윤리적이고, 투명한 경영을 위한 방편으로 이해관계자들은 다양한 관점에서 이를 설명하려고 노력하고 있다. 예컨대, 지속가능한 발전(sustainable development),[05] 기업시민의식(corporate citizenship),[06] 트리플 바텀라인(triple bottom line),[07] 기업윤리(business ethics)[08]가 바로 그것이다.

이처럼 다양한 개념들이 제시되고 있지만, 앞으로 우리는 기업의 사회적 책임과 지속가능경영이라는 개념을 통해 CSR을 설명하고자 한다. 아직도 기업의 사회적 책임과 지속가능경영을 같은 개념으로 해석하여 혼용하고 있다.

기업의 사회적 책임과 지속가능경영의 두 가지 개념이 발전해 온 역사적 배경을 이해하면서 본질적으로 갖고 있는 차이를 정리한다면 이후 기업의 사회적 책임과 지속가능경영에 대한 이론적 발전과 실무적 적용에 있어 한결 수월한 면이 많을 것으로 판단된다. 이에 따라 Marrewijk(2003)의 제안을 기초로 기업의 사회적 책임과 지속가능경영을 정리하고 통합된 방향을 제시하고자 한다.

1. 사회적 측면과 환경적 측면

기업의 사회적 책임과 지속가능경영은 서로 다른 개념 발전의 경로를 밟아 왔다. 지속가능성(sustainability)은 환경에 기반을 두고 발전된 개념인 반면, 기업의 사회적 책임은 인권 등 보다 사회적인 이슈에 의미를 두었던 개념이다(Marrewijk, 2003). 1987년 지속가능발전(sustainable development)이란 개념이 처음 등장

05 WCED(1987)에 따르면, 지속가능한 발전은 다음 세대가 그들이 원하는 것을 충족할 수 있는 능력을 저해하지 않으면서 현 세대가 원하는 것을 충족할 수 있는 개발이다(meeting the needs of the present without compromising the ability of future generations to meet their own needs).

06 Marsden & Androf(2001)에 따르면, 기업시민의식은 기업과 사회 전체의 혜택을 위하여 기업경영이 사회에 미치는 보다 넓은 범위의 영향을 이해하고 관리하는 것이다(understanding and managing a company's wider influences on society for the benefit of the company and society as a whole).

07 Elkington(1997)에 의하면, 트리플바텀라인은 기업이 경제적으로 생존가능하고, 환경적으로 건전하며 사회적으로 책임이 있도록 조화로운 노력을 하는 상황이 다 (a situation where companies harmonize their efforts in order to be economically viable, environmentally sound and socially responsible).

08 Kilcullen & Ohles Kooistra(1999)에 따르면, 기업윤리는 법적 요구사항의 단순한 준수를 넘어 기업이 가져야 하는 도덕적인 의무 정도이다(the degree of moral obligation that may be ascribed to the degree of moral obligation that may be ascribed to corporations beyond simple obedience to the law of the state).

할 때 그 배경은 개발에 따른 환경문제를 고찰하는 것이 주된 이슈였고 문제를 해결하기 위한 전 세계적인 활동의 필요성을 제기하고자 하는 것이었다. 세계환경개발위원회(WCED : World Commission on Environment and Development)에서 Brundtland Report를 작성하게 된 가장 큰 목적도 '환경적으로 지속가능한 개발(Environmentally Sustainable Development)'의 원칙하에서 개발에 따른 환경문제를 해결할 수 있는 보다 실천적인 의제를 도출하기 위해서였다.

지속가능경영 개념이 등장한 1987년 이전으로 거슬러 올라가면 1980년대 많은 환경사고가 있었고 더 이전에는 1972년 지구의 날(The Earth Day) 선포, 그 이전에는 세계적으로 환경에 대한 관심을 불러일으킨 첫 번째 저서라 할 수 있는 레이첼 카슨(Rachel Carson)의 『침묵의 봄(The Silent Spring)』이라는 책 발간이 있었다. 이렇듯 지속가능경영의 역사적인 배경은 많은 부분이 환경문

레이첼 카슨(Rachel Carson, 1907~1964)

미국의 해양생물학자 레이첼 칼슨이 1962년에 쓴 『침묵의 봄(Silent Spring)』은 인류의 환경 역사를 바꾼 책으로 꼽힌다. 『침묵의 봄』은 과학에 기초한 기술이 초래한 환경오염의 가공할 결과를 대중에게 처음으로 강렬히 인식시킨 책이다.

『침묵의 봄』의 1장(A Fable for Tomorrow)은 자연의 조화가 절묘한 아름다운 마을이 마치 저주의 마술에 걸린 듯 점차로 생명을 잃어가다가 봄의 소리, 새들의 소리가 사라진 죽음의 공간으로 바뀌는 짤막한 우화로 시작된다. 이어 2장에서 17장까지는 디디티(DDT)와 같은 살충제와 농약이 새, 물고기, 야생동물, 인간에게 미치는 파괴적 결과를 4년간의 직접조사를 바탕으로 고발한 내용이다.

레이첼 카슨이 『뉴요커』지에 연재했던 내용을 한데 모아 이 책을 펴냈을 때 농약제조업체 등의 비난과 모략은 극에 달했지만, 결국 이 책이 촉발한 환경오염 논쟁은 미국에서 1969년 국가환경정책법을 제정하도록 만드는 계기가 되었고, 이후 전 세계적인 환경운동의 확산으로 마침내 1992년 리우회담까지 이어지는 성과를 낳았다. 그녀는 또 미국 시사지 『타임』이 선정한 '20세기 중요인물 100명' 가운데 꼽히기도 했다.

제에 대한 문제제기에서 시작된 것을 알 수 있다.

2. 관계적 가치와 독립적 가치

기업의 사회적 책임은 기업과 연관성을 가지고 있는 다른 주체와의 관계에서 비로소 의미가 성립되는 쌍무적 개념이다. 책임이란 말 자체가 둘 이상 당사자의 관계에서 설정된 것이고 사회구성원 간 또는 영향을 주고받는 당사자 간에 공식적 · 비공식적으로 형성된 권한과 의무로 규정되기 때문이다. 반면, 지속가능경영은 그 자체로써 독립적인 의미이므로 가치의 차이가 있다.

사회적 측면 · 환경적 측면으로 초기 관심이 시작된 출발점이 달랐다는 점도 이러한 차이와 무관하지 않다. 사회적 측면은 사회에서의 가치에 대한 합의(consensus)의 측면이 중요하기 때문에 상대적이면서 상호관계에 의존하는 부분이 큰 반면, 환경적 측면은 자연에 대한 가치를 부여하는 것으로 객관적이고 절대적인 가치부여가 가능하다. 기업 입장에서도 기업의 사회적 책임은 이해관계자의 관계에서 의미를 가질 수 있는 반면, 지속가능경영은 그 자체로 추구해야 하는 하나의 완결된 경영가치로 의미를 가질 수 있다. 따라서 사회적 책임은 기업투명성, 이해관계자 협력활동 및 대화, 지속가능성보고서 등 교류와 참여 등을 중심으로, 지속가능경영은 가치창출, 환경경영, 인적자본관리 등의 이슈를 중심으로 그 가치에 대한 관점이 다르다고 할 수 있다.

3. 목표와 실행과정

일반적으로 기업의 사회적 책임은 지속가능성을 달성하기 위한 접근법으로서 트리플바텀라인(triple bottom line)의 균형을 맞추기 위한 기업의 노력이자 지속가능성의 중간과정이라고 설명된다(Wempe & Kaptein, 2002).

반면, 지속가능경영의 기원은 지속가능발전이다. 이 개념은 구체적으로 어떤 활동이나 내용을 의미한다기보다는 전 세계가 궁극적으로 추구해야 하는 궁극적인 목표 혹은 패러다임의 의미가 강하다. 지속가능성의 개념을 초기 출발점인 환경으로부터 사회, 경제 등 트리플바텀라인으로 확장한다면 CSR은 지속가능발전을 위하여 기업이 궁극적으로 달성해야 하는 목표이자 새로운 경영 패러다임으로 이해할 수 있다.

지속가능성에 대해 Linnanen & Panapanaan(2002)은 지속가능성의 세 가지 측면(경제적 지속가능성, 환경적 지속가능성, 사회적 지속가능성)을 기업경영에서 관심을 기울여야 할 관련되어 있는 기업책임(CR : Corporate Responsibility) 접근법으로 분화하여 해석하고 있다. 즉, 경제적 지속가능성을 위한 기업의 경제적 책임(Corporate Economic Responsibility)을 논하는 방식이다. 다시 말해 기업의 사회적 책임을 기초로 경제 · 사회 · 환경의 책임을 완수할 때 상생과 공존을 통한 지속적인 성장을 구현할 수 있고, 이는 곧 지속가능한 경영이 될 수 있다는 내용이다. [표 5-1]과 [그림 5-12]는 Marrewijk가 설명하는 기업의 사회적 책임과 지속가능경영의 비교이다.

Marrewijk는 지속가능경영을 궁극적 목표로 보고 CSR은 지속가능을 이루기 위한 중간단계의 활동이라고 설명하고 있지만 두 개념 모두 지향하는 목표는 지속성(sustainability)이라는 것을 인식해야 할 것이다.

기업의 사회적 책임과 지속가능경영은 이론적인 배경뿐만 아니라 내포하고 있는 개념 자체에도 차이가 있지만, 대부분의 기업과 언론에서 동일한 개념으로 사용되고 있다. 특히 기업 측에서는 지

표 5-1 | 기업의 사회적 책임 vs 지속가능경영

	기업의 사회적 책임	기업의 지속가능경영
개념의 원천	사회적인 측면에서 태동	환경적인 부분에서 태동
가치적 측면	상대적 · 관계적 가치	절대적 · 독립적 가치
목표와 과정	실행접근법, 중간단계의 활동	궁극적 목표

출처 : Marrewijk(2003), Concepts and Definitions of CSR and Corporate Sustainability: Between Agency and Communion.

그림 5-12 | 기업의 사회적 책임과 지속가능성 관계에서의 통합성

출처 : Marrewijk(2003), Concepts and Definitions of CSR and Corporate Sustainability: Between Agency and Communion.

속가능경영을 기업의 사회적 책임의 상위 개념으로 구분하기도 한다. 그것은 기업들이 사회적 책임이라는 말에 거부감이 많고 CSR이라는 용어를 사용하기 꺼리기 때문이다. 이는 CSR 용어 자체가 마치 "현재의 사회적 문제가 기업에게 있다"라는 의미로 해석될 수도 있기 때문이다. 기업의 사회적 책임이든 지속가능경영이든 그 기업전략과 경영활동의 변화에 적용될 때는 기업의 상황에 맞게 사용하는 것이 중요할 것이다. 네덜란드 경영자연합회 의장인 자크 슈라벵(Jacque Schraven)의 지적대로 기업지속가능성이나 기업의 사회적 책임은 만병통치약도 아니고 보편화된 비책이 있는 것도 아니다(Marrewijk, 2003). 오히려 지속가능성이란 개념 자체가 기업들에 의해 짜 맞춰진 것이라고 보는 것이 바람직한 견해라고 보인다.

이제 CSR은 거부할 수 없는 시대적 요구이다. 지금은 기존의 전통적 기업경영방식과 기업이론의 전면적 수정과 재편의 과정이고, 새로운 경영 패러다임이 자리 잡는 과정이다. 기업의 사회적 책임이든 지속가능경영이든 이러한 새로운 패러다임에 부응하기 위해 기업은 CSR 개념을 명확하게 하고 경영현실에서 효과적으로 적용될 수 있도록 중·장기적 전략의 변화로 능동적인 의지를 가지고 접근해야 한다.

제 4 절 ■ CSR의 전략적 적용

1. CSR과 SNS

"CSR을 잘하려면 어떻게 해야 합니까?"라는 질문에 대한 저자의 즉답은 "사회와 소통을 잘하라"이다. 그러기 위해서는 소셜 네트워크를 잘 활용해야 한다. CSR은 단순히 기업이 부정적 문제상황으로부터 벗어나기 위한 목적만으로 행해지는 것이 아니다. CSR의 기준은 새롭게 정의되고 있으며, 혁신의 동력으로서 진화(evolution)하고 변환(transformation)되고 있다는 점을 간과해서는 안 될 것이다. 기업들이 CSR 정책을 만들고 기업시민으로서의 역할을 효과적으로 하려면 소셜 네트워크의 활용이 필수적이다. 오늘날 기업의 이미지는 결국 얼마나 소비자와 소통을 잘하는가에 따른 인식의 싸움에 승패가 달려 있기 때문이다. 급속도로 증가하는 페이스북이나 트위터와 같은 SNS 사용자들에 의한 기업의 종속적 영향력을 인정할 수밖에 없다. 기업이 지속가능하고 사회적으로 책임 있는 조직이 되고자 한다면 사회와의 소통은 더욱 중요해진다.

사람들의 인터넷 사용시간 중 SNS에서 보내는 시간이 점점 늘어나고 있다. SNS가 증가할수록 그것으로 인해 소비자들의 브랜드에 대한 인식의 영향력이 더욱 커진다는 사실을 인정할 수밖에 없다. 그러므로 SNS는 브랜드에 대한 대중의 인식을 형성하는 글로벌 차원의 가장 효율적 도구라고 할 수 있다. 지금도 우리는 SNS를 통해 이제까지 상상도 못했던 속도로 브랜드의 명성이 높아지거나 추락하는 사건들을 어렵지 않게 볼 수 있다.

소비자들은 제품의 효용과 가치에 대한 기대와 신뢰를 갖고 있기 때문에 브랜드를 구매한다. 기업이 현란한 사회적 · 환경적 홍보문구와 달리 현실에서는 전혀 다른 행동을 보인다면 그린워시(Greenwash)[09]와 같이 CSRwash라는 위선으로 평가되어 소비자와 이해관계자들로부터 당장 신뢰를 잃을 것이다. 기업이 사회와 환경에 대해 투명성을 유지하는 것이 가장 큰 도전과제이며 기업이 진정성을 가지고 SNS를 통한 직접적인 대화를 가진다면 이해관계자들이 기업에게 무엇을 기대하는지를 알 수 있을 것이다. SNS를 통한 소통의 진정성과 투명성이 높아질수록 소비자의 브랜드 인식과 신뢰 또한 높아지게 된다.

SNS는 제품과 서비스를 구입한 소비자의 태도에 영향을 미치며 대부분의 소비자들은 기업 및 브랜드와 지속적인 관계를 이어가길

09 불쾌한 사실을 가리려는 눈가림을 뜻하는 Whitewash에서 유래된 말로서 위장 환경주의, 기업의 기만적 친환경정책과 제품을 말한다.

원하고 있다. 그러므로 SNS를 통한 소비자와 기업의 소통은 양측 모두에 유익하며, CSR활동을 개선하고 강화할 수 있게 한다.

기업이 소비자들을 SNS친구라고 생각할 때, 그들로부터 도움을 받을 수 있는 기회는 더욱 많아진다. 기업이 시장에서 제대로 포지셔닝할 수 있도록 돕는 것부터 신제품의 스타일 선정에 의견을 제시하는 것, 개선을 위한 제안까지 그 범위는 넓고 다양하다. 인터넷의 발달로 국경과 언어와 문화의 장벽이 없어짐으로써 SNS활동이 예전보다 더욱 쉬워졌다. 초기에는 기업들이 SNS를 외부의 툴로써 생각하였으나 이 기술은 기업 내부에서도 비슷한 목적으로 활용할 수 있다는 것이 장점이다. SNS의 핵심은 그것을 조직화하고 소통하려는 기업의 소비자에 대한 노력이다.

점차 더 많은 기업들이 SNS를 통해 기업의 CSR활동에 대한 소비자들의 반응을 보다 적극적으로 이끌어내려고 할 것이다. 기업들이 그들의 경영방식과 브랜드에 대한 시장의 긍정적 인식과 영향력을 만들어 내기 위해 기업활동의 진행과정에 소비자와 이해관계자들을 참여시키게 되는 것이다. 예컨대, 인텔(Intel)은 ICT에서 뿐만 아니라 친환경적 이미지를 높이고 이에 대한 소비자들과의 소통을 위해 SNS를 활용해오고 있다. 마이클 야콥슨(Michael Jacobson)[10]에 따르면 인텔은 산업 내에서의 온실가스 배출 저감 뿐만 아니라 글로벌 탄소배출량 감소를 위해 노력해오고 있다는 것을 마케팅하기 위해 SNS를 활용한다고 했다. 그는 "인텔이 탄소발자국(carbon footprint) 감축에만 집중했던 시절에서 벗어나 오늘날에는 전사적으로 CO_2 배출 저감을 위한 고민을 하고 있고, SNS를 통해 이해관계자들과 대화하며 이를 알리고 추진해가고 있다"고 한다.

10 인텔의 CSR 담당 이사(Director of Intel's Corporate Responsibility Office and responsible for leading Intel's corporate responsibility strategy with stakeholders across the company).

2. 킷-캣 이야기

2010년 킷-캣(Kit-Kat) 불매운동은 제품의 생산공정에서 Upstream[11]부문의 영향과 Downstream[12]부문의 커뮤니케이션 사이의 일관성을 잃게 될 경우 브랜드가 어떤 위험한 상황에 처할 수 있는지를 보여주는 사례이다.

그린피스(Green Peace)의 캠페인이 진행되던 시점에 킷-캣에서는 포장지에 공정무역(Fair Trade) 로고를 사용하고 있었다. 공정무역 라벨은 소비자들로 하여금 킷-캣이 사회적으로 '착한 기업시민' 브랜드라고 생각하게끔 만들었을 것이다. 그러나 그린피스로부터 킷-캣이 사용하는 팜오일(Palm Oil)이 인도네시아 열대림을 파괴하고 오랑우탄의 멸종을 부추기고 있다는 소식이 전해지자 킷-캣 브랜드에 대한 소비자들의 신뢰가 추락하기 시작했다. 페이스북, 트위터, 유튜브와 같은 소셜 네트워크를 활용하여 펼쳐진 그린피스의 대대적인 캠페인은 SNS를 통해 이해관계자들이 해당 브랜드의 부정적 영향을 쉽게 비판할 수 있게 되었음을 보여주었다.

환경보호단체 그린피스가 2010년 3월에 만든 유튜브 비디오 동영상은 59초였다. 평범한 사무실에서 일을 하던 한 남성이 네슬레의 히트상품 킷-캣(Kit-Kat) 초콜릿을 집어 든다. 지나가던 직장동료가 깜짝 놀란다. 그가 입에 가져간 것은 초콜릿 빛깔의 오랑우탄 손가락이었고, 이를 한 입 베어 물자 턱과 컴퓨터 키보드 위로 피가 뚝뚝 떨어졌기 때문이다.

당시 네슬레는 초콜릿 생산을 위해 인도네시아의 시나마스라는 기업으로부터 팜오일을 납품받고 있었다. 그런데 시나마스는 오랑우탄의 서식지인 열대우림을 심각하게 훼손해 가면서 팜오일을 만들어 돈벌이를 하고 있었다. 그린피스는 네슬레를 비롯해 유니레

11 Upstream : Process에서 초기단계이며 원자재와 같은 생산원료상태를 말한다.

12 Downstream : Process에서 완성단계이며 원료와 거리가 있는 최종소비자에 더 가깝다.

버, 크래프트 등이 이런 환경파괴기업과 거래를 한다는 것은 비도덕적인 처사라고 비판하면서 시나마스와 관계를 끊으라고 압박했다. 그린피스는 동영상과 함께 네슬레에 대한 리포트 표지의 킷-캣 초콜릿 로고에 살인자(killer)라는 문구를 삽입했고, 동시에 네슬레 본사에서 시위를 벌였다. 동영상은 24시간 만에 150만 건이 넘는 조회 수를 기록했다. 결국 네슬레는 시나마스로부터의 구매를 모두 중지하고, 향후 환경을 훼손하는 업체와는 거래하지 않겠다고 밝혔다. 또한 숲을 보호하는 비영리기구 '포리스트 트러스트(The Forest Trust)'의 회원으로 가입해 환경보호활동에 앞장서겠다고 약속했다. 버거킹, 유니레버 등도 시나마스와의 거래를 중단했다. 이 사례를 통해 기업과 소비자는 물론 정부나 정치인, 시민단체 등이 어떻게 소통하는지를 보고 시사점을 파악해야 한다.

그림 5-13 I 킷-캣 동영상의 주요 장면

출처 : http://www.youtube.com/watch?v=VaJjPRwExO8

그것은 첫째, 그린피스는 그들의 주장을 위해 일반적인 시민의 삶, 즉 직장인의 일상으로부터 모티브를 이끌어냈다는 것이다. 동영상 59초 중 단지 19초 만을 자신들의 직접적인 주장과 관련한 장면을 보여주는 데 썼다. 둘째, 창의적인 방법이다. 그린피스는 어떤 기업의 마케팅 캠페인보다 창의적이고 전략적이었다. 셋째, 이성과 감성 그리고 현대적 도구(tool)의 적절한 활용이다. 즉, 과학적 근거에 의한 이성 위에 감성을 건드리는 내용으로 유튜브와 페이스북 등의 SNS라는 도구를 창의적으로 사용했다.

3. 펩시의 리프레시 프로젝트(Pepsi Refresh Project)

펩시는 1886년에 설립된 코카콜라가 독주하고 있던 콜라시장에 뒤늦게 뛰어든 업체로서 미국 노스캐롤라이나주에서 약국을 운영하던 칼렙 브래드햄(Caleb Bradham)에 의해 1898년 설립된 회사이다. 펩시는 콜라 열매와 바닐라 등을 원료로 소화불량 치료약의 일종인 브래드의 음료를 제조하여 판매하는 회사로서 회사명인 펩시도 소화효소의 일종인 펩신에서 아이디어를 얻은 것이다.

1930년대의 불황으로 가격에 민감해진 소비자들에게 동일한 가격인 5센트로 두 배의 양인 12온스를 마실 수 있는 부분을 강조하여 가격경쟁정책을 펼치면서 독주하던 코카콜라의 강력한 경쟁자로 떠올랐다. 코카콜라는 자사의 상징과 같은 손에 딱 들어오는 크기인 6.5온스짜리 병을 교체할 수 없는 상황이었기에 이 같은 저가격정책은 더욱더 효과를 발휘하였다. 이와 같이 펩시는 경쟁제품의 약점을 찾기보다는 발상의 전환을 통하여 경쟁제품의 강점을 뒤집어 마케팅에 적용하여 성공을 거두기 시작한다. 제2차 세계대전을 거치면서 펩시는 확고한 기반을 다지고 코카콜라의 강력한 위협요소로 떠오르게 된다.

그러나 전쟁이 끝나고 1950년대에 이르자 설탕가격이 오르고 임금이 비싸지는 등 여러 가지 환경상황에 의하여 저가격정책을 펼치던 펩시는 조금씩 가격을 인상해야만 하는 상황에 들어섰다. 이에 소비자들이 다시 코카콜라로 돌아서기 시작하면서 시장점유율은 코카콜라의 1/5로 떨어지게 되었다. 펩시는 이에 굴하지 않고 1960년대에는 자판기와 상점의 수요가 대부분이던 콜라를 가정용 포장으로 바꾸어 슈퍼마켓을 공략하면서 펩시의 큰 사이즈를 다시 특징으로 부각하여 마케팅정책을 펼치기 시작하였다. 이와 같은 노력은 점차 효과를 발휘하여 펩시의 시장점유율이 코카콜라의 절반에 이르게 되었다.

1970년대에 들어서서 펩시는 초심으로 돌아가 콜라시장의 선두기업인 코카콜라의 강점을 활용할 수 있는 마케팅을 생각해낸다. 펩시는 코카콜라보다 역사가 짧은 만큼 나이가 많은 소비자일수록 코카콜라를 선호하는 경향이 높고, 주머니가 가벼운 젊은 연령층일수록 펩시를 선호하는 경향이 나타났다. 이와 같은 상황을 고려하여 펩시는 코카콜라가 진보에 뒤처지고, 감각에서 뒤처지며, 세대에도 뒤처지는 제품으로 인식할 수 있는 마케팅전략을 구사하기 시작한다. 펩시 광고에는 마이클 잭슨이나 라이오넬 리치 같은 젊은이들의 우상을 등장시키며, 새로운 세대의 선택(The choice of a new generation)을 슬로건으로 내세우는 등 젊은 층을 공략한다는 전략을 일관성 있게 유지하면서 젊다는 이미지를 다양한 그림, 말, 사진, 음악 등으로 변화시켜가며 표현하였다.

또한 1970년대 중반 펩시에서는 눈을 가리고 콜라 맛을 본 후 좋아하는 콜라를 선정하도록 하는 테스트인 '펩시 챌린지'를 실행하였다. 이 테스트에서 사람들은 펩시를 코카콜라에 비해 3 대 2 정도로 더 많이 선택하였고, 그 결과를 텔레비전 광고에 적용하기 시작하였다. 이와 같은 결과가 나타난 이유에 대한 분석은 펩시가 코카콜라에 비해 9% 더 달기 때문에 사람들이 눈을 가리고 한 모금 마셨을 때는 펩시를 선택할 가능성이 크다는 것이다. 특히 젊을수록 단것을 좋아하므로 젊은이들에게 어필하려는 펩시에 부합하는 전략으로 큰 성과를 거두며 코카콜라의 우세를 조금씩 잠식해 나갔다.

이와 같이 다양한 마케팅전략을 구사하던 펩시는 기존의 전략에서 벗어난 새로운 마케팅전략을 시도하기 시작하였다. 펩시는 운용비용이 비싸지도 않고 게다가 고객들을 보다 정밀하게 선정하여 공략할 수 있다는 SNS의 위력을 높게 평가하였다. 또한 SNS는 만들어진 지 몇 년 안 되어 전 세계적으로 엄청나게 빠른 속도로 퍼져나갔고, 사람들이 이용하는 시간도 기존의 매체들(TV, 신문)보다 배는 많았으며, TV광고가 20초 안에 승부를 봐야 하는 데 비해 그보다 훨씬 긴 시간 동안 노출을 할 수 있다는 장점을 가지고 있었다. 고객들과의 지속적인 커뮤니케이션을 유지하는 것이 기업 마케팅의 지상목표라면 SNS는 가장 매력적이고 최적의 전략이라고 할 수 있다

미국시장에서 가장 큰 광고시장이라 할 수 있는 슈퍼볼광고는 기업들에게 있어서는 포기할 수 없는 광고시장으로 분류된다. 이러한 환경에서도 펩시는 연간 마케팅비용의 1/3을 할애하여 23년간 100억 가까이 투자하여 진행하던 슈퍼볼 광고를 포기하고 그 비용을 2010년 2월부터 리프레시 프로젝트(Refresh Project)를 통하여 SNS을 활용하는 마케팅에 집중할 계획을 발표하였다. 리프레시 프로젝트는 세상을 더 나은 곳으로 만드기 위한 참신한 아이디어(refreshing idea that change the world)를 개인 혹은 비영리단체가 온라인 플랫폼에 올리고 예술 · 문화, 교육, 식품, 건강, 이웃, 지구 분야에서 유저들의 표를 가장 많이 획득한 순서대로 펩시가 매달 25만, 5만, 2만 5천, 5천 달러를 지원하여 아이디어

가 실제로 실행될 수 있도록 하는 프로젝트이다.

그림 5-14 ｜ 펩시의 리프레시 프로젝트

광고와 브랜드에서 가장 많이 하는 말이 바로 아이디어이다. 그래서 광고회사의 많은 사람들이 세상을 바꿀 아이디어를 내기 위하여 많은 밤을 지새우고 있다. 펩시는 리프레시 프로젝트를 통하여 아이디어가 제품과 브랜드를 위해서가 아닌 세상을 바꿀 수 있는 선량한 곳에 쓰일 수 있음을 보여주었다.

기존에 기업 자체적으로 선정하여 기부하던 Top-Down 방식의 사회공헌에서 탈피하여, 기업 자선을 넘어 아이디어 구상부터 누가 기부금을 받을지까지가 모두 소비자들의 적극적인 참여로 이루어지는 Bottom-Up 방식의 사회공헌을 실시하여 펩시의 리프레시 프로젝트 발표 당시 주변의 반응은 뜨거웠다. 또한 온라인 플랫폼을 활용하여 당시 한창 인기몰이 중이던 트위터나 페이스북 같은 SNS를 훌륭하게 접목시켜 일반인들의 참여를 독려하였다. 리프레시 프로젝트에 참여한 유저들은 자신들의 SNS 계정을 활용해 지인들에게 프로젝트에 참여할 것을 권유하였고, 그 결과 2010년 한 해 동안 페이스북을 통해 투표에 참여한 이들은 8,000만 명을 넘어섰으며, 펩시의 페이스북 페이지 '좋아요' 가 350만 개 증가하였고, 트위터 신규 팔로어(follower) 숫자 6만 명 이상 증가라는 경이로운 홍보효과를 펩시는 누렸다. 펩시 리프레시 프로젝트는 SNS와 소비자들의 적극적인 참여를 핵심으로 한 SNS 마케팅의 혁신적인 사례라 할 수 있다.

하지만 프로젝트를 진행한 지 7개월 만에 우승 후보로 유력하게 올라온 조직의 상당수가 16개 조직으로 구성된 'Progressive Slate'에 소속되어 있다는 비판이 제기되면서 프로젝트의 공정성에 대한 논란에 휩싸이게 되었다.[13] 그럼에도 불구하고 펩시 리프레시 프로젝트가 불러온 신선함과 혁신은 높이 평가할 만하다고 여겨진다. 그러나 이 프로젝트가 성공했다고 평가하기 어려운 문제가 있다. 바로 펩시 리프레시 프로젝트가 시작된 이후 펩시콜라의 판매실적 부진이 이어졌다는 점이다.

2010년 펩시콜라의 판매실적은 전년도 대비 4.8% 하락하였으며, 탄산음료 전체시장에서 펩시가 잃은 시장점유율은 2.6%에 달한다. 코카콜라에 이어 판매순위 2위 자리를 성실하게 지켜오던 펩시는 2010년에 다이어트 코크에 밀려 3위까지 내려가는 상황에 도달하였다. 결국 야심차게 내놓은 프로젝트가 사회적으로는 좋은 영향력을 미쳤지만 기업에 긍정적인 성과를 가져다주었다고 말할 수 없다.

다시 말해, 펩시는 리프레시 프로젝트를 위해 매년 고액의 광고를 내걸었던 미국 프로 미식축구 경기인 '슈퍼볼'을 포기했기 때문에 소비자들의 호감도가 수직 상승하는 효과를 보았다. 또한 많은 연예인들의 자발적 참여로 인한 홍보효과와 슈퍼볼 광고를 대신한 마케팅이라는 점이 부각되어 언론에서의 조명도 많이 받게 되어 홍보효과부문에서 큰 성과를 이루었다. 하지만 리프레시 프로젝트를 전개함으로써 펩시라는 브랜드에 대한 긍정적인 이미지 개선에는 성공하였지만, 이러한 긍정적인 이미지를 만드는 것이 소비자의 구매행동을 이끌지 못하였다는 평가를 받게 되면서 리프

13 The New York Times (2010), "Pepsi Refresh Contestant Claims Rules Were Broken(http://www.nytimes.com /2010/10/01/business)"

레시 프로젝트는 실패한 캠페인으로 인식되기도 하였다. 결과적으로 펩시의 리프레시 프로젝트는 절반의 성공이라 평가되고 있다.

음료산업 전문 애널리스트 중 일부가 리프레시 프로젝트를 실패한 캠페인으로 비판하지만 펩시는 브랜드 자산과 브랜드 건강도 그리고 매출 모두에서 진전을 이루었다고 주장하고 있으며 제기된 다양한 문제들을 해결하기 위해 여러 가지 요소들을 개선하는 등 프로젝트를 위하여 노력을 게을리하지 않았다. 하지만 펩시 리프레시 프로젝트는 2012년 1월 수상자에게 마지막으로 상금을 지원하고 최종적으로 2012년 3월 막을 내리게 된다.

4. 아모레퍼시픽 – 메이크업 유어 라이프

내면의 아름다움이 아닌 인간의 겉모습을 미화시켜 매력적으로 보이게 하는 외적인 미를 추구하는 화장품회사가 뭘 그렇게 좋은 CSR활동을 하겠냐고 말하는 사람들이 많을 것이다. 실제 이런 기업들이 CSR활동을 한다고 하더라도 겉치레뿐일 것이라고도 말할 수 있다. 하지만 화장품기업으로서 기업 고유의 역량을 활용하여 우리가 사는 사회에서 필요로 하는 작지만 위대한 역할을 찾아내는 기업들이 있다.

일본의 화장품회사 시세이도는 쓰나미 피해지역 봉사를 나가면서 남들이 흔히 하는 생수나 라면 같은 판에 박힌 구호품을 전달하는 대신 일일이 피해지역 주민들에게 다가가 위로하면서 그들이 가장 필요로 하는 것을 찾아 해결해주기 위해 노력하였다. 그것은 어렵고 대단한 것이 아닌 바로 눈썹연필(eye pencil)이라는 것을 알게 되었다. 재난지역에서 화장은 물론이고 세수하기조차 힘든 형편이지만 눈썹까지 지워진 자신과 이웃의 얼굴을 보는 것은 그들을 더욱 비참하고 절망감에 빠지게 한다는 것이다. 불행 속에서도 여성으로서의 기본적 외모를 갖추고 싶어 하는 것은 인간의 본능이고 자존이며 이것을 잃어 버렸을 때의 상실감은 겪어본 사람만이 알 수 있다. 이처럼 CSR활동은 시혜자(donor) 편의에 의한 자선과 봉사가 아닌 수혜자(beneficiary)가 필요로 하는 것을 찾아서 제공해주는 기업 고유의 역량을 활용한 활동이 되어야만 하는 것이다.

아모레퍼시픽은 'Make up your life(당신의 삶에 아름다운 변화)' 라는 슬로건과 함께 내 · 외면의 건강추구, 조화로운 성장, 사회적 자립지원의 3대 핵심영역에서 CSR을 구체화시키려고 노력하고 있다. 특히 여성 암환자들을 위한 CSR활동은 인체의 겉모습을 미화시켜 용모의 결점을 커버하여 매력적으로 보이게 하는 화장품 회사의 고유 역할을 실제 CSR활동으로 녹여내는 좋은 사례이다.

첫째, 내 · 외면의 건강추구는 아모레퍼시픽의 고유사업인 Beauty & Health를 바탕으로 신체적인 건강에서 사회 · 정서적 건강까지 케어하는 프로그램이다. 둘째, 조화로운 성장은 문화 다양성 존중과 인식개선, 나아가 다양한 문화사랑 나눔 프로그램을 통해 사회의 긍정적인 성장을 도모하고자 하는 것이다. 셋째, 사회적 자립지원은 기업의 비즈니스 역량을 순기능적으로 반영하여

표 5-2 | 아모레퍼시픽의 사회공헌 가치체계

사업영역	내·외면의 건강추구	조화로운 성장	사회적 자립지원
핵심사업	메이크업 유어 라이프 캠페인, 핑크리본 캠페인	희망날개, 공병재활용 캠페인	희망가게
운영재단	한국유방건강재단	아모레퍼시픽재단	아모레퍼시픽 복지재단
기타사업	미장센 단편영화제, 설화문화전, 한문화재 한지킴이, 뷰티플라이프, 아시아 여성과학자 포럼, 리리코스 Save the Sea, 라네즈 워터풀 쉐어링 캠페인		

출처 : 아모레퍼시픽 2013 지속가능경영보고서

저소득층 여성이 스스로 자립할 수 있도록 역량 강화에서부터 취업 및 창업지원까지 경제적 자립이 필요한 여성들의 사회문제 해결에 적극 동참하는 프로그램이다. 이 외에도 3개의 비영리 공익재단 운영과 외부기관과의 연계사업, 임직원 나눔활동 등을 통해 기업의 사회적 책임을 다하기 위해 꾸준히 노력하고 있다.

1) 내 · 외면의 건강추구

아모레퍼시픽은 여성의 건강한 아름다움을 위해 여성과 관련된 사회 이슈를 앞장서서 해결하고, 수혜자의 근본적인 변화를 위해 수혜자 스스로가 삶을 기획하고 만들어갈 근간을 제공하고자 외면의 아름다운 변화를 선물하여 여성의 자존감을 높이고 동시에 내면의 건강함을 가꾸어 삶의 질을 높이고자 노력하고 있다.

'메이크업 유어 라이프(Make Up Your Life)' 캠페인은 암 치료 과정에서 겪는 피부변화와 탈모 등 급작스러운 외모변화로 인해 고통받는 여성 암환우들에게 메이크업 및 피부관리, 헤어 연출법 등 스스로 아름답게 가꾸는 노하우를 전수하여 환우들이 투병 중 겪는 심적 고통과 우울증을 극복하고 내면의 아름다움을 되찾아 삶에 대한 긍정적 태도를 고취시킬 수 있도록 돕는 캠페인이다.

2012년에는 아모레 카운셀러 500명의 자원봉사자가 전국 51개 병원에 있는 1,700여 명의 환우를 대상으로 캠페인을 진행하였고, 병원을 방문하기 어려운 환우를 위해 '찾아가는 서비스'를 2011년에 이어 진행하였다.

'핑크리본' 캠페인은 유방건강이라는 주제 아래 다양한 활동을 통해 자신의 몸에 대한 관심과 건강을 돌보는 습관 형성을 강조함으로써 여성들에게 자신에 대한 긍정과 사랑에 대한 메시지를 전달하고 여성의 동반자인 남성과 가족 모두에게 여성 건강의 중요성을 알리기 위한 활동이다. 핑크리본 캠페인은 유방건강의 의식

그림 5-15 I 아모레퍼시픽의 메이크업 유어 라이프 캠페인

출처 : 아모레퍼시픽 사회공헌 포털사이트

향상을 위한 상징물로 여성의 아름다움과 건강, 그리고 가슴의 자유를 의미한다. 아모레퍼시픽은 여성의 건강한 삶을 지키기 위해 한국유방건강재단을 설립하였고, 전 국민을 대상으로 유방암 예방 의식과 조기검진의 중요성을 널리 알리기 위해 지속적으로 핑크리본 캠페인을 전개해오고 있다.

2012년에는 유방건강이라는 주제 아래 일반인 홍보대사 '핑크 제너레이션' 202명을 모집하여 자가진단법 홍보 등의 활동을 진행하였고, 유방건강활동 공모전 '아워 핑크리본 프로젝트(Our Pink Ribbon Project)'를 통해 7개 기관과 팀을 선정하여 암극복 여성밴드와 합창단 등을 지원하였다. 이 외에도 전문가들의 재능나눔 참여로 인해 만들어진 핑크리본 조형물, 건강 레시피 등의 다양한 콘텐츠는 30만 명 이상에게 SNS를 통해 캠페인 메시지를 전달하여 유방 자가검진 및 예방의 중요성을 알릴 수 있었다.

핑크리본 캠페인을 통해 아모레퍼시픽이 이끌어내고자 했던 것은 자발적인 참여를 통한 기업과 고객 간의 피드백이다. 기업이 일방적으로 주기만 하는 사회적 활동이 아니라 기업과 시민사회가 함께 만들어가는 캠페인을 만든 것이다.

핑크리본 캠페인의 대표 행사인 '핑크리본 사랑마라톤대회'는 마라톤이라는 활동을 통해 시민들의 참여를 유도하며 유방암과 직접적인 관련성은 낮아도 건강이라는 공통분모 속에서 그 중요성과 가치를 일깨워주었다. 그리고 영화 말아톤(2005년 개봉)의 흥행 등 사회적 분위기에도 관심을 가져 그동안 서울지역에서만 열리던 마라톤대회를 2006년도에는 부산(4월), 광주(5월), 대전(6월), 대구(9월) 등 전국으로 확대 개최하였다.

또한 2006년부터 '내 가슴愛 핑크리본'이라는 슬로건으로 유방건강의식 향상과 예방검진의 중요성을 알리고 온 가족이 참여하는 축제의 장을 마련하였다. 또한 참가자가 납부한 참가비 전액은 한국유방건강재단에 기부되어 유방암 예방과 치료활동에 사용되어 건강한 나눔문화 확산에 기여하고 있다.

그림 5-16 | 2012 핑크리본 사랑마라톤 서울대회

출처 : 아모레퍼시픽 사회공헌 포털사이트

표 5-3 | 내 · 외면의 건강추구 캠페인 추진 현황

<table>
<tr><th colspan="2">구분</th><th>단위</th><th>2010년</th><th>2011년</th><th>2012년</th></tr>
<tr><td>메이크업 유어 라이프</td><td>참여 수</td><td>명</td><td>1,842</td><td>1,814</td><td>1,760</td></tr>
<tr><td rowspan="3">핑크리본</td><td>마라톤 참여 수</td><td>명</td><td>24,165</td><td>24,827</td><td>24,470</td></tr>
<tr><td>건강강좌 참여 수</td><td>명</td><td>22,334</td><td>31,227</td><td>31,150</td></tr>
<tr><td>수술치료비 지원금액</td><td>백만 원</td><td>220</td><td>249</td><td>258</td></tr>
</table>

출처 : 아모레퍼시픽 2013 지속가능경영보고서

2) 조화로운 성장

아모레퍼시픽은 사람과 자연, 기업의 조화로운 성장을 추구하고자 기업의 성장과 더불어 우리 사회의 진정한 성장을 위하여 문화 콘텐츠의 다양성을 확보하기 위한 활동을 지속하고 있으며, 다양한 문화가 자연스럽게 소통하고 교류할 수 있도록 지원하고 있다.

'희망날개' 사업은 아모레퍼시픽복지재단과 한국여성재단이

2011년부터 공동지원하고 있는 사회공헌사업으로, 해외 이주여성이 자신의 문화정체성을 바탕으로 문화역량을 개발하고 공유할 수 있도록 다문화 여성 커뮤니티활동을 지원하는 프로그램으로, 다문화 여성 커뮤니티의 문화 창작활동을 지원해 다문화 여성들이 적극적인 문화 소통과 교류의 주체로 성장할 수 있도록 돕고, 지역사회와의 다양한 교류활동을 통해 사회 전반에 적극적이고 주체적인 존재로 자리 잡을 수 있도록 지원하고 있다. 2013년 희망날개는 다문화 커뮤니티의 문화 콘텐츠 창작 지원, 커뮤니티의 기획자로서 역량 강화를 위한 문화기획자 아카데미 참가 지원, 가족 및 일반시민과 함께 어우러지는 축제의 장인 '윙크 페스티벌(Wink Festival)', 아모레퍼시픽의 멀티 브랜드숍 아리따움과의 연계프로그램 등 총 4가지 사업으로 구성하여 진행하였다.

특히 아리따움 연계프로그램은 다른 프로그램과 달리 2013년에 처음 시도하는 사업으로 다문화 여성 커뮤니티와 아리따움 고객과

그림 5-17 ▌ 아모레퍼시픽의 윙크 페스티벌

출처 : 머니위크, 2013년 4월 24일

의 교류를 통해 지역사회에 다문화 메시지를 전하고 상호 이해를 높이기 위한 프로그램이다. 이와 같이 아모레퍼시픽은 희망날개사업을 통해 다문화 이주여성들이 다양한 문화적 정체성을 바탕으로 지역사회에서 활발히 소통하고 각자 분야에서 역량을 발휘하여 여성의 당당한 아름다운 삶을 살 수 있도록 지원하고 있다.

'공병재활용 캠페인'은 아모레퍼시픽이 고객과 함께 자원 재활용과 환경보호를 실천하고, 자사제품의 자원순환을 통해 과대포장이라는 환경에 대한 부정적인 영향을 최소화시키고자 지속적으로 추진하고 있다. 아모레퍼시픽은 현재 아리따움, 마트, 백화점 및 관계사인 이니스프리, 에뛰드 등 모든 오프라인 매장에서 판매되는 제품의 공병(스킨케어 제품의 유리 · 플라스틱 용기)을 매장에 반납하는 고객에게 아모레퍼시픽 멤버십 포인트인 뷰티포인트를 공병 1개당 500점씩 적립해주고 있다. 공병재활용 캠페인은 2009년 이니스프리를 시작으로 전 브랜드로 퍼져가면서 2012년 말까지 집계한 결과, 전국 오프라인 매장에서 약 242톤의 화장품 공병을 수거한 것으로 나타났다.

아모레퍼시픽은 재활용 전문업체와 연계하여 수거된 용기가 재활용 원료로 사용될 수 있도록 지원하고 있으며, 주기적으로 공병 수거량을 측정하고 관리하고 있다. 아모레퍼시픽의 공병재활용 캠페인은 고객과 함께 실천하는 환경보호 캠페인 전개를 통해 환경문제의 심각성을 알리고, 기후변화에 대한 대응의지와 환경에 대한 우리 모두의 책임의식을 고취하고자 진행 중인 활동이다.

3) 사회적 자립지원

무담보 소액대출사업(마이크로 크레디트)인 '희망가게'가 우선 눈에 띈다. 2003년 아름다운 재단에 기부한 서 회장 유산이 그 출발점이다. 저소득 한부모 여성가장을 대상으로 소규모 창업을 지원하고 있으며, 현재 아름다운 재단이 운영하고 있다. 담보나 보증은 필요치 않으며 신용등급도 관계없다. 단, 소득과 재산기준이 최저생계비의 150% 이하여야 하며, 지원지역 저소득 한부모 여성가장이라면 누구나 지원가능하다. 서류 및 면접 심사를 통해 '희망가게' 창업대상자를 선발한다. 최대 4,000만 원의 창업자금을 연리 2%, 7년 상환조건으로 지원받는다. 이자 2%는 "다시 다른 여성가장 창업지원에 사용됨으로써 희망을 나누는 선순환을 꾀하고 있다"는 것이 아모레퍼시픽 측의 설명이다. 그 외 창업 컨설팅, 법률, 세무, 교육비 등 다양한 지원도 함께 제공된다.

아모레퍼시픽에 따르면 "2004년부터 2012년 말까지 144개 점이 오픈했으며, 월평균 가구소득은 260여만 원에 이른다"고 한다. 2014년 상반기에는 지원지역을 기존 수도권(서울, 경기, 인천), 원주, 춘천, 대전(천안, 청주), 광주(목포) 외에도 구미, 포항, 김해, 양산지역까지 확대해 모집을 실시했다.

아모레퍼시픽이 2008년부터 시작한 '메이크업 유어 라이프' 역시 '업'의 특성을 잘 연결한 CSR사업이다. 암 치료과정에서 피부변화나 탈모 등 갑작스런 외모변화로 고통받는 여성환자들을 위한 프로그램으로 한국유방건강재단, 한국유방암학회, 대한종양간호학회가 함께하고 있다. 아모레퍼시픽은 "이제까지 모두 7,500여 명의 여성 암환우 및 1,900여 명의 아모레 카운셀러 자원봉사자가 캠페인에 참여했다"며 "2013년에는 서울 및 전국 주요지역에서 2,000여 명의 환우를 대상으로 총 51개 병원에서 진행됐다"고 밝혔다. 암 수술 후 2년 이내 여성환자로 현재 방사선 또는 항암치료 중이면 누구라도 참가할 수 있다. 참가자를 대상으로 메이크업, 피부관리, 헤어 연출법 등 맞춤형 상담이 진행되며, 가방, 교재, 브로슈어, 지원제품 등으로 구성된 '키트'가 함께 제공된다.

2011년부터는 중국에서도 캠페인을 함께 진행하고 있다. 상해

지역 최고 권위를 갖고 있는 것으로 알려진 복단(푸단)대학교 병원에서 이뤄졌으며, 작년부터는 '상해 암회복클럽', '분홍 천사기금' 등 여성 암관련 단체 및 병원들을 대상으로 확대 · 실시하고 있다.

2000년부터 시행하고 있는 '핑크리본 캠페인'은 익히 잘 알려진 CSR사업이다. 이 캠페인의 가장 큰 특징은 여성뿐 아니라 동반자인 남성 그리고 가족 모두의 관심을 유도하는 활동을 펼쳐 왔다는 점이다. 매년 개최되고 있는 '핑크리본 사랑마라톤'이 그 예이다. 유방건강에 관한 유용한 정보를 제공하고, 조기검진의 중요성을 알리기 위한 취지로 개최되고 있으며 서울 · 부산 · 대전 · 대구 · 광주 등 5개 도시에서 연중 릴레이로 열린다. 일반인 홍보대사 육성프로그램 '핑크 제너레이션'도 핑크리본 캠페인의 일환으로 진행되고 있으며, 참가자는 반드시 유방 자가검진교육과정을 수료하게 함으로써 유방암에 대한 예방적 차원의 노력을 함께하고 있다.

5. 루이 비통 – Life Style & Luxury

브랜드의 탄생 이래 창조에 대한 열정을 가져온 루이 비통(LOUIS VUITTON)은 예술 분야와의 긴밀한 관계를 유지해 왔다. 창립자 루이 비통은 각 시대의 사람들로부터 큰 영감을 받아 트렌드를 창조하고 전통을 고수하는 동시에 미래를 발명하였다고 한다. 창립자와 브랜드를 이끌어온 이들의 모험적이고 창조적인 시도를 통해 루이 비통은 세계 최고의 럭셔리 브랜드로 성장했다. 예술과 창조에 대한 열정은 루이 비통의 중요한 기반이자 요소로 작용하고 있다. 루이 비통은 동시대 예술가들과도 깊은 유대관계를 유지하고 있으며, 그들과의 협력 및 공동작업을 통해 예술 · 문화와 다양한 방식의 교류를 지속하고 있다.

그림 5-18 I 루이 비통과 예술

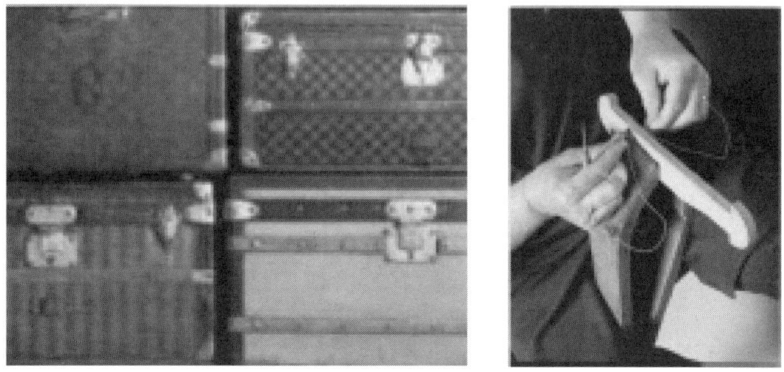

루이 비통 코리아는 예술 · 문화와의 다양한 방식의 교류를 지속하고자 아티잔스(Artisans) 프로젝트를 진행하고 있다. 아티잔스 프로젝트는 장인정신과 예술적 가치를 중요시하는 루이 비통의 기업철학을 바탕으로 탄생한 새로운 개념의 사회공헌으로 한국 전통 문화유산을 보존하고 계승하는 동시에 새로운 미래의 가치로 승화할 수 있는 장을 펼치기 위해 기획됐다. 루이 비통의 기획과 지원 아래, 과거와 현재를 이어주는 장인을 선정해 유명 현대예술가들이 선정된 장인과의 교류를 통해 현대예술작품을 창작하고, 이의 연장선으로 미래의 장인을 꿈꾸는 젊은 창작가가 장인이 진행하는 워크숍 수강을 통해 얻은 영감을 바탕으로 한 예술작품을 제작해 전시하는 것이 프로젝트의 큰 틀이다.

'Artisan'은 영어와 프랑스어로 장인을 칭하는 단어이지만, 그 기원을 살펴보면 과거 '예술가'라는 뜻을 지니고 있으며, Art는 'skill as a result of learning or practice(배움과 실습으로 터득한 기술)'라는 어원을 가지고 있다. 과거 사라진 단어의 의미를 되살린 '아티잔스'는 전통문화예술을 계승하는 장인, 예술적 기교보다는 예술이 사회에 어떻게 기여할 수 있는지 고민하는 현대예술작가, 워크숍을 통해 양성되는 미래의 장인이자 창작가들을 모두 포함하는 의미를 지닌다. 이는 그동안 루이 비통이 예술(art)을 후원하고 나아가 여러 모로 예술계와 협업하며, Art Collaboration의 선구자적인 역할을 해온 여정의 연장선이라고도 볼 수 있다. 아티잔스(Artisans)라는 명칭은 단순한 예술 분야와의 협업이나 일반적인 사회공헌을 넘어 예술과 사회공헌을 접목시킨 시도를 통해 남들이 가지 않은 길을 개척하고자 하는 루이 비통 코리아의 염원이 담겨 있으며, 전통과 혁신을 동시에 추구해온 브랜드의 철학을 대변한다.

루이 비통 코리아는 2대째 전통악기 제작의 전통을 이어가고 있는 이영수(중요무형문화재 제42호 악기장 보유자) · 이동윤(중요무형문화재 제42호 악기장 전수교육조교) 장인 부자와 함께 아티잔스 프로젝트를 진행했다. 또한 한국 현대미술을 대표하는 현대예술가로 문경원 · 전준호 작가가 선정돼 장인과의 교류를 토대로 한국 전통문화를 새롭게 조명하는 영상작품을 제작하고, 더불어 150여 명에 이르는 지원자 중 심사를 거쳐 최종적으로 선정된 젊은 창작가 6인(서완, 이윤희, 정혜윤, 한성재, 한수정, 현정윤)이 프로젝트에 참여해 장인과의 교류를 통해 얻은 영감을 바탕으로 자신만의 색을 입힌 예술작품을 선보였다.

순수미술, 도예, 목조형가구, 작곡, 영상매체예술, 디지털미디어디자인, 공간디자인 등 다양한 분야의 전공을 가진 젊은 창작가 6인은 2013년 12월부터 진행된 총 12회에 걸친 전통악기 가야금 제작 실습 워크숍에 참여해 가야금 제작과정과 무형문화재 장인의 정신과 삶을 이해하는 시간을 가졌다. 여러 중요무형문화재 가운데 현악기를 만드는 이영수 악기장과 이동윤 전수교육조교를 모신 것은 나무를 켜고 조각하며 현을 꼬고 매는 손의 기술을 보여주는

그림 5-19 | 루이 비통 아티잔스

작업을 통해 형태가 있는 시각적 작업을 보이는 데 그치지 않고, 그 속에 소리라는 청각적 아름다움까지 담는다는 점에 주목했기 때문이다.

디지털미디어를 전공한 서완 작가는 익숙한 도구를 이용하여 새로운 시각적 이미지를 연출, 관객과 상호 소통하는 작업을 했고, 도예를 전공한 이윤희 작가는 음악에서 받은 영감을 벽면 부조로 재해석한 작품을 선보였다. 작곡과 영상매체예술을 전공한 정혜윤 작가는 창극 음악 퍼포먼스를 연출했으며, 곡조형가구학과를 전공한 한성재 작가는 악기의 기능만이 아닌 테이블 형태의 가야금을 제작했다. 공간디자인 전공 한수정 작가는 가야금을 공간적으로 재구성하여 확대한 작품을 선보였다. 서양화을 전공한 현정윤 작가는 장인들을 찾아 채집한 현장의 소리와 손의 움직임을 통해 노동의 가치를 표현한 영상을 만들었다.

전시기간 중 작품의 독창성과 완성도가 가장 뛰어나다고 평가를 받은 창작가 한수정과 현정윤에게는 루이 비통의 장인정신을 엿볼 수 있는 프랑스 아니에르(Asnières) 공방과 파리 에스파스 루이 비통(샹젤리제 메종에 위치한 복합문화전시공간) 방문기회가 주어졌다. 아울러 이번 프로젝트에서 멘토로도 활약한 문경원 · 전준호 작가는 중요무형문화재 보유자의 삶과 그 정신을 기리는 작업을 위해 이영수 · 이동윤 장인 부자와의 만남에서 받은 영감을 다큐멘터리 영상으로 만들어 과거의 유산을 잇는 장인의 숭고한 작업을 알리는 작업을 진행했다.

루이 비통의 아티잔스는 전통문화유산을 대대로 이어온 중요무형문화재의 삶과 그 정신을 알리고, 이를 과거라는 시간에 머물도록 국한시키는 것이 아니라, 현재 속에서 함께 호흡할 수 있도록 한국 현대미술을 대표하는 작가의 작품을 통해 전통의 가치를 재해석하고 나아가 미래의 장인들인 젊은 창작가들의 잠재력을 이끌어내고자 기획된 프로젝트다. 아티잔스 프로젝트는 중요무형문화재 악기장과 현대미술작가 그리고 젊은 창작가들의 교류를 통해 잊혀져가는 전통과 가치를 다시 환기하고, 과거 · 현재 · 미래가 유기적으로 작용하여 단절이 아닌 예술적 소통으로 더욱 풍요롭고 가치 있는 유산으로 전승되어 대중적 공감을 넓히는 계기가 된 것으로 평가받고 있다.

6. 소결

기업들은 효과적인 CSR활동과 적절한 홍보로 자사 브랜드가 강력하게 커가기를 바랄 것이다. 기업이 CSR부서를 새로 만들고 인터넷과 SNS를 통해 브랜드이미지가 높아질 수 있도록 노력하는 것도 중요하다. 그러나 기업은 트리플바텀라인(사회, 환경, 경제)을 실제 경영에 효과적으로 활용할 수 있는 CSR 리더십을 개발해야 한다.

기업시민(corporate citizen)으로서 그 기업이 속한 사회를 위한 새로운 가치창조의 CSR 리더십(CSR value creation leadership)을 가지고 말뿐이 아닌 실제 광고에서처럼 실천과 성과로도 보여 줄 수 있다는 것을 증명해 보일 수 있어야 한다. 그러므로 기업경영진들은 이제 진정성 있는 CSR활동만이 지속가능한 성장을 가져다 줄 유일한 혁신이며 기회라고 인식해야 한다.

SNS의 장점은 기업에 대한 이해관계자들의 태도의 변화를 즉각적으로 파악할 수 있으며, 개인 · 정부 · 기업이 제기하는 이슈들의 변화에 대해 바로 인지할 수 있다는 점이다. 지금 우리 사회는 언제든지 다양한 SNS를 활용할 수 있으며, 이를 통해 사람들이 무엇을 생각하고 무엇을 원하는지 정보와 아이디어를 얻을 수 있다. SNS를 통해 실시간으로 발생하고 있는 최신 이슈와 변화들에 대해 가장 먼저 알 수 있다는 것이 중요하며 이는 궁극적으로 변화의 주체들로 하여금 기업활동에 대해 우호적인 인식을 갖게 하고 지속적으로 브랜드를 관리하며, 효과적으로 다양한 이해관계자들과 소통할 수 있도록 할 것이다.

또한 기업은 SNS를 통해 CSR활동을 지속적으로 홍보함으로써 그들이 사회적으로 책임 있는 기업이라는 새로운 브랜드가치를 이해관계자들에게 효과적으로 알릴 수 있으며, 이러한 접근방식은 자신의 브랜드가 투명한 조직이라는 것을 알리는 것뿐 아니라 다양한 이해관계자들과의 관계를 강화하는 데 있어서도 큰 효과를 발휘한다. 이러한 장점에도 불구하고 그로 인한 부정적 사건이 발생했을 때는 뚜렷한 문제해결방법이 제시되지 못하지만, 확실한 것은 SNS를 통한 소비자들과의 소통과 새로운 정보에 대한 접근이 기업의 지속가능성에 중대한 영향을 미친다는 것이다. SNS의 활용은 기업의 통합적 CSR활동에서 매우 중요한 요소라는 것이 이미 증명되고 있으며, 그래서 요즘 기업들은 SNS 관리팀까지 만들어 여론에 촉각을 세우고 있다. 인터넷과 SNS에 의해 만들어지는 여론은 너무 쉽게 증폭되어져 그 파급효과가 걷잡을 수 없이 커지는 것을 잘 알기 때문이다.

PART 03

Corporate Social Responsibility

CSR의 평가

Chapter 6 CSR 평가의 의의

Chapter 7 CSR 구성요소

Corporate Social Responsibility

06
Chapter

CSR 평가의 의의

평가(evaluation)란 양적 · 질적 측정과 가치판단을 포함하는 의사결정이다. 우리는 어쩌면 태어나서부터 죽기까지 수천 번의 평가를 받으면서 산다고 해도 과언이 아니다. 학교 다닐 때는 수많은 시험과 싸우고 나이가 들어서는 부(wealth)가 척도가 되어 인생을 평가받기도 한다. 이 밖에도 평가받는 사례는 많다. 우리가 지금까지 살펴본 CSR도 발전을 거듭하면서 이제는 '누가 더 잘하나' 식의 경쟁 같은 느낌을 받는다. 각 기업에서는 CSR을 마케팅의 한 방편으로 취급하여 좋은 평가를 받는 것으로 기업홍보에 열을 올린다. 왜 그들은 CSR에 열광하는가? 왜 그들은 CSR의 평가를 좋게 받고 싶어하는가? 그 이유는 다음의 절에서 설명하겠다.

제 1 절 ▪ CSR 평가가 중요한 이유

CSR의 평가가 중요한 이유는 크게 세 가지로 나누어 볼 수 있다. 첫째, 사회적 변화이다. 과거 CSR은 기업의 생존에 있어 필수 사항은 아니었다. 자본주의가 발달한 미국에서 시작되었던 CSR은 하나의 유행처럼 받아들여졌지 실제 이론화되고 발달될지는 상상도 못하던 일이었다. 그러나 글로벌 경제체제로 변모하면서 기업이 번영을 지속하기 위해서는 트렌드의 움직임을 주의 깊게 관찰하면서 발빠른 대응을 해야만 하기 때문에 그 중심에는 기업이 있어야 했다.

사회적 역할을 강조하는 보고서를 내는 기업은 2011년 전 세계를 통틀어 8,602여 곳이었다. 보고서를 만들고 배포하는 일은 돈이 드는 일이지만, 그렇지 않을 경우의 기회비용이 갈수록 커지고 있기 때문이다. 국내에서는 아직 보기 힘든 일이지만, 유럽, 미국 등지에서는 시민단체들이 보고서를 내지 않는 기업들의 명단을 매년 발표하고 그런 기업들의 사회 영향력에 대한 조사를 벌인다. 소비자들은 이런 보고서가 없는 기업들을 '불투명' 하거나 '믿지 못할 곳' 으로 의심하게 됐다. 이런 불신을 풀지 못하는 기업은 제품 판매가 줄어들고 주가가 하락하는 위기를 맞는다. 이런 흐름 때문에 CSR에 대한 명확한 인식이 없는 기업조차 보고서를 만들고 배포하는 대열에 합류하고 있다.

사실 이런 보고서를 낼 수 있는 곳은 시간과 비용을 투자할 수 있는 다국적기업인 경우가 대부분이다. 중소기업이 이런 보고서에 품을 들일 여유는 많지 않으며, 또 다국적기업들은 사회적으로 이익이 첨예하게 갈리는 분야에서 제품을 만들고 판매하는 경우가 많기 때문이다. 담배회사, 석유회사 등이 다른 분야의 기업들보다 빨리 사회공헌사업에 관심을 기울인 것도 비슷한 이유에서다.

그래서 더욱 CSR 평가가 필요한 것이다. CSR 평가를 통해 사회적으로 이득을 주는 이익을 판별하고 이를 성과로 보고 발표함으로써 사회적 비용을 최소화하는 과정에 있다고 볼 수 있다. 물론

CSR 평가 자체가 이른바 '착한 기업' 또는 '사회적 의무를 잘 수행하는 기업'을 말하는 것은 아니다. 예를 들면, 제9회 최우량기업상 시상[01]에 국내 최대유통업체 중 하나가 뽑혔다. 그러나 2011년 그 기업은 '통큰 치킨'이라는 초저가상품으로 서민경제사슬을 어지럽히는 존재라고 여론과 지역사회로부터 많은 비난을 받았다.

CSR 평가가 중요한 두 번째 이유는 평가기관[02]의 증가이다. 그러나 평가기관들의 수를 파악하는 것은 무의미하다. 왜냐하면 과거 1990년대에만 보더라도 평가기관의 수는 그렇게 많지 않았다. 그러나 CSR에 대한 사회적 기대가 높아지면서 그 수가 기하급수적으로 늘어났다. 그러므로 평가기관에 대한 검토는 CSR 평가를 논하는 데 있어 매우 중요한 일일 것이다. 먼저 평가기관의 유형을 알아보도록 하자.

CSR 유형을 평가의 주체에 따라 International-type, Company-type, NGO-type으로 구분해 보았다. 그 특성들을 각각 살펴보면 먼저 International-type은 국제기관이 기업을 평가하는 형태를 말한다. 이들은 평가 자체에 주안점을 두는 것이 아니라 개념 자체가 포괄적이며 주도적(initiative)인 것이 특징이다. International-type은 공증된 국제기관이 주도하여 국가나 기관이나 주제별 특성효과가 없는 일반적인 항목들을 측정하는 것이 대부분이다. 또한 평가대상의 기업도 정해져 있지 않고 기업들이 일정한 기준을 맞추려는 수동적인 특성을 가지고 있다고 볼 수 있다. 즉, 자유스럽게 참여하라는 기준을 마련한다. 그러나 아무나 회원이 될 수는 없다. 예를 들면 GRI Report가 그렇다. 또한 CSR이라는 개념보다 더 보편적인 개념인 지속가능경영의 특성을 지니고 있다.

다음으로 Company-type이다. 이는 컨설팅그룹과 같은 금전적인 목적에 의해 평가하는 것을 말하며, 절대적인 평가기준을 만들

01 2011년 한국경영학회 주최 좋은 기업을 선정하고 시상하는 행사였다.

02 CSR을 평가하는 기관 또는 기업을 평가기관이라고 명명하겠다.

어 CSR을 평가하고 공표를 하는 특성이 있다. 앞서 살펴본 International-type의 경우에는 모든 평가기준을 공개하고 있다. 그러나 Company-type의 경우에는 일부만을 공개한다. 평가대상 기업이 정해져 있거나 기업이 선택적으로 참여하기보다는 대부분이 일방향적으로 보고하는 형태이다. 대표적으로 미국의 KLD 인덱스나 다우존스의 DJSI가 대표적이다.

마지막으로 NGO-type이다. NGO-type은 앞서 살펴본 2가지 형태를 유지한다. 외부적으로 NGO-type은 International-type처럼 금전적인 대가 없이 순수하게 평가하는 형태를 이야기한다. 그러나 Company-type처럼 평가기업을 정해 놓고 평가를 하기도 하며 대다수의 기업을 평가하기도 한다. [표 6-1]은 각각의 CSR의 평가형태별 구분내용을 정리한 것이다.

표 6-1 | CSR의 평가형태별 구분

	International-type	Company-type	NGO-type
평가 기업의 범위	주로 대기업	선택적	선택적 혹은 모두
평가기준	자유	강제적	자유 또는 강제적
대가	없음	있음	없음
예	GRI	DJSI	NSF[03]

03 넥스트소사이어티재단(Next Society Foundation)은 2011년부터 매년 NSF CSR Summit을 통해 지속가능보고서를 발간하는 국내 100대 기업들을 대상으로 CSR Index 평가결과를 발표하고 있다.

CSR 평가가 중요한 마지막 이유는 구성원들의 관심도 증가를 들 수 있다. 실제 CSR의 평가내용을 기업을 둘러싼 이해관계자들에게 보고하고 이해관계자들은 이를 고려하여 기업과 거래를 수행한다는 것이다.

오늘날에는 기업의 사회적 책임, 비즈니스 윤리, 기업시민의식, 환경보호, 오염관리, 지속가능한 발전 등을 이해관계자들은 고려한다. 그러나 이러한 항목들은 지나치게 확대 해석해서는 안 된다. 그것은 바로 지속가능성평가를 잘 받는 것이 기업이 CSR을 수행하는 유일한 동기가 아니기 때문이다. 최근 기업들은 환경적으로 지속가능성을 증진시키고, 인권을 존중하며, 경제발전을 촉진하는 방향으로 비즈니스를 영위하는 것에 진정으로 관심을 가지고 있다. 더욱이 기업의 자율규제는 정부규제가 추가적으로 수립될 가능성을 줄이고 새로운 규제들이 등장했을 때 기업이 훨씬 경쟁력을 갖추도록 만든다.

직원들의 높은 사기나 좋은 평판처럼 CSR 덕분에 기업이 얻는 이익 중 일부는 재무제표상에 직접적으로 나타나지 않는다. 수익이 나는 기업 입장에서 볼 때 CSR은 소비자와 시민을 배려하는 마음에서 임의대로 자유재량권을 가지고 기업의 자산을 분배하는 것이라고 할 수 있다. 그러나 기업들이 더 윤리적으로 행동하려 하거나 그래야 하는 유일한 이유가 수익성은 아니라 해도 그것이 가장 영향력 있는 이유라는 것은 부인할 수 없다.

CSR과 관련된 사례에서 볼 때, 기업들은 앞으로 점점 더 책임 있는 행동을 하게 될 것이다. 그것이 소비자 불매운동을 예방하고, 보다 낮은 비용으로 자본을 조달할 수 있으며, 헌신적인 직원과 충성스러운 소비자들의 지지를 얻는 데 훨씬 유리하기 때문이다. 반면에, 이러한 CSR 현실을 인식하지 못하거나 인정하려 하지 않는 기업이 있다면 투자자들은 당장 그러한 기업들의 주식을 보유하는 것이 위험하다고 판단할 것이다. 그들은 앞으로 시장에서 불리한 상황에 처하게 될 것임을 아직 알지 못한다. 기업 입장에서는 대수롭지도 않은 부정적 사건의 노출로 인해 소비자 항의와 불매운동으로 이어지고 매출까지 떨어질 것이라고는 예상하지 못하며, 기업이미지와 브랜드가치가 떨어지고 직원들의 사기마저 떨어진 후에야 절실히 깨닫게 될 것이기 때문이다.

제 2 절 ■ CSR 평가동향

전 세계에서 독립적으로 운영되는 CSR 평가기관은 약 58개 정도이며, 이들의 CSR 평가에 있어 공통적인 특징은 다음과 같다. 첫째, 제품범위에 있어 전 과정의 평가를 지향하고 있으며, 기업활동에서 발생되는 이해관계자 영향에 대한 명확한 관계를 설명하고 있다. 이는 제품들의 생산에 있어 어떤 것을 평가하는지에 대한 명확한 정의로 평가하고 있으며, 또한 기업을 둘러싼 이해관계자들의 영향력에 대한 명확한 정의를 통해 가중치를 설명하고 있다는 것이다. 예를 들면, 주가지수와 연동한 다우존스 지속가능지수(Dow Jones Sustainability Index), 인권을 중요시한 SA 8000(Social Accountability), 화학산업을 중심으로 한 Toxic 지수 등이 그것이다.

둘째, CSR은 기업의 경영환경 전체에 대한 거시적 · 미시적 · 생태학적 추세와 함께 환경적 · 사회적 그리고 경제적 영향을 통합적이고 체계적인 방법으로 평가하고 있다. 실제 기업의 규모는 CSR을 결정하는 중요한 요인 중 하나이다. 예를 들면 Global 100은 매출액 기준으로 500개 기업 중 100개 기업의 CSR을 평가하여 그 순위를 매년 다보스포럼에서 발표하고 있다.

셋째, 기업의 경영 프로세스(전략, 이행과 실제 달성된 결과, 보고 그리고 의사소통과정)에서의 CSR에 대한 평가의 필요성이 증대되고 있다. 최근 기업들은 CSR 전담부서를 두고 기업경영에 있어 중요 의사결정을 관련 부서와 토의 후 진행하며, 그 결과들을 CSR 관점에서 모니터링하고 있다. CSR과 이에 대한 보고가 객관적으로 이루어지게 되면 다음과 같은 역할이 수행될 수 있을 것이다(경실련경제정의연구소, 2002). ① 기업활동에 대한 사회적 기대와 관심영역을 확인해 나갈 수 있다. ② 기업의 경영자에게 기업활동에 대한 사회적 기대와 관심을 알리고 경영의사결정에서의 사회적 고려에 대한 지침을 제공해 줄 수 있다. ③ 기업활동의 사회적 영향에 관한 정보를 적게 갖고 있는 특정 이해관계자와 일반 대중에게 이에 대한 정보를 제공함으로써 기업의 행동변화를 유도할 수 있다. ④ 기업은 사회적 성과를 증진시키고자 자체적인 노력을 기울이며, 이를 자발적으로 외부에 공시하는 유인효과를 가질 수 있다.

넷째, 대부분의 평가모델들이 UN 인권선언, ILO 핵심노동기준, OECD 다국적기업 가이드라인, OECD 지배구조 가이드라인뿐만 아니라 기본적인 환경기준도 고려하고 있다.

CSR 평가는 사회적 · 환경적 차원을 통합적으로 고려하여 기업활동에서의 사회적 · 환경적 영향에 대한 투명성과 시스템적인 중요성을 강조하고 있다. 또한 모든 평가시스템은 공공기관 또는 국가보다는 기업의 CSR 성과에 초점을 두고 평가기관의 고유한 평가 프로세스를 전 세계적으로 사용하고 있으며, 국제적 수준의 보고대상에 대한 평가가 이루어지고 있다. 주요 평가시스템은 이해관계자모델을 기반으로 하며, 일부 평가기준에서는 이해관계자영역을 좀 더 자세히 구분하여 평가하고 있다. 이해관계자모델은 주로 미국(Innovest 100 best corporate citizens)과 영국(BITC)에서 사용하고 있으며, 북유럽의 평가시스템은 환경에 중점을 두고 있다.

CSR 평가는 일반적으로 기업과 산업에 대한 Best of Class Approach로 이 접근법에서는 기업의 지속가능성을 산업 전체의 지속가능성과 비교함으로써 상대적인 지속가능성을 알려준다. 일부 평가기관에서는 Negative, Exclusionary 및 Positive 기준을 포함하고 있으나, 대부분의 모델은 선두기업 또는 개선기업으로 구분하고 있다.

제 3 절 ▪ CSR 평가접근법

CSR에 대한 기존의 평가접근법은 평가기업에 대해 영향력이 높은 환경적 · 사회적 기준에 중점을 두는 경제지향적 개념과 법적 · 윤리적 동기를 강조하는 규범지향적(normative) 개념으로 구분할 수 있다. CSR 평가는 먼저 투자자에게 CSR에 대한 정보를 제공하는 시스템이라고 할 수 있기 때문에 평가에 있어서 대부분 경제지향적 개념의 평가접근법을 사용하고 있으며, 이해관계자, 리스크 관리, 혁신성 그리고 사업관리에 대한 내용을 평가에 담고 있다. 이 절에서는 경제지향적 개념과 항목에 대해서만 설명을 하며 내용은 다음과 같다.

1. 이해관계자(stakeholder)

이 접근법은 미래의 지속가능성에 대한 기업의 대응과 관리전략에 중점을 두며, 경제적 · 환경적 · 사회적 성과와 개선을 의미하고, 이해관계자와의 공유가치를 통해 경쟁적 우위를 얻을 수 있다는 것에 근거한다. 따라서 이해관계자는 기업의 가치, 책임 있는 제품기술과 좋은 제품생산을 통하여 효익을 얻을 수 있다.

2. 리스크관리(risk management)

이 접근법은 당면한 환경적·사회적 위험에 대하여 기업이 어떻게 처리하는지를 분석하는 데 중점을 두며, 환경적·사회적 위험에 대한 대응능력이 기업의 재무적 성과를 가져온다는 것에 근거하고, 기업의 지속발전은 리스크관리에 있다고 보는 관점이다. 전 과정의 단계뿐만 아니라 공급사슬에 있는 모든 이해관계자의 관련성을 구체화하여 잠재적인 위험을 추정해야 한다.

3. 혁신성(innovation)

혁신적인 제품과 그 생산과정에서 발생되는 환경적·경제적 기회로부터 발생되는 초과적인 재무수익을 획득할 수 있다고 가정한다. 이 접근법에서는 혁신성의 객관적 평가를 증명하는 것은 쉽지 않기 때문에 혁신성 분석에 있어 특정한 환경적 이슈에 한정하거나 환경적 이슈를 전혀 고려하지 않는다.

4. 사업관리(stewardship)

CSR 이슈에서 무엇을 제일 잘할 수 있으며 또 무엇을 할 것인가를 탐색하고 규정하기 위한 것이다. 책임 있는 계획과 관리를 구현하는 것을 말하는 것으로 이 접근법에서는 전략과 계획, 운영 및 실행, 평가 및 보고뿐만 아니라 이해관계자와의 소통과 같은 프로세스요소가 중요한 역할을 한다.

제 4 절 CSR평가의 역설(Paradox)

앞서 설명하였듯이 CSR평가결과만으로는 기업을 완전하게 판단할 수가 없다. 다시 말해 CSR평가 자체로 기업의 도덕성과 경영철학을 비롯한 기업의 모든 면을 파악할 수 없다는 것이며 CSR평가결과와 일반 소비자들의 기업브랜드 인식과 평판 또한 반드시 일치하지는 않는다는 것이다. 다음은 CSR평가의 역설적인 단면을 보여줌과 동시에 개인의 사회적 책임이 기업에게 얼마나 치명적인 영향을 미치게 되는지를 일깨워주는 사례이다.

1. CSR을 잘한다고 평가받던 기업 브랜드의 몰락

1) 오너 3세 경영자의 위법적 행동과 SNS의 위력

이 사건은 2014년 12월 5일 미국 뉴욕 JFK공항 KE086편의 출항과정에서 오너 3세 대한항공 조현아 부사장이 여승무원의 마카다미아 너트 제공 서비스에 문제가 있다며 사무장을 강제로 내리라고 요구하였고 기장이 이 지시를 따르기 위해 비행기를 램프리턴(ramp return)시키고 항공기 이륙을 지연시킨 사상초유의 사건이다. 250명의 승객을 태운 대형 A380 국제선 항공기를 제멋대로 통제한 재벌 3세 부사장의 행동으로 인해 국민들의 분노가 들끓기 시작했다. '땅콩 회항', '땅콩 리턴' 사건 등으로 불리는 이 사건에 대해 여론은 '최고 수준의 슈퍼 갑질'이라고 비판하였다. 국내외 여론의 엄청난 비난을 받게 되는 사태로까지 키운 것은 행위 당사자 개인은 물론 기업의 기본적인 도덕성과 사회적 책임의식 수준이 낮았기 때문이라고 평가받고 있다. 대한항공의 위기대응에 있어서 가장 심각한 문제점은 잘못을 정당화시키고 사건은폐를 시도한 것이며 이러한 사실이 언론에 보도되면서 상황이 걷잡을 수 없게 되고 말았다.

영국 일간지 〈가디언〉의 " 'nuts-rage' (땅콩분노 혹은 미친분노)로 조사를 받게 된 대한항공 임원"이란 제목의 기사로부터 CNN을 비롯한 해외 언론에 보도되어 국제사회의 조롱거리가 되었지만 처음부터 잘못을 인정하고 용서를 구하는 태도를 취했더라면 그렇게까지 사태가 악화되지는 않았을 것이다. 그러나 대한항공은 모든 상황의 책임을 승무원과 기장에게 떠넘기고, 폭언과 폭력적 행동이 없었다고 입장발표를 하였다. 또한 처음 이 사건이 외부로 알려지게 된 것에 대해 오히려 임직원들을 문책하기 위해 SNS를 검열하고, 직원들에게 강압적으로 입단속을 시키는 등 일련의 사후조치가 오히려 사태를 최악으로 몰고 간 것이다.

우리는 이 사건을 통해 19년 전 나이키 상황을 다시 떠올리게 된다. 1996년 6월 라이프잡지에 의해 나이키가 파키스탄 아동들의 노동력을 이용해서 축구공을 생산하고 있다고 고발을 당하여 심각한 위기에 빠졌던 사건이다. 월드컵에서부터 골목 축구에 이르기까지 우리 아이들에게 기쁨과 꿈을 키워주던 나이키의 축구공이 지구 반대편 아동들의 노동력을 착취해서 만들어진다는 사실에 사람들은 큰 충격을 받았다. 소비자단체들과 노동조합을 중심으로 나이키 불매운동이 벌어졌고 나이키는 크게 휘청거렸다. 매출은 하락했고, 주가는 폭락했다. 위기를 키운 것은 바로 나이키의 대응방식이었다. 나이키는 책임회피와 변명으로 일관했다. 나이키는 디자인과 마케팅을 수행할 뿐이고 생산은 파키스탄의 하청업체들이 했기 때문에 아동노동에는 아무런 관련과 책임이 없다는 것이 설립자이자 당시 CEO인 필 나이트(Phil Knight)를 비롯한 경영층의 생각이었다. 또한 당시 파키스탄의 경제현실을 감안하면 그들에게 일거리를 제공하는 것이 오히려 좋은 일이라는 논리도 펴보았지만 소비자들과 투자자들은 나이키의 해명을 차갑게 외면하였다. 부정적인 보도는 오히려 늘었고, 시장은 더욱 더 싸늘하게 변했다. 나이키는 비판적 여론을 이기지 못하고 결국 늦게나마 노동과 인권을 중시하는 기업 문화를 진작시키고 사회적 책임을 다하겠다고 선언하고 조직을 대대적으로 개편했다.

대한항공 사례에서도 역시 미국교포사회로부터 '대한항공 안타기 운동'이 전개되었고, 국내에서는 국호가 들어간 기업명인 대한항공(Korean Air)을 박탈하고 '한진항공'(Hanjin Air)으로 바꿔야 한다는 여론이 강력하게 대두되었다. CSR을 잘한다고 대상까지 받은[04] 대한항공의 기업 신뢰도와 브랜드 가치가 하루아침에 추락하게 됨은 물론 당국의 직접적인 행정제재로 인한 기업의 경제적 손실 또한 엄청나다 할 것이다. 이러한 사태를 초래하게 된 것은 대한항공이 19년 전 나이키보다도 못한 방식으로 대응하고 있었기 때문이었다.

기업활동을 하다보면 전혀 예상치 못한 심각한 부정적 사건에 휘말릴 수도 있고 기업입장에선 대수롭지 않은 실수로 인해 치명적 위기를 맞을 수 있다. 하지만 이러한 상황에 대비하여 'CSR원칙(CSR Principle)'이나 CSR경영방침과 매뉴얼도 없는 상태에서 기업보다 오너 3세 부사장 개인의 보호가 최선의 정책이라고 판단하고 은폐와 변명으로 대응하여 오히려 사태를 더욱 악화시킨 것은 대한항공 스스로 자초한 일이라고 할 수 있다. CSR의 고전적 사건이 된 나이키 사례의 과정과 결과를 최소한으로라도 인식하고 있었다면 그렇게까지 위기를 맞지 않았을 것이다. 현대 사회는 구성원 모두가 고성능 카메라와 녹음기를 갖춘 민간 저널리스트인 SNS 시대에 살고 있다는 것과 지금 사회가 기업에게 가장 절실히 요구하는 것은 투명성(transparency)이라는 것을 알고 있어야 한다.

04 대한항공은 2014년 11월 19일 넥스트소사이어티재단이 주최하고 산업통상자원부가 후원하는 2014년도 기업의 사회적책임 평가인 "Next Society CSR Summit 2014"에서 운송부문 대상을 수상했다.

오늘날 위기를 벗어난 기업사례들을 보면 하나같이 최고경영자들이 신속하게 사태를 파악하고, 잘못에 대해 책임 있는 사과와 함께 직접 사태해결을 위한 최선의 노력을 다해왔다는 것을 알 수 있다. 우리는 이처럼 최고경영자부터 기업의 진정성을 보여줄 때만이 사회가 그들에게 공감하고 그들을 용서할 수 있다는 사실과 함께 현대 사회에서 이해관계자들을 존중하고 배려하지 않는 기업의 설자리는 어디에도 남아 있지 않다는 현실을 이와 같은 사례들을 통해 다시 한 번 깨닫게 되는 것이다.

2) 사례를 통해서 본 개인과 기업의 사회적 책임의 유기적 관계

대한항공의 창업주 고 조중훈 회장이 20대 중반 낡은 트럭 한 대로 사업을 시작했다는 것은 이미 잘 알려진 이야기이다. 조 회장이 굴지의 기업을 일으킬 수 있었던 배경에는 이웃에 대한 배려(Care)와 나눔(Share) 그리고 존중(Respect)이라는 CSR정신이 숨어 있다. 그는 어느 날 차를 몰고 인천에서 서울로 가는 길에 차가 고장이 나서 어찌할 줄 몰라 하고 있는 미국 여인을 발견하고 차를 세운다. 조 회장이 무려 1시간 반 동안 차를 수리해서 문제를 해결해주자 여인이 상당액의 돈을 내놓았다. 그렇지만 조 회장은 그 돈을 받지 않았다. 어려움에 처한 이웃을 위해 선행을 베푼 것인데 돈을 받을 수 없다고 했다. 여인이 꼭 사례를 하고 싶다며 연락처라도 알려달라고 해서 주소를 적어줬다. 그 다음날 여인은 감사를 표하기 위해 남편인 미군사령관과 함께 조 회장을 찾아왔다. 이런 인연으로 조회장은 미군 영내에서 나오는 폐차 처리 등의 일거리를 맡아 기업을 키우게 된 것이다. 이후 월남전에서 물자수송 사업으로 큰돈을 벌게 되었고, 이어 고 박정희 대통령으로부터 항공사업 제안을 받고 더 큰 성공을 거두게 된다.[05] 한국의 산업화는 창업자들의 산업보국을 위한 도전과 희생, 헌신이 없었다면 불가

05 대한항공은 1962년 6월 국영 대한항공공사로 출범해 1969년 한진그룹에 인수되면서 민영화됐다.

능했다. 전쟁터에서 목숨을 건 운송사업으로 큰돈은 벌었지만, 항공사업은 당시에도 엄청난 투자가 필요했기 때문에 임직원들의 반대가 심하였다. 하지만 조중훈 회장은 당시 국가지도자의 제안을 받아들여 항공사업이 국가를 위해 필요한 중대한 사업이라는 기업의 사회적 책임의식을 가지고 회사의 명운을 걸고 추진하였다. 그것이 지금의 대한항공이다.

일이 어려울수록 기본에 충실해야 한다. 지금 3세 경영자들에게 필요한 것은 창업정신으로 돌아가는 것이다. 창업을 이룬 1세대와 그것을 지키고 발전시킨 2세대에 이어 선대의 모든 성공을 저절로 물려받게 된 3세대에 이르렀다. 최근 시민사회로부터 비판의 대상이 되고 있는 부의 세습과 경영권 승계 문제를 비롯한 기업 지배구조에 대한 이해관계자들의 동의와 사회적 정당성을 확보하기 위해서는 먼저 그들의 참된 기업가정신과 사회적 책임정신을 모두에게 보여줄 수 있어야 한다. 그리하여 그들의 위대한 임무인 할아버지 창업자세대의 진정한 기업가정신과 함께 선대의 창업이념과 경영철학을 회복하여 현재 세대의 지속가능한 발전을 이뤄내야 할 것이다.

기업의 사회적 책임은 비단 기업의 문제로만 끝나지 않는다. 진정한 CSR은 개인의 사회적 책임이 반드시 수반되어야 한다. 그럼으로써 기업이 속한 사회로부터 제대로 된 평가와 사랑을 받을 수 있는 것이다. 기업과 구성원 개인은 서로 유기적으로 얽혀 있다. 기업이 몸통이라면 개인은 손과 발이다. 손과 발이 몸통과 따로 분리될 수 없듯이 기업과 그 구성원이 일체감을 보여주지 못하는 조직은 안정적인 지속가능한 성장을 이룩할 수가 없다. 대한항공 사태를 놓고 일부 여성단체와 기업인들은 자신의 기업경영범위 내에서 오너 3세의 언행의 실수에 대해 너무한 것 아니냐는 의견도 있었다. 하지만 당시의 냉정한 여론은 족벌체제하의 부와 경영권 세습에 대한 반재벌정서에 기초하여 돈이면 다 된다는 식의 기업 행동과 태도에 대한 반기업정서가 한국사회에서 얼마나 높아져 있는지를 더욱 심각하게 인식하게 된 계기가 되었다. 또한 기업이 아무리 CSR을 잘한다 하더라도 경영자를 비롯한 기업의 구성원들이 개인적 차원의 사회적 책임을 다하지 못한다면 CSR활동과 성과가 물거품이 되는 것은 물론 구성원 개인의 부정적 행동이 기업에게 치명적인 손실을 초래할 수 있다는 교훈을 일깨워주는 역사적인 사례가 되었다.

07 Chapter

CSR 구성요소

구성(construction)의 사전적 의미는 '몇 가지 부분이나 요소들을 모아서 일정한 전체를 짜 이룬다는 것' 이다. 기업의 사회적 책임도 단 하나의 의미가 독립적으로 상용되는 개념이기는 하나, 구성이라는 의미가 빠져 있는 개념이다. 따라서 기업의 사회적 책임은 전술한 바와 같이 다른 책임요소들이 함께 포함되어 전체를 이루는 하나의 결합체와 같은 개념이다.

CSR을 평가할 때도 우리는 몇 가지 요소를 합리적으로 구성하여 평가해야 할 것이다. 사실 CSR 평가내용은 광의의 개념에서 보면 대부분 트리플바텀라인(Triple Bottom Line : 경제, 환경, 사회)에서 파생되어 나온 것으로서, 예를 들면 CSR을 환경, 사회공헌활동, 이해관계자와의 관계를 위주로 평가하는 것이다. 따라서 본 저자도 큰 틀에서는 이 부분에 대해 동의한다. 그러나 주의해야 할 것은 CSR은 주주중심의 지배구조를 탈피해 나온 개념이기 때문에 지배구조에 대한 내용은 반드시 기업의 CSR 평가의 주요 항목에 포함되어야 한다는 것이다.

[표 7-1]은 CSR을 측정하는 평가기관으로서 대표적으로 DJSI, IVA, TM FTSE 4Good, CoreRating, EIRIS를 선정하여 각 평가기

관들의 평가기준을 비교해 보았다. 보는 것처럼 부르는 용어나 기준이 약간씩은 다르지만 경제, 환경, 사회, 이해관계자의 관계들을 측정하고 있다. CSR 평가 시 환경은 가장 중요한 지표로서 모든 기관이 환경부문을 평가하는 것으로 분석되었다. 이해관계자를 측정하는 지표로는 3개 기관이 이 지표를 포함하고 있으나 지배구조는 2개 기관만이, 경제는 1개 기관만이 포함하고 있다.

표 7-1 | CSR 평가기관들의 평가항목

평가기관	DJSI	FTSE 4Good	IVA	CoreRating	EIRIS
평가항목	경제	환경	기업지배구조	환경	환경
	환경	인권	인적자원관리	사회	관리방식
	사회	사회	이해관계자 관리	고용	사회
		이해 관계자	제품과 서비스	지배구조 윤리	
			기타	이해관계자	

출처 : 국가청렴위원회, 공기업 윤리경영 모델, 2006. 2.

우리는 표를 통해 여러 평가기관들이 CSR을 어떻게 평가하는지를 간략하게 살펴보았다. 개별항목의 가중치나 배점은 다를지 모르겠지만, 전체적인 평가내용은 대동소이하다는 것을 볼 수 있다. 이는 CSR이 발산현상을 보이지만 점점 수렴현상을 보이기 때문이다. 즉 처음에 CSR의 개념이 미비하던 시기에는 CSR이 다양한 개념과 접목해서 여러 가지 점들이 나타나지만 결국 여러 개념들이 합쳐지면서 수렴하는 현상을 보인다.

이처럼 많은 지표들이 환경, 사회공헌, 이해관계자의 내용을 측정하고 평가하는 것으로 나타났다. 여기에서 보면 DJSI를 제외한 기관들은 경제를 다루지 않고 있지만 CSR의 합당한 평가에서는 당연히 기업의 경제적 성과가 배제되어서는 안 된다. 하지만 본 책에서는 기업의 경제적 책임과 그 성과의 측정은 너무나 당연한 것이므로 잠시 내려두고 먼저 지배구조를 포함시켜 서술하고자 한다. 지배구조는 기업이 의사결정을 효율적으로 내릴 수 있게 하는 메커니즘이다. 다음 절부터는 지배구조(governance), 환경(environment), 사회(social), 이해관계자(stakeholder)를 평가대상에 포함한 GESS 모형에 대한 내용을 살펴본다. 구체적으로 그 의미와 평가에 관한 사항을 살펴보자.

제 1 절 ▪ CSR과 지배구조

CSR이 수익보다는 사업에 대한 계몽된 자기이익 추구와 사회에 대한 기업의 의무를 반영한다고 보는 견해는 산업조직의 독특한 구조와 관련되어 있다. 규모가 크고, 전문경영인이 경영하며, 많은 사람들이 주주로서 지분을 보유하고 있는 기업들은 시장에서 안정적인 지위를 누리고 있어 과점기업인 경우가 많고, 경쟁사가 있다 해도 위기에 직면하는 경우가 거의 없다. 또한 그런 기업들은 경영자들의 연봉규모나 임용기간이 기업의 이익이나 주가와 직접적인 연관성이 없었다.

기업의 소유의식패턴에 있어서는 지속가능한 발전 또는 기업의 사회적 책임이라는 경영 패러다임의 변화에도 불구하고 전문경영인과 오너경영인의 우선순위가 완전히 다르다. 오너들과는 달리 전문경영인들은 기업의 이해관계자, 소비자, 일반대중의 요구 사이에서 균형을 맞추어야 하는 책임이 있다. 만약 오너와 주주들을 위해 돈을 많이 벌어야 하는 압력이 없다면 전문경영인은 기업의 자원을 사회와 환경을 고려한 다양한 경제적 · 사회적 목적을 추구하며 합리적으로 사용할 수 있을 것이다. 그렇게 된다면 기업을 '다목적 사회기구'로 만드는 것과 같은 의미 있는 일이 되는 것이다.

그러나 치열한 경쟁과 시장위협,[01] 연봉과 재임용 협상 등 현실적 문제들로 인해 주주가치극대화는 또다시 그들의 핵심목표가 될 수밖에 없다. 따라서 재무적 이익과 사회적 이익을 동시에 추구하는 균형적 기업목표를 추구하려는 경영인의 꿈과 의지는 현실에서는 설 자리가 없게 된다. 말하자면 경영자 자본주의는 주주가치 이외의 기업목표를 추구하는 기업가(entrepreneur)들을 용인할 수 있지만, 투자자 자본주의는 그렇지 않다. 지금의 경영자들은 어느 정도 선택권을 가지고 있다고 하지만, 결국 주주가치를 극대화하기 위해 전념할 수밖에 없는 프리드만의 논리를 따라야만 한다고 할 것이다.

사람들은 경영자에 대한 보상과 경쟁적 환경의 변화가 기업들의 책임 있는 행동을 훨씬 더 어렵게 만들 것이라고 생각했던 것 같다. 그러나 그 대신 CSR에 대한 이론적 논거에 있어서 변화를 가져왔다. 오늘날 CSR의 적극적 지지자들조차 기업의 원초적 책임이 주주들을 위해 부를 창조하는 것이라는 주장을 수용하고 있지만 그들은 기업들이 반드시 도덕적으로 행동해야 한다는 새로운 방식을 덧붙이고 있다. 이 같은 배경 아래 현대적 지배구조의 의미를 살펴보자.

지배구조(governance)는 사회적 책임을 논의하기 위한 가장 중요한 요소 중 하나이다. 지배구조라는 말에는 매우 다양한 의미가 존재하는데, 크게 4가지로 살펴보면 다음과 같다. ① 기업이라는 경제활동의 단위를 둘러싼 여러 이해관계자들 간의 관계를 조정하

01 불황을 비롯하여 적대적 M&A 시도, 기업의 소유권이 기관투자가들에게 집중되는 현상 등의 시장위협을 말한다.

는 메커니즘이라고 정의되거나, ② 경영자원의 조달과 운용 및 수익의 분배 등에 대한 의사결정과정과 이에 대한 감시기능의 총칭으로 정의되기도 하며, ③ 기업가치의 극대화를 위해 기업의 이해관계자 간 대리인비용(agency cost)과 거래비용(transaction cost)을 최소화하는 메커니즘이라고 정의되기도 하고, ④ 기업의 경영을 감시 · 규율하는 것 또는 이를 행하는 기구를 뜻하기도 한다. CSR의 관점에서 봤을 때 지배구조는 ①번의 정의가 가장 적합한 정의라고 할 것이다.

기업지배구조라는 개념은 1960년대부터 기업의 비윤리적 · 비인도적인 행동을 억제한다는 의미의 문맥에서 사용되기 시작하여, 그 후 분식회계 등 투자자의 관점에서 해당 기업 스캔들의 방지 등을 뜻하는 것으로도 사용되고 있다. 게다가 기업가치, 주주가치를 증대시키기 위해 어떻게 기업조직을 구축할 것인가 하는 의미도 첨가되었다. 미국에서는 기업매수의 진행과 기관투자가들의 영향력이 강해진 1990년대 이후부터 지배구조에 대한 관심이 높아졌다고 할 수 있다. 유럽을 포함한 여러 국가를 비롯하여 일본에서도 다수의 기업 스캔들이 발각됨과 함께 경제적인 정체가 계속되던 중 지배구조가 주목되기 시작하였다.

기쿠자와 겐슈(菊澤宗, 2004)는 지배구조를 둘러싼 논의를 윤리에 관련한 문제로 파악할 것인가, 효율성에 관한 문제로 파악할 것인가, 넓은 사회 전체(다양한 이해관계자)에 관한 문제로 파악할 것인가, 주주와 채권자라고 하는 투자자와 기업과의 관계로서 파악할 것인가에 따라서 분류하고 [표 7-2]와 같이 정리하였다.

표 7-2 | 지배구조의 구분

구분	기업과 사회의 문제 (광의의 지배구조문제)	기업과 투자가의 문제 (협의의 지배구조문제)
윤리문제	사회윤리문제(정당성의 문제)	기업윤리문제 (정당성의 문제)
효율문제	사회효율문제 (국민경제정책의 문제)	기업효율문제 (기업정책의 문제)

출처 : 기쿠자와 겐슈(菊澤宗, 2004), 비교 코포레이트 거버넌스론 : 조직의 경제학 어프로치

1. 의뢰인 – 대리인 관계

지배구조에 있어서 대리인문제는 다음과 같이 설명할 수 있다. 경영자는 정보와 지식 그리고 경영능력을 소유한 대리인으로서 그를 통해 창출되는 효용을 통해 기업경영을 효과적으로 할 수 있도록 소유자인 투자자들과 계약에 의해 맺어진 관계이다. 법인은 소유와 경영이 분리되어 있고, 주주는 직접 경영을 행하지 않고, 전문경영인에게 경영을 위임하고 있다. 하지만 이러한 의뢰인(principal)과 대리인(agent)의 관계에 있어서 양자의 이해관계가 반드시 일치하지는 않다는 점(이해관계의 불일치), 양자가 가진 정보가 동일하지는 않다는 점(정보의 비대칭성), 대리인이 의뢰인의 이익을 무시하고 자기의 이익을 추구하는 점 등은 도덕적 해이가 발생할 가능성이 늘 상존하고 있다는 것을 보여준다.

경영자 이익과 투자자 이익이 항상 일치하지는 않기 때문에 필연적으로 대리인비용을 발생시키게 된다. 그렇기 때문에 기업의 재원을 통제하고 있는 경영자가 기업이라는 경제주체의 가치를 극대화시키지 못하게 된다. 예를 들어, CEO는 훌륭한 경영자라는 명성을 지나치게 추구하며, 기업경영과 직접적인 관련도 없는 정치적 · 사회적 활동을 즐겨 하고, 호사스럽게 사무실을 꾸미고, 불

필요하게 많은 종업원들을 고용하고, 비효율적인 사업에 투자할 가능성이 있다.

그 외 회사와 채권자 간에도 대리인비용이 발생하는데 이 대리인비용이론은 회사의 본질을 이해하게 해주는 동시에 회사법과 기업지배구조이론의 과제를 제시해 준다. 회사라는 사업영위형태는 거래비용을 절감하게 해주지만 대신 대리인비용을 발생시킨다. 따라서 이 형태가 성공적으로 작동하기 위해서는 대리인비용을 최대한 낮추어야 한다. 그리하여 회사 법규범의 대부분과 기업지배구조 개선장치들은 대리인비용을 발생시키는 이들 경제주체들 간의 이해상충문제를 조정하기 위하여 의뢰인인 주주의 권리를 보호하고, 대리인인 경영자를 감시 · 규율하기 위한 제도로서 지배구조가 필요하게 되었다(박경서 · 이은정, 2004).

이러한 의뢰인-대리인 관계는 경영자와 주주 간의 관계뿐만 아니라 경영자와 채권자, 종업원, 소비자, 협력업체 등의 다양한 이해관계자(stakeholder) 사이에서도 발생한다. 그러므로 CSR은 이러한 대리인비용을 감소시키는 효과가 있다는 것이다. 이는 CSR이 경영자가 기업성과를 높이게 되는 동기부여가 되기 때문이다.

1) 스탠다드차타드 사례

50여 개발도상국가에서 사업을 벌이고 있는 스탠다드차타드(Standard Chartered)은행의 CEO 칼 데이비스(Karl Davis)는 "기업이 단순히 이윤을 추구하는 것만으로는 충분하지 않다. 기업들은 사회적 역할에 대한 '원칙'이 필요하고, 종업원들은 그 원칙이 적용되는 것을 보고 싶어 한다"고 말한다. 그는 또 "솔직히 기업이 그들의 사업만 하고 그 주변에서 무엇이 일어나든 상관하지 않고 기여하지 않으면서 살아남을 수 있는 시대라고는 생각지 않는다"고 했다.

이 말은 굉장히 함축적인 의미가 있는데 이제 CSR은 '생존을 위한 조건'이 되었다는 얘기다. CSR을 잘하는 기업일수록 종업원에게 일할 동기를 부여하고, 소비자들의 만족을 이끌어내어 브랜드충성도를 향상시킬 수 있기 때문이다. 또한 CSR이 직·간접적으로 '이윤추구'와 연결되어 있으므로, CSR에 대한 기업의 태도는 곧 경영자의 '능력'과 '자질'을 보여주는 잣대로 소비자들이 이해하고 있기 때문이기도 하다.

2) 마이크로소프트 사례

미국과 유럽 등지의 CEO나 시민단체들을 대상으로 한 조사에서 CSR을 가장 잘하는 기업으로 항상 마이크로소프트(Microsoft)가 선정된다. 이제 CSR을 얘기할 때 빌 게이츠와 마이크로소프트는 빼놓을 수 없게 되었다. 이는 매년 자선사업과 건강증진사업에 엄청난 금액을 빌 & 멜린다 게이츠 재단(Bill & Melinda Gates Foundation)에 기부하고 있기 때문이다.

빌 & 멜린다 게이츠 재단(2000~)

Bill & Melinda Gates Foundation(빌 & 멜린다 게이츠 재단), Gates Foundation(게이츠 재단) 또는 B&MGF는 재정이 투명하게 운영되는 민간 재단 중 세계에서 가장 규모가 큰 재단이다. 빌 게이츠와 멜린다 게이츠에 의해 2000년에 설립된 이 재단은 게이츠가의 관심과 열정에 의해 운영된다. 주 운영목적은 국제적 보건의료 확대와 빈곤퇴치, 그리고 미국 내에서는 교육기회 확대와 정보기술에 대한 접근성 확대이다.

BILL & MELINDA GATES foundation

시애틀에 본부를 둔 이 재단의 운영에 대한 주요 결정은 빌 게이츠, 멜린다 게이츠, 그리고 워런 버핏, 이 세 명의 이사에 의해 내려진다. 그 외에도 부회장인 윌리엄 H. 게이츠와 최고경영자 제프 레이크스가 재단운영에 참여하고 있다. 재단은 2008년 10월 1일 기준으로 351억 달러의 기금을 보유하고 있다. 재단의 막대한 재정규모와 적절한 기부처를 찾는 앞선 경영기법 덕분에 게이츠 재단은 전 세계 자선재단 중에서도 가장 선도적인 단체로 인정받는다. 재단을 설립한 게이츠 부부는 2007년 미국에서 가장 훌륭한 자선가 50인 중 두 번째로 선정되기도 했다.

출처 : Wikipedia

빌 & 멜린다 게이츠 재단은 마이크로소프트라는 기업과는 별개이다. 그러나 소비자들이나 다른 경쟁기업들은 그렇게 구분해서 생각하지 않는다. 아프리카 에이즈나 말라리아에 대한 그의 열정

빌 게이츠(1955~)

미국의 기업가 폴 앨런(Paul Alran)과 함께 최초의 소형 컴퓨터용 프로그램 언어인 베이직(BASIC)을 개발하였으며 마이크로소프트를 설립하였다. 퍼스널 컴퓨터의 운영체제 프로그램인 '윈도즈(Windows)' 시리즈를 출시하여 획기적인 판매실적을 올렸다.

1995년 8월 '윈도 95'를 출시함으로써 퍼스널컴퓨터(PC) 운영체제의 획기적 전환을 가져왔으며, 이는 발매 4일 만에 전 세계적으로 100만 개 이상의 판매실적을 올리는 대기록을 세웠다. PC의 급속한 확산과 더불어 세계 컴퓨터시장의 주도권을 장악하면서 엄청난 부를 쌓아 『포브스(Forbes)』지가 선정하는 세계 억만장자 순위에서 13년 연속 1위를 차지하였고, 2009년에도 1위에 올랐다. 2008년 6월 27일 자선활동에 전념하기 위하여 33년간 이끌던 마이크로소프트의 경영에서 손을 떼고 공식 은퇴하였다.

그는 자신이 중퇴했던 하버드대 졸업식에서 명예 졸업장과 법학박사 학위를 받고 연설하면서 졸업생들에게 불평등문제를 고민할 것을 당부했다(2007). 자본주의의 양대 축인 시장과 기술혁신을 활용해 가난과 질병으로 인한 인류 불평등문제를 해결하자는 것이다.

빌 게이츠는 (지구상에) 희망이 없다고 생각하는 회의론자들은 "불평등은 태초부터 있었고, 지구에 종말이 올 때까지도 우리와 함께 존재할 것이라고 하나 나는 전혀 동의하지 않는다"며 '창조적 자본주의'로 지구의 문제를 극복할 수 있다고 역설했다.

빌 게이츠는 '창조적 자본주의'의 개념을 이렇게 설명했다. "우리는 시장의 힘(market forces)을 가난한 사람을 위해 쓸 수 있다. 만일 (정부와 기업이) 시장의 힘을 확장할 수 있다면 더욱 많은 사람이 돈을 벌 것이고, 생계를 유지할 수 있게 될 것이다. 그건 심각한 불평등에 시달리는 사람들을 돕는 것이다."

그는 만일 우리가 기업이 시장에서 이윤을, 정치가 표를 추구하는 방식으로 가난한 사람의 필요를 충족하는 방안(창조적 자본주의)을 찾을 수 있다면 이 세상의 불평등을 줄이는 지속가능한 길을 발견할 수 있을 것이라고 강조했다.

빌 게이츠는 생명공학과 개인용 컴퓨터, 인터넷으로 대변되는 이 시대의 혁신으로 가난을 근절할 수 있다고 전망했다. 또 예방할 수 있는 질병 때문에 사람이 사망하는 일도 없앨 수 있다고 말했다. 자본주의의 두 기둥인 시장과 기술혁신을 잘 활용하면 가난과 불평등, 질병의 문제를 해결할 수 있다는 얘기다.

2008년 6월 이후 빌 게이츠는 빌 & 멜린과 게이츠 재단의 자선활동에 주력하였다. 이 재단은 '세계의 발전', '세계의 건강', '미국'이라는 세 가지 프로그램으로 조성금을 교부하여 2000년 창설된 이후 누계 조성금 총액이 198억 달러, 기금규모는 275억 달러로 세계 100개국 이상에서 자선활동을 펼치고 있다.

출처 : www.gatefoundation.org

적인 태도는 당연히 그가 만든 회사에 대한 이미지를 높이는 효과가 있다. 시민단체나 다른 기업들에게 마이크로소프트와 빌 게이츠는 장애아동에게 균등한 교육의 기회를 제공하고 기업의 사회공헌에 대한 더 폭넓은 인식을 이끌어내는 것으로 이해되고 있는 것이다.

실제 빌 & 멜린다 게이츠 재단은 '원대한 도전의 탐구(grand challenges exploration)' 라는 계획을 시작한다고 한다. 이는 세계 의료보건에 혁명을 일으킬 만한 혁신적인 이론을 연구하는 사람들에게 소액이지만 조성금을 지원하여 그들의 이론 검증을 지원하는 것이 목적이다.

빌 & 멜린다 게이츠 재단의 지원을 받은 리쵸대학의 Eduardo Hiroyuk 교수는 말라리아 치료법에 대한 새로운 제안을 하였다. 그에 따르면 모기가 사람을 물었을 때 인체에 질병이 아닌 말라리아 백신을 주입하게 한다는 것이다(고이평화재단, 2010).[02] 모기를 '하늘을 나는 주사기' 로 만든다는 혁신적인 발상이다.

02 고이평화재단은 일본 문부과학성의 허가를 받아 1999년에 설립한 재단법인이다(www.goipeace.or.jp 참조).'

3) GE 사례

한편 GE의 제프리 이멜트(Jeffrey Immelt) 회장 겸 CEO는 취임 일성으로 회사를 네 가지 차원에서 가장 뛰어난 기업으로 만들겠다고 공언했다. 세 가지는 시장에서 충분히 예측가능한 것들로 기업순익, 성장률, 인재확보이다. 네 번째는 '선행(virtue)' 이었는데, 그는 이 네 번째 화두를 우선순위로 두었다.

사실 '선행' 은 사람들이 GE에 대해 생각할 때 처음 떠오르는 단어는 아닐 것이다. 한 해 150억 달러의 순익을 낸 거대기업 GE는 잭 웰치(Jack Welch) 회장의 강력한 지도력하에서 시장수익률을 훨씬 뛰어넘는 주주수익률을 자랑해 왔다. 그런데 제프리 이멜트는 그런 GE가 더 뛰어난 기업이 되기를 원하고 있다. 그는 이제

'위대한 기업' 은 '좋은 회사' 여야 한다고 주장한다. 사람들이 GE에서 일하는 이유는 그들보다 더 큰 가치를 지닌 무엇인가를 원하기 때문이라는 것이다. 사람들은 열심히 일하기를 원하고 승진하기를 원하고 스톡옵션을 원한다. 그러나 그들은 또한 세계의 다른 기업들과 차별화되는 기업에서 일하기를 원한다는 것이 제프리 이멜트 회장의 주장이다.

제프리 이멜트 회장의 '선행' 에 대한 강조는 회사 전체에 새로운 바람을 불러일으키고 있다. 기업을 어떻게 운영해야 할지, 종업원을 어떻게 대해야 할지 등 그는 기업이 단지 주어진 법률과 의무를 따르며 돈을 버는 것뿐만 아니라 우리가 사는 세상의 문제를 해결하는 데 도움을 주어야 한다고 말한다. 물론 GE와 이멜트가 기업의 사회적 역할이 중요하다고 문제의식을 제기한 첫 번째 기업과 기업인은 아니다. 이미 크고 작은 여러 기업들이 다양한 이슈를 제기해 왔고 실천해 왔다. 하지만 이처럼 GE와 같은 글로벌기업이 먼저 선행을 얘기하고 직접 실천한다면, 그 파급효과가 크기 때문에 기업의 이니셔티브가 달라질 것이다.

제프리 이멜트 회장은 9·11 테러 이후 '엔론(Enron)사태' 가 벌어졌고 이제 '기업' 과 '기업가' 가 더 이상 존경받지 못하며, 가진

GE 제프리 이멜트 회장이 강조하는 CSR원칙

"기업의 사회적 책임활동은 전략적이어야 한다."

① '기업 '에 포커스를 맞춰라. 경쟁력과 수익성이 가장 중요하기 때문이다.
② 신뢰를 바탕으로 경영하라. 신뢰는 준법(compliance), 관리(governance), 투명성(transparency)을 의미한다.
③ 기업문화와 직원들에 대해 장기적인 비전을 제시하라.
④ 기업이 사회적 문제를 해결하는 데 적응하도록 하라.

출처 : GE 2010 기업시민보고서

자와 가지지 못한 자의 차이가 점점 더 벌어지고 있는 데 주목해야 한다고 말한다. 예전에는 GE와 같은 혁신적인 글로벌기업이 '제품' 에만 신경을 썼다면 지금은 '사회' 와 '사람' 에 신경을 쓰기 시작했다는 아주 중요한 변화이다.

2. 지배구조의 비교 : 한국, 미국, 일본

그럼 이제 한국기업의 지배구조를 미국과 일본에 비교하여 살펴보자. 1997년 IMF 이후 한국은 이사회를 정점으로 하고, 이사회가 주주를 대신해 경영진을 제대로 감독할 수 있도록 사외이사를 의무화하는 등 제도의 강화와 감사위원회의 도입 등을 통해 금융회사 지배구조를 개선해 왔으며, 이러한 지배구조 개선 노력은 금융회사의 건전경영 강화에 기여했다는 평가를 받고 있다. 외환위기 이후 대주주에 대한 견제와 경영진에 대한 감시기능 제고를 위해 1998년 상장회사를 중심으로 사외이사제도를 도입하였다.

이러한 국내은행들의 지배구조 내분사태를 볼 때 경영진을 견제하고 바람직한 지배구조를 개선하기 위해서는 이사회 산하 감사위원회의 위상을 높여 대주주와 임원의 자격심사를 더욱 철저히 해야 한다는 것을 알 수 있다. 또한 사외이사에게 독립성과 책임성을 부여하여 감사기능이 강화되어야 하며, CEO를 실질적으로 견제할 수 있도록 이사회의 감사기능을 대폭 강화해야 한다는 것을 배울 수 있다.

그리고 이사회에 의한 경영감시와 내부통제기능을 정착시키기 위해 대규모 상장법인과 은행 등을 중심으로 감사위원회 중심의 이사회 체계를 마련하였다. 이러한 노력은 나름대로 금융회사의 건전경영을 도모함으로써 외환위기의 극복과 경영지배구조의 개선에 기여하였다. 그러나 2009년과 2010년에 연이어 KB금융지주와 신한금융지주에서 벌어진 경영권 다툼은 이사회가 정말 제대로 작동하는지 의구심이 들게 만들었다는 평가이다.

KB, 관치금융과 지배구조

KB금융, 관치금융의 그림자

KB금융지주는 금융당국이 황영기 회장에 대해 우리은행장 시절 투자손실과 관련한 중징계조치를 내린 이후 1년 이상 CEO 리스크에 시달려야 했다. 당국은 대규모 손실에 대한 책임은 당시 최고경영자가 져야 한다며 '직무정지' 상당의 중징계를 내리면서 결국 황 전 회장은 취임 1년여 만에 회장직에서 물러났다.

황 전 회장의 사퇴로 강정원 전 행장이 정부의 반대에도 KB금융 회장 내정자로 선출되면서 갈등은 고조됐다. 당국의 만류에도 불구하고 강 행장이 이사회를 등에 업고 회장직에 내정되었고, 이에 금융당국은 유례없는 초강도 종합검사 강행으로 압박했으며, 이 과정에서 '관치(官治)금융'은 물론 정치권의 인사개입 논란까지 일면서 강 행장은 6년간 이끌었던 국민은행장직의 임기를 다 채우지 못하고 물러났다.

강 전 행장의 회장직 사퇴로 공석이었던 자리에 다시 어윤대 KB금융회장이 취임했다. 그러나 취임 이후에도 이명박 대통령의 측근이 민간 금융회사의 수장에 오른 데 대한 자격 시비와 관치 논란이 거세졌고, 결국 은행 내부출신인 민병덕 행장이 취임하면서 KB사태는 일단락되었다.

지배구조의 특성으로 인한 KB의 조직갈등은 주 전산기기 교체를 둘러싸고 다시 불거졌으며, 2년간 지속되던 이 갈등은 결국 수뇌부의 징계라는 최악의 사태로 이어졌다. 2012년 12월 KB는 주 전산기기 교체에 관한 기술 검토를 시작했으며, E&Y의 컨설팅을 거쳐 2013년 차기 주 전산시스템 기종을 유닉스로 결정했다. 2014년 4월 이사회에서 주 전산기 전환사업추진계획이 통과되었지만 곧바로 은행감사팀에서 본 건에 대한 감사에 착수하면서 조직갈등이 본격적으로 시작되었다. 5월 19일 사외이사진들은 감사보고서 채택을 거부했으며, 금감원의 검사가 종료될 때까지 전산교체사업은 보류되었다. 검사결과를 바탕으로 금감원은 임영록 회장과 이건호 행장에 대한 징계절차에 착수했다. 이 과정에서 이건호 행장은 자진 사퇴의사를 밝혔지만 임영록 회장은 사퇴를 거부하면서 금융당국과의 갈등이 최고조에 이르렀다. 9월 15일 금감원은 임영록 회장을 검찰에 고발하기에 이르렀고, 임 회장은 이에 대해 법적 투쟁을 선언했다. 그러나 9월 17일 KB이사회에서 임 회장에 대한 해임안이 의결됨으로써 사태가 일단락되었다.

KB사태의 핵심에는 한국 금융의 낙후성이라는 근본적인 문제가 도사리고 있다. 최근 발표된 세계경제포럼(WEF)의 2014년도 국가경쟁력 평가결과에 따르면 한국의 금융시장 성숙도는 말라위(79위) · 우간다(81위)와 비슷한 후진국 수준이다.

은행 수익성을 보여주는 대표적 지표인 총자산이익률은 지난해 0.38%로 아시아 꼴찌 수준이다. 대출의 이용가능성 120위, 벤처자본의 이용가능성 107위 등 주요 금융 분야도 100위권 밖이다. 2014년 4월 전국경제인연합회가 39개 외국계 금융사를 대상으로 실시한 '한국 금융의 경쟁력 현황 및 개선과제' 설문조사 결과, 응답자들은 67.5점이라는 낙제점을 줬으며, 64.2%가 한국 금융산업의 최대 문제점으로 '과도한 규제 및 정부의 과도한 개입'을 꼽았다. 관치금융의 그림자가 KB 지배구조문제의 근본원인이라 해석할 수 있는 대목이다.

신한, CEO 모럴해저드와 지배구조

신한지주 권력암투의 서곡

KB금융의 사태에 이어 국내 지배구조의 모범사례로 꼽혔던 신한지주가 경영진 간의 내분사태로 금융권을 발칵 뒤집었다. 신한은행의 신상훈 전 신한지주 사장 고발에서 촉발된 '신한사태'는 '라응찬-신상훈-이백순'으로 이어지는 흔들림 없는 후계구도가 하루아침에 무너져버린 예상치 못한 대형사고였다.

이백순 신한은행장이 신상훈 신한지주 사장을 배임 · 횡령 혐의로 검찰에 전격 고소한 데 이어 신한지주는 이사회를 열어 신 사장을 전격 해임키로 결의하는 등 최고경영진 3인방은 내홍의 격랑으로 빠져들었다. 감독당국도 라 전 회장의 차명계좌(금융실명제법 위반) 의혹에 대한 조사에 나섰고 중징계를 받으면서 라 회장은 50년간의 금융인의 길에서 내분 속 불명예 퇴진을 했다. 라 전 회장과 신 전 사장, 이 행장의 대립구도가 심화되는 과정에서 신한금융의 치부까지 속속들이 드러나며 신한은행의 대내외 이미지까지 크게 실추됐다.

출처 : 한국금융신문, 2010년 12월 27일(http://www.fntimes.com/paper/old_view.aspx?num=0220101227037)

미국은 2000년대 초 엔론(Enron) · 월드컴(WorldComm) 등이 잇따라 무너지자 지배구조 개선을 위해 2002년 사베인스-옥슬리법[03](SOX : Sarbanes-Oxley Act)을 제정했다. 이사회 멤버의 80%를 독립적인 사외이사로 채우는 개혁조치도 단행했다. 그러나 2007년 글로벌 금융위기를 거치면서 SOX 개혁에 효과가 없었다는 반성의 목소리가 제기되고 있다. 대형 금융회사의 경영진이 위험한 파생금융상품에 엄청난 돈을 투자하는 것을 이사회가 전혀 감독하지 못했다는 점이다. 그렇다고 이들 이사회가 SOX 개혁을 어긴 것은 아니다. 오히려 충실히 지켰다. 씨티그룹 등은 사외이사 비율이 80%를 넘었으며 이사회에 보상위원회, CEO 추천위원회 등 여러 소위원회를 설치했다. SOX 개혁이 이사회에 관여하는 사람들의 행동을 바꾸지 못한 채 단순히 법적인 규제만 덧붙였기 때문에 효과적이지 못했다는 지적이 나온다.

일본에서도 기업지배구조의 강화를 외치며, 그 일환으로 사외이사제도를 도입하는 기업이 늘고 있다. 사외이사제도는 미국에서 시작됐다. 1940년대에 "이사회 구성원 중 40% 이상은 회사와 이

03 사베인스-옥슬리법(SOX : Sarbanes-Oxley Act)
2001년 발생한 엔론, 월드컴 등의 대형 회계부정사건으로 인해 기업회계기준과 회계투명성제고를 골자로 한 법안으로 미국에서 2002년부터 시행하고 있다.

해관계가 없는 사람이어야 한다"는 내용의 투자회사법이 제정됐다. 이후 1960년대에 상장기업에 사외이사제가 의무화됐다. 미국 기업 이사회의 사외이사 비율은 오늘날 80%를 넘나든다. 우리나라에는 외환위기 직후인 1998년 경영투명성을 높인다는 취지로 처음 도입됐다. 상장법인은 이사의 4분의 1 이상을 사외이사로 채워야 한다. 특히 자산총액 2조 원 이상의 상장법인은 과반수를 사외이사로 선임해야 한다. 2009년부터는 회사의 전직 임원이나 최대주주의 가족은 사외이사가 되지 못하도록 자격요건을 강화했다. 그러나 일본에서 사외이사는 제 역할을 하지 못한다는 인식도 뿌리 깊다. 그 이유는 외부에서 영입되어 사업의 실태도 모르는 비전문가는 도저히 올바른 경영판단을 할 수 없다는 것이다. 이 점은 우리 기업들에게도 마찬가지이다.

제 2 절 ▪ CSR과 환경

기업의 환경경영과 실천은 CSR 분야에서 매우 중요하면서도 가시적인 분야이다. 환경에 대한 관심이 높아지면서 환경에 대한 비즈니스도 높아지고 있다. 미국, 독일, 일본, 프랑스 등 선진국들은 이미 오래전부터 환경산업을 미래 전략산업으로 선정, 기술개발 및 시장개척에 열을 올리고 있다. 따라서 앞으로 더욱 환경에 대한 비즈니스의 확장과 사회적 관심은 지대할 것으로 기대된다(딜로이트 녹색경영센터, 2010).

앞으로 환경문제가 부각되는 이유는 크게 기후변화, 인구증가와 에너지수요, 자원고갈 등이다.

첫째, 기후의 변화로 인해 대기온도는 지속적으로 상승하여 지구에 혼란을 가져올 것이다. 이런 최악의 결과를 피하기 위해서는 기후변화에 대한 교육, 에너지효율성의 향상, 저탄소기술 확보를 위한 대책 마련, 그리고 탄소배출규제 및 탄소거래 등을 포함한 다양한 대응이 필수로 이루어져야 할 것이다.

둘째, 인구증가와 에너지수요이다. UN의 추정치[04]에 따르면 2012년 이미 지구촌 인구는 70억 명에 이르렀고 30년 동안 약 30억 명이 증가하여 2043년에 이미 세계 인구는 100억 명이 넘게 될 것이라고 한다. 이러한 급격한 인구증가 원인은 의료서비스의 개선과 질병의 퇴치 및 경제발전 때문이다. 그리고 또 다른 문제는 지구상 대부분 국가와 국민들이 선진국과 같은 생활수준이 되기를 기대하고 있으며, 정치가들과 정부는 이러한 장밋빛 정책목표를 제시하고 있다는 것이다. 지구촌에 사는 모두가 미국인과 같은 소비수준을 유지하고 잘 살면 좋겠지만, 그러려면 지구만 한 행성이 3개가 더 필요하다고 한다. 잘 살고 싶은 인류의 욕망은 결국 유한한 자원의 빠른 종식을 초래할 것이라는 점을 우리는 알아야 한다.

셋째, 자원고갈문제는 이미 오래된 이슈이다. 그러나 이 이슈가 오늘날 새롭게 부각되고 있는 것은 향후 수십 년 내에 대부분의 화석에너지 자원들이 고갈될 것이라는 경고 때문이다. 정말 그렇게 된다면 세계경제는 유례없는 엄청난 혼란에 빠질 것이고, 기존의 에너지체제가 파괴될 것이다. 그때서야 우리는 환경문제에 대해 CSR의 기능을 제대로 발휘할 수 없게 한 것을 후회하게 될 것이다.

1. 다국적기업 유니온카바이드사가 몰고온 최악의 비극

레이첼 카슨(Rachel Carson, 1962)의 『Slient Spring(침묵의 봄)』이라는 책을 통해 인류의 환경문제가 크게 대두되기 시작했

04 United Nations Department of Economic and Social Affairs, Population Division(2011), World Population Prospects: The 2010 Revision, CD-ROM Edition.

다. 이후 많은 국가들은 이를 법제화하기도 하였다. 1970년대에 다수의 사건들이 발생하면서 환경에 대한 경각심을 불러일으켰으며, 1980년대에 들어서면서 국제적인 사건들이 사회를 경악하게 하였다. 1984년에 있었던 인도 보팔(Bhopal)에서의 가스 누출사고는 기업의 사회적 책임에 관심을 가져온 중요한 사건이다. 미국의 다국적기업인 유니온카바이드사에 의해 1984년 12월 3일 심야에 발생한 이 사고는 농약의 원료로 사용되는 42톤의 메틸이소시안염(MIC)[05]이라는 유독가스가 누출되면서 시작되었다. 사고가 발생된 지 2시간 동안에 저장탱크로부터 유독가스 8만 파운드(36톤 상당)가 노출되었다. 그 피해로 2,800여 명의 인근 주민이 죽었고 20만 명 이상의 피해자가 생겨났다. 이 중 2만 명이 현재까지 죽었다고 전해진다. 이 사고는 금세기 최대 인명피해사고로 12만 명이 실명과 호흡곤란과 위장장애 등 만성질환을 앓고 있으며 중추신경계와 면역체계 이상으로 인한 중병을 앓고 있는 이도 많고 유전자 돌연변이도 출현하고 있다. 피해보상을 청구한 사람도 58만 3,000여 명에 달한다.[06]

또한 이 사고로 자연생태계까지 크게 훼손되었다. 유니온카바이드사가 가스사고로 유출된 메틸이소시안염 가스의 화학적 구성성분이나 작용 및 영향에 대한 자체 의학연구 결과를 밝히지 않아 환자들이 적절한 치료를 받지 못하고 있다. 공장부지에서는 기준보다 2만 배에서 600만 배 높은 수은이 검출되었고, 보팔 사람들이 마시는 물에는 12가지의 유독물질이 들어 있었다. 이것은 미국 환경보호국이 정한 안전기준치보다 600배나 높은 함량이다. 사고를 일으킨 유니온카바이드사의 공장 내 창고 등에는 아직도 425톤이 넘는 유독성 폐기물들이 처리되지 않은 채 방치되고 있으며, 토양과 지하수 오염으로 주민들이 유독물질 오염가능성에 여전히 노출돼 있다.

공장에서 빠져나온 화학물질에 의한 주변 주민들의 건강피해는

05 (MIC) Methyl isocyanate is a highly toxic organic compound with the molecular formula CH3NCO.

06 http://ko.wikipedia.org

계속되고 있으며, 공장을 관리하던 유니온카바이드사의 책임문제나 소송은 해결되지 않고 있다. 이 사고는 세계 최악의 화학공장 사고로 기록되었다.

이 참사는 다국적기업의 공해수출에서 비롯되었다. 미국, 유럽, 일본 등의 선진국가들은 1970년대 이후 환경적으로 유해한 위험산업에 대한 법적 규제를 강화함으로써 유해산업에 대해 엄격한 안전관리시설과 공해방지시설을 요구하게 되었다. 다국적기업들은 이러한 규제망을 피해 비교적 규제가 약한 아시아, 아프리카 등지로 진출하게 되었다. 이러한 배경으로 인도 보팔시에 미국계 다국적기업의 비료공장이 들어서게 되어 누출참사가 벌어지게 된 것이다. 이 사건은 유해물질 배출을 감소시키고 독성물질관련 정보를 투명하게 제공하며 지역사회에 보다 긴밀하게 협력하여 기업과 사회가 공존하는 방향으로 자발적(voluntarily) 변화를 하게 되는 계기가 되었다.

그림 7-1 ❙ 보팔사건의 건물과 그 피해자들

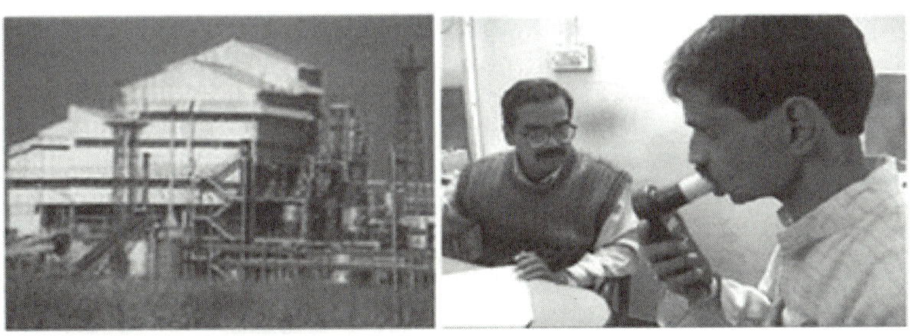

출처 : www.wikipedia.org

2. 우리 공동의 미래 : 지속가능한 발전

'지속가능한 발전'은 1987년 세계환경개발회의(WCED : World Commission Environment and Development)에서 Brundtland Report로 알려져 있는 "우리 공동의 미래(Our Common Future)"

가 발표되면서 사용되어진 개념이다. 지속가능한 개발을 그들은 '미래세대가 그들의 필요를 충족시킬 능력을 저해하지 않으면서 현재세대의 필요를 충족시키는 발전' 으로 정의한다.

이미 환경오염에 대한 국제적 논의는 1972년 UN 스톡홀름 회의에서부터 시작되어 유엔환경계획(UNEP : United Nations Environment Programme)의 창설을 가져오게 하였으며, 여기서 지구환경변화에 대한 증거분석을 규정화하게 되었다. 이후 UNEP는 환경과 개발을 동시에 도모하려는 개념인 에코개발(eco-development)을 구체화시켰다.

이렇게 국제자원보전협회의 세계보전전략으로 구체화되면서 1983년 WCED가 설립되었고, 1987년 지속가능한 발전에 대한 본격적인 실행방안에 대한 논의가 시작되었다. 이때 지속가능한 발전이라는 개념이 '미래세대 인간의 필요 여력에 손상을 주지 않으면서 현세대 인간의 필요에 부응하는 발전' 으로 정의되어진다(WCED, 1987). 이는 1992년 6월 브라질 리우데자네이루에서 개최된 유엔환경개발위원회(United Nations Conference on Environment and Development)의 리우지구정상회담으로 다시 이어졌다. 여기서 환경과 개발에 관한 '리우지구헌장(Rio Earth

그로 할렘 브룬틀란(Gro Harlem Brundtrand, 1939~)

국제 환경운동가이자 정치가인 브룬틀란의 지도하에 세계환경개발위원회(WCED : World Commission on Environment and Development)는 1987년, 지속가능한 발전을 '미래세대가 그들의 수요를 충족시키키기 위한 능력을 저해하지 않고 현재의 수요를 충족시키는 발전' 이라고 최초로 정의하였다. 내과의사였던 그녀는 하버드대 공중보건대학원에서 공부하는 동안 건강, 인간발전 그리고 환경은 모두 상호 연결되어 있다는 것을 알게 되었다. 노르웨이로 돌아오자마자 그녀는 보건국에서 일을 하고 환경부 장관을 역임한 뒤 1981년 최연소, 최초의 여성총리가 되었다. 그녀는 세계보건기구(WHO : World Health Organization)의 최초의 여성 사무총장으로 임명되기도 하였다.

Summit)' 이 채택되면서 그 개념이 적극 천명되었다.

이 헌장은 '인간중심의 개발', '빈곤퇴치', '현재와 미래세대들의 요구를 공평하게 충족하는 지속가능한 발전' 등의 원칙을 담고 있다. 일명 'Green Round' 라고도 하는 이 헌장의 후속 회담인 세계지속발전정상회의(WSSD : World Summit on Sustainable Development)가 2002년 8월 말 남아프리카공화국 요하네스버그에서 개최되었다. 여기서 '리우선언' 에서 논의된 의제들을 검토한 후, 지구환경보호와 개발체제의 통합성에 대한 국제협정 체결을 위한 노력을 선언하였다. 이 선언은 지구촌의 지속가능한 발전을 이루기 위한 구체적 행동계획으로 'WSSD 이행계획' 이라고 한다. 이것의 목적은 일국의 환경파괴가 주변국은 물론 지구 전체에 미치는 파급효과가 엄청나기 때문에 국가-사회-인간의 관계를 새로운 차원의 협력으로 창조하여 평등하고 범세계적인 동반자 관계를 수립하는 것이다.

이러한 자각은 전 지구적 차원으로 확대되어 마침내 국제적인 경영표준 개발을 위한 촉매제 역할을 하게 된다. 결국 인류의 장기적인 발전방향으로 환경을 고려하는 경제 · 사회적 개발의 필요성이 제기되면서 전 세계적인 지지하에 마침내 '지속가능한 발전(sustainable development)' 이 채택된 것이다. 이처럼 지속가능성과 지속가능한 발전의 개념은 UNDP의 지속적인 경제발전문제와 UNEP의 에코개발에서 발전되어 나온 것이지만, 두 개념이 지니고 있는 환경 · 사회적 매력 때문에 많은 분야에서 같은 의미로 혼용되거나 심지어 과용되고 있다.

이는 포괄적이고 다각적인 개념에 대한 특징 때문이라고 볼 수 있다. 환경파괴의 대안으로 제시되고 있는 지속가능한 발전의 의미는 자연의 법칙과 조화를 형성하는 범위 내에서 인간의 행위가 일어날 수 있게 한다. 또한 자연의 주어진 공간 내에 인간에 의한 사회의 범위를 위치시키는 것이다. 따라서 지속가능한 발전 역시 광의의 사회적 개념을 포함하고 있으며, 이는 다시 경제, 환경, 사회로 구분하고 있다. 여기서 자연법칙과의 조화는 지속가능성을 의미한다고 볼 수 있다. 또한 이 두 개념은 인간의 욕구를 위한 수요를 기업발전과 사회성장의 새로운 연대로 모색하는 인간주의로 해석될 수 있다. 왜냐하면 두 개념은 경제, 환경, 사회의 세 가지 측면에서의 균형발전을 달성하는 체제로서, 모든 인류가 함께 풀어가야 할 공동의 문제로 인식해야 되기 때문이다. 이러한 측면에서 지속가능성과 지속가능한 발전은 동일한 개념이라 할 수 있다.

3. 코카콜라 녹색경영

다음은 코카콜라의 녹색경영 사례에 대하여 살펴보자. 코카콜라는 물관리의 이른바 3R법칙을 세우고 이를 실행 중에 있다. 물자원을 아끼고 재생하여 다시 채운다는 3R(Reduce, Recycle, Replenish)법칙을 적용한 것이다. 물에 대한 코카콜라의 종합전략은 자사공장의 물 사용성과(물효율, 수질, 폐수처리)에서부터 상수원보호, 물자원에 대한 홍보 및 공공의식 증진까지 포함하며, 이를 위해 폐수처리 및 재사용기준을 확립하는 한편, 빗물저장과 농업용수의 효율적 공급 등에 대한 투자 및 실행계획 중에 있다(경실련, 2007).

물관리 CSR활동의 기대효과로 코카콜라가 잘 팔리면서 절대적인 물 사용량은 불가피하게 증가하였으나, 코카콜라는 물 절약활동을 통하여 2004년 대비 물 사용효율을 21.4%까지 향상시키는 결과를 보였다. 또한 코카콜라는 친환경정책과 환경에 대한 협력이 더욱 효과적인 물관리 투자가 될 수 있도록 외부전문기관과의 파트너십을 공고히 하면서 World Wildlife Fund(WWF)에 기금투자를 계속하고 있다. 부가적으로 '물효율관리지침서'를 함께 제작하여 자사 각 보틀링공장에 배포하고, 그린피스(Greenpeace)와 함께 코카콜라의 자동판매기 및 쿨러기계에서 배출되는 탄소가스 감축을 위해 노력하고 있다. 이렇게 기업이 제품생산의 원료로 사용하는 자원의 복구와 관리라는 측면에서 물관리를 주제로 하는 코카콜라의 CSR활동은 의미가 있다.

그림 7-2 | 코카콜라 녹색경영의 로고

출처 : 코카콜라 홈페이지(www.coca-cola.com)

4. 유한킴벌리의 '우리강산 푸르게 푸르게'

유한킴벌리는 1970년 3월 회사 설립 이후 1971년 군포공장을 시작으로 김천, 대전공장 등을 차례로 설립하여 확장해 오면서 고객들의 사랑과 끊임없는 제품개발을 바탕으로 위생생활용품의 선두기업으로 발전해온 기업이다.

유한킴벌리는 소비자가 선호하는 유익한 제품과 서비스를 공급하여 위생문화의 발전을 선도하고 건강과 복지향상에 기여함을 기업의 기본사명으로 삼고, 인간존중, 고객만족, 사회공헌, 가치창조 및 혁신주도를 경영원칙으로, 기업이 몸담고 있는 사회를 통해 얻은 이익을 다시 사회에 환원한다는 기업의 사회적 책임을 지켜온 대표적인 국내기업이다.

유한킴벌리는 2010년 창립 40주년을 맞아 새로운 도전과 성장을 계속 이어나가기 위하여 2020년까지의 비전체계도를 수립하였다. 유한킴벌리에서 제시한 비전체계도는 '도전과 창의', '신뢰와 배려', '책임과 공헌'을 핵심가치로 정하고 2020년까지 '더 나은 생활을 향한 믿음'이라는 유한킴벌리의 존재이유를 언급하여 방향을 확실히 하였고, 2020년까지 매출액 5조 원을 달성하기 위한 목표도 설정하였다.

유한킴벌리는 21세기의 가장 중요한 문제로 대두되고 있는 환

그림 7-3 ▌ 유한킴벌리의 '우리강산 푸르게 푸르게' 캠페인

출처 : 유한킴벌리 홈페이지(www.yuhan-kimberly.co.kr)

경의 중요성을 강조하고 보존하는 활동을 1984년부터 '우리강산 푸르게 푸르게' 캠페인을 통하여 실천하고 있었다.

유한킴벌리의 '우리강산 푸르게 푸르게' 캠페인은 산림녹화, 환경보호에 대한 국민 계몽활동과 함께 산림자원을 육성시키는 대표적인 환경캠페인으로 기업이나 제품홍보 전혀 없이 순수 공익 차원에서 시작한 캠페인이다. 유한킴벌리는 마케팅 예산이 삭감되는 와중에서도 '우리강산 푸르게 푸르게' 캠페인을 유지함으로써 환경관련 기업이미지조사에서 항상 높은 수준을 유지하고 있다. 더불어 최근에는 미래세대를 위한 환경교육까지 범위를 확대하고, 특히 지구온난화에 대한 심각성을 알리고 기후변화 대응 차원에서 나무를 심고 가꾸는 일의 중요성을 알리는 메시지를 지속적으로 소개하고 있다.

그림 7-4 I '우리강산 푸르게 푸르게' 주요 활동

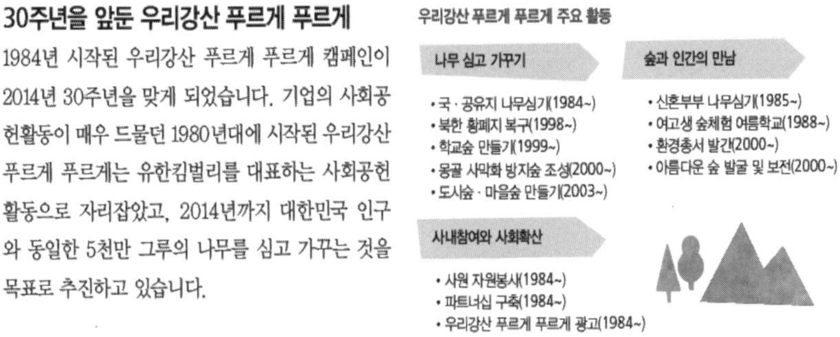

출처 : 유한킴벌리 2013 사회책임경영보고서

'우리강산 푸르게 푸르게' 캠페인은 기업의 사회공헌활동이 매우 드물던 1984년에 시작되어 2014년 30주년을 맞게 된 유한킴벌리를 대표하는 사회공헌활동으로 자리 잡았고, 2014년까지 대한민국 인구와 동일한 5천만 그루의 나무를 심고 가꾸는 것을 목표로 추진되었다.

'우리강산 푸르게 푸르게' 캠페인은 크게 3가지 활동영역에서 실천해온 실질적인 행사이다. 첫째는 나무심기, 숲 가꾸기 등을 통한 산림사업의 실천과 지원을 통하여 국토녹화에 기여하는 것이고, 둘째는 식목행사, 그린캠프, 학교숲 만들기, 캠페인 웹사이트 개설 및 환경책자인 '우리강산 푸르게 푸르게' 총서 제작 등의 환경교육행사를 통하여 국민들에게 실천적 참여기회를 지속적으로 제공하는 것이다. 마지막으로는 대국민 홍보활동을 통하여 국민계몽 및 산림에 대한 인식을 제고함으로써 유한킴벌리의 비전을 함께 공유하는 것이다.

유한킴벌리의 '우리강산 푸르게 푸르게' 캠페인의 세부활동을 살펴보면 다음과 같다. 유한킴벌리는 미래세대들이 자연친화적인 환경에서 자라기 위한 환경을 조성하고자 1998년부터 학교숲 만들기 캠페인을 시작하였으며, 2009년부터는 지자체의 참여 등으로 학교숲운동이 전국적으로 확산됨에 따라 학교숲 조성활동의 모범적 모델을 집중적으로 육성하기 위해 모델 학교숲을 선정하여 육성하고 있다. 이 외에도 유한킴벌리는 도시숲 · 마을숲 만들기, 신혼부부와 사회리더 나무심기, 여고생 숲체험 여름학교 개최 등을 통하여 나무심기 및 숲 만들기 활동을 진행하고 있다. 또한 유한킴벌리는 국내 이외에도 몽골, 북한 등 해외환경보호를 위하여 힘쓰고 있다. 특히 몽골의 경우 1999년부터 '동북아산림포럼'과 함께 몽골 조림사업을 진행하여 산림생태 황폐화 및 사막화를 방지하고자 노력하고 있다. 2003년부터는 몽콜 토진나르스지역의 산불피해지에 나무를 심어 환경개선과 더불어 경제적 편익을 제공하고 있으며, 2012년까지 약 800만 그루의 나무를 심었다.

이와 같이 유한킴벌리는 '우리강산 푸르게 푸르게' 캠페인을 진행하여 [표 7-3]과 같은 성과를 이루었다.

표 7-3 | '우리강산 푸르게 푸르게' 조림과 육림 실적

(단위 : 그루)

구분	국내조림	북한조림	몽골조림	조림합계	국내육림	합계
1984~2000년	5,013,157	2,127,001	100	7,140,258	13,922,100	21,062,358
2001년	137,507	15,000	500	153,007	681,000	834,007
2002년	52,785	197,250	1,000	251,035	462,000	713,035
2003년	408,897	181,348	300,000	890,245	516,000	1,406,245
2004년	315,863	1,013,057	450,000	1,778,920	639,000	2,417,920
2005년	196,676	2,535,788	750,000	3,482,464	0	3,482,464
2006년	295,224	237,706	750,000	1,282,930	0	1,282,930
2007년	185,938	6,000	750,000	941,938	0	941,938
2008년	67,065	6,000	1,050,000	1,123,065	0	1,123,065
2009년	39,418	6,540,000	960,000	7,539,418	0	7,539,418
2010년	165,952	0	1,024,000	1,189,952	750,240	1,940,192
2011년	180,868	0	1,024,000	1,204,868	776,427	1,981,295
2012년	133,073	0	1,024,000	1,157,073	928,600	2,085,673
합계	7,192,423	12,859,150	8,083,600	28,135,173	18,675,367	46,810,540

출처 : 유한킴벌리 2013 사회책임경영보고서

유한킴벌리의 '우리강산 푸르게 푸르게' 캠페인은 그 자체로써 유한킴벌리 하면 떠오르는 핵심적인 아이덴티티가 되었고, 이는 곧 기업의 목표가 사회로의 환원이라는 기업의 사회적 책임이 되어 진정한 사회적 기업가치를 실현하고 있다. 또한 30여 년간 꾸준하고 일관성 있게 캠페인을 이어오면서 소비자들의 사랑까지 받아온 '우리강산 푸르게 푸르게' 캠페인은 매우 드문 사례이며, 타 기업들에게 소비자와의 커뮤니케이션마케팅의 중요성을 시사하고 있다.

유한킴벌리의 긍정적인 이미지는 자연친화적인 운영과 이념을 기본으로 하면서 소비자와 장기적인 커뮤니케이션을 수행하였기에 얻어진 결과라 할 수 있다. 유한킴벌리의 가장 중요한 성공요인은 커뮤니케이션 메시지의 내용뿐만 아니라 실질적인 활동의 연계이다. 실질적 활동이 연계되었기에 기업이 추구하는 아이덴티티와 소비자의 이미지가 일치하는 효과를 거두게 되었고, 이에 그치지 않고 지속적인 캠페인을 집행할 수 있는 커뮤니케이션시스템을 구축함으로써 장기적인 안목에서 그 효과를 추구했다고 볼 수 있다.

제 3 절 ▪ CSR과 이해관계자

앞에서 본 사례에서처럼 채 100년도 지나지 않아 사회가 기업을 바라보는 시각은 판이하게 달라졌다. 주주중심의 이윤추구를 강조하는 기업의 책임에서 이윤추구뿐 아니라 이해관계자들에 대한 기업의 책임을 요구하는 환경으로 변하게 된 것이다. 이렇게 변화된 이유는 여러 가지가 있지만, 가장 큰 이유로 기업의 영향력 확대를 들 수 있다. 기업의 영향력이 커질수록 이해관계자들과의 협력과 갈등의 폭이 커지게 되는 것이므로 이번 절에서는 CSR을 이해관계자와 사회공헌활동에 포커스를 맞추어 설명하고자 한다. 사회공헌활동은 기업이 CSR을 수행하고 실행함에 있어 이해관계자와 함께 또 하나의 중요한 요소이다.

1. CSR과 사회공헌활동

기업의 사회적 책임에 대한 구성요소로서 사회공헌은 다양한 사회적 문제와 요구를 해결하기 위해 기업이라는 민간 차원에서 자원을 조직하고 동원한다는 점에서 시민사회영역의 연대의식과 책임의식을 함께 고양시킨다. 또한 공익적 재화와 서비스 생산에 있어 민간부문의 참여는 전 사회계층을 아우르는 사회통합을 촉진하고, 지역사회를 기반으로 하는 자조적 복지공급체제를 강화한다는 점에서도 의미가 있다.

이러한 관점에서 기업의 사회공헌활동은 계몽된 기업시민(Enlightened Corporate Citizen)으로서 기업에게 부과되는 사회적 역할과 책임을 이행하는 것으로 이해될 수 있다. 기업의 사회공헌활동은 종종 기업의 임의성과 자발성에 기초하는 자선적 행동으로 해석되기도 하지만 기업에게 사회적으로 이행해야 할 책무가 있다는 점에 대해서는 UN을 비롯하여 전 세계적으로 폭넓은 합의가 도출되고 있다.

전문가들은 사회공헌 역시 점차 자발적이고 선택적인 사항에서 의무적이고 책임이 따르는 영역으로 확대해 가고 있다고 지적한다. 이들 기업의 행위 첫 출발이 자발적인 선의에서 시작됐다고 하더라도, 소비자들이 갈수록 기업의 평판을 중요시함에 따라 '이윤추구'와 직 · 간접적으로 연결될 수 있다는 것이다. 또한 선의에서 시작한 사회공헌활동이라 하더라도 그로 인해 2차 피해가 나올 수 있기 때문이다.

물론 기업의 사회공헌이 이윤추구와 직 · 간접적으로 연결되는 것을 재무적 성과로 입증하기란 어려운 일이다. 그렇지만 대부분 연구들은 이 질문에 대해 '연관성이 있다'고 답한다. 복잡한 논리적 근거를 제시하기 전에도 이것을 가장 쉽게 입증할 수 있는 사례로 '에너지절약'을 들 수 있다. 기업은 에너지절약을 통해 환경에 이바지하고 또한 즉각적인 비용절감효과를 얻을 수 있기 때문이다.

사회적 상품(societal product)의 개발로 새로운 시장이 창출되는 경우도 있다. 세계적인 통신업체인 보다폰(Vodafone)은 장애인과 불우이웃을 위한 상품을 개발하는 팀을 운영하고 있는데, 이들 팀에서 개발한 제품 대부분은 새로운 시장을 창출하는 데 한몫했다.

청각장애인에게 큰 소리로 이메일을 읽어주고 날짜를 불러주고 주소록을 사용자에게 큰 소리로 얘기해주는 '말하는 전화'는 유럽 시장에서 선풍적인 인기를 끌었다. 독일에서는 환자나 장애인들이 비상상황에서 벨을 울려 병원 응급실로 곧바로 연결되는 헤드셋을 개발했다. 또한 영국의 보다폰과 케냐의 사파리콤(Safaricom)이 함께 선보인 M-Pesa 모바일 송금서비스 상품은 은행계좌도 소유하지 못하고 금융서비스도 접하지 못한 저소득 취약계층을 위해 꼭 필요한 획기적인 서비스로서 기업들에게 사회공헌, 기부와 같은 타성적 모델을 추구하는 것에서 벗어나 기업의 이윤을 추구함과 동시에 사회적 책임실현의 기회(CSO : Corporate Social Opportunity)를 제시해 주는 모델이다. 이를 통해 기업의 사회공헌과 수익성 창출이라는 1석 2조의 효과를 거두고 있는 셈이다. 이러한 사례는 CSR이 단순한 리스크관리기능을 할 뿐만이 아니라 기업이 사회에 공헌하면서 수익까지 올릴 수 있다는 것을 잘 보여준다.

1) 방어적 CSR과 전략적 CSR

기업은 사실 법이나 제도의 변화에는 잘 적응하며 순응한다. 그러나 기업은 사회적 변화에는 제대로 대응하지 못하는 경우가 많다. '돈을 들여 꼭 CSR을 해야 하는가', '왜 꼭 내가 해야 하는가'라는 책임회피가 오히려 변화에 대한 적응을 더디게 하는 것이다. 기업이 사회적 변화를 읽고 이에 따라 빠르게 대처하는 것이 CSR의 핵심이슈이다.

투자자들은 기업이 혹 발생할지 모를 '위기'에 잘 대처할 수 있는 시스템을 가지고 있는지, 평상시 사회에 공헌을 많이 하고 있어 위기발생 시 잘 극복할 수 있는지, 사회문제에 관심을 가지고 있어 소비자에게 긍정적인 평가를 받고 있는지 등을 유심히 관찰하고 있다.

전통적 기업들은 CSR에 대한 사회적 요구에 전략적이거나 혹은 방어적으로 대응하고 있다. 그럼 방어적(defensive) CSR과 전략적(strategic) CSR에 관하여 살펴보자.

첫째, 방어적 CSR활동은 말 그대로 방어적인 것으로, 후발기업들이 이에 해당된다. 즉, '남들이 하니 나도 하는 CSR' 을 말한다. 그들은 위험관리경영을 토대로 단기적인 관점에서 실행을 하게 된다. 방어적 CSR은 수동적이며 소극적인 형태를 띠고 있다. 이러한 방어적 CSR은 CSR을 활용한 기업 이윤창출에 궁극적인 목적을 두고 있으며 기부, 자원봉사와 같은 누구나 쉽게 할 수 있는 사내 프로그램을 유지하는 것이 특징이다. 이런 기업들은 대부분 전담부서를 두지 않고 홍보부서에서 CSR을 진행한다.

둘째, 전략적 CSR은 기업의 핵심사업(core business)을 포함한다. 이들 기업의 특성을 보면, 시장을 선도하는 기업들이 대부분이며 중 · 장기적인 비전 아래 CSR을 수행한다. 행위적 관점에서는 보다 적극적이며 또한 전사적으로 수행한다. 전략적인 CSR의 실행을 통해 궁극적으로 이윤을 창출하게 되며, 결국 그것은 사회적 효익으로 회귀하기 때문에 사회적 비용을 감소하게 한다.

2) 전략적 CSR 사례 : 휴렛팩커드

다음은 휴렛팩커드(Hewlett-Packard)사가 CSR을 전략적으로 실행한 사례를 통해 시사점을 살펴보자. 1990년대 초 휴렛팩커드사는 납의 독성성분으로 정부가 조만간 납땜공정을 금지시킬 것이라는 사실을 인지하여, 이듬해부터 미리 대안을 가지고 실험을 수행하였으며, 2006년에 주석, 은, 구리 혼합물 접합공정을 창안하였다. 이에 HP는 전자제품에서 납사용을 금지한 EU의 유해물질 사용제한지침(restriction of hazardous substances directive)이 2006년에 발효되자마자 이 규정을 준수할 수 있었다. 이를 통해 체계적으로 비용을 절감할 수 있었으며, 부품 · 제품 · 물류를 별도로 관리하지 않고, 시장의 선두주자로 발돋움할 수 있었다.

이 같은 사례의 시사점은 세계적인 산업표준을 준수하는 것이 실질적으로 비용을 절감할 수 있기 때문에 정책과 법의 예측에 따라 CSR을 선제적으로 수행할 때 경쟁시장에서 우위를 확보할 수 있다는 것이다. 하지만 이러한 전략적 CSR은 상황에 따라 가변적

그림 7-5 ❙ 전략적 CSR활동과 방어적 CSR활동

		전략적 CSR	방어적 CSR
PLAN	• 비전 • 관점	• 기업의 핵심활동과 연계하여 사회와 사업에 대한 명확한 가치 제시 • 지속가능경영 중기적 관점	• 추상적이고 비현실적인 비전 제시 • 위험관리경영 단기적 관점
DO	• 행동 • 형태 • 담당부서	• 적극적, 전사적 • 독립적 • CSR 전담부서	• 수동적, 소극적 • 종속적 • 총무, 홍보부서
CHECK	• 피드백	• 이해관계자를 고려하는 Report 작성 사회효익과 조직에 대한 효익 구분	• 이해관계자 배타적 Report 작성 사회효익과 조직에 대한 효익 불구분
ACTION	• 특징	• CSR을 통한 이윤창출 예 : 생산비용 감소, 친환경제품 개발	• CSR은 비용지출 예 : 기부, 자원봉사
RESULT	• 기업유형	• CSR 선두기업	• CSR 후발기업

이며 기업이익을 전제로 한 것이므로 기업이 사회로부터 진정성을 인정받을 수 있는 장기적인 CSR 정책이라고는 볼 수 없다. 전략적 CSR은 공공의 이익과 사적인 이익이 부합될 경우에는 위장술(CSR Wash)로 비쳐지게 되며 이때 CSR은 무의미(irrelevant)한 것으로 인식된다는 것이다.

[그림 7-5]는 전략적 CSR활동과 방어적 CSR활동을 비교한 그림이다.

3) 사회공헌과 소액금융 : Micro Credit 그라민은행

Micro Credit 그라민은행의 사례를 살펴보자. 2006년 무하마드 유누스(Muhammad Yunus)가 노벨평화상을 수상하면서 세상을 떠들썩하게 만들었다. 그는 소액금융(Micro Credit)을 방글라데시에 정착시켜 크게 성공시켰고 그에 대한 공로로 노벨평화상을 수상하였다. 얼핏 보기에 유누스의 행동은 돈놀이를 하는 것처럼 보여져 그가 노벨평화상을 받았다는 것이 이해가 잘 안 될 수도 있다. 그러나 그는 사채업자가 아니라 돈을 사랑으로 실천하여 평화를 실현한 인물이라고 평가받고 있다. 무하마드 유누스를 통해 사회공헌활동의 의의를 살펴보자.

먼저 소액금융은 빈곤계층에 소액의 대출과 여타의 지원활동을 제공함으로써 이들이 빈곤에서 벗어날 수 있도록 돕는 활동을 말한다. 전통적인 금융기관으로부터 금융서비스를 제공받지 못하는 소외계층을 주요 대상으로 하고 있어 사회경제적 측면에서 관심이 고조되었다. 최근에는 Micro Credit과 함께 마이크로 파이낸스가 많이 사용되고 있는데 이는 대출 외에 예금, 보험, 송금 및 여타의 금융서비스를 제공하는 활동으로 Micro Credit에 비해 포괄하는 범위가 넓은 개념이다. 특히 UN에서는 2005년을 '세계 마이크로 크레디트의 해'로 선포함으로써 금융 또는 비금융부문을 통해 빈곤계층의 금융이용기회가 제약되지 않도록 노력하는 계기를 마련하였다.

금리가 내려가고 은행들이 고객확보경쟁을 벌이고 있지만 가난한 사람들에게 은행 문턱은 여전히 높다. 가난한 사람과 은행은 잘 어울리지 않고 왠지 어색하다. 세상에는 크고 작은 편견이 존재한다. 특히 은행의 문턱이 가난한 사람에게 높다는 사실은 상식에 속한다. 그러나 경제학자였던 무하마드 유누스의 눈에 비친 이러한 은행의 관행은 전혀 합리적으로 보이지 않았다.

무하마드 유누스 교수가 치타공대학 인근의 조브라마을을 조사하던 중 농촌지역의 빈민층이 게으르기보다는 소액의 초기자금 부족으로 인해 열심히 일하고도 빈곤의 악순환에서 벗어나지 못하고 있음을 발견하였다. 농촌 빈민층은 담보나 신용이 없어 전통적인 금융기관을 이용할 수 없었고 대부분 고리대금업자의 착취대상이 되고 있었다. 이에 유누스 교수는 조브라마을 전체 가구 중 42가구가 빈곤을 벗어나는 데 단지 856다카(약 27,000원)만이 필요하다는 사실을 알고 사재를 털어 자금을 지원한 것이 Micro Credit의 시초가 되었다.

그는 그런 작은 돈으로 이렇게 많은 사람들을 행복하게 만들 수 있다면 뭐든 더 많은 일을 해야겠다고 가슴 깊이 느꼈다고 한다. 그날 이후 그는 그 문제해결에 매달렸다. 그는 당시 자신이 보증을 서준 가난한 사람들의 상환결과를 보았을 때 연체율이 거의 제로에 가까웠다는 점을 보았다. 인간은 누구나 존엄할 권리가 있는데 왜 은행들은 가난한 사람들에게 돈을 빌려주지 않는 것일까? 그래서 그는 새로운 은행을 만들기로 결심했는데 그것이 1983년 마을은행이라는 의미의 그라민은행(Grameen Bank)이다.

지금까지 그라민은행에서는 방글라데시의 80,678개 마을에서 약 750만 명에게 융자를 해주었으며, 그 중 97%가 여성이다. 빈곤

그림 7-6 I 그라민은행의 홈페이지 화면

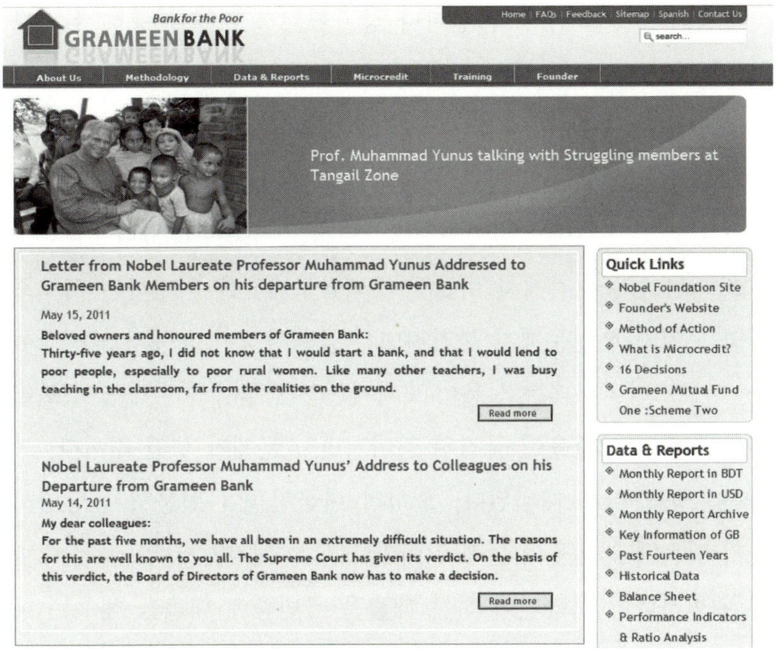

출처 : 그라민은행 홈페이지(www.grameen.com)

층을 대상으로 한 무담보 사업대출이나 주택대출, 학자금대출, 영세사업용 대출과 함께 예금자용 우대금리, 연금기금, 보험상품도 제공한다. 1983년 서비스를 시작한 이래 그라민은행의 주택대출을 이용해서 지은 주택은 650,839호를 헤아린다. 이들 주택의 법률상 소유권자는 대출을 이용하는 여성 본인이다. 그라민은행이 여성을 중심으로 융자를 실시한 것은 여성에게 돈을 빌려주면 반드시 가족들이 혜택을 입는다는 사실을 알았기 때문이다.

그라민은행의 누적 융자액은 약 66억 8,000만 달러이고, 변제율은 98.03%에 달하며 늘 이익을 내고 있다고 한다. 재무적으로도 자립해서 1995년 이후부터는 기부를 받지 않는다. 지금의 예금 잔고와 자기자본 합계는 대출 잔고의 155%다. 은행 내부조사에 따르면, 대출 이용자의 64%가 빈곤층기준에서 벗어났다고 한다.

구체적으로 그 수치가 얼마나 증가했는지 지표를 통해 살펴보자. 아래의 [그림 7-7]은 그라민은행의 대출이 얼마나 증가했는지를 보여준다. 1990년에 약 250만 달러에 지나지 않았던 대출금은 2011년 11,597백만 달러로 증가하였고, 지점의 수도 큰 성장세를 보여 1998년 500개를 넘어서서 2,565개를 기록하고 있다.

2008년 금융위기에서 비유량 주택담보대출을 의미하는 서브프라임 모기지 부실문제가 불거지면서 금융시장이 요동치기 시작했다. 서브프라임사태는 신용이 모자라는 사람들에게 마구잡이로 빌려준 대출의 상환율이 급격히 떨어지면서 문제가 생긴 것이다. 그라민은행과 너무 대비된다. 오히려 미국인들이 신용도가 당연히 높기 때문에 연체율이 높지 않아야 정상 아닌가? 서브프라임 대출이 위험하다면 그라민이 하는 대출은 극빈층에 대출을 해주는 데다 담보 등도 없기 때문에 극도로 위험한데도 그는 성공을 이어가

그림 7-7 I 그라민은행의 누적 대출로 인한 지출금액 (단위 : 백만 달러)

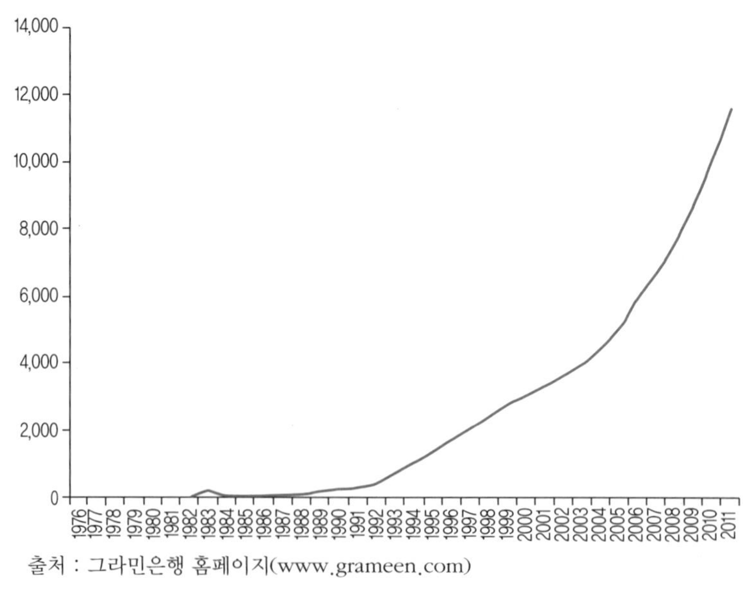

출처 : 그라민은행 홈페이지(www.grameen.com)

고 있다.

2011년 그라민 아메리카는 뉴욕 일대에만 4개 지점에 약 6,000명의 대출고객을 확보하고 있다. 무하마드 유누스는 대출 상환율이 99%가 넘는다고 로이터통신과의 인터뷰에서 밝혔다. 방글라데시에서 시작한 무담보 · 소액대출방식이 금융 선진국인 미국에서도 통한 것이다. 그라민 아메리카는 현재 네브래스카주와 인디애나주에도 지점을 두고 있으며 조만간 샌프란시스코와 디트로이트에도 진출한다는 계획이다. 이런 성공담은 다큐멘터리 영화로도 만들어졌다.

미국에서도 이전에 그라민은행처럼 빈곤층에 대한 무담보 · 소액대출을 활성화하려는 시도가 몇 차례 있었지만 번번이 실패로 돌아갔다. 유누스는 사람들이 미국에선 그라민은행 방식이 안 통할 거라고 했을 때 이건 똑같은 문제를 다루기 때문에 미국이든 방글라데시든 어느 나라에서도 통한다고 말했다.[07]

진정한 CSR은 무엇일까? CSR은 연말연시에 기업들이 봉사활동을 벌이고 경쟁하듯 공동모금액에 기부하는 것이 아니다. 시혜자가 아니라 수혜자 입장에서 취약계층들에게 무엇이 필요하고, 무엇이 소외계층을 배려하는 것인지, 기업의 역량으로 기업 차원의 CSR활동을 어떻게 해야 하는지를 유누스가 보여주고 있는 것이다.

07 조선일보(2011), "방글라데시 극빈자 은행(그라민 은행), 금융 선진국 美서 성공하다."

2. CSR과 이해관계자

1) CSR과 이해관계자이론

이번에 논의할 이해관계자이론은 CSR의 유형, 대상 및 우선순위별로 전략적 접근이 가능한 이론으로 CSR의 이론화 및 체계화에 기여한 이론들이다.

CSR과 관련된 논의는 이해관계자이론 이외에도 기업윤리이론,

지속가능경영 등의 유사한 주제로 확대되어 연구되고 있다(Carroll, 1999). CSR의 핵심이 결국 "기업이 이해관계자들과의 소통을 얼마나 잘하는가"라는 관점에서 본다면 이해관계자(stakeholder)는 CSR의 가장 중요한 구성요소가 된다.

CSR의 구성요소인 이해관계자는 조직의 목표 성취에 영향을 미칠 수 있거나 조직의 목표 성취로 인해 영향을 받는 모든 집단과 개인을 말한다. 이해관계자라는 개념에서 이해관계는 이해관계자의 동기요구라는 측면이 중요하며, 사회적 경제의 영역이 비영리부문(non profit sector)에 걸쳐 존재하기 때문에 사회적 기업의 이해관계자도 비영리요구(non profit need)와 영리요구(profit need)로 구분할 수 있다.

이해관계자(stakeholder)라는 용어는 1963년 스탠포드연구소(Stanford Research Institute)의 내부보고서에서 처음 등장하였다. 당시 보고서에서는 조직의 운영에 필수불가결한 집단들, 즉 조직의 생존을 위해 대응해야 할 필요성이 있는 집단만을 이해관계자로 파악하였다.

스탠포드연구소에서 제시한 이해관계자에 대한 연구는 기업의 기획을 진행하는 과정에서 중요한 영향을 미치게 되었다. 즉, 기업을 경영하는 경영진에서 이해관계자집단의 욕구 및 관심에 대한 이해도가 떨어지게 될 경우 조직이 지속적으로 생존하기 위한 조직의 목적달성에 필요한 이해관계자집단의 지원을 받을 수 없게 되는 현상이 나타나게 된다. 기업의 경영활동에 대한 이해관계자는 넓은 의미로는 기업의 기능과 경영활동에 의해 영향을 주거나 받을 수 있는 개인이나 집단 모두를 포함한다고 할 수 있고, 좁은 의미로는 기업의 기능 및 경영활동의 존속과 유지를 위해 활동하는 주요 집단이라 할 수 있다(Freeman & Reed, 1983). 이 외에도 1960년대에 조직과 환경의 관계를 이해하려는 연구자들에 의해 이해관계자 개념이 사용되고 있다. 이들은 이해관계자를 자기 목적 실현을 위해 조직에 의존하고, 조직 역시 그들에 의존하는 상호관계자로 한정함으로써 정부나 경쟁기업, 혹은 어느 한쪽에서만 영향을 미치는 주요 집단들을 배제하는 결과를 가져왔다. 이것은 조직 생존에 필수적인 개인이나 집단을 이해관계자로 보던 스탠포드연구소의 개념과 유사하지만 그보다도 한정적인 개념이다.

1960년대에는 자유자본주의가 팽배해지면서 주주의 이익극대화를 기업의 목표로 하는 영국, 미국 등과 같은 나라들이 많았고, 대부분의 기업들에서는 기업의 소유주인 주주에 대한 서비스라는 목표로 기업을 운영 및 경영해야 한다는 의견이 주를 이루었다. 그러나 제2차 세계대전 이후 온갖 전쟁 타격에도 불구하고 이해관계자이론을 신봉하는 독일, 일본 등의 경제는 급속히 발전하는 데 반해 주주중심의 영국, 미국 등의 경제는 퇴보하는 경향이 나타나기 시작하였다. 이와 같은 현상에 대해 많은 연구자들은 주주중심이론은 기업의 경영자가 늘 단기적 목표에만 집중하게 만들어 종업원 등 기타 이해관계자의 이익과 기업의 장기적인 성장에 문제를 야기했다는 이론을 세웠다.

주주중심이론과 달리 이해관계자이론은 기업이 다양한 이해관계자집단에 대한 공헌을 통해 이해관계자에 대한 책임을 이행하여 장기적으로 이익을 얻을 수 있다고 주장하는 이론으로 1960년대에는 주주중심이론에 비하여 큰 관심을 받지 못하였다.

이해관계자이론은 1980년대에 조금씩 주목받기 시작하였다. 주주중심이론을 중요시 여기던 미국, 영국 등 국가에서 기업 간 적대적 매수(hostile takeover)현상[08]이 나타나 경영자, 종업원, 공급업체, 사회지역 등 기업의 이해관계자 이익은 큰 손해를 입었으나 (Blair & Stout, 1999), 이해관계자이론을 따르던 독일과 일본기업은 금융부문, 종업원, 이사회 등을 통해 장기적인 협력관계를 확

08 상대기업의 동의없이 강행하는 기업의 인수 · 합병 행위

립하여 목표를 달성하게 되면서 이해관계자의 지배구조가 관심을 받기 시작하였다. 이는 이해관계자이론의 발전을 촉진하는 결과를 가져오게 된다.

이후 1990년대 후기에 들어서면서부터 이해관계자이론에 대한 학자들의 관심도가 높아지면서 많은 사회현상과 실증연구 결과가 나오게 되었다. 많은 기업들에서도 기업경영은 경영자와 주주 간의 관계만이 아니라 이해관계자와의 관계도 조절하여야 한다는 인식이 자리 잡기 시작하였다.

이해관계자이론을 지지하던 독일과 일본기업의 경영활동을 살펴보면, 독일의 대기업들은 종업원을 장기적인 이해관계자로 보고 경영활동을 펼치고 있다. 종업원 연금기금의 약 2/3 정도를 고용하고 있는 기업에 투자하며, 종업원과 노조대표들로 구성되는 노동위원회(works councils)를 운영하여 근로조건 등 기본적인 중요 결정사항에 대하여 협의하고 있다. 또한 2,000명 이상의 사업장의 경우 종업원들이 이사회 활동을 규정하고 감시하는 감사회(supervisory board)의 절반가량을 선출하여 운영하고 있다. 이와 같이 독일기업의 경영철학은 단기적인 수익의 극대화보다는 이해관계자와의 이해를 반영함으로써 기업의 장기적인 수익을 증진하는 데 힘쓰고 있다(김재구 · 노용진, 2000).

일본기업의 경우 주로 계열사와 다른 거래선들을 통하여 운영되고 있다. 이와 같은 경영활동은 장기적인 관계중심의 투자를 만들어 내는 배경이 되고 있다. 일본기업들은 종신고용제라든가 대규모 보너스제도 등을 마련하여 종업원들이 회사경영에 중요한 역할을 하고 있음을 보여주고 있다. 이와 같은 경영활동을 통하여 일본기업들은 주주의 이익보다도 이해관계자들의 장기계약관계를 중시한다는 인식을 강조함으로써 어려움에 빠진 계열기업을 위하여 지원을 아끼지 않는다. 그러나 이러한 현상은 곧 한계기업이나 산업에 대한 과잉설비(excess capacity)나 투자를 가져오게 하여 비효율성을 증대시키는 현상도 나타났다(강철규, 1999). 주주중심 모델에서 경영자에 대한 감독이 문제가 된다면 이해관계자중심의 모델의 경우 여러 관계자들의 관계 정립 실패에서 오는 다양한 비용에 대한 주의가 필요하다.

위에서 언급한 바와 같이 이해관계자 모형에 중심을 두는 연구의 경향을 살펴보면, 기업 소유주 및 주주에 대한 책임보다는 공중(public)이나 지역사회, 종업원들에 대한 책임을 더 강조하여 연구를 진행하는 경향이 있다. 이처럼 이해관계자에 대한 연구의 흐름이 기업에 미치는 영향력의 소유에서부터 기업의 관리과정에서 이해관계자들의 참여로 바뀌면서 바람직한 사회발전을 위해 기업에 가해지는 압력을 어떻게 전향적으로 받아들이는가가 기업의 당면과제가 되어 가고 있음을 알 수 있다(Dill, 1975).

이해관계자라는 용어는 관점에 따라 다양하게 사용된다. 어떤 경우에는 비판적인 시각에서 정의되기도 하는데 중립적인 관점에서는 이해관계자를 '기업의 미션과 성과에 영향을 끼치거나 영향을 받는 모든 개인과 집단'이라고 정의하고 있다(Freeman, 1984). Freeman의 이해관계자에 대한 연구는 기본적으로 이해관계자들이 가지고 있는 본질적인 가치(intrinsic value)나 지분(stakes)에 따른 기업의 규범적 책임을 강조하기보다 기업의 생존과 가치 제고를 확보하기 위한 다양한 이해관계자의 전략적 관리라고 볼 수 있다.

따라서 이해관계자란 공식적이든 비공식적이든 기업에 긍정적이거나 부정적인 영향을 미칠 수 있는 기업 외부환경의 핵심요소인 것이다. 여기서 비즈니스의 핵심과제는 기업이 '누구에게' 책임이 있으며 그러한 책임의 범위가 '얼마나' 되는가를 규명하는 것이다. 이러한 관점에서 비즈니스와 이해관계자 간 관계의 어려움을 가중시키는 이슈들을 오리어던과 페어브라스는 크게 3가지로 제시한다(O'Riodan & Fairbrass, 2008).

첫째, 이해관계자들 간에 일치하거나 부딪치는 기대사항들이다. 이해관계자는 기업의 행위가 개인 또는 개인이 속한 집단에 주는 영향력의 크기에 따라 반응을 하게 되는데, 긍정적인 경우와 부정적인 경우 모두에 반응을 보인다는 것이다. 예를 들면, 기업이 신제품을 출시하거나 새로운 경영안을 발표하였을 때, 주주와 경영자의 갈등관계가 형성되거나 소비자와 NGO가 공동적으로 반응을 하게 되는 경우 기업은 어려움에 봉착하게 된다.

둘째, 지역적 · 문화적 차이에서 기인한 해석의 다양성 때문에 더욱 복잡해지는 상황적 복잡성을 들 수 있다. 지역적 차이나 문화적 차이는 이해관계자와의 관계를 어렵게 한다. 즉, 지역의 차이에서 배태된 문화적 차이는 기업의 행위에 대한 인식이 상이하게 나타날 수 있는 가능성을 높게 한다. 이러한 예는 흔히 찾아볼 수 있다. 기업이 유럽과 미국 등 사회적 책임이 발달한 국가와 그렇지 않은 국가에서 모든 조건이 동일하다고 가정하고 같은 사회적 책임활동을 수행한다고 하자. 이때 유럽, 미국과 같은 사회적 책임인식이 높은 국가들에서는 거의 모든 기업이 사회적 책임을 수행하기 때문에 특별한 반응이 없을 것이다. 이에 반해 그렇지 않은 국가, 즉 대표적으로 이머징마켓에 속한 국가들은 시장 자체에 이러한 기업이 존재하지 않으며 소비자의 인식도도 낮기 때문에 선진국보다는 더욱 민감하게 반응할 것이다. 따라서 이러한 경우 시장 내에서 다른 이해관계자 간의 관계에 오히려 어려움을 겪게 될 수도 있다.

셋째, 기업의 사회적 책임 이해관계자 대화전략과 실질적인 이해관계자와의 소통문제이다. 앞서 설명한 2가지 문제를 해결하기 위해 다양한 기업의 전략이 가능하겠지만, 꼭 필요한 것은 이해관계자들 간의 관계에서 사전에 문제를 예방하고 사후적으로는 모니터링하며 소통하는 방법의 전략뿐이다. 이 방법도 기업은 여러 이해관계들에게 설명을 하고, 나머지 이해관계자들은 설명을 듣는 체제에서는 획일적인 정보의 비대칭성(unsystematic)이 발생할 가능성이 높다.

이해관계자이론에 의하면 기업의 장기적인 성공을 결정하는 것은 기업이 보유한 자원이라고 단정지을 수 없고, 장기적으로 볼 때 기업의 이익을 창출하는 가장 주요한 역량은 주요 이해관계자들과의 상호관계에서 이루어진다고 할 수 있다. 이해관계자 관점에서 볼 때 기업가치의 핵심원천은 주요 이해관계자와의 생산적인 관계라 볼 수 있고, 기업 이해관계자와의 네트워크가 분석단위가 된다고 볼 수 있다(이영찬 · 이승석, 2008). 따라서 기업의 성공을 위한 핵심적인 요소는 이해관계자관리, 즉 상호이익을 위해 이해관계자들과의 관계를 효과적으로 관리하는 것이라 할 수 있다.

이해관계자이론에 근거한 CSR 인식에 대한 연구가 주요 이슈로 주목받고 있다. 이해관계자의 관점에서 회계적 방법을 사용하여 기업의 사회적 책임 이행을 측정 · 기록 · 분석하고, CSR과 기업경영평가 사이의 관계에 대한 실증분석 연구가 진행되고 있다. 이와 같은 이해관계자의 기대증가와 세계화의 추세 속에서 CSR의 이행은 기업 생존에 있어서 중요시되고 있다.

2) 이해관계자의 분류

조직이 목적을 수행하는 데 영향을 주거나 받는 이해관계자는 시대와 조직이 처한 상황에 따라 변화하기 때문에 이해관계자를 중심으로 볼 때 이해관계자에 대한 정의와 분류는 기업의 입장마다 다르게 나타난다.

기업의 경우 이해관계자를 전통적으로 고객과 공급자, 종업원과 소유주로 분류하였으나 최근에는 환경론자들과 소비자보호단체, 미디어, 정부, 세계의 경쟁자들이 등장하게 되면서 이해관계자의 분류에 대한 논의가 대두되고 있다. 일반적 대규모 기업이 갖는 이해관계자를 포괄적으로 분류하자면 소유주, 종업원, 정부, 소비자, 지역사회, 공급업자 등으로 구분할 수 있는데, 이들은 이해관계자의 본질적인 속성이나 이해의 특성, 위치 등에 따라 다양하게 나타난다.

(1) 내부이해관계자와 외부이해관계자

기업의 입장에 따라 이해관계자는 다양하게 분류할 수 있다. 조직의 경계를 중심으로 이해관계자를 분류하게 되면 내부이해관계자(internal stakeholder)와 외부이해관계자(external stakeholder)로 구분할 수 있다.

내부이해관계자는 조직이나 기업의 경영진, 종업원 등으로 말할 수 있고, 외부이해관계자는 고객, 협력업체, 정부, 지역단체 등으로 분류할 수 있다. 사회의 광범위한 집단을 구성한 이해관계자를 조직의 영역을 기준으로 분류하고 있는데, 대표적인 외부이해관계자로는 정부와 소비자 그리고 지역사회 구성원을 들 수 있다. 정부는 공익을 대변하기 때문에 이해관계자들의 역할과 활동을 이해하는 것이 가장 중요하며, 다른 집단 간의 상관관계를 파악하는데 유용하다고 할 수 있다. 또한 고객과 지역사회도 기업에 있어서 긴밀한 이해관계자로 들 수 있는데, 지역사회의 경우 기업의 입지 및 기업의 자선활동 등을 통하여 이해관계를 맺고 있다. 내부이해관계자로는 소유주와 종업원을 가장 핵심적인 이해관계자로 들 수 있는데, 오늘날 대부분의 사람들은 종업원이 투자가나 소유주만큼 중요하다고 판단하고 있다(Donaldson & Preston, 1995; Carroll, 1989).

표 7-4 | 내부이해관계자와 외부이해관계자의 세부구성

구분	구성	내용
내부이해관계자	사회적 기업가	일반기업의 창업경영자가 중요한 것과 마찬가지로 사회적 기업에서도 창업경영자의 역할은 중요함, 사회적 기업의 경우 기업가이며 동시에 사회사업가의 역할을 모두 수행하여야 하기 때문에 일반기업보다 더 큰 역할이 요구됨
	취약계층 종업원	취약계층이란 자신에게 필요한 사회서비스를 구매하는 데 어려움이 있거나 노동시장의 통상적인 조건에서 취업이 특히 곤란한 계층을 말하며, 사회적 기업 육성법 제2조에 의하여 취약계층 종업원을 고용하고 있음
	관리자 종업원	관리자 종업원이란 중간관리를 담당하는 직원을 말함, 일반기업의 중간관리자와 사회기업의 중간관리자와는 다소 차이점이 있음
	기술자 종업원	사회적 기업이 생산품과 서비스를 제공할 때 해당 품목에 따라 품질관리를 향상시키거나 기술력을 증대시킬 수 있는 전문기술자를 말함
외부이해관계자	고객	고객은 기업조직이 창출한 상품과 서비스를 구입하기 때문에 사회적 기업은 경영관리의 초점을 고객에게 두고 고객에게 높은 가치를 주고 충분한 정보를 제공하여 고객의 권리를 보장해야 함
	투자자	투자자들은 사회적 기업의 경영활동에 밀접한 영향을 미치기 때문에 재정지원의 중요한 이해관계자로 고려해야 함
	경쟁 업체	사회적 기업의 시장점유율을 높이기 위해서는 기업은 두 가지 기회 측면에서 유리한 점을 취해야 함 ① 기업은 많은 고객을 확보하기 위하여 시장의 크기를 증가시키기 위한 방법을 찾아야 함 ② 개방된 시장에서 선두자리를 차지하고 있는 경쟁사를 이겨야 함
	정부	정부는 노동부와 보건복지부 등 사회적 기업을 육성하고 지원하기 위한 법과 다양한 제도를 마련하고 있음
	언론	사회적 기업은 언론을 통하여 기업의 경영활동을 노출하고 있음
	NGO/NPO	비영리조직(NPO), 비정부기구(NGO)는 공익성과 수익성을 동시에 추구하는 다양한 사업을 실행하는 조직형태로 사회적 기업과 가장 유사한 조직임
	협력 업체	모든 조직은 외부환경으로부터 투입물을 구입하여 사용하기 때문에 외부환경과의 관계가 최종산출물의 품질과 경쟁력 있는 가격을 결정하게 되므로 조직은 협력업체들과 항상 호의적인 관계를 유지해야 함
	지역 사회	다수의 사회적 기업이 지역사회와 밀접한 유대관계를 가지고 있으며, 이러한 유대관계는 사회적 기업의 목적과도 부합됨

출처 : Carroll(1989)

(2) 일차적 이해관계자와 이차적 이해관계자

내부이해관계자와 외부이해관계자 이외에도 이해관계자는 기업과 공식적 · 사무적 · 계약적 관계에 있는 주주 혹은 투자자, 종업원, 고객, 공급자 그리고 공적 이해관계자로서 인프라와 시장을 제공하는 정부나 지방단체와 같은 일차적 이해관계자(primary stakeholder)와 기업의 영업활동이나 생존에 직접적인 관계에 있지는 않지만 상호영향을 주고받는 언론이나 특별한 이해집단과 같은 이차적 이해관계자(secondary stakeholder)로 구분할 수도 있다.

이차적 이해관계자들은 일차적 이해관계자로 대우받기를 원하기 때문에 기업의 입장에서 이러한 이해관계자의 분류는 조심스럽게 이루어져야 하며, 기업의 입장에 따라 다르게 나타나고 있다.

표 7-5 | 일차적/이차적 이해관계자의 샘플리스트

구분	이해관계자
소유주(owener)	• 주주/소유주(P) • 종업원 주주(P) • 기관투자가(S)
고객(customers)	• 일반고객(P) • 연고구매고객(P) • 소비자여론주도층(S) • 소비자보호단체(S)
종업원(employees)	• 신입직원(P) • 고령/장기근속자(P) • 소수인종(P) • 은퇴자(P) • 종사자 가족(P) • 노조(S)
산업관계자(industry)	• 공급자(P) • 경쟁회사(S) • 산업협회(S) • 산업여론주도층(S)
지역사회(community)	• 기업인근거주자(P) • 주민단체(S) • 상공회의소(S) • 자선조직(S) • 학교/대학(S) • 특정이익집단(S)
정부규제(government regulation)	• 연방 정책결정가(S) • 주/광역지역 관료(S) • 지역공무원(S) • 언론인(media) • 언론 주도층(S) • 칼럼니스트(S)
기타 (environment/nonhuman speedies/future generations)	• 자연환경(P) • 동식물(P) • 미래세대(P) • 과학자(S) • 환경보호단체(S)

출처 : Svendsen(1988)

PART 04

Corporate Social Responsibility

CSR이 추구하는 사회

Chapter 8 진화하는 자본주의

Corporate Social Responsibility

Chapter 08

진화하는 자본주의

사람들이 바라는 이상적인 사회란 무엇을 말하는가? 모두가 더불어 잘 살 수 있는 지속가능한 사회체제는 무엇일까? CSR이 추구하는 사회는 과연 무엇인가? 다음 사회는 어떤 모습으로 우리에게 다가오고 있는가?

이러한 물음에 답을 구하기 위해 먼저 현자들의 책을 통하여 그들의 생각을 알아보기로 했다. 세계 최고 부자인 빌 게이츠의 『창조적 자본주의』를 비롯하여 아나톨 칼레츠키(Anatole Kaletsky)의 『자본주의 4.0』, 대니 로드릭(Dani Rodrik)의 『자본주의 새 판짜기』, 리치 디보스(Rich DeVos)의 『더불어 사는 자본주의』를 통하여 답을 찾고자 한다.

250년 전 아담 스미스는 자유시장의 건설적인 기능을 옹호하였다. 그러나 우리가 그의 주장에서 간과하고 있는 것이 있다. 그는 시장 메커니즘이 순수할 뿐만 아니라 가장 우월한 것이라고도 하지 않았고 이윤동기가 가장 필요한 것이라고도 하지 않았다. 또한 그는 『국부론』에서 인간은 사익에 기초하여 교역을 하지만 경제는 상호신뢰와 확신과 같은 가치를 필요로 한다고 하면서 인간행동의 선택을 위한 가치와 제도의 중요성을 언급하였다. 또한 시장이 잘 작동하는 상황에서도 발생하는 빈곤, 문맹, 상대적 착취 등에도 관심을 가졌으며, 독점적 시장이나 이윤동기가 지배하는 것보다는 제도적 다양성과 동기의 다양성이 중요하다고 역설하였다.

그 후 케인스(John Maynard Keynes)는 자본주의 체계의 본질적 불안정성을 인식하고 조정자로서 정부 역할을 강조하였다. 경제주체의 심리적 요인, 즉 야성적 충동(animal spirit)을 자본주의 경제의 요체로 파악하여 일상적 대화나 목격담에 의해 심리는 형성될 수 있으며, 이는 추상적인 계산 · 분석에 비해 인간의 의사결정에 더욱 결정적 영향을 미칠 수 있다고 생각하였다.

한편, 프리드리히 하이예크(Friedrich A. Hayek)[01]는 자유시장의 위대함을 다음과 같이 서술하였다. "시장제도가 만약 저절로 생기지 않았다면, 인간 역사의 가장 위대한 발명품으로 선언될 만하다. 왜냐하면 시장은 이기적인 인간으로 하여금 아침에 일어나 밖을 내다보고 지구로부터 원자재를 거두어 그가 원하는 것이 아닌 다른 사람이 원하는 것을, 그가 원하는 양이 아니라 그의 이웃이 선택하는 양만큼, 그가 매기려는 가격이 아니라 다른 사람이 평가하는 가격에 공급하게 하기 때문이다." 시장이 그 무엇보다 정의로운 사회적 메커니즘임을 보여주는 것이다.

그러나 자본주의가 사회주의에 승리를 거둔 이후로 경제 진보를 위한 자유시장 자본주의의 낡은 방식은 그 효력을 상실하였다. 자본주의의 세계화는 그저 특정 계층을 위한 게임에 불과하다. 이제 시장경제와 자유무역에 대한 지지를 유지하려면 세계화로 인한 패자들을 보호할 수 있는 대책이 필요하다. 세계 각국은 가난한 사람들에 대한 배려와 자유, 동등한 기회에 대한 존중 등 통합된 사회를 위한 미래 비전을 제시하여야 한다. 즉, 새로운 방식의 자본주의가 필요하다는 것이다.

01 프리드리히 하이예크는 오스트리아 태생의 영국 경제학자이다. 화폐적 경기론과 중립적 화폐론을 전개하였고, 신자유주의의 입장에서 모든 계획경제에 반대하였다. 1974년 화폐와 경제변동의 연구가 인정되어 노벨경제학상을 수상하였다.

제 1 절 ▪ 빌 게이츠가 말한 '창조적 자본주의'

1. 창조적 자본주의의 개념

빌 게이츠는 『타임(Time)』지에 발표한 그의 사설 "Making Capitalism More Creative"에서 기업들이 자본주의로부터 도태된 인구의 절대빈곤과 질병의 고통을 해결할 주체로 나서야 한다고 역설하였다. 세계 빈곤을 심화시킨 초국적기업들에게 역설적으로 빈곤퇴치에 나설 것을 촉구하는 것이다. 그러나 그가 주장하는 바는 단순한 자선활동의 강요가 아니다. 빌 게이츠는 기업의 이윤추구와 함께 빈곤퇴치 또한 이룰 수 있는 방법을 찾고자 했다. 특히 그는 최빈국 인구의 2/3가 5조 달러에 해당하는 구매력을 갖고 있다는 연구결과에 주목하여, 그들을 위한 시장개척에 나설 것을 제시하였다. 기업들이 빈민 인구에게 적합하게 낮은 가격으로 상품을 공급하고, 저렴한 노동력을 이용할 수 있다면 기업과 소비자에게 모두 이익이 돌아가는 일거양득이라는 것이다.

이러한 의미의 '창조적 자본주의'는 자본주의와 그 주체인 '기업'의 활동방향을 바꾸어 놓는 혁신적인 개념이다. 지금까지의 자본주의가 자유시장(free market)의 원리에 의하여 이윤추구에 중점을 둔 '약육강식'의 논리에 의해 지배되었다면, 미래의 자본주의는 점차 친환경적 · 친사회적 경제활동을 추구하는 방향으로 진행될 것을 전망한다.

그러나 기업의 이러한 '창조적 자본주의'는 그들이 얻은 이윤을 사회로 환원하려는 '노블리스 오블리제(noblesse oblige)'나 '자선'의 차원이 아니다. 오히려 이는 새로운 시장과 노동력의 개척활동으로 보아야 할 것이다. '창조적 자본주의'는 자본주의의 새로운 이념이 아니라 자본주의의 이윤을 가장 효과적으로 나누며, 취약계층의 삶의 질을 향상시키자는 것이다.

2. 창조적 자본주의의 의의

다음은 빌 게이츠가 2008년 스위스 다보스 세계경제포럼에서 연설한 내용 중 일부이다.

"세상은 점점 더 좋아지고 있지만 속도가 충분히 빠르지는 않습니다. 혜택이 모든 사람에게 돌아가는 것도 아닙니다. 세상의 위대한 진보는 때로 세상의 불평등을 심화시켰습니다. 필요가 가장 덜한 사람이 가장 큰 혜택을 누렸고, 필요한 것이 가장 많은 사람들, 특히 하루 1달러도 안 되는 돈으로 살아가는 수십억의 사람들이 가장 적은 혜택을 경험합니다.

이 세상에는 식량을 충분히 구하지도 못하고, 깨끗한 식수도 없고, 전기도 들어오지 않는, 즉 우리가 당연하다고 여기는 것조차도 누리지 못하는 사람들이 약 10억 명 정도 있습니다. 1년에 100만 명 이상의 목숨을 앗아가는 말라리아 같은 질병에 대한 관심이 대머리 치료제에 대한 관심보다도 훨씬 못합니다.

이들은 글로벌 경제의 혜택을 누리지 못할 뿐 아니라 맛보지도 못한 경제성장의 부정적 영향 때문에 고통을 받을 것입니다. 기후변화는 원인을 가장 적게 제공한 사람에게 가장 큰 영향을 미칠 것입니다. 수십 억 사람들의 삶을 향상시킨 위대한 혁신은 사익추구로 움직이는 이 시스템 덕분에 가능했습니다. 그러나 모든 사람이 혜택을 누릴 수 있도록 하기 위해서는 이 시스템을 개선해야 합니다.

왜 사람들의 필요와 혜택이 반비례할까요? 시장 인센티브 때문에 그렇습니다. 기업이 극빈층을 위하고자 한다고 해서 항상 이익을 얻을 수 있는 것은 아닙니다. 이 경우 시장에 바탕을 둔 또 다른 인센티브가 필요합니다. 그것은 사회적 인정입니다. 사회적 인정은 기업의 평판을 향상시키는 동시에 소비자에게 호감을 줍니다. 우리에게 주어진 과제는 이익이나 사회적 인정 같은 시장 인센티브를 통해 변화를 이끌어내는 시스템을 설계하는 것입니다. 저는 이 새로운 시스템을 '창조적 자본주의(creative capitalism)'라 부르고 싶습니다. '창조적 자본주의'는 정부, 기업, 비영리단체가 협력하여 시장의 영향력이 미치는 범위를 확장함으로써 더 많은 사람이 세상의 불평등을 완화하면서 이익을 창출하거나 사회적 인정을 얻을 수 있는 방식입니다."

시스템으로서 자본주의는 쉽게 수정될 수 있는 일련의 규칙이 아니지만, 자본주의의 동기부여책인 사익추구를 대체할 수 있는 사회적 인정이라는 개념은 가장 흥미롭고 독창적인 생각이라 할 수 있을 것이다. 좋은 일을 하는 기업이 사회적으로 인정을 받음으로써 그 기업의 제품이 더 많이 팔리고, 최고의 인재들을 더 쉽게 채용하고, 결과적으로 주주들에게 안정적인 이익을 가져다줄 것이라고 생각한다.

'창조적 자본주의' 이전에도 '기업책임'이라는 말은 존재하였다. 이것은 회사가 주주의 이익뿐만 아니라 이해관계자 모두에게 행한 좋은 행동의 덕을 보고 있다는 개념으로 창조적 자본주의의 전 단계라 할 수 있다. 창조적 자본주의는 지구상의 모든 이들에 대한 일종의 책임이 기업에게 있다는 생각을 전제하기 때문이다.

특히 정부와 자선단체가 감당하기에는 그 문제가 너무 크기 때문에 기업이 이익극대화에만 집중할 것이 아니라 공공부문의 문제점, 특히 개발도상국에서의 문제점들을 해결하기 위해 자신들의 역량을 조절할 필요가 있다는 것이다. 정부의 기능이 매우 잘 작동하는 선진국에서도 창조적 자본주의자들은 분권화된 민간부문의 혁신역량을 활용함으로써 그 효과를 높일 수도 있다. 정부의 활동은 여러 가지 제약으로 문제를 해결할 능력과 동기가 부족하다. 그러나 창조적 자본주의자들은 리스크를 감수하며 기업활동을 할 수 있는 새로운 기회를 제공한다.

'창조적 자본주의' 가 효과를 발휘하기 위해서는 먼저 이익극대화를 목적으로 하는 기업들이 세상의 모든 문제를 해결할 수는 없다는 점을 인식할 필요가 있다. 그렇지만 그보다 더 중요한 것은 공공부문의 실패, 특히 개발도상국에서 발생하는 정부의 실패를 인식함으로써 창조적 자본주의자들의 독립성과 그들이 보유한 자원으로 이 같은 실패를 교정할 수 있다는 것이다.

3. 창조적 자본주의의 사례

빌 게이츠는 자선재단업무에 전념하기 위하여 2008년 마이크로소프트에서 은퇴하며 'Making Capitalism More Creative' 라는 주제로 고별 강연을 하였다. 빌 게이츠는 '창조적 자본주의' 의 개념을 역설하면서 휴대폰회사인 사파리콤(Safaricom)을 예로 들었다. 사파리콤은 케냐인들을 위해 통신요금을 분당이 아니라 초당 부과하는 제도를 시행하였다. 이는 이용자의 통신요금 지출을 현저히 줄이는 데 기여하였으며, 더욱더 많은 케냐인들이 휴대폰 통신을 사용하게 만드는 추진력이 되었다. 또한 사파리콤은 현금 예탁서비스를 제공한다. 이는 금융거래서비스가 활성화되지 않은 케냐에서 유용하게 이용된다. 예를 들어, 먼 거리에 돈을 운반해 가야 할 경우 직접 돈을 운반하는 대신 휴대폰에 돈을 예치한 후 송금하면 된다. 이 서비스는 현금 강탈의 위험을 줄여주기 때문에 케냐인들의 삶에 큰 도움이 된다.

빌 게이츠가 사파리콤을 예로 든 것은, 이 기업의 경제활동이 자사의 이윤추구, 즉 시장개척에 도움이 되는 동시에 빈민국 국민들의 삶의 질 향상에 기여하는 좋은 예이기 때문이다. 현재 사파리콤은 케냐에 1,000만 고객을 확보하고 있으며 '창조적 자본주의' 활동을 지속하고 있다. 그러나 이러한 '창조적 자본주의' 활동에서 오는 기업의 이익은 이뿐만이 아니다. 기업은 이윤추구와 빈민구제를 병합한 활동으로 현명하고 좋을 일을 하는 회사의 이미지를 얻을 수 있다. 회사의 이미지가 좋아지면 전 세계에서 몰려오는 많은 훌륭한 인재들을 모집하는 일이 용이해진다. '창조적 자본주의'는 결국 기업의 이윤추구원리에 위배되지 않는 '현명한 자본주의' 활동이라는 것이다.

제 2 절 ■ 아나톨 칼레츠키의 '자본주의 4.0'

1. 자본주의 4.0의 개념

자본주의 1.0은 미국의 독립전쟁, 프랑스의 정치혁명과 영국의 산업혁명으로 시작한 전통적인 자유방임 자본주의이다. 자본주의 1.0 시대에는 정치와 경제는 인류의 완전히 다른 두 가지 활동이며 경제의 발전을 위해서 되도록 계속 별개로 유지되어야 한다는 신념이 지배적이었다. 특히 정부와 시장의 상호작용은 경제행위에 부수적이며 대체로 경제에 해롭다고 여겨졌다. 그러나 자본주의 1.0 시대는 대공황과 함께 막을 내렸다.

자본주의 2.0은 루스벨트 대통령의 뉴딜, 존슨 대통령의 '위대한 사회', 영국과 유럽의 복지국가 개념을 포괄하는 정부주도의 수정자본주의라 할 수 있을 것이다. 이 체제의 지적 상징은 1936년에 출간된 케인스의 『일반이론(General Theory)』으로, 1776년에 『국부론』이 자본주의 1.0의 개념들을 구체화했던 것처럼 『일반이론』은 자본주의 2.0의 개념들을 구체화하였다. 자본주의 2.0의 결정적인 특징은 바로 자본주의는 정부가 통제하지 않으면 파멸을 가져올 정도로 본질적으로 불안정하다는 신념이다. 자애롭고 유능한 정부를 수립하여 국민과 경제를 자유시장의 불가피한 혼란에서 보호하는 것이 정치의 가장 중요한 기능이 되었다.

이어 1960년대 말과 1970년대에 찾아온 스태그플레이션의 위기가 발생한 후 마가렛 대처(Margaret Hilda Thatcher)와 로널드 레이건(Ronald Wilson Reagon)의 자유시장혁명으로 탄생한 것이 자본주의 3.0, 즉 신자유주의이다. 이 대전환에 영향을 끼친 것은 밀턴 프리드만과 시카고대학의 프리드만 추종자들이었다. 이들은 정부의 개입으로 자유경쟁시장이 왜곡되지만 않으면 시장은 경제안정과 완전고용 등 효율적이고 합리적인 결과를 낳으며 자본주의 경제의 균형을 유지할 것이라는 가정에 다시 활력을 불어넣었다. 자본주의 2.0에서 자본주의 3.0으로의 이동은 케인스가 제창한 능동적 정부에 대한 믿음을 뒤집었으며, 합리적 기대와 금융시장이 효율적이라는 가정으로 대변할 수 있다.

2007~2009년의 경제위기로 인해 전환된 새로운 종의 자본주의가 자본주의 4.0이다. 이전의 자본주의 전환과 마찬가지로 이번 전환을 통해서도 정치와 경제, 정부와 시장의 관계가 다시 정의될 것이다. 자본주의 4.0 시대의 가장 큰 특징은 정부와 시장 모두 잘못될 수 있고, 때로는 이런 오류가 거의 치명적일 수도 있다는 사실을 인식하는 데 있다고 하겠다. 아나톨 칼레츠키는 "이렇게 하면

정치와 비즈니스의 모든 영역에서 이전 자본주의 버전에서는 받아들이기를 꺼렸던 개념인 리더십 · 창조력 · 실험정신을 발휘할 여지가 생긴다. 정부와 시장이 모두 잘못을 저지를 수 있다는 사실을 인정하는 것은 정치와 경제가 자본주의 3.0의 시대처럼 서로 적대적인 관계가 아니라 협력하는 관계임을 뜻한다"라고 말하였다.

그러므로 자본주의 4.0의 시대에서는 정부와 민간경제가 더욱 가까운 관계가 된다. 정부의 역할과 영향력은 커지지만 관료주의적인 거대정부로는 사회의 요구를 제대로 충족시킬 수 없기 때문에 정부의 크기는 줄어든다. 이와 더불어 자본주의 4.0은 세계가 예측하기 어려운 복잡성과 불확실성을 본질로 하고 있다는 인식에 기초한다. 불확실한 세상에서는 시장의 결정과 정부의 결정 모두 시행착오를 거치며 갈지자 행보로 나아갈 것이며, 정부정책은 경제시스템이 변화하는 여건에 적응하면서 계속 진화해가야 하기 때문이다. 따라서 공공정책, 경제, 비즈니스전략에서 실험정신과 실용주의가 일종의 슬로건이 될 것이다.

2. 자본주의 4.0의 조건

자본주의 4.0의 새로운 경제사상은 세 가지 조건을 충족시켜야 한다. 첫째, 시장경제는 균형상태의 정적인 시스템이 아니라 끊임없이 진화하는 시스템이라는 사실을 인식해야 한다. 둘째, 효율적인 정부와 역동적인 민간기업은 서로 배타적인 관계가 아니라 협력적인 관계이다. 셋째, 인간행위와 경제학 사건들이 원래 예측불가능하다는 점에 초점을 맞춰야 한다.

미래 경제는 민간부문과 공공부문이 모두 중요한 역할을 한다는 점에서 명백한 혼합경제가 될 것이다. 그리고 정부와 시장 간의 관계를 포함한 경제규칙들이 변화한다는 점에서 적응하는 경제가 될 것이다.

금융위기 동안 가장 폭넓게 주목을 받은 접근법은 행동경제학이다. 로버트 쉴러(Robert Shiller)에 의해 일반화된 행동경제학은 투자자와 기업들이 합리적 기대에 의해서가 아니라 휴리스틱[02]이 만들어내는 군중심리에 따라 움직인다고 본다. 그러나 이 이론은 합리적 기대가설의 핵심가정과 어긋나지 않는다. 즉, 호황·불황과 경기침체는 모두 다양한 유형의 시장실패 때문에 발생하며, 따라서 원칙적으로 시장을 더 완벽하게 만듦으로써 경제붕괴를 방지할 수 있다고 본다. 예컨대 정보를 널리 알리거나 사기를 막기 위해 규제를 강화하는 식이다. 이데올로기적으로 일치하기 때문에 이론경제학은 매우 기꺼이 행동경제학을 포용했다.

이 밖에도 카오스이론, 첨단제어공학 분야의 수학적 연구와 로만 프리드만(Roman Frydman)과 마이클 D. 골드버그(Michael D. Goldberg)의 불완전지식경제학 등이 있다. 이와 같은 다양한 연구로 인해 대안 경제학으로서 자본주의 4.0에 적합한 경제학 분야의 창조적인 새로운 접근법이 나타날 것이다.

02 휴리스틱스(Heuristics)는 모든 경우의 수를 고려하지 않고 편한 판단기준에 따라 주먹구구식으로 문제를 해결하는 방법이다.

3. 자본주의 4.0과 미래

인플레이션과 명목 GDP, 혹은 다른 어떤 한 가지 경제목표만 통제하는 대신에 중앙은행은 여러 가지 경제목표를 동시에 추구해야 한다. 최소한 전 세계의 중앙은행들은 적정한 수준의 경제성장률과 고용만이 아니라 낮은 물가상승률이라는 목표도 달성해야 한다. 중앙은행들은 또한 신용을 적절히 확대시키고, 다른 주요 경제국의 책임 있는 기관과 협력해서 무역불균형을 적정선에서 조율해야 한다.

경제를 안정시키기 위해 공공부문의 부채를 늘릴 필요가 있지만, 위기가 가라앉기 시작하면 정부 부채는 더 이상 늘어나면 안 되거나 적어도 적절히 통제되어야 한다. 그러나 국가부도에 대한 우려, 과다한 국가 부채가 우리 자손들에게 부담이 될 것이라는 우려는 지나치게 과장된 생각이다.

미국과 영국정부가 결코 파산하지 않는 더 중요한 이유는 이 두 나라가 거의 대부분 자국 통화로 돈을 빌렸기 때문이다. 아르헨티나, 그리스, 태국 등이 파산한 것은 달러, 유로, 엔화로 빌렸기 때문이다. 국가의 채무불이행은 해당 정부가 통제하지 못하는 통화로 돈을 빌렸을 경우, 금·은과 같은 현물 원자재와 연결된 유형의 화폐로 돈을 빌렸을 경우, 혹은 외국에게서 돈을 빌렸을 경우에 발생했다.

각국 정부들이 앞으로 재정적자를 대폭 줄여야 하며, 이 작업이 빨리 시작되어야 하는 데에는 세 가지 이유가 있다. 첫 번째는 산술적인 이유이다. GDP의 60~80% 정도는 지속가능한 수준이다. 역사를 돌아보면 일반적으로 정부 부채규모가 GDP의 100% 수준까지는 시장경제가 효율적으로 원활하게 작동한다. 그러나 부채수준이 이보다 더 커지면 납세자에게서 국채 투자자로의 소득 재분배율이 너무 높아져서 경제적 왜곡과 정치적 갈등이 심각해진다. 그 결과 생산성 증가와 사회적 결속이 위협받는다. 두 번째 이유는 의료 지출문제에서 비롯된다. 사회가 노령화되면서 의료와 연금에 대한 정부의 재정부담이 급증하기 때문이다. 그리고 세 번째 가장 긴급한 이유는 대규모 적자 때문에 정부가 경제운용에 제약을 받고 있다는 점이다. 정부와 중앙은행들이 적자를 감축하는 일이 왜 그렇게 중요한지, 곧 국가부도를 피하기 위해서가 아니라 의료와 연금제도를 장기적으로 유지하고 미래의 정부가 총수요를 관리하고 경제성장을 촉진할 수 있는 유연성을 충분히 확보하기 위해서 적자를 줄여야 한다는 사실을 분명하고 솔직하게 설명한다면 그러한 노력은 더 효과를 거둘 것이다.

성장과 소비의 불균형, 즉 너무 많이 빌리고 소비하는 나라들과 너무 많이 저축하고 생산하는 나라들 사이의 불균형은 금융위기의 가장 근본적인 원인으로 널리 간주되고 있다. 중국정부는 막대한 달러 보유고를 이용해 미국 국채나 국채기업들, 주로 모기지업체인 패니메이[03]와 프레디맥[04]의 채권을 샀다. 미국 재무부와 국책기업들은 다시 중국의 달러 저축금을 미국 가정에 현금지불 모기지와 세금감축의 형태로 지불했다. 마지막으로 미국 소비자들은 미국정부와 모기지업체한테 받은 돈으로 중국산 제품을 더 구입하게 되어 조작의 고리(circle of manipulation)가 완성되었다.

중국 · 일본 · 독일과 같은 채권국들이 흑자를 줄이지 않고도 미국 · 스페인 · 영국처럼 부채가 많은 나라들이 적자를 줄이는 것은 산술적으로 불가능하다. 중국 · 일본 · 독일은 수출주도가 아니라 무역수지 균형을 목표로 경제정책을 바꿔야 할 것이다. 미국 · 유럽 · 일본은 시장의 힘만이 세계무역, 국제자본흐름, 환율을 규제할 수 있다는 시장근본주의 도그마에서 벗어나야 한다. 거꾸로 중국과 다른 아시아 국가 및 개발도상국들은 무역 · 자본흐름 · 환율을 정부가 통제해야 한다는 자본주의 2.0 시대의 유물인 국가통제주의의 편견을 극복해야 한다.

자본주의 4.0의 거시경제 전반에서 가장 심각한 우려는 인플레이션의 가능성이다. 중앙은행들의 화폐발행 때문에 인플레이션을 걱정할 필요는 없다. 그러나 인플레이션은 통화정책 때문이 아니라 인구구조의 변화 · 국제무역 · 공공재정의 구조적 변화 때문에 발생할 수도 있다.

자본주의 4.0과 이전 자본주의와의 차이는 이 세상이 생각하는 것보다 훨씬 더 복잡하고 예측 불가능한 것이라는 사실을 인식하는가의 여부이다. 정치나 경제 분야 모두 확신이 아니라 실험정신

03 패니메이(Fannie Mae Company)는 1938년 설립된 모기지 대출을 주력으로 하는 미국 워싱턴 D.C.의 금융회사이다.

04 프레디맥(Freddie Mac Company)은 1970년 설립된 모기지 대출을 주력으로 하는 미국 버지니아주 매클린의 금융회사이다.

을 슬로건으로 삼게 될 것이다. 이런 불확실성이 자본주의 4.0을 곧바로 비관론으로 보게 만들지는 않는다. 자본주의에서 나타나는 모든 문제들은 시장의 주요 동력인 인간의 야망 · 창조성 · 경쟁심 등 창조적 힘으로 해결할 수 있지만, 동시에 정부의 힘이 이들을 올바른 방향으로 이끌어 주어야 한다. 그리고 민주적 자본주의를 믿으면서 동시에 민주적 자본주의의 많은 결함과 모순을 인정하려면 회의주의와 논리를 거스를 수 있는 지적인 용기가 모두 필요하다.

과소평가되었던 자원들, 신선한 공기와 양질의 교육, 사회평등 등에도 적절한 가격을 부과함으로써 새 자본주의 모델은 시장으로 하여금 글로벌 환경을 보존하고 사회를 향상시키도록 유도하는 강력한 인센티브를 만들 수 있다. 시장가격을 사회적 가치에 맞게 조정하려는 이러한 노력은 놀라울 만큼 높은 경제적 효과를 낳을 것이다. 경제성과를 어떻게 측정하든 공공재와 환경자원에 높은 가격을 부과하면 경제성장은 더 저하되는 것이 아니라 오히려 더 촉진될 것이다.

제 3 절 ▪ 대니 로드릭의 '자본주의 새 판 짜기'

1. 자본주의 새 판 짜기의 의의

글로벌 경제통합은 다다익선(多多益善) 식으로 무조건 그리고 무한정 추구할 일은 아니다. 국경을 무시하는 깊은 경제통합, 국민국가, 민주주의 이 3가지는 트릴레마(Trilemma)[05] 관계에 있기 때문이다. 여기에서 글로벌시장 통합도 고삐를 조여야 한다는 논

05 일반적으로 3중고(三重苦)의 뜻인데 물가안정, 경기부양, 국제수지개선의 3가지를 가리킨다. 이 3가지는 3마리 토끼에도 비유되는데 물가안정에 치중하면 경기가 침체되기 쉽고, 경기부양에 힘쓰면 인플레이션 유발과 국제수지 악화가 초래될 염려가 있는 등 서로 물리고 물려서 정책 선택이 딜레마에 빠지게 된다는 뜻으로 사용된다.

리가 도출된다. 경제통합의 한계를 설정해서 국민국가나 민주주의와 양립할 수 있는 '적정한 세계화' 또는 '얕은 세계화'로 가는 규칙을 수립해야 하는 것이다.

그러나 또한 비시장적인 제도가 항상 시장경제가 제 기능을 하도록 좋은 기능만을 수행하지는 않는다는 점에도 유의해야 할 것이다. 비시장적인 제도는 사적 이익을 위해 공공기관이 활용되는 등의 사회적 부작용을 가져오기도 하고, 때로는 시장의 힘이 자유롭게 움직이는 것을 제한하는 상황을 발생시킬 수도 있다.

중요한 것은 수익을 소유하는 것이 아닌 통제할 수 있도록 하는 제도여야 하며, 법이나 사적인 영역, 공적인 영역 모두에서 실천하고 관습과 전통이 모두 더해져 보장될 수 있어야 한다는 것이다. 단지 법안 하나로 수익에 대한 통제권을 보장해주는 것은 부족하다는 것을 의미한다. 현실에서 성공적으로 작동하는 시장경제는 모두 규제제도의 감독을 받고 있는데 그 중 대표적으로 미국은 가장 시장이 자유로우면서도 가장 엄격한 규제체계를 갖고 있는 국가이다. 반면에 일부 개발도상국의 경우는 규제제도가 미비하여 시장실패가 빈번하게 벌어지는 상황을 겪는다. "자유에는 책임이 따른다"는 말처럼 시장경제 역시 자유롭게 방치해 둔 채 규제제도가 없다면 시장참여자의 부정행위나 지나친 거래비용, 외부효과의 문제에 따른 시장실패를 맛보게 될 것이다.

금융 세계화의 시대에는 신브레턴우즈[06] 같은 실질적 합의가 필요하다. 금융에 대한 국제규제협력, 재정적 경기부양책에 대한 국제 공조, 신흥경제국들로 확산되는 금융위기를 차단하기 위해 충분한 유동성을 지원, 보호무역에 개입하지 않겠다는 분명한 약속과 감시 또는 규제기구에 대한 합의 등이 이루어져야 한다.

결국 시장경제가 잘 작동하기 위해서는 시장을 고삐 풀린 망아지처럼 날뛰게 해서는 안 되고 비시장적 제도 속에 안착시켜 고삐

06 제2차 세계대전 직후 세계 여러 나라들은 자유무역을 촉진하고 전후 재건사업을 원활하게 추진하기 위하여 미화 35달러를 금 1온스의 가치로 고정시키고 각국의 대 달러 환율을 일정하게 유지하는 고정환율(fixed exchange rates)제도를 도입하였다. 합의를 이룬 회담장소(미국)의 이름을 따라서 브레턴우즈체제(Bretton Woods System)라고 부른다. 즉, 브레턴우즈체제는 미 달러화를 글로벌 기축통화로 만든 국제통화시스템이다. 그러나 신브레턴우즈체제는 글로벌 경제위기 후 다극화된 세계에서 달러를 유일한 기축통화로 삼기보다는 유로 등 다수의 기축통화 후보를 복수 기축통화로 활용하자는 것이다.

를 잡아야 한다는 것이다. 시장을 창조하고 규제하고 안정화하며 정당화하는 제도들이 기능하지 않고서는 시장은 결코 잘 작동할 수 없다. 그런데 시장의 고삐를 잡는 이런 제도와 기능은 일대일로 대응하지는 않는다. 동일한 기능을 여러 다른 다양한 제도들이 수행한다. 바로 여기에서 일극 수렴이 아니라 제도적 다양성과 자본주의의 다양성에 대한 근본적인 아이디어가 나온다.

2. 자본주의 새 판 짜기의 필요성

경제가 선진 시장경제로 진화하면서 불평등과 불안정이 악화되었고 사회결집을 어떻게 유지해 갈 것인가가 중요한 문제로 떠오르게 되었다. 이에 사회 안정과 결집을 유지하기 위해 공공부문에서 제공하는 사회보험의 필요성이 대두되었다. 이러한 사회보험제도는 시장경제의 정당성을 뒷받침해주는 역할을 수행하며, 불평등과 불안정에 따른 시장실패나 리스크를 관리하는 데 도움이 될 것이기 때문에 시장경제가 원활히 유지되기 위해서는 꼭 필요한 제도일 것이다.

자본주의는 인간사회의 경제 에너지를 해방시키는 점에서 독보적인 위치에 있다. 넓은 의미에서 볼 때, 번영을 누리는 모든 국가가 자본주의를 채택한 이유는 이 때문이다. 자본주의 국가는 사유재산을 중심으로 조직되어 있으며, 자원을 분배하고 경제적 보상의 정도를 결정하는 역할을 시장의 손에 맡긴다. 세계화는 자본주의를 범세계적으로 확산하는 것을 의미한다. 자본주의는 세계화와 너무 복잡하게 얽혀 있어서 세계화의 미래를 논하지 않고 자본주의의 미래를 논하는 것은 불가능할 정도다.

그러나 세계화를 떠받치는 기둥은 불안하기 짝이 없다. 세계시장은 매우 취약하다. 국가 차원에서 규제와 법령으로 지배하고 지원하는 국내시장과는 차원이 다르다. 세계시장에는 독점규제기관도, 조정기관도, 안전망도, 최종책임자도, 무엇보다 전 지구적 민주주의도 없다. 바꾸어 말해, 세계시장의 지배구조는 매우 취약한 것이다. 따라서 불안정하고, 비효율적이며, 대중의 인정을 받기도 힘들다. 이러한 세계시장의 특성은 각 국가의 시각과 균형을 이루지 못하기 때문에 세계화에는 불안정요소가 존재할 수밖에 없다. 세밀한 조정을 통해 균형점을 찾을 때에만 세계경제체제를 건전하게 유지할 수 있다. 각국 정부에게 지나친 권력을 주었다가는 보호무역주의와 자립정책을 초래할지 모른다. 반대로 시장에 자유를 지나치게 부여했다가는 세계경제 불안을 초래해 필요한 사회적 · 정치적 지원을 받지 못할지도 모른다.

이에 대디 로드릭은 적절한 비시장적 제도가 갖춰져야만 시장경제가 올바르게 작동할 수 있다고 생각한다. 자본주의의 새 판을 짜기 위하여 재산권, 규제제도, 거시경제 안정성, 사회보장 그리고 갈등관리의 문제에 대처하기 위한 제도들을 소개하고 있다.

제 4 절 ■ 리치 디보스의 '더불어 사는 자본주의'

1. 더불어 사는 자본주의의 개념

리치 디보스는 더불어 사는 자본주의란 모순되는 말이 아니라고 강조한다. 이윤추구의 개념과 더불어 사는 개념은 정반대의 개념이 아니기 때문이다. '더불어 사는 것' 과 '자본주의' 의 두 표현은 고용주와 근로자에게 있어 똑같이 적용되는 단어이고 더불어 사는 것은 모든 사람들의 이익에 부합하게 된다.

더불어 살기는 감정과 행동을 포함하는 개념이다. 사전에는 '더불어 살기(compassion)'를 "타인의 고통이나 불행을 함께 나누고자 하는 감정, 그 고통을 완화시키고 원인을 제거하려는 욕구도 포함한다"라고 정의하고 있다. 더불어 살기의 반대는 무자비함이나 무관심이다.

더불어 살기란 개념은 인류의 시초부터 모든 문화 속에서 찾아볼 수 있다. 고대 유대인들은 종교적 신념을 지키기 위해서, 또한 불쌍한 사람을 돕기 위해서 추수 때마다 십일조를 떼어서 비축했다. 밭의 한구석은 추수하지 않고 내버려두어 가난한 사람들이 남아 있는 이삭을 주워가게 했다.

인간미 있는 행동은 동정심이 우러나와서 해야만 효과적이며 의무감을 느껴 어떤 행동을 한다는 것은 나쁜 것은 아니다. '진정한 동정애'는 우리들의 진실한 모든 것이 포함된다. 이는 누군가 혹은 무엇인가에 대해 측은함을 느끼고 고통을 없애주고 고통의 원인까지도 완화시키려는 열정으로 행동하는 것을 뜻한다. 더불어 살려는 행동은 동정을 느끼는 감정으로부터 나온다. 더불어 살기란 감정과 행동을 동시에 포함하는 것이다.

리치 디보스는 더불어 사는 마음가짐이야말로 엉망진창이 된 세계경제를 재건할 수 있는 유일한 기초라고 믿고 있다. 만일 우리가 현재의 경제혼란에서 벗어날 방법을 모색해야 한다면, 우선 우리는 이 지구와 인간을 사랑하는 법을 배워야만 한다. 왜냐하면 우리는 이 지구와 인간을 사랑해 본 경험이 없기 때문이다. 더불어 산다는 것은 어떤 대가를 치르고서라도 인간과 지구에 대해 책임을 지는 것을 뜻한다.

2. 더불어 사는 자본주의의 의의

자립심은 사람들이 갈망하는 아주 오래된 가치이다. 혼자 강인하게 설 수 있다는 것은 우리 문화에서 공통된 주제이지만 어떻게 자립할 수 있는가에 대해서는 거의 들을 수가 없다. 우리는 처음부터 용기와 성실성, 희망을 가지고 태어나는 것은 아니다. 또한 어느 날 갑자기 강해지고 자립을 하는 것은 아니다. 살아가면서 어떤 일에 부딪히는 와중에 힘과 자립할 수 있는 방법이 생기는 것이다. 그런 일이 어떻게 일어나는가에 대한 질문에 리치 디보스는 홀로 서기 위해 우리는 서로를 필요로 한다고 답한다.

자본주의는 완벽하고 완성된 제도가 아니다. 자본주의는 변하고 발전하고 향상해야만 한다. 자본주의는 살아 있는 제도이다. 정원사의 판단과 행동처럼 화단에서 시들고 죽은 장미가지를 잘라줌으로써 새 가지가 자라고, 향기롭고 화려한 꽃봉오리가 만개하도록 해야 한다. 자본주의는 세계 각국에서 다양하게 피어나고 있다. 일본이나 필리핀의 자본주의자들은 러시아, 폴란드, 헝가리 등의 새로운 자본주의자들과는 달리 행동한다. 중국의 산업지대에서 애를 쓰는 자본주의자들과 칠레나 페루의 산악지대 자본주의자들이 하는 일은 다르다.

서로 이웃하고 있는 멕시코, 캐나다, 미국의 자본주의자들도 각기 다른 다양한 형태의 자본주의를 실천한다. 그러나 어떤 종류의 자본주의를 실행하든 우리 모두를 올바른 곳으로 인도한다고 믿을 수 있는 원칙이 있다. 이 원칙이 바로 더불어 살기이다. 이에 어디에 사는지, 국가에서 자유기업제도가 어떻게 운영되는지는 문제가 되지 않는다. 만일 우리가 경제적 무질서와 절망으로부터 세상 사람들을 구하려고 한다면 우리 모두는 스스로 더불어 사는 자본주의를 발견해야만 한다.

PART 05

Corporate Social Responsibility

CSR의 향후 발전방향

Corporate Social Responsibility

Chapter 09

CSR의 비판과 대안의 등장

미시건 경영대학원 아닐 카나니 교수(Aneel Karnani)는 CSR은 Green Wash처럼 CSR Wash라는 눈속임의 형태로 나타나며 실질적인 변화를 기대할 수 없다고 한다. 기업들이 CSR을 잘한다고 하지만 실질적으로는 자사의 수익극대화를 꾀하면서 겉으로는 사회적 책임을 다한다고 주장한다는 것이다. 예를 들어 일반전구 대신에 LED전구를 설치해서 전력소비를 줄인다든지 생수병의 뚜껑 사이즈를 줄이고 용기무게를 줄여서 에너지절약과 환경보호에 앞장선다는 것은 결국 자사의 비용절감을 위한 것이지만 환경을 앞세운 CSR 위장술이라는 것이다. 이어서 카나니 교수[01]는 공공의 이익과 사적인 이익이 부합될 때 CSR은 무의미(irrelevant)한 것이 되며, 양쪽이 상충될 때는 CSR이 항상 비효율(ineffective)로 간주된다고 했다. 이렇듯 기업들은 항상 CSR을 아전인수식으로 해석하고 있다는 것이다.

01 Wall Street Journal Executive Adviser Report, Aug 23, 2010.

제 1 절 ■ CSR vs CSV

1. 공유가치(shared value)의 개념

이번 절에서 CSR은 보다 진화되어야 하며 그것이 바로 CSV(Creating Shared Value)라고 주장하는 마이클 포터(Michael Porter) 교수의 공유가치창출에 대해 알아본다. 그는 사회에서의 기업의 역할(the role of business in society)이 바로 공유가치창출이라고 말한다. 기업들은 단지 자신들의 발전만을 위해서 노력하는 것이 당연하다고 하겠지만 사회활동의 주요한 변화와 관련된 인식이 새롭게 나타나고 있다. 이것은 기업활동이 우리가 처한 사회적 · 환경적 · 경제적 문제들의 주된 원인으로 작용하고 있는 것으로 비춰지기 때문이다. 이런 점에서 정부와 시민사회는 점차 사회문제 해결을 위해 기업이 그 비용을 지불해야 한다고 요구하고 있는 것이다. 그렇기 때문에 오늘날 기업시민의식이 성숙했음에도 불구하고 기업경영의 정당성은 결여되고 있다고 말한다.

'책임' 이라는 용어적 의미와 그 개념의 왜곡 때문에 CSR을 반대하는 기업들이 많다. 반면에 CSV는 이미 많은 기업들로부터 환영을 받고 있으며 CSR보다 앞선 개념이라고 얘기하고 있다. 이것은 기업에게 직접적인 책임을 요구하는 CSR보다 훨씬 완화된 개념이기 때문이다. 그렇다 하더라도 CSV는 공유가치창출이라는 말 그대로 CSR을 구성하는 발전적 패러다임의 한 가지 이론에 불과하므로 CSR을 대체할 수 없다고 보는 것이 타당하다.

[그림 9-1]은 포터 교수가 주장하는 CSR과 CSV에 대한 설명이다.

공유가치창출이란 기업의 경쟁력을 높이는 정책과 업무이면서 동시에 기업들이 자신들의 제품을 팔거나 기업활동을 전개할 때

표 9-1 | 포터 교수가 주장하는 CSR과 CSV

자선		기업의 사회적 책임(CSR)		공유가치창출(CSV)
사회기부	➡	올바른 기업시민의식과 사회공동체 규범에 순응하는 것, '지속가능성'	➡	사회발전을 경제가치 창출 안으로 통합시키는 것

사회적 · 경제적 수준을 높이는 것이다. 이것은 경제적 가치가 사회적 가치창조에 의해 만들어지는 것으로 사회공동체에 유익한 것이 곧 기업에게 유익한 것임을 말한다. 또한 공유가치창출이란 자본주의를 사회문제들을 해결하는 데 사용하는 것이다. 모든 이익이 공평한 것은 아니므로 공유가치를 포함한 이익은 사회를 성장시키면서 기업을 더 빨리 성장하도록 만든다. 그러므로 사회 현안들을 기업의 전략과 운영에 통합시키는 것은 기업관리의 중요한 변화이며 공유가치가 자본주의의 더 진화된 모습이라고 주장한다.

2. CSR과 CSV의 비교

기업이나 투자자들은 경제가치창출에 있어서 한정된 전략을 선택해 왔다. 한정된 전략이란 구시대적 요구와 구시대적 고객기준을 접목시키고 기업규모의 축소 · 아웃소싱 · 이전 · 글로벌화를 통해 이익을 극대화시키는 것이다. 또한 전통적인 기업의 경계선 안에서 기업을 최적화시키고 진정한 가치창조 대신에 자본구조를 강조한다. 그리고 새로운 사업을 창출하는 대신 기업수익을 높이는 데 주력하면서 사회문제들은 기업경영의 외부에 존재하는 것으로 간주한다. 따라서 사회에서 요구하는 가치와 부합하지 않고 성장과 혁신 또한 방치된다.

경제적 가치창출과 사회적 목표 사이의 조화를 이끌어낼 수 있

02 마이클 포터는 두 경우 모두 법과 윤리적 기준을 준수하고 기업활동을 전개하는 데 불필요한 위험요소들을 제거해야 한다고 전제하고 있다.

표 9-2 | CSR과 CSV 비교[02]

CSR	CSV
가치 : 선을 행하는 것	가치 : 비용에 비해 경제적이고 사회적인 이익
시민의식, 자선활동, 지속가능성	회사나 사회의 가치생성을 묶음
자유재량에 의하거나 외부의 압력에 따름	경쟁이 필수적임
이익을 극대화하는 것과는 구분되어 있음	이익극대화와 구분 지을 수 없음
외부의 보도나 개인적인 선호에 의해 CSR 안건이 결정됨	CSV는 회사의 특정한 안건이고, 그 안건은 회사 내부에서 만들어짐
기업의 입지나 CSR 예산에 의해 영향력이 제한됨	CSV가 회사의 예산을 조정함
예시 : 공정무역 구매	예시 : 품질과 산출을 높이기 위해 조달방법을 변경하는 것

는 공유가치창출을 제대로 하기 위해서는 3가지 단계가 필요하다.

첫째, 사회구성원들의 니즈와 제품, 시장에 대한 새로운 인식이 필요하다. 둘째, 가치사슬 안에서 제품을 재정립하는 것으로 이는 기업이 어떻게 자신들의 사업을 전개해 나갈 것인지를 재정립하는 것이다. 셋째, 지역 클러스터의 발전을 가능하게 만들어야 한다.

첫 번째로 제품과 시장에 대한 재인식에 대해 살펴보면 이는 사회의 니즈에 맞게 제품과 서비스를 디자인하는 것으로서 환경적인 효과, 안정성, 건강, 교육, 영양, 장애인들의 생활, 거주환경, 재정의 안정성들을 고려하는 것이다. 또한 혜택을 받지 못하는 사회구성원들의 니즈를 제공함으로써 새로운 시장을 개척하는 것이다. 여기에는 제품을 다시 디자인하거나 새로운 판매방법들을 고안하는 것이 필요하다.

기업들은 정부와 NGO단체들보다 더 효율적으로 사회문제들을 해결할 수 있는 잠재력이 있다. 기업들이 새로운 니즈와 새로운 시장에 대해 인지한다면, 이는 기업들에게 차별화 · 혁신 · 성장에 대한 기회가 제공되는 것이다. 그런 측면에서 새롭게 등장한 사회적 기업가들은 사업의 주된 흐름 가운데에서 이런 기회들을 더 빨리 포착한다.

두 번째로 가치사슬 안에서 제품을 재정립하는 것은 Dow Chemical Insect Control 회사의 Spinetoram이라는 제품을 통해 알 수 있다. 이 제품은 벌레를 죽이는 데 사용하는 것으로 생물학적 유기체 시스템 안에서 아이디어를 얻었다. 이 유기체 시스템은 자외선과 토양 미생물을 통한 벌레의 자연적인 소멸, 물에서의 낮은 용해성, 독성적 측면에서의 안정성 등으로 전통적 살충제보다 더 소량으로 벌레를 살충할 수 있다. 또한 인간에게 유익한 벌레를 죽이지 않는 등의 이점으로 2010년 출시 이후 두 자릿수의 성장을 기록하고 있다.

해결되지 못한 고객들의 문제 및 불만을 둘러싼 사업을 전통적인 관점이 아닌 새로운 방법으로 재정립하는 것은 단지 사회구성원들의 니즈에만 부합하는 것이 아니라 생활을 개선시킨다는 관점에서 생각하는 것이다. 또한 고객들 가운데에서 과소하게 또는 과도하게 제품 · 서비스가 제공된 그룹들을 분리해야 한다. 이 과정들은 제품 특징, 제품 유통경로의 설정 또는 사업의 경제적 모델에 관한 어떤 선입견도 없이 시작되어야 한다. 예를 들면 소액대출은 이익을 가져다주지 않는다는 선입견을 버려야 하며 취약계층을 위한 마이크로 파이낸싱도 CSV의 좋은 사례라고 할 수 있다.

마지막 세 번째로 지역 클러스터(cluster) 발전을 가능하게 만드는 것은 강력한 지역 클러스터가 기업의 성장과 생산성을 증대시키기 때문이다. 이 지역 클러스터에는 지역 제조업자들과 기업을 지원하는 협회 및 인프라, 관련된 사업들이 속한다. 지역 클러스터와 협력적으로 일하는 기업들은 지역 클러스터와 지역의 사업환경 가운데에서 거대한 성장을 이끄는 촉매제의 역할을 할 수 있다. 따라서 지역 클러스터의 발전은 기업과 지역의 성공 사이를 단단하게 이어준다. 지역 클러스터의 성장은 Anglo-American이라는 회사를 통해서 살펴볼 수 있다.

Anglo-American은 남아프리카공화국 기업 투자펀드회사이다. 이 회사는 남아공에서 중소규모의 광산업 관련 사업에 투자한다. 2010년 Anglo-American 펀드가 509개의 회사에 투자하면서, 9,514명의 사람들에게 일자리가 제공되었고 한 해 총 2억 1,500만 달러의 수익을 거두었다. 이 회사를 통해 우리는 경제적 가치와 사회적 가치를 생각할 수 있다. 먼저 경제적 가치에서 Anglo-American은 지역 제조업자들에게 신뢰성을 주면서 양질의 서비스를 창출하였고, 지역 제조업자들은 업무처리비용 절감 및 서비스와 제품수준 향상이라는 결과를 창출하였다. 사회적 가치의 측면에서는 10,000개의 새로운 일자리가 창출되었고 중소기업 노동자들과 사업자들의 소득증대 및 해당 지역에 제3의 효과[03]를 가져왔다.

이제까지 공유가치창조와 관련된 단계들을 살펴보았다면 지금부터는 공유가치의 측정에 대해서도 알아야 한다. 공유가치를 측정한다는 것은 경제적 가치와 사회적 가치 증대가 연결되어 있으므로 두 가지 측면 모두를 살펴보아야 한다는 것이다. 경제적 가치에서는 이익, 총수익, 투자수익률(ROI : Return on Investment), 기업의 성장을 살펴보고, 사회적 가치에서는 특정한 사회적 이익 달성을 위한 새로운 상품과 시장, 가치사슬의 생산성 증대, 지역 클러스터 개발 등을 살펴보아야 한다.

공유가치는 새로운 니즈, 새로운 시장, 새로운 가치사슬을 구성하게 만든다. 또한 공유가치창출은 기업에게 새로운 전략적 위치와 새로운 기회들을 만들어낸다. 따라서 기업들은 자신들의 가치

03 유출효과(spillover effect)라고 하며, 어떤 요소의 생산활동이 그 요소의 생산성 외에 다른 요소의 생산성을 증가시켜 경제 전체의 생산성을 올리는 효과를 말한다.

를 제안을 할 수 있는 사회적 차원의 사업들과 협력해야 한다. 공유가치창조는 우리 사회에서 기업의 역할에 관한 인식을 변화시킬 수 있는 기회로서 더 큰 경제적 가치창출과 혁신, 생산성의 향상, 경제성장의 단계로 나아가게 하며 이러한 기업활동의 변화는 다시 기업의 정당성을 부여해 주게 된다고 마이클 포터 교수는 주장하고 있다.

제 2 절 ▪ CSV의 한계

기업들은 이러한 주장을 앞세워 CSR은 이제 뒤떨어진 개념이며 CSR보다 CSV를 추진해야 한다고 한다. CSV는 마이클 포터와 크레이머(Kramer)가 창안해낸 경영학적 개념으로 앞서 설명한 바와 같이 서로가 공유할 수 있는 가치를 찾아내야 한다는 말인데, 기업들은 CSR을 강화하려는 정부정책을 반대하는 대신 이 개념을 통해 새로운 시장진입자로부터 그들을 보호하고 그들의 전략적 자원을 기꺼이 경쟁자들과 공유하고자 하며 그 과정에서 CSV를 창조하여 결과적으로 더 증진된 사회후생을 실현할 수 있다는 것이다.

공유가치라는 개념은 새로운 것이 아니다. 소비자와 기업이 공유할 수 있는 가치, 주문자와 공급자가 공유할 수 있는 가치, 가치사슬(value chain) 속에서 서로가 공유할 수 있는 가치들은 물론 우리 사회 전반에서 상대방을 이해하고 그들과 공유할 수 있는 가치를 찾아내어 이를 실행하는 것은 매우 중요한 일이다. 그러나 공유가치(shared value)를 창출해야 한다는 가치사슬모형(value chain model)에서의 경영효율이론이 보다 진화된 기업의 사회적 책임(CSR)이라고 할 수는 없다. 물론 기업들이 이러한 CSV 논리로 이해관계자들과 공유할 수 있는 가치를 찾아내서 그들과 타협하고 공생할 수 있는 여지를 찾아내는 것이 CSR의 중요한 역할 중의 하나인 것은 분명하나 그것으로 CSR을 대신할 수는 없다는 말이다.

CSR은 기업들의 경영효율을 해치지 않는 범위 내에서 여러 가지 장점들이 있지만 단순화시켜 보면 먼저 외부고객 차원에서는 기업의 사회적 책임을 잘 수행하는 기업이미지는 새로운 고객들을 창출하고 기존고객들을 유지하는 데 큰 도움을 줄 것이고, 내부고객 차원에서도 긍정적 기업명성 때문에 우수한 인재들이 지원하게 될 것이며 그들의 이직률도 낮아질 것이다. 당연히 경영자 차원에서도 CSR을 잘해서 높아진 기업의 명망이 브랜드 홍보는 물론 기업의 위기관리능력까지 높여주는 이득을 누릴 수 있다.

이러한 장점들 때문만이 아니더라도 소비자들은 CSR 개념 이전에 지속가능발전의 중요성과 사회정의와 공정성에 대해서도 이미 높은 관심을 가지고 있고 환경문제도 심각하게 받아들이고 있기 때문에 실제로 소비자와 시민사회로부터 높은 수준의 사회적 책임 요구가 점점 더 거세지고 있는 것이다. 반면에 경영효율과 이익창출 측면에서는 무조건 돈만 많이 벌면 된다는 투자자들의 요구가 과거와는 달리 오히려 약해지고 있다.

CSR 반대론자들은 CSR 개념은 너무 광범위해서 중요하지 않은 것이 없을 정도라고 비판하고 있다. 그것은 CSR이 단순히 사회공헌이나 기부와 자선을 말하는 것이 아니며, 기업활동 전반에 걸친 경제적 · 사회적 · 환경적 영향을 다차원적이고 복합적 영역에서 평가하는 것이 기업의 책임이라는 것을 그들이 제대로 인식하지 못하고 있기 때문이다.

CSR 5.0[04]에서는 CSR의 정의와 개념부터 명확히 해주고 무엇이 CSR인지 구체적 항목까지 적시하였으며 이어서 각 항목별 우선순위를 정해주었다. 그 위에 다시 항목별 상대적 중요도와 가중치를 부여하여 무엇이 우리 시대에 중요한 기업의 사회적 책임인지를 설명하였다. 그럼에도 불구하고 CSR에 대한 올바른 이해가 부족하여 오래된 비판적 의견을 그대로 지니고 있는 기업들은 CSR로 인해 기업의 재무적 성과를 떨어뜨리고 발전의 지속성을 저해하며 기업유지비용만 가중시킨다고 여전히 불평하고 있는 것이다.

제 3 절 ▪ 발전적 대안 CSV에 대한 의구심

공유가치창출(CSV)은 사회적 목적과 경제적 목적을 일치시켜 동시에 달성할 수 있다고 주장하면서 많은 기업들이 CSV는 사업조건을 개선시키는 혁신으로서 그들의 핵심경쟁력을 강화시키고 또 다른 사업기회와 시너지를 얻을 수 있다는 낙관적 편견에 쉽게 매료될 수 있었다. 그러나 마이클 포터와 마크 크레이머가 제안한 CSV는 어디까지나 기업의 경쟁우위전략을 위한 '기회(opportunity)' 에 초점을 맞추고 있는 것으로서 기업의 이윤극대화전략 내에서 사회적 · 환경적 가치를 통합하면 이룰 수 있다는 막연하고 비현실적인 개념(unrealistic concept)이라고 비판받고 있다.

물론 CSV 창출을 위한 전제조건과 CSV 실행을 위한 프레임워크를 제시하고 있기는 하지만 결국 그것은 이미 포터가 오래전에 제시한 기존의 경쟁우위전략[05]에다 CSR을 연결한 개념[06]일 뿐이다. 그에 의하면 공정무역(fair trade) 커피와 같이 가난한 커피생

04 CSR 5.0 기업의 사회적 책임과 역할, 김성택 도서출판 청람. 2012. 4. 25.

05 Michael E. Porter, 『경쟁전략(Competitive Strategy)』(1980), 『경쟁우위(Competitive Advantage)』(1985), 『국가 경쟁우위(The Competitive Advantage of Nations)』(1990)

06 Porter & Kramer, The Link Between Competitive Advantage and CSR, *Harvard Business Review*, Dec. 2006.

산자와 부유한 커피사업자와의 공유가치를 찾는다는 것인데, 이것은 농사법을 개선하고 농부를 위한 지역협력과 지원체계를 구축하는 접근방식으로 농부들이 더 효율적이고 지속가능한 방법으로 커피를 재배해서 수확량과 품질을 개선하도록 도와 농가소득에 보탬이 되게 한다는 것이다. 이러한 공유가치를 찾아냄으로 해서 기업에게는 혁신과 성장을 보장하고 사회에는 더 큰 혜택이 돌아가게 한다는 말인데 그것이 생각대로 되지 않는다는 것이 문제이다. 그 밖에도 사람들은 탐스 슈즈의 성공을 예로 들며 기업과 사회가 함께 발전할 수 있다는 혁신적 사업방식을 마치 마술피리처럼 감미롭게 이야기한다.

CSV사업이란 무엇인가? 탐스 슈즈가 CSV인가? 공정무역 커피가 CSV인가? 그라민은행이 CSV인가? 사회적 기업이 CSV인가? 이처럼 CSV에 대한 문제의식은 계속된다.

경영학자 입장에서는 어떠한 실험적 이론과 가설도 자유롭게 제시하고 그 타당성을 주장할 수 있다. 그렇지만 실제 사업을 수행하는 기업 입장에서 구체적인 사업모델에 대한 규정도 제대로 되어 있지 않는 낙관적 이론과 아이디어만으로 CSV가 실제 사업 실행에서도 성공할 것이라는 막연한 기대는 혼돈과 실패만을 초래할 뿐이다. 따라서 저자는 CSR과 CSV에 관한 보다 명확한 지식과 정보를 전달하고 실제 기업사례연구를 통하여 독자들에게 올바른 인식을 제공하고자 한다.

우선 마이클 포터의 강연이나 인터뷰 자료를 보면 CSR에 대한 그의 인식은 여타 CSR 비판론자처럼 '주주들 몫으로 돌아가야 할 이익금을 가지고 기업이 사회를 위해 자선과 기부와 같은 그저 좋은 일(doing good)을 하는 것'이라는 것을 알 수 있다. 이처럼 CSR에 대한 인식의 출발부터 잘못되어 있는 것은 그가 주창하는 CSV를 강조하기 위해 의도된 무지(intended ignorance)라고 이해하는 것이 타당할 것이다. 이제 CSV와 관련된 의문들에 대한 제대로 된 답을 정리해 보도록 하자.

첫째, CSV는 21세기에 들어서 탄생된 새로운 개념이 아니라는 것이다. CSR 영역에서 이미 사회적 가치 혹은 환경적 가치와 경제적 가치를 일치시키려는 노력을 부단히 해왔었고 그것을 우리는 이해관계자경영(stakeholder management)으로 설명하고 있다. 그리고 이 두 가지 가치를 일치시켜서 새로운 사업적 기회로 전환하려는 노력들을 우리는 전략적 CSR(strategic CSR)이라고 부르고 있다.

둘째, CSV 개념은 현실의 비즈니스 세계(real business world)를 모르고 말하는 순진한 발상이라는 것이다. 다시 말해서 CSV는 기업 혹은 CSV 실행자가 철저하게 법규와 제도를 잘 지키고 윤리적 기준까지 준수할 때만이 실현가능하다는 것을 알아야 한다. 즉, 현실 세계의 비즈니스에서는 불가능하다는 말이며 이것은 포터와 크레이머도 인정하고 있는 사실이다.[07]

셋째, CSV는 경제적 이득과 사회발전을 일치시킬 수 있는 훌륭한 공유가치창출기회를 만들기도 하지만 대부분의 경우는 이 두 가지 가치가 일치하기 힘든 대척점에 존재하고 있다는 것이다. CSV는 사회적 가치와 경제적 가치가 일치할 경우에만 오직 유효한 것인데 상반된 두 가지 가치를 일치(align)시키려는 과정에서 발생되는 사회적 혼돈과 갈등은 무시되고 낙관적 시나리오만을 얘기하고 있다는 것이다.

넷째, 이 두 가지 가치가 비록 서로의 대척점에 있다고 하더라도 사회와 비즈니스가 별도로 획득할 수 있는 상쇄상황(trade-off situation)을 고려하지 않는다는 것이다. 실제 비즈니스 세계에서는 이 가치들이 일치하지 않는 경우가 대부분이고 그것을 반드시 일치시켜야 하는 것이 공공의 선은 아니기 때문이다.

07 앞서 설명한 바와 같이, 마이클 포터는 CSV를 실현하기 위해서는 법과 윤리를 준수하고 기업활동을 전개하는 데 불필요한 위험요소들을 제거해야 한다고 전제하였다.

다섯째, 이 두 가지 가치가 일치하지 않을 경우 CSV를 실행하는 기업은 기존의 영리적 기업과 조금도 다르지 않다는 것이다. 이때 오히려 영리적 기업보다 더 못한 경우가 발생하며 CSV를 활용하여 위선적이고 기만적인 사업행위가 발생하게 된다. 우리는 이제까지 사회적 가치를 앞세우며 위선적인 비즈니스를 하고 있는 수많은 기업들을 보아 왔다.

자, 이제 CSV에 대한 이러한 저자의 비판이 타당한지 기업의 실제사례를 통해 검정해 보기로 하자.

제 4 절 ▪ CSV의 허상과 실체적 CSR경영

1. 테슬라 전기차 : 환경과 에너지문제 해결을 위한 공유가치

CSV의 개념이 나오기 전에도 공유가치라고 할 수 있는 사례는 얼마든지 존재하고 있었다. 석유자원고갈과 환경문제를 해결하면서 경제적 가치와 사업적 기회를 동시에 찾을 수 있는 태양열발전사업과 전기자동차가 대표적 사례라고 할 것이다. 전기자동차와 같은 환경친화형 자동차의 가격은 화석연료 자동차보다 훨씬 고가이지만 환경도 보호하고 소비자의 욕구도 충족시킬 수 있는 훌륭한 CSV사업모델로 인식되고 있다.

실제 사례를 통해 CSV를 들여다보고자 한다면 요즘 가장 핫(hot)한 관심을 끌고 있는 미국의 테슬라(Tesla) 전기차가 가장 눈에 띈다. 하지만 주목해야 할 점은 이 브랜드를 선택하는 소비자들의 구매동기는 석유자원고갈이나 환경과 대기오염을 생각하는 개인의 사회적 책임감 때문이 아니라는 것이다. 미래지향적이고 세련된 디자인과 편의성을 기본으로 하여 유류비 지출과 엔진오일, 에어필터 등과 같은 부품의 정기적 교체나 소모품 걱정이 없는 경제적이고 편리한 유지관리의 장점과 슈퍼카(supercar) 못지않은 출력에 주행정숙성이 월등하다는 점을 비롯하여 엔진룸이 필요 없어 2+3+2 배치도 가능한 창의적이고 실용적인 좌석배열, 스포츠카 수준인 제로백 3·2초의 가속력 등이 소비자들의 구매의사 결정의 주된 동기이다. 또한 마케팅 측면에서 본다면 고급 스포츠카를 소유하고 싶은 소비자 허영심(consumer vanity)과 비록 고가의 자동차를 타고 다니지만 환경을 생각한다는 자신의 사회적 아이덴티티(identity) 및 차별성(differentiation)을 과시하고 싶은 두 가지 욕구를 동시에 만족시킬 수 있다는 것이다.

과거에도 친환경 자동차가 시판된 적이 있었는데 화석연료 자동차보다 비싸고 출력이 약한 차를 선택하는 소비자는 많지 않았다. 최근 도요타의 소형 전기자동차 프리우스(Prius)가 인기를 끌게 된 것도 석유파동과 경기침체 이후 경제적 가격과 유지비 때문이지 환경적 문제를 해결하려는 개인의 사회적 책임과 노력이 우선했기 때문은 아니라는 말이다. 1996년 GM이 최초의 상용 전기차 EV1을 시장에 내놓았으나 결국 고가의 생산비와 부품조달비용 문제로 중도 포기하였다. 물론 여기에는 중동을 비롯한 석유산업계의 음모론도 한몫했었다.

한편 전기차가 CSV의 대표적 사례라고 한다면 로버트 데이비슨(Robert Davidson)[08]에 의해 전기차가 처음으로 만들어진 1837년까지 거슬러 올라가야 할 것이며 이후 다양한 전기차를 만든 더 많은 회사들을 CSV의 성공사례로 삼아야 할 것이다. 럭셔리 스포츠카의 대명사인 포르쉐도 20세기 초반에 전기자동차를 만들었으니 말이다.

08 Robert Davidson(1804~1894) was a Scottish inventor who built the first known electric locomotive in 1837.

09 식인효과(食人效果), 즉 새로운 상품이 기존시장을 잠식하는 현상으로 신제품의 매출이 기존 제품의 매출에 미치는 부정적 효과를 말한다.

더구나 이 좋은 CSV사업모델을 거대 자동차회사들이 마다하고 신생업체 테슬라에게 선두자리를 내어주게 된 이유는 무엇보다 석유업계의 반대와 자기잠식(carnivalization effect)[09]을 우려하는 자동차생산업계의 의사결정 때문이라는 것을 부정할 수 없다. 왜냐하면 전기차가 대세가 될 경우 엔진과 트랜스미션을 생산하는 전통적 자동차회사들과 관련 기업들은 사라질 것이고 연료전지나 전기배터리회사와 IT회사가 자동차산업의 새로운 주인공이 될 것이며 석유가격은 하락할 것이 당연하기 때문이다. 이에 더하여 전기차가 나오면 당연히 유류세 수입도 감소되어 정부에서도 적극적이지 않았다는 이유도 있을 수 있다. 마치 세수확보 때문에 담배소비에 대한 정부의 강력한 정책이 이제껏 나오지 못했던 것처럼 말이다.

테슬라의 CEO인 앨런 머스크는 2014년 6월 12일 공식 블로그를 통해 "우리가 보유하고 있는 모든 특허는 당신 것입니다"라고 선언하고 회사가 보유하고 있는 특허 전체를 무료로 공개하였다. 이를 통해 다른 기업들이 어떤 방식으로 사용해도 좋으며 심지어 짝퉁(copycat)을 만들어도 괜찮다는 것이다. 이것은 테슬라의 앞선 기술력에 대한 자신감도 있지만 전체 자동차시장에서 1%밖에 되지 않는 전기차시장 비율을 급상승시키려는 그들의 계획과 의지가 내포되어 있기도 하다.

요즘 문화 콘텐츠시장에서 유행하는 OSMU(One Source Multi Use) 개념이라고도 할 수 있는데, 이는 오리지널 콘텐츠가 여러 사람들에게 다양한 방식으로 소비되는 구조를 통해 부가적인 시장들이 개발되어 최소의 비용으로 높은 부가가치를 얻을 수 있고 더욱 다양하고 진보된 기술과 서비스로서 더 큰 시장을 창출할 수 있는 장점이 있다. 바꾸어 말하면 특허기술의 공개를 통하여 내가 힘들게 확보한 시장이 없어지는 것이 아니라 그 기술을 사용하는 전체시장이 확대되어 기업에게 더 큰 이익으로 되돌아온다는 것이다.

이제까지 시장을 주도해 왔던 글로벌기업들은 자신들의 혁신적인 기술과 제품이 나오게 되면 먼저 특허권부터 확보하고 폐쇄적이고 독점적인 위치에서 수익을 창출해 왔었다. 그렇기 때문에 아직까지도 공룡기업들의 특허권 분쟁이 계속되고 있는 것이다. 이와는 달리 테슬라의 결정은 지속가능한 교통수단을 창출하겠다는 위대한 목표를 이루기 위해 자신의 특허기술들을 모든 사용자들에게 공개하여 하나의 기술자원을 토대로 다양한 사용처를 개발해내자는 것이다. 또한 자신이 개발한 기술을 바탕으로 전체사회의 기반기술이 빠르게 진화할 수 있도록 하여 인류 공동의 혜택을 누리자는 목표와 이를 위한 실체적 노력이라고 해석할 수도 있다. 이것은 바로 기업이 창출한 제품과 서비스를 독점함으로써 가지는 우월적 가치보다 전체사회가 공유할 수 있는 가치가 더욱 중요시되는 시대가 왔다는 것을 반증하는 것이다.

이러한 기업철학과 경영방식은 우리 사회에서 공유가치(shared value)를 인식하는 시대가 오고 있다는 사실을 잘 보여주고 있다. 결국 사회와 기업의 목적을 일치시킬 수 있는 진정한 공유가치란 포터가 얘기하는 낙관적 개념이 아니라 CSR을 기초로 하는 실체적 기업경영을 말한다.

2. 콤파타모스은행 : 피라미드 밑바닥(BOP)과 CSV

다음은 CSV의 또 하나의 대표적 사례로 서민들과 취약계층의 자립을 돕는 마이크로 파이낸스를 살펴보자. 유누스가 그라민은행을 설립하여 노벨상까지 수상하면서 세상에 널리 알려져 있지만 이 비즈니스 모델 속에는 서민을 위한 소액대출금융업이라는 착한 이미지 뒤에 비정하고 극도로 영리적인 기업이 숨어 있다. 바로 그라민은행과 마찬가지로 취약계층의 자립을 돕기 위해 멕시코에서 시작된 마이크로 파이낸스 기업 콤파타모스은행(Compartamos Banco)이 그 예이다. 저소득층에게 무담보 대출을 해줘서 주변의 지원이 아닌 스스로 가난에서 탈출할 수 있게 도와주는 것을 목표로 하는 이 은행은 그라민은행의 방식에서 감명을 받아 비슷한 목표를 가지고 출발하여 지금은 그라민은행보다 더 높은 고수익과 성공을 누리는 기업이다.

콤파타모스(Compartamos)라는 기업명에는 창업자의 철학이 담겨져 있다고 한다. 바로 "나누며 살자(Let's Share)"라는 의미이다. 콤파타모스은행은 처음에는 유누스의 그라민은행과 같은 사업모델로 시작을 했지만 2000년 들어서 완전한 영리기업(for-profit)으로 변신하고 2006년에는 정식 은행을 설립하게 된다. 2001년 대출금 총액 40억 달러에서 2008년에는 총 76만 5,000명의 고객에게 3,160억 달러로 대출액이 크게 증가하였으며 다른 비영리 소액금융조직에 비하여 압도적인 우위를 차지하고 있다.

콤파타모스는 멕시코 최대의 마이크로 파이낸스로 1990년 빈곤층 여성들 12명 이상에게 공동대출프로그램을 제공하는 전형적인 사업으로 출범하여, 1998년 국제적인 마이크로 파이낸스 단체인 ACCION International과 전략적 제휴관계를 맺고 본격적인 금융기관으로 탈바꿈하였다. 2002년 마이크로 파이낸스 중에는 최초로 채권 발행을 통해 자금을 조달하였으며, 2007년에는 상업은행으로 전환하고 주식 발행과 함께 기업을 공개하여 멕시코 증시에 성공적으로 상장시켰다.

콤파타모스의 공동창업자 칼로스 다넬(Carlos Danel)은 『블룸버그』와의 인터뷰[10]에서 강조하기를 "콤파타모스는 더 이상 자선사업이 아니다. 우리는 사람들이 이러한 금융서비스를 많이 활용

10 Bloomberg Business week, December 12, 2007.

할 것을 예측하여 고객들에게 사업기회를 제공하고 있다"라고 했다. 나누며 살자면서 CSV를 이용하여 마이크로 파이낸스가 철저히 상업적이고 자본주의적으로 변하는 것을 여실히 보여주고 있다.

투자자들이 몰리고 증권시장에서 인기종목이 되었다는 것은 그만큼 수익률이 좋다는 것인데 과연 이러한 초고수익 마이크로 파이낸싱 모델이 성공적인 CSV 사례라고 할 수 있을까? 다넬은 콤파타모스의 게임 룰은 서로가 서로의 부채를 책임져야 한다는 것이며, 이자율은 매우 공정하고 더구나 초기에는 115%였던 이자율[11]을 최근 들어서는 대폭 내렸다고 설명하고 있다. 기업공개 당시에도 평균 대출금리는 94%였는데, 이는 대부분의 영세사업자들이 아무리 노력해도 원금을 갚을 수 없고 도산하지 않는 것이 신기한 수준인데도 콤파타모스 측은 만약 자신들이 없었더라면 멕시코 빈곤층의 금융환경은 더욱 악화되었을 것이라며 이러한 비판에 강하게 반박한다.

그라민은행 유누스조차 콤파타모스의 성공에 대해 과도한 수익을 내는 것이 기존 사채업자와 다른 게 뭐냐며 비판하지만, 콤파타모스는 이에 대해 큰 수익을 내는 것이야말로 보다 많은 자금을 보다 저렴하게 시장에 유입시킴으로써 더 많은 가난한 사람들을 돕는 최상의 방법이라고 반박하고 있다.

CSV의 관점에서 본다면 콤파타모스의 방식이 가장 효율적이라고 할 수 있으므로 이것이 바로 CSV의 허상이라는 것이다. 콤파타모스은행이나 그라민은행이나 둘 다 취약계층으로부터 고율의 이자를 챙기는 사업모델은 마찬가지이고 좀 더 낮은 이자를 받는다고 해서 더 착하고 양심적이라고 할 수는 없는 일이다. 취약계층과 기업이 서로 윈윈(win-win)할 수 있는 공유가치를 찾아내고 그것을 기업의 효율성으로 경영해 나가는 것이 바로 CSV라고 하지 않았던가? 만약 그것이 CSV의 대표적 논리라면 한때 세계경제를

11 멕시코에서는 연간 이자율을 100% 이상 받을 수 있다.

벼랑으로 몰고간 미국 서브프라임 모기지(Subprime Mortgage Loan)사태와 관련해서도 집을 살 형편이 못 되는 서민층을 위해 착한 금융상품을 개발한 것이니 바로 이것이 CSV 성공사례라고 주장하는 것이나 다를 바가 없다. 최근 우리나라 대부업체들도 고율의 개인대출사업이 현대사회에서 반드시 필요한 금융기능이며 그것이 또 하나의 CSV 개념이라고 TV광고를 기획하고 있다. 이 역시 눈여겨봐야 할 것이다.

3. 소결

앞에서의 사례들을 통해 설명한 바와 같이 CSV는 그저 사회에도 좋고 기업에게도 좋다는 낙관적 편견에서 출발하여 이해관계자 경영 차원의 성공사례들을 차용해 와서 만들어진 개념수준에 머물러 있다. 그렇기 때문에 실제 비즈니스 세계(real business world)에서 적용될 수 있는 분야는 환경보호, 에너지절약, 재활용 혹은 지역사회문제와 같은 BOP 비즈니스(Bottom of Pyramid)[12]와 관련된 모델들이어서 실체적 적용이 매우 어렵고 제한적이다. 실제로 BOP 마케팅에 있어서도 성공사례보다 실패사례가 훨씬 더 많다는 것은 이를 반증한다. 그러므로 마이클 포터가 제안하는 CSV는 경험적이고 실증적인 근거가 부족하며 단지 소수의 사례연구만을 통해 도출된 결론을 가지고 지나치게 일반화(generalization)하려는 것이므로 현실사회에서의 실제 진행에 있어서는 심각한 오류가 발생된다는 것을 알아야 한다.

12 저소득층 대상 사업을 말한다.

기업들이 기업의 사회적 책임(CSR)이라는 말이 듣기 싫다고 억지 CSV로 몰고가다간 취약계층과 빈곤층을 돕는 일에도 계산기를 두들기며 자신의 이익만을 생각하는 벼룩의 간까지 빼먹으려 한다는 사회적 비판을 면할 수가 없을 것이다. 그러므로 오직 단기적인 기업전략과 성과를 위해 CSR을 회피하려는 노력 대신에 CSR을 장기적인 기업전략으로 삼고 CEO의 경영철학에 녹여내어 가까운 미래에 얻게 될 과실(fructification)과 상쇄상황(trade off situation)을 예상하여 그것을 실제 기업경영에 제대로 활용할 수 있어야 할 것이다.

개인의 사회적 책임(ISR)

10 Chapter

제 1 절 ■ ISR의 개관

1. ISR의 기원

개인의 사회적 책임(ISR : Individual Social Responsibility)은 21세기에 들어서 새롭게 생겨난 개념이 아니다. 인류의 활동이 시작될 때부터 인간에게 부과되어 있었다. 아니 더 거슬러 올라간다면 태초에 하느님이 인간을 창조할 때부터 있다고 하겠다. 왜냐하면 아담과 이브에게 선악과를 따 먹지 말라는 것이 인류 최초의 ISR이라고 할 수 있기 때문이다. ISR은 인간이 자연으로부터의 사회적 피조물로서 우리에게 전한 유산의 일부이며 인류의 생존을 위한 가장 핵심적인 것이다. 고대로부터 인간이 도덕성과 책임성이 통합된 ISR을 실천하지 않았더라면 인류발전을 지속할 수 없었다. 단지 현재를 사는 우리는 자기중심적인 윤리관으로 왜곡된 가치관과 이기적인 행동들이 ISR의 전통을 단절시켜 기억하지 못하고 있을 뿐이다.

CSR은 개인의 참여가 전제되지 않고는 불가능하다. 이 과정에는 기업의 구성원인 노동자들뿐만 아니라 다른 이해관계자들의 참여도 포함된다. CSR은 기업의 환경적 · 사회적 · 경제적 성과의 측면에서도 측정할 수 있지만 기업의 의사결정이나 거버넌스(governance)에 대한 다양한 이해관계자들의 참여라는 틀에서도 분석이 가능하다.

성과의 측면에서 CSR을 정의할 경우 우리는 CSR을 실천적 규범으로 삼기가 어렵다. 환경에 대한 성과라는 측면의 CSR을 강조하다 보면 결국 노동자들 모두가 일자리를 잃게 될 것이다. 따라서 CSR은 일반적으로 기업의 경제활동에서 볼 때 '공정한 과정(fair process)'이라는 개념으로 인식하는 것이 더 타당하다(Maclagan, 1999).

그리고 CSR은 기업의 정책이나 의사결정을 담당하는 개인의 가치나 동기, 그리고 그들의 선택이 중요한 구성요소를 차지한다. 기업의 사회적 책임에서 '책임'이라는 단어는 도덕적 행위자로서의 개인을 전제한다.

CSR이론이 실용적 차원에서 의미를 가지기 위해서는 가상적 딜레마에 대한 이상주의적 해법을 선행적으로 입법화하는 것보다는 이해관계자들이 참여하는 사회적 과정의 분석에 초점을 맞추어야 한다. 왜냐하면 행태주의(behavioralism) 방법론에서처럼 개인을 행위주체의 주요 인자로 인식하지 않고서는 책임의 문제를 제대로 짚을 수 없기 때문이다. 과정에 초점을 맞추어야 하는 또 다른 이유는 그렇게 하지 않을 경우 본질적으로 윤리적 논쟁에 포함된 이해관계자들의 잠재적 기여를 적정하게 분석해낼 수 없기 때문이다. 이해관계자들을 포함한 모든 사람들의 도덕적 요구를 배제한 채 CSR을 논하는 것은 일관성과 형평성이 결여되기 때문에 ISR은 매우 중요한 위치를 차지하게 된다.

칸트가 말하는 보편적 법칙으로서 도덕이 기업의 정책으로 채택될 경우 조직의 구성원들 대부분은 이에 동의한다. 따라서 기업은 종업원을 포함한 이해관계자들을 단지 기업경영활동의 수단으로서가 아니라 윤리적 행위의 주체로서 존중하는 태도를 가져야 한다. 생산성과 효율성에 대해 우선적으로 관심을 가지더라도 인간을 단순한 수단으로 치부하는 관행이 정당화되어서는 안 된다.

2. CSR의 출발점인 ISR

이처럼 기업의 사회적 책임(CSR)은 개인의 사회적 책임(ISR)과 불가분의 관계에 놓여 있다. CSR의 핵심적 영역을 이루고 있는 이해관계자(stakeholder)란 결국 개인으로 회귀되기 때문이다. 공정무역과 윤리적 소비의 행위주체도 개인이고, 환경의 소중함을 깨닫고 자연과의 공존과 보존에 나서는 당사자도 개인으로 귀착된다. 그러므로 ISR은 CSR이 궁극적으로 지향하는 지구공동체 구성원으로서 '모두의 사회적 책임'을 말하는 iCSR(individual & Corporate Social Responsibility)로서 진화하게 해주는 뿌리인 것이다. 우주의 질서를 관장하는 자연의 섭리를 이성적으로 깨닫고 자신이 속한 공동체를 지속가능한 것으로 만들려는 개인의 '집단적 사회적 책임'[01]이 '조직의 사회적 책임'을 말하는 CSR로 구현되며 나아가 iCSR로 진화하게 되는 것이다.

우리는 이제까지 기업의 사회적 책임에 대해서 다양하고 심도 있는 논의를 해왔다. 하지만 사회적 책임의 기본을 생각하지 못하는 오류가 있다. 사회적 책임은 과연 기업에게만 있는 것일까? 정부와 정치계, 교육계와 의료계, 언론계와 법조계, 종교계나 시민단체에는 없는 것인가? 사회적 책임은 우리 사회 모든 이해관계자들에게 적용되며 바로 그 사회적 책임 기본에는 개인의 사회적 책임이 있다는 것을 아무도 나서서 얘기하지 않고 있다. 기업에게는

01 Collective Social Responsibility

사회적 책임을 강력하게 요구하고 있으나 소비자와 시민의 사회적 책임에 대해서는 누구도 거론하지 않는다. CSR을 통해 이해관계자인 개인들은 자신의 이익과 권리만 요구하고 있고 의무와 책임은 회피하자는 것이다.

CSR의 대비되는 개념인 ISR, 즉 개인의 사회적 책임이란 자신의 가족, 친지의 영역을 포함하여 지역사회 전반에 끼치는 영향에 대한 책임을 말한다고 할 수 있다. 또한 ISR은 우리가 살고 있는 세상에 대한 개인의 공헌(contribution)이라고 할 수 있다. 자신의 책임을 다하며, 타인의 권리를 존중하고, 타인의 행복을 배려하는 것이 개인의 사회적 책임의 시작이다. 아울러 자신이 속해 있는 지역사회에 대한 관심을 표현하고 지역의 문제를 해결하려는 노력과 활동에 실질적 참여라고 할 수 있다. 개인이 속한 지역사회는 항상 개발과 변화를 위한 의사결정과정을 거치게 되고 그 과정 속에서 어떠한 형태로든 비록 그것이 무관심의 형태가 되든지 혹은 사회적 · 문화적 · 환경적 영향을 끼치게 되는 적극적 형태의 사회참여가 되든지 반드시 개인이 관여하게 된다.

그렇기 때문에 CSR 이전에 보다 근본적이며 중요한 것이 ISR이라고 할 수 있다. ISR은 단순히 개인의 자선적 행동을 말하는 것이 아니며 지역사회를 위해 실질적 이득을 만들기 위한 노력과 행동을 말하는 것이다. 확장된 개념으로 개인의 자선적 행동은 물론 사회에 유익한 영향을 끼칠 수 있는 자발적 활동을 말하며 이러한 활동은 반드시 윤리적 · 도덕적 가치관에 의해 행동하는 것이다. ISR이 CSR의 기초와 뿌리가 된다는 것은 바로 개인이 모여 기업이 조직되는 것이므로 개인들의 사회적 책임의식에 따라 기업의 사회적 책임문화가 형성되기 때문이다. 그러므로 CSR이 요구될수록 ISR의 필요성도 요구된다는 것을 인식할 필요가 있다. 바꾸어 말해서 ISR을 제대로 실행한다면 CSR은 매우 효과적인 결과로 나타나게 될 것이기 때문이다.

프리드만이 기업의 사회적 책임은 이익창출이라고 말했듯이 기업은 이익을 냄으로써 수많은 일자리를 창출하며 종업원들에게 기술을 전수하고 결과적으로 세수의 원천이 된다. 또한 기업의 제품과 서비스에 만족한 소비자가 그들의 삶의 질을 향상시키게 되는 것 자체로 기업은 이미 사회에 엄청난 봉사를 하고 있는 셈이다. 이러한 과정에서 주주들이 돈을 버는 것이 뭐가 문제인가라고 항변하는 기업의 입장은 결국 개인에서 비롯된 것이다. 또한 CSR이 기업에게 법규준수 이상의 수준으로 환경과 사회에 해악을 끼치지 않도록 엄격한 기준을 요구하듯이 개인에게도 이와 같은 기준이 있어야 공정하다고 할 것이다.

이해관계자들의 참여와 과정을 중심으로 CSR을 논할 때 기업의 민주적 의사결정도 매우 중요한 부분이다. 특히 글로벌화가 상당 부분 진행된 기업의 경우 매출액의 규모나 외적 성장지표보다는 조직 내의 민주적 의사결정이 CSR 구성요소에서 더 중요한 지표로 작용할 수 있다. 종업원들의 참여는 과거보다 더 본질적 요소가 되고 있다. 의사결정과정에 종업원들을 적극적으로 참여시킬 경우 조직에 대한 헌신도가 높아진다는 사실은 각종 연구를 통해 입증되고 있다. 이해관계자들의 도덕적 요구가 다양하기 때문에 의사결정과정에서의 대화는 필수적이다. 여건상 다른 부류의 이해관계자는 배제하더라도 기업 내 종업원들과의 소통은 어떠한 조건하에서도 반드시 유지되어야 한다. 도덕적 성과는 모든 작업과정에서의 구성원들 간 토론과 공유가치창출을 위한 교육프로그램에 대한 진정한 참여가 전제될 때 도출될 수 있다.

헤밍웨이와 맥라간은 책임의 위치(locus of responsibility)와 동기(motivation)라는 두 가지 기준으로 CSR과 ISR의 관계를 도식화해서 설명하고 있다(Hemingway & Maclagan, 2004). 이 설명에 따르면 개인의 사회적 책임(ISR)은 기업의 사회적 책임(CSR)과 같은 뿌리를 갖고 있으며, 둘은 본질적으로 분리해서 설명할 수 없다고 한다. 개인의 사회적 책임이란 결국 기업의 사회적 책임이라는 틀 안에 연동되어 있는 상관적 개념이며, 책임이 존재하는 위치에 따라 차원을 조금씩 달리할 뿐이다.

그림 10-1 I CSR 분석틀

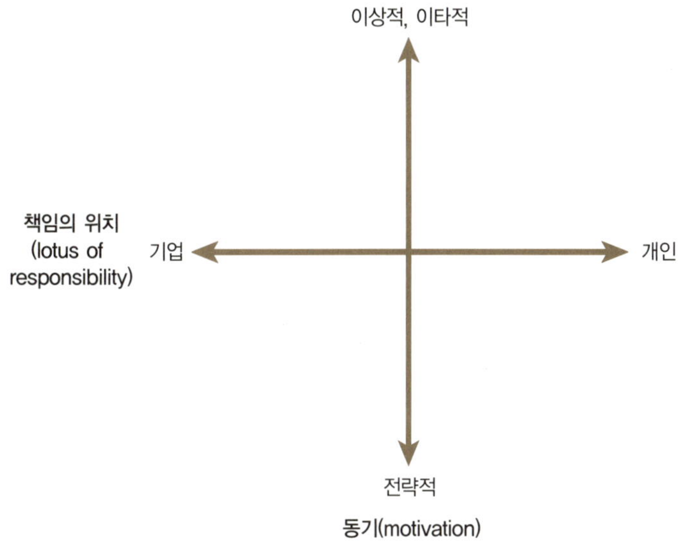

제 2 절 ■ ISR의 이해

1. 개인의 도덕적 책임과 법적 책임관계

앞서 언급한 행위와 과정의 분리문제는 도덕적 책임과 법적 책임의 관계와 연관된다. 도덕적 측면에서 책임을 논하는 것은 정치적 · 법적 측면에서 책임을 논하는 것과 그 궤를 달리한다. 이 경우에는 책임을 재정의해야 한다. 개인의 도덕적 책임은 타인에 대한 책임과는 특별히 관계가 없다. 개인의 행동은 자신의 도덕적 양심에 의해 자동으로 규제된다.

책임을 정치 · 법률적으로 정의할 때 우리는 두 가지 문제를 살펴야 한다. 첫째, 무엇에 대해 책임을 지는가 하는 문제뿐만 아니라 누구에 대해 책임을 지는가도 살펴야 한다. 법률은 대개 정의(justice)에 대한 보편적 원칙에 기반을 두고 있지만 옳은 행동에 대한 법률적 정의(definition)는 반드시 정의의 도덕적 기준과 일치하지 않는다. 도덕적 기준과 법적 기준이 상당부분 겹치기는 하지만 법적으로 옳은 것이 도덕적으로는 애매하거나 상반되는 경우도 허다하다. 도덕적으로 부당한 행동도 특정 사회가 행위의 범죄성을 인식하지 못함으로 인해 처벌되지 않거나 개혁되지 않는 경우도 있다.

법률은 개인이 행동하는 방식을 규제하거나 허용한다는 측면에서 과정과 유사한 것이다. 이에 비해 도덕은 행위와 유사하다. 왜냐하면 개인은 도덕성에 비추어 자신의 행위가 올바른지 그른지를 결정하기 때문이다. 법률은 영혼 없는 개인을 규제하지만 도덕은 개인의 행동을 인도하는 원동력으로 영혼을 작용한다.

일부 학자들은 법적 책임과 도덕적 책임의 구분이 불가능하다고 주장한다. 법적 규범은 행위의 최소조건으로서 위법적 행위(illegal deed)와 사회생활에서 규범적 의무를 위반하는 데 대한 처벌을 규정한다. 예를 들면, '살인하지 마라' 고 하는 것은 법적 규범이다. 그런데 이때의 법적 규범은 도덕적 규범과 분리된 것이 아니다. 법적 규범은 '타인의 생명을 존중하라' 고 하는 윤리적 규범을 지지하는 부차적 규범에 지나지 않는다(Kelsen, 1990).

법적 규범이 도덕적 규범을 보완하는 것은 사실이지만 법적 규범과 도덕적 규범을 구분하는 것은 여전히 유효하다. 법적으로는 충분히 받아들일 수 있는 시민들도 부도덕한 경우가 허다하다. 이러한 구분은 특히 기업의 사회적 책임을 논할 때 매우 중요하다. 경제활동을 하는 기업이 준수해야 할 규범은 단지 정치적 · 법적 규제에 한정되지 않는다. 개인의 사회적 양심을 살피는 것도 중요하다.

기업은 사법적 책임뿐만 아니라 법을 집행하는 정부에 대해서도 책임을 가진다. 법률은 기업의 반사회적 행위를 규제한다. 사법처리에 대한 두려움은 기업의 행위를 제약한다. 그러나 이것만으로는 기업의 행동을 사회적으로 바람직하게 유도할 수 없다. 특히 미래세대를 위한 글로벌 차원의 환경보호와 관련해서는 법률적 규제만으로는 기업의 책임 있는 행동을 기대하기 어렵다. 환경운동가들과 일부 학자들은 인류가 깨끗한 환경에서 항구적으로 건강하게 살아갈 환경적 권리를 제도적으로 정비해서 그러한 목적을 달성해야 한다고 주장한다.

그러나 레이먼드 다스만(Raymond Dassman)과 같은 환경론자는 법은 개인의 행동을 규제하는 최소한의 원칙에 불과하다고 주장한다. 법률만으로는 개인의 행동을 도덕적으로 만들 수 없으며, 각자가 자신의 도덕적 대의(tenor)를 발전시켜야 한다고 본다. 도덕은 법률적 의무를 사람들이 좀 더 부드럽게 수용할 수 있도록 해준다. 그렇다고 도덕이 단순하게 법을 보완해주는 매개체로만 작용하도록 해서도 안 된다. 도덕은 그 자체로서 중요하다. 도덕은 기본적인 경영원리에서 분리되어서는 안 되며, 기업활동에 내재되어 있어야 한다.

환경보호에 대한 기업의 책임의식은 단계적으로 발전된다. 맥케온은 이를 4단계로 나누어 설명한다(MacKeon, 1957). 1단계는 법률적으로 규정된 것을 준수하는 단계(accountability)이며, 2단계는 소비자들과 시장에 미치는 부정적인 기업의 이미지를 미리 차단하기 위해 자발적으로 책임을 떠안는 단계(imputability)다. 이 단계에서 기업들은 처벌에 대한 두려움 때문에 스스로 착한 행동에 나선다. 1, 2단계에서의 기업들의 행동은 게임의 규칙을 준수하는 것으로 나타나며 이를 행하는 기업의 의도는 이익과 매출을 극대화하기 위한 것이다. 그러나 시간이 지나면서 기업들은 자신들의 도덕적 행위규범을 스스로 내재화해서 실행한다. 기업들은 이익을 창출하기 위한 경영전략이 아니라 내적 도덕심과 의무감으로 전체적인 기업의 생태계를 지속시키기 위해 합리적인 책임활동에 나선다. 이 단계를 맥케온은 자유(freedom)의 단계와 합리성(rationality)의 단계라고 말한다.

이처럼 기업은 의무론적 관점과 공리적 관점 양쪽에서 책임활동을 한다. 처음에는 이기적 의도에서 활동을 시작하지만 일을 추진하는 과정에서 이타적 동기를 갖게 되며 궁극적으로는 공리적 행위로 끝을 맺게 된다. 낮은 단계의 책임에서 시작해서 높은 단계의 도덕적 책임활동에 이르는 것이다.

사회적 책임활동에 있어서 기업과 개인의 행위 사이에 존재하는 간극을 메울 수 있는 가장 중요한 원칙은 뭘까? 굿패스터는 이것을 존중(respect)이라고 본다. 존중은 기업의 구성원들로 하여금 합리적이고 책임성 있는 수단을 선택하도록 해준다(Goodpaster, 1989). 기업은 사회에서 강력한 영향력을 가진 조직이다. 따라서 기업의 구성원들을 적절한 수준의 사회적 책임의식을 갖는 시민(citizen)으로 만드는 것은 매우 중요하다. 뿐만 아니라 이러한 수준의 도덕의식을 갖춘 시민들이 많을수록 지속가능한 성장이라는 인류의 과제를 좀 더 용이하게 해결할 수 있게 된다.

2. 개인의 집합적 책임

기업은 단일한 조직체가 아니라 다양한 행동을 하는 개인들의 집합체다. 그러나 개인은 그들 조직의 의사결정이나 문화와 무관하게 자율적으로 행동하는 존재가 아니다. 조직과 개인은 상호보완적 행동의 주체다. 개인은 조직 내의 주어진 역할체계 속에서 움직이는 구성원이다. 개인은 사적인 차원에서 행동하는 것이 아니라 기업의 대리인으로 행동한다. 이것은 비자발적 행동이다. 이러한 결정론적 시각에서 보면 개인은 기업의 사회적 해악에 대해 아무런 책임이 없다. 개인을 조직의 집합적 구성원으로 간주할 경우 양심적으로 선택한 도덕적 행동에 대해서는 책임을 물을 수 없다.

그렇다고 비도덕적 행동에 책임을 져야 하는 주체를 기업에 한정시킬 수는 없다. 우리가 나치 독일의 예에서 분명히 보았듯이 사회적으로 용인될 수 없는 범죄행위나 만행에 대해서는 국가나 정부를 포함한 조직뿐만 아니라 그 조직의 대의를 위해 헌신한 개인에게도 그 책임을 물어야 한다. 문제는 “집합적으로 조직을 구성하는 개인 각자에게 얼마만큼의 책임을 할당할 것인가?” 하는 점이다. 기업은 다양한 분야에서 각자의 역할을 수행하는 개인들의 집합체이다. 개인들이 생산하는 것은 기업의 입장에서 볼 때 극히 작은 부분에 지나지 않는다. 그러나 개인의 생산물은 기여의 크기에 상관없이 모두 기업의 이익을 극대화하기 위한 것들로 간주된다. 관리직이든 생산직이든 기업의 구성원들이 만들어내는 것은 모두 기업에 득이 된다. 이윤의 극대화라는 측면에서 볼 때 도덕적 관심은 기업에게나 개인에게나 어떠한 위치도 차지하지 않는다.

주류 경제학에서 도덕적 관심은 아무런 주목을 끌지 못했다. 시장에서의 자유경쟁이 경제적 부의 크기를 키울 수 있는 가장 좋은 원리라고 믿어졌다. 책임지지 않는 무분별한 경쟁이 얼마나 환경을 심각하게 파괴하는지에 대해서는 아무도 관심을 가지지 않았다. 신자유주의자들도 이러한 주장을 수용했다. 그러나 인류가 미래에도 안전한 사회와 환경에서 살기 위해서는 배려와 나눔, 동정심 같은 미덕들이 중요하다는 믿음들이 차츰 인정되기 시작했다.

기업의 사회적 책임에 대한 인식들은 시간이 지나면서 바뀌고 있다. 학계와 시민사회에서는 CSR의 중요성이 점점 더 강조되고 있다. 그러나 집합적 실체로서의 기업에만 그 책임을 묻는 경향이 강하며, 기업을 존재하게 하는 개인의 책임에 대해서는 별다른 관심을 두지 않고 있다. 도덕적 책임의 분배에 있어서 기업과 개인 간에 늘 불균형이 있어 왔다. 환경에 대한 위험이나 위협적인 결과에 대해서도 기업에게만 그 책임을 물었지 개인에게는 묻지 않았다.

이러한 태도는 기업의 구성원들에게 면죄부를 주는 것으로 잠재적으로 위험한 상황이다. 개인이 자신의 행동에 대한 책임으로부터 분리될 경우 얼굴 없는 실체인 기업은 소속된 개인의 태도를 개선할 희망을 가질 수 없게 된다. 법적 책임이 아니라 좀 더 높은 요구인 도덕적 책임에 대한 인식을 뚜렷하게 가질 수 없게 된다.

기업이 조직원들에게 부과한 규칙을 준수한다고 해서 그것만으로 개인들이 자신에게 주어진 책무로부터 자유로울 수는 없다. 이러한 점은 특히 경영진들에게 적용된다. 경영권력이론에 따르면 기업 내에도 '파워엘리트'가 존재한다(Donaldson, 1995). 경영진은 기업의 방향과 목표를 통제할 수 있기 때문에 구성원들은 기업 활동에 포함된 도덕적 요소들을 간과할 수 없게 된다. 일반적으로 관리자들은 그들 자신의 판단에 따라 행동하는 시민사회의 구성원이 아니라 기업에 의해 역할이 규정된 집합적 대표자들이다. 관리자들은 자신들의 이러한 지위를 내세워 도덕적 비난으로부터 책임을 회피한다. 그렇지만 주주들로부터 위임받은 의무에도 불구하고 경영진들은 충분한 자율성을 가지고 있으며 따라서 자신들의 의사결정, 전략수립 등에 대한 책임이 있다.

CSR에서 집합적 ISR의 의미와 중요성은 다음과 같이 요약할 수 있다(Takala & Pallab, 2000). 첫째, 모든 노동자들은 스스로 자신이 근무할 기업을 선택했다. 이들은 기업에 의해 자신에게 부과된 역할을 수행하기 위해 자발적으로 헌신한다. 둘째, 노동자들은 기업에 의해 부과된 규칙과 의무에 상관없이 자신의 역할을 융통성 있게 수행한다. 그들은 자신에게 주어진 임무를 도덕적으로 수행함으로써 그들의 역할을 좀 더 고양시킨다. 그 과정에서 그들은 기업이 자신에게 부과한 지침을 재해석하거나 받아들일 수 없는 규칙에 대해서는 철폐를 요구하기도 한다. 셋째, 기업이 규정하는 일을 하는 것은 기업뿐만 아니라 개인에게도 유익한 것이다. 따라서 개인도 그 일에 대한 참여와 책임을 부인할 수 없다.

타칼라와 팔라브의 주장에 따르면 개인들은 자신이 소속된 기업의 일을 하면서 도덕적으로 비난받을 소지가 있는 업무의 경우 스스로 거부하거나 경고한다. 이것이 정당한 개인의 사회적 책임이다. 그러나 이들이 말하는 ISR의 범주는 기업문화가 상이한 우리나라 기업과 노동자들에게 일률적으로 적용될 수는 없다. 조직이나 상사의 부도덕한 업무지시에 대해 피고용인이 스스로의 양심적 판단에 따라 이를 거부하는 것은 결코 쉬운 일이 아니다. 어찌 보면 요원한 과제이기도 하다.

그럼에도 불구하고 CSR과 함께 ISR이 점차 중요한 사회적 과제로 부각되는 것은 부인할 수 없는 사실이다. 특히 지구적 차원의 환경문제와 지속가능한 성장이 어느 때보다 중요해지고 있는 탈산업사회에서 CSR은 ISR의 도움 없이는 제대로 굴러갈 수 없다. 기업에 대해 높은 환경부담금과 탄소세를 물려도 정작 이를 수행하는 개인적 차원의 윤리적 결단이나 행동이 뒷받침되지 않으면

CSR은 무용지물이 될 수밖에 없다. 기업을 집단적으로 구성하는 개인들의 책임 있는 행동이 기업 내 CSR 거버넌스와 적절하게 결합될 때 CSR은 비로소 빛을 발할 수 있게 된다.

3. 개인의 집단적 협력과 CSR

CSR은 개인의 손을 빌리지 않고는 수행될 수 없다. 기업 내에서의 사회적 책임활동의 긍정적이고 확실한 성과는 개인들이 조직의 목적과 가치에 헌신하는 태도를 가질 때 비로소 달성될 수 있다. 노동자들이 오너의 책임경영활동에 동참하는 기업문화가 형성될 때 비로소 CSR은 성과를 낼 수 있다. 따라서 개인의 집단적 협력은 CSR에 필수적이다. 인체로 비유할 때 CSR이 몸통이라면 ISR은 손발이다. 손발이 없으면 활동을 할 수 없듯이 ISR이 전제되지 않으면 CSR도 효과를 발휘할 수 없게 된다. 기업 내 조직의 정책과 노동자들의 가치관이 조화를 이룰 때 동기부여가 좀 더 효과적으로 고양되고 일의 성과도 높아진다는 조사결과도 나와 있다(Maclagan, 1999).

조직에 의해 일방적으로 주어진 목표보다는 개인들이 스스로 선택한 목표가 좀 더 달성하기 쉽다. 그리고 개인의 책임의식이 명확할 때 사회적 정의를 실현하기가 보다 더 용이하다. 개인들이 능동적이고 주체적 책임의식을 가진 기업일수록 CSR 거버넌스가 더 효율적으로 작동하며, 기업이 사회에 해를 끼칠 확률이 낮아진다. CSR에 충실한 기업이 경쟁적 시장에서 살아남기 위해서는 이들 기업이 생산한 제품이 다소 비싸더라도 소비자들이 선택해주는 윤리적 소비패턴이 정착되어야 한다. CSR은 ISR과 상호보완적 작용 속에서 성장한다. 즉 아무리 좋은 CSR도 ISR이 알아주지 않으면 소용이 없다는 말이다.

국내에서도 같은 맥락의 연구결과들이 다수 나와 있다(박혜원 · 한주희, 2011). 이들의 연구에 따르면 종업원의 CSR에 대한 인식이 높을수록 조직구성원의 조직몰입과 조직시민행동이 증가하는 것으로 나타났다. 이들에 따르면 조직구성원이 기업의 능력을 더 많이 인식할 때 혹은 조직구성원이 직접 CSR프로그램에 참여할 때 그 관계가 더 강해지는 것으로 나타났다. 따라서 CSR이 조직구성원의 태도뿐만 아니라 조직 효과성을 높일 수 있는 조직시민행동에 더 강한 영향을 주기 위해서는 종업원이 자신이 속한 기업의 경제적 능력을 더 잘 인식할 수 있도록 하며 CSR프로그램에 직접 참여하도록 하는 것이 바람직하다.

4. 인류의 보편적 가치로서의 ISR

기업의 사회적 책임(CSR)은 더 이상 역행할 수 없는 시대적 요구이다. 기업시민으로서 이러한 사회의 요구에 부응할 수 있도록 이해관계자, 즉 사회 전체와의 소통을 강화해야 할 것이다. 그러나 이제까지 우리 사회에서 CSR 개념 속에 개인의 사회적 책임에 관한 얘기는 없다. ISR은 CSR을 제대로 수행하기 위한 기본임에도 불구하고 개인의 권리에 대한 연구는 많지만 개인의 사회적 책임에 대한 연구는 미미한 실정이다.

개인에게 있어 책임이란 고단한 삶에 더해지는 무게로 느껴질 수 있다. 책임을 감수하는 자세에 있어서도 개인차가 매우 크다. 어떤 이는 천근의 짐을 지고도 꿋꿋하게 살아가는 반면 어떤 이는 자신을 지탱하게 해주는 지팡이도 무겁고 귀찮다고 내팽겨치고 산다. 개인의 사회적 책임이라는 것은 마치 산행할 때의 준비와도 같다. 무사히 산행을 마치려면 어두워지기 전에 목적지까지 부지런히 이동해야 하는 것이 기본이고 자신이 마실 물과 식량, 추위를 견디게 해줄 여분의 옷과 준비물은 자신이 짊어지고 가야 한다. 그것이 무겁다고 귀찮다고 남에게 맡길 수는 없는 것이다. 자신은 힘이 약하니까 자신보다 힘이 좋은 타인에게 내가 져야 할 짐을 맡긴다거나 나에게는 나귀가 없으니 나귀를 타고 가는 자들이 내 짐을 대신 짊어지는 것이 당연하다고 생각해서는 안 된다. 개인의 책임을 타인에게 전가해서는 안 된다는 것이다. 이렇듯 ISR은 공정하고 책임 있는 삶을 사는 것을 말한다.

또한 ISR은 세계시민으로서 인류의 보편적 가치를 추구하고 구현할 수 있는 정신과 윤리규범을 말한다. 우리의 현실은 개인과 조직, 지역과 국가, 글로벌 수준에서 기회와 위험요소를 동시에 안고 있으며 인류가 공동으로 해결하지 않으면 안 되는 여러 가지 문제들을 가지고 있다. 이와 같은 변화와 문제들을 어떻게 인식하고 해결해 나갈 것인가에 관한 과제는 정부와 기업에게 국한된 문제가 아니라 세계시민으로서 개인에게 부여되는 보편적 임무로 인식되어야 한다. 그러므로 이러한 인류적 과제를 성공적으로 수행하는 데 있어서 개인의 역할이 강조되는 것이다. ISR은 글로벌 사회의 다양하고 복합적인 문제를 공동의 노력으로 해결해야 하는 시대적 요구이자 새로운 보편적 가치라고 할 수 있다.

제 3 절 ■ ISR의 사회적 당위성

기업과 사회의 관계는 상호의존적이다. 기업이 일자리를 만들어 사회구성원들에게 제공하면 기업에 고용된 사람들은 자신의 노동을 생산과정에 투여해 기업에 이득을 안긴다. 이것은 마치 우주

질서와 같다. 불가에서 말하는 것처럼 만물은 서로에게 인연이듯이 기업과 사회, 기업과 개인도 마찬가지다. 함께함으로써 서로를 이롭게 하는 것은 자연적인 우주질서의 한 부분이다. 이것은 종교에서 말하는 신성(divinity)의 표현이기도 하다.

기업은 사회로부터 분리되어 존재할 수 없으며, 마치 삼투압처럼 서로에게 침투되어 공통된 가치를 만들어낸다. 이러한 관점에서 볼 때 기업의 책임은 곧 개인의 책임이다. 간디(Gandhi)도 말했듯이 기업이 사회에 그 이익을 적절하게 환원함으로써 사회적 책임을 다해야 하듯이 개인도 마찬가지다. 개인은 자신의 생존과 성장을 지탱해주고 지원해주는 사회에 대해 기업 이상으로 책임을 다해야 한다. 그것은 사회로부터 대가를 바라고 하는 행동이 아니라 존엄한 인간으로 스스로에게 부과하는 윤리적 헌신이다.

2011년 중국의 샤먼(Xiamen, 廈門)에서 채택된 '지속가능한 인류의 미래를 위한 세계 지식인' 선언문은 ISR에 대한 인식의 전환을 이루는 분기점이 되었다. 미국, 중국, 오스트리아, 캐나다, 말레이시아 등에서 참석한 세계 각국의 석학들은 이 자리에서 지속가능한 인류의 미래를 위해서는 무엇보다 공동체의 구성원으로서 각각의 개인들이 자신의 사회적 책임을 다해야 한다고 입을 모았다. 선언문은 대회가 끝난 후 6개월 만에 30개국의 언어로 번역되어 지구촌 구석구석으로 전파되었다.

개인을 한 사람씩 놓고 보면 ISR은 그다지 큰 영향력을 미치지 못한다. 그러나 개개인이 모여 수백만 명이 될 때 개인이 발휘하는 힘은 엄청나다. 비록 개인의 기부나 참여가 작은 단위에서 이루어지더라도 그것이 모여 집합체가 되면 상상을 초월하는 파급효과가 생긴다. 돈을 기부하는 행위가 아니라도 ISR은 다양한 영역에서 이루어질 수 있다. 작은 것에서부터 큰 것에 이르기까지 개인이 사회에 기여를 할 수 있는 것은 얼마든지 있다. 작은 것이지만 우선 ISR을 한 번 실천하게 되면 스스로의 자존감이 고양되어 그 다음부터는 더 큰 ISR을 실천할 수 있게 된다. 최고와 최선의 것이 아니라 하더라도 실천 그 자체가 자신에게는 가장 바람직한 ISR이 될 수 있다.

제 4 절 ■ ISR이 추구하는 책임과 가치

1. ISR이 추구하는 책임

타칼라와 팔라브는 책임의 개념을 분석할 때 우리가 고려해야 할 이슈들을 다음과 같이 정리하고 있다(Takala & Pallab, 2000).

첫째, 사회적 제도에 의해 부과된 형식적인 법률만으로는 기업이나 개인의 책임범위를 충분히 짚어낼 수 없다. 사회생활에서 작동하는 도덕적 원칙들도 중요하다. 자신에게는 경제적으로 조금 손해가 되더라도 타인의 복리를 보장하는 사회적 · 도덕적 규제는 준수해야 한다. 때때로 개인의 도덕감정은 사회적으로 통용되는 형식적 법률과 갈등을 일으킬 수도 있다.

둘째, 사회적 책임행동 뒤에 감춰진 논리를 분석할 때 이기적 동기와 이타적 동기를 구분해야 한다. 사회적으로 옳은 행동을 할 때 자신에게 돌아오는 어떤 혜택이나 이득을 끌어내는 것은 윤리적으로 신뢰할 수도 없고 현실적으로 가능하지도 않다. 책임은 기본적으로 이타주의로부터 도출되어야 한다. 진정한 이타주의는 자신의 이해에 대한 고려 없이 옳은 행동을 하겠다는 의지나 진실한 욕망을 포함한다.

일부 철학자들은 개인의 행위를 그 결과에 따라 판단해야 한다고 본다. 칸트와 같은 의무론적(deontological) 도덕주의자[02]들은 타인을 존중하는 것과 같은 보편적 이성과 의지를 행위의 판단기준으로 삼아야 한다고 주장한다. 이에 비해 공리주의자들은 다양한 선택들 가운데 사람을 최대한 만족시킬 수 있는 행위를 선의 기준으로 삼는다. 의무론적 도덕주의자들은 공리주의자들과는 달리 결과를 기준으로 개인의 행위가 옳고 그름을 판단하지는 않는다. 따라서 이들은 사회구성원들 사이에 수혜와 부담을 어떻게 배분할 것인지에 대해서는 답을 내놓지 못한다. 그들은 보상과 처벌에 대한 행위자들의 상이한 정도를 고려하지 않는다. 왜냐하면 그러한 것들은 전형적으로 어떤 행위의 외적 효용성에 대한 평가에 근거하기 때문이다.

행위의 가치에 대한 분석을 수행한다고 해서 공리주의가 반드시 의무론적 도덕주의보다 우월하다고 말할 수는 없다. 왜냐하면 특정 시점에서의 평가는 개인적 주관뿐만 아니라 공동체의 특수한 문화적 규범에 영향을 받기 때문이다. 사회에는 항상 정의와 불의를 구분 짓는 범위가 존재한다. 따라서 개인의 행위를 분석할 때는 결과의 효용성뿐만 아니라 보편적으로 타당한 동기도 함께 고려해야 한다.

이처럼 책임 있는 행동이나 도덕적으로 선한 행위가 어떤 것인지에 대한 일률적인 정의는 없다. 클라우스 헬카마(Klaus Helkama)는 도덕적 책임을 다음 세 가지로 분류한다(Helkama, 1981).

첫째, 개인과 행동의 특성으로서 책임(personality disposition)이다. 'X는 책임감이 있는 사람이다', 'Y는 책임 있는 행동이다.' 우리는 어떤 사람이나 행동에 대해 우호적으로 말할 때 이러한 표현을 쓴다. 이때의 책임은 인격적 기질을 묘사하는 것으로 이때

02 deontological ethics(義務論的倫理學)는 인간의 도덕적 행위는 그 결과에 상관없이 그것이 의무이기 때문에 절대적으로 지켜져야 한다는 학설로 칸트의 윤리학이 대표적이다.

개인은 자신에게 주어진 의무를 충실하게 수행하거나 자신의 행위에 대한 결과를 기꺼이 받아들이는 것으로 간주된다. 둘째, 책임 소재(responsibility attribution)에 따른 책임이다. 이때의 책임은 비난이나 칭찬, 그리고 처벌에 대해 '설명할 책임(accountable)'과 동의어로 쓰인다. 'X는 Y에 대해 책임이 있다'는 표현은 X가 자신의 행위로 인해 발생한 피해에 대한 비난과 처벌에 대해 스스로 설명해야 한다는 뜻이다. 여기서는 책임의 소재라는 문제가 발생한다. 셋째, 제도적 역할체계(role-system) 내에서 개인에게 주어지는 의무(duty)이다. '아버지로서 X는 그의 자식들에 대해 책임을 가진다'는 표현은 자식들을 보살펴야 하는 아버지의 보편적 의무를 뜻한다.

두 번째에서 말한 책임과 세 번째에서 말하는 책임에는 다음과 같은 차이가 존재한다. 두 번째의 경우는 과거의 행위에 대한 책임을 뜻하며, 세 번째의 경우는 사회적 역할체계 속에서의 책임을 뜻한다. 또한 두 번째의 경우는 특정 개인의 행위에 대한 책임을 언급하는 것인 반면, 세 번째의 경우는 개별적 행위와 아울러 일반화된 계급적 행위에 대한 책임을 지칭한다.

ISR과 관련하여 우리가 주목하는 책임의 개념은 사회적 역할체계 속에서 행해지는 계급적 행위로서의 책임을 뜻하는 세 번째의 용례(usage)이다. 왜냐하면 ISR에서 말하는 책임은 일반화된 사회적 책임을 의미하기 때문이다. 그리고 개인의 행위에 대한 책임은 그것이 자발적이고, 의지적이고, 의도적인 행위에 국한된다. 개인의 의지에 반해서 행해지는 행위에 대해서 사회가 책임을 물을 수는 없다. 개인의 자유로운 행위를 제한하는 외부적 요인으로는 조직이나 국가에 의한 물리적 억압 등이 대표적이다. 극심한 감정의 교란과 같은 심리적 압박상태에서 이루어진 행위도 이에 해당된다.

순수하게 자발적 의지에 따라서 행해지는 개인의 행위가 과연 있을 수 있는지에 대한 논란은 있다. 혹자는 개인의 모든 행위는 그 이전에 발생했던 행위에 의해 필연적으로 영향을 받을 수밖에 없다고 주장한다. 모든 행위는 복수의 원인에 영향을 받기 때문에 이러한 결정론을 완벽하게 반박할 수는 없다. 결정론을 완전히 배제할 경우 인간의 행위 가운데 신중하고 이성적인 것은 존재할 수 없게 되며, 모든 행동은 자의적이고 충동적인 것이 된다. 그렇다고 우리는 결정론을 그대로 받아들일 수는 없다. 그렇게 되면 자발적인 개인의 행위란 존재할 수 없기 때문이다.

결정론이나 비결정론 둘 가운데 어느 하나를 선택할 경우 우리는 ISR을 꼭 집어서 이야기할 수 없게 된다. 결정론을 따르면 외부환경에 대해 꼼짝할 수 없게 되며, 비결정론을 따를 경우 자신의 행위를 전혀 설명할 수 없게 된다. 이러한 상황에서는 개인의 행동에 대한 보상과 처벌로서 정의의 기준을 세울 수가 없다. 이러한 맥락에서 볼 때 절대적인 원칙과 상관없이 효용성이라는 잣대만으로 개인의 행동을 판단하는 공리주의가 비록 최선의 해결책은 아닐지라도 매우 유용한 수단이 될 수 있다.

절대적 결정론과 비이성주의 사이에 놓인 이러한 딜레마를 해결하기 위해서는 결정론적 사건과 개인적 결정을 함께 인정하는 중간적 입장을 취하는 것이 나름의 좋은 방법이다. 가령 기계는 그 자신의 생산물에 대해 책임이 없다. 영혼이 없는 기계가 자신의 행위를 선택할 수 없기 때문이다. 그렇지만 기계를 작동시켜서 산출물을 만들어내는 사람은 기계의 작동에 대해 책임이 있다. 행위와 과정을 분리해서 생각하는 것도 좋은 방법이 될 수 있다. 사람은 어떤 행위를 시작할 때 그 자신의 의지대로 그것을 선택한다. 그렇지만 일이 진행되는 과정에서는 개인이 의지대로 통제할 수 없는 경우가 불가피하게 생긴다.

기업윤리를 논할 때 흔히 우리는 기업을 모든 행위에 대해 책임을 지는 사회적 · 법적 실체로 취급한다. 그러나 기업은 자신의 의지에 따라 의식적 · 전략적으로 행동하는 개인의 집합체다. 이러한 사실은 소유와 경영의 분리가 일반화된 오늘날에도 똑같다. 기업경영은 개인의 의도적 행위의 산물이다. 기업은 추상적 힘도 아니고 추상적 실체도 아니다. 기업을 도덕적 공동체로 간주할 때 기업뿐만 아니라 노동자들과 관리자, 특히 최고경영자도 기업의 행위에 대해 책임을 진다. 그러므로 개인으로서 노동자나 최고경영자가 기업의 경영방침에 따라 행동했다고 해서 책임을 면할 수는 없다.

2. ISR이 추구하는 가치

03 Value = Benefit - Cost (cost includes economic risk)

현대 경영환경에서 '가치'[03]라는 용어가 즐겨 사용된다. 이 가치라는 용어는 여러 영역에서 다양한 의미로 사용되고 있다. 기업들은 '가치'라는 개념을 사용하면서 그들의 기업목표는 다양한 가치를 구축하는 것이라고 역설한다. 고객가치, 제품가치, 브랜드가치, 디자인가치, 핵심가치 등에서의 중심적 용어에 '가치'라는 매력적인 말을 넣음으로써 그 내용을 보다 멋지게 포장한다. 이것은 기업의 궁극적인 목표가 브랜드 혹은 기업자산의 값어치를 높은 수준으로 올리려는 의도에 있기 때문이다. 기업들은 개인적 가치 개념을 소비자의 이해와 관련시켜 보아야 한다. 우리는 소비자들이 브랜드를 선택할 때 그 브랜드가 자신들을 어떻게 보이게 하는지와 같은 것을 고려한다는 것에 주목해야 한다.

궁극적으로 소비자들은 자신의 믿음과 관련된 어떤 가치를 충족시키는 브랜드를 선택하게 된다. 신발 하나를 구매하면 기업에서 또 다른 신발 하나를 아프리카와 같은 가난한 나라 어린이에게 기부한다는 탐스 슈즈가 단기간에 성공을 이끌 수 있었던 이유가 여기에 있다. 소비자들은 자기가 소유하지 않는 또 하나의 신발값을 기꺼이 지불하기로 결정하고 브랜드를 선택한다는 것이다. 물론 이 같은 개인의 친사회적(prosocial) 구매행위는 사회적 위신(social prestige)과 깊은 관련이 있어서 이러한 윤리적 소비자행동이 공개될 때만 유효하다는 조건이 전제되어 있다. 다시 말해 아무도 보지 않는다면 혹은 아무도 알아주지 않는다는 조건에서는 같은 결과를 얻지 못한다는 것이다.

소비자들의 기업에 대한 기대가 경제적 편익의 창출보다 사회적 · 자선적 책임으로 이동하게 되면 기업도 이러한 소비자행동(consumer behavior) 변화에 따라야 하는 것이다. 이처럼 소비자의 가치와 가치구조를 이해하는 것은 기업들의 기본적 전략이 되어야 한다. 이것이 바로 CSR을 기업의 마케팅 측면에서 이해하는 가장 중요한 인식론이 될 수 있다. 이러한 소비자행동을 기업 측면에서 해석한다면 '가치'란 각성된 인간의 욕구와 수요를 충족시키기 위해 기꺼이 지불하려는 값어치의 크기라고 할 수 있다.

이것은 매슬로우(Maslow)가 주창한 5단계 욕구서열[04]로도 설명될 수 있는데, 이는 '낮은 단계'의 욕구가 충족되면 보다 '높은 단계'의 욕구가 생겨난다는 것을 말한다. 소비자의 욕구가 계층적으로 진화하게 되므로 서열 사다리에서 높은 데 있을수록 그 욕구가 생존 자체에 덜 중요하고 충족이 오래 지연되어도 참을 수 있다고 하지만, 분명한 것은 현대사회에서는 이미 소비자들의 생리적 욕구는 충족되어 있고 이제 안전욕구와 소속감과 사랑으로 설명되는 사회적 욕구를 지나서 존중과 지적 욕구단계에 도달해 있다는 것이다.

한편 철학자나 심리학자들도 가치의 개념을 강조한다. 이들이 사용하는 가치의 개념은 '인간의 삶의 가치는 무엇인가?'와 같이 인간 삶의 지향점을 언급한다. 현대사회는 복합적 가치라는 문제

04 Abraham Harold Maslow (1908~1970), hierarchy of needs theory

상황에 처해 있다. 나의 가치는 다른 이해관계자와의 가치와는 다르고 어제의 가치는 미래의 가치와는 차이가 크다. 정신적 가치, 물질적 가치, 도덕적 가치, 지적 가치, 미적 가치, 종교적 가치, 역사적 가치와 시대적 가치가 각각 다르기 때문이다.

그러므로 우리는 이러한 다양한 주관적 가치를 객관화할 필요가 있다. 그렇다면 통합적 개념으로 가치란 무엇인가?

밀턴 로키치(Milton Rokeach)는 개인적 가치(personal value)를 "개인의 행동, 태도, 판단을 안내하는 믿음을 지속시키면서 개인 존재감의 궁극적인 목적상태를 의미한다"라고 했다(Rokeach, 1969). 그는 추상적인 특성을 갖고 있는 인간의 가치체계를 도구적 가치(instrumental value) 18개 항목과 궁극적 가치(terminal value) 18개 항목으로 구분했다. 도구적 가치는 최종적 가치에 도달하기 위해 개인이 선호하는 행동양식을 말하며, 궁극적 가치는 개인이 인생에서 도달하려는 최종적인 목표가 되는 것을 의미한다.

여러 영역에서 다양한 의미들을 종합하면 결론적으로 '가치'란 효용의 크기라고 규정할 수 있다. 그 효용의 크기는 현대사회에 있어서는 독립적이고 절대적인 가치가 될 수 없다. 효용의 크기는 늘 상대적이며 이를 설명해주는 편익에 비용과 대가를 제해야 하며 주관적으로 측정되어서는 안 된다. 흔히 우리는 내재적 가치(intrinsic value)보다 인식된 가치(perceived value)를 더 신뢰하는 오류를 범하고 있다. 또한 자신에게는 높은 가치로 인식되어 큰 효용이라고 주장하지만 그 효용을 얻기 위한 비용과 대가가 크다면 그것은 결코 높은 통합적 가치가 될 수 없다. 다시 말해 가치란 비용에 대비한 효용의 크기라고 인식하여 평가되어야 하며 효용 그 자체만을 평가해서는 안 된다.

$$\text{기대효용(expected utility)의 크기} = \frac{\text{기대편익(expected benefit)}}{\text{직접비용+상충+기회비용}}$$

(direct cost+tradeoff[05]+opportunity cost)

이 공식은 비즈니스 섹터에서 말하는 전체매출에서 비용을 제한 것이 기업이익이 된다는 개념으로 이해하면 된다. 그러므로 경영학적으로 일반화되어 있는 이 개념이 사회적 · 환경적 이슈에 접근할 때도 적용되어져야 공정하고 합리적이라고 할 것이다. 종교적 신념이나 개인적이고 일방적인 가치개념이 너무 강조되어 경제영역과 사회적 문제에서 상관관계를 모호하게 하고 가치판단을 어렵게 해서는 안 된다. 반면에 단순히 제공된 편익과 지출된 비용 규모만 보고 사회적 가치와 효용의 크기를 고려하지 않는 행동 또한 지양되어야 한다. 정부나 NGO 기업 모두가 합리적 가치개념을 정립하고 효용의 객관적 측정을 통해 사회적 · 환경적 문제를 해결해야 할 것이다.

천성산 도롱뇽을 보호하는 것이 아무리 환경적 가치가 높다고 주장하여도 이 공식에 대비해보면 통합가치는 결국 마이너스 가치라는 것을 알게 된다. 이와 같이 기업활동과 관련된 문화적 · 사회적 · 환경적 가치를 공정하고 합리적인 척도와 기준으로 판단해야 할 것이다.

3. 가치에 대한 갈등의 논리성과 합리적 평가방법

서로의 주장에는 근거가 있어야 하고 이를 제대로 판단하기 위해서는 기준이 있어야 할 것이다. 인간의 이기심과 탐욕으로 인한 갈등과 대립은 종교적이거나 철학적 논리로도 풀지 못할 것이며 오직 경제적 시장논리로 풀어야 하는 것이 보다 합리적이라 할 것

05 경제에서 한쪽의 이득을 얻으려면 반드시 다른 것을 희생하여야 하는데, 예를 들어 완전고용과 물가안정은 상충관계로서 실업을 줄이면 물가가 올라가고 물가를 안정시키면 실업률이 높아지는 것을 말한다.

이다.

시장이 형성되고 거래가 이루어진다면 그것은 서로가 서로의 상대적 가치를 인정하며 화합과 조화가 이루어진다는 의미이다. 시장거래에서의 가치는 다음과 같이 설명된다.

1) 소비자

소비자들은 개인의 한계효용(MU : Marginal Utility)만큼 그 가치를 인정하는 것이며 이것을 금액으로 환산한다면 어떤 상품을 구매할 때 기꺼이 지불하고자 하는 최대의 금액(WTP : Willingness To Pay)과 같아지는 것이다. 그리고 이것이 경제학에서 말하는 개인의 수요곡선이고, 소비자가 많아지면 그 합이 시장의 수요곡선이 된다.

2) 생산자

생산자가 어떤 상품을 공급하면서 받기를 원하는 최소한의 금액은 그 상품을 가장 효율적인 방법으로 생산할 때 소요되는 생산비, 즉 한계비용(marginal cost)만큼이 되는 것이며, 이것이 개인의 공급곡선이고 생산자가 많으면 그 합이 시장의 공급곡선이 된다. 따라서 이때의 비용은 '직접비용(생산비) + 기회비용'이 된다.

3) 시장

소비자가 지불하려는 최대한의 금액($WTP=MU$)이 생산자의 한계비용(MC)보다 클 때에만 시장에서는 거래가 이루어진다. 따라서 시장의 가격은 $MU=MC$가 되는 조건에서 결정된다. 즉, $P=MU=MC$의 합리적인 상태에 이르게 될 때 시장이 형성되는 것이며 우리는 이러한 상태를 사회에 대비한다면 조화와 화합이라고 할 수 있다.

그림 10-2 ▮ 생산자독점인 경우

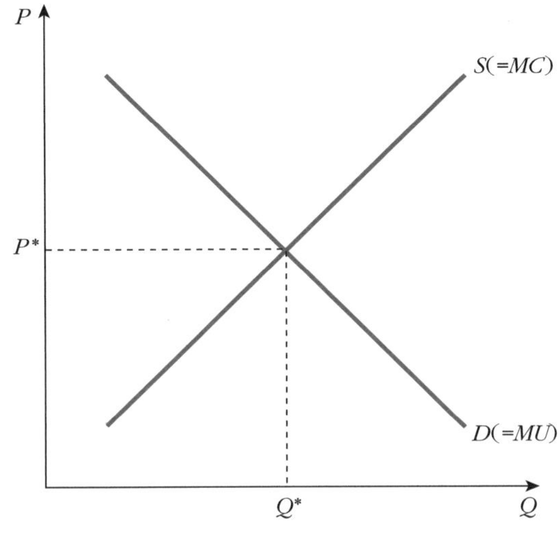

(1) 소비자 잉여

따라서 소비자들은 실제로는 자기가 기꺼이 지불할 용의가 있는 최대비용(*WTP*)보다 적은 금액(*P*)을 지불하고 물건을 구입한다. 그 차이를 소비자 잉여(consumer surplus)라고 한다.

즉, 개인의 소비자 잉여 = $WTP - P$

시장 전체의 소비자 잉여 = $\int_0^{Q^*} D(Q)\, dQ - P$

(2) 생산자 잉여

마찬가지로 생산자들은 실제로는 자기가 투입한 비용(*MC*)보다 더 많은 금액(*P*)을 지불받고 물건을 판매한다. 그 차이를 생산자 잉여(consumer surplus)라고 한다.

즉, 개인의 생산자 잉여 = $P - MC$

시장 전체의 생산자 잉여 = $\int_0^{Q^*} S(Q)\,dQ - P$

사회에서 조화와 화합이 일어나지 않는 경우처럼 시장에서 거래가 형성되지 않는 경우는 다음과 같이 설명된다. 만약 상품의 가치를 그 상품을 생산하는 데 투입되는 비용으로만 생각한다면 어떻게 될 것인가? 어떤 사람들은 상품의 가치는 그 물건에 투입된 (노동)비용으로 결정된다고 주장하는데 마르크스가 그 대표적 예이다. 이 경우 만약 한계비용이 한계효용보다 크다면($MU < MC$) 공급자는 당연히 생산비용이 많이 들어가기 때문에 그 물건의 가치를 높게 생각하지만 소비자는 그 물건을 원하지 않게 된다. 그러므로 시장에서는 그 물건은 거래가 되지 않는 것이다. 그래도 거래가 된다면 이는 (−)의 소비자 잉여가 생기는 것이고 시장 전체에서 총잉여(total surplus = 소비자 잉여 + 생산자 잉여) 역시 감소한다. 사회주의 국가의 계획경제가 자주 실패하는 이유가 여기 있는 것이다. 또 다른 예를 든다면 비효율적인 방법으로 자동차를 아주 비싼 돈을 들여 생산한 후 그 가치를 생산비만큼 책정하는 경우가 된다.

만약 한계효용이 한계비용보다 크다면($MU > MC$) 어떻게 될 것인가? 이 경우는 그 상품의 비용과 효용의 일치($MU = MC$)가 달성될 때까지 생산량을 늘려야 할 것이다. 위에서와 반대로 상품의 가치를 그 상품으로부터 얻는 효용만으로 평가하는 경우이다. 예를 든다면 환경주의자들의 주장인데 이 경우에도 역시 한계비용이 한계효용보다 크다면($MU < MC$) 결국 소비자 효용은 마이너스(−)가 된다는 것이다. 다르게 표현하면 소비자가 어떤 물건의 가치, 즉 한계효용(marginal utility)을 아무리 높게 평가한다고 해도 그 물건을 공급하는 비용이 이를 초과하면 소비자 잉여는 마이

너스(−)가 되고, 이를 구매하는 소비자 혹은 사회 전체가 피해를 입게 된다는 것이다. 예를 들어 그린벨트와 같은 자연보호지역은 그 효용이 매우 크므로 절대 개발해서는 안 된다는 주장이 사회적으로 이익이라고 인식되지만 실제 소비자들은 그린벨트의 공급비용은 전혀 고려하지 않는다는 것이다. 이때의 공급비용은 이 용지를 다른 용지로 개발할 경우 얻는 사회적 수익, 즉 기회비용을 말한다.

4) 결론

시장에서의 가치란 결국 완전경쟁상태에서의 시장가격이라고 보는 것이 타당하고 이것을 우리는 화합과 조화의 상태로 인정해야 한다. 그때에는 $P=MU=MC$의 조건이 만족될 때의 생산량이 소비량만큼 될 때 사회적 후생이 극대화된다는 것이다. 앞에서 설명하였듯이 같은 의미로 해석하면 가치란 기대효용의 크기이고 그것은 기대편익에서 직접비용은 물론 대가(상충)와 기회비용의 합을 나누어서 결과를 봐야 한다.

기대편익에서 비용을 제하여 결과를 본다면 절대크기(absolute magnitude)를 알 수 있지만 나누게 되면 상대크기(relative magnitude)와 기준점을 찾을 수 있는 것이다.

$$\text{기대효용의 크기} = \frac{\text{기대편익}}{\text{직접비용} + \text{대가(상충)} + \text{기회비용}}$$

시장원칙에서 위 식이 1보다 크면 그 상품을 더 생산하고, 1보다 적으면 덜 생산하여야 함을 의미한다. 그러므로 이 식은 사회적 가치와 효용을 알아볼 때에도 1을 기준으로 기대효용의 크기 혹은 가치가 우리 사회에 긍정적인지 부정적인지 합리적 판단을 내릴 수 있는 근거가 되는 공식이라는 점에서 의미가 크다고 하겠다.

11
Chapter

CSR의 진화

제 1 절 ■ 새로운 가치창조를 위한 CSR

시장에서 사랑받는 제품을 만드는 것이 기업의 임무이다. 그러나 고객에게 즐거움을 주는 제품은 시장에서 잘 팔리지만 결과적으로 소비자와 사회에 해를 끼칠 수도 있다는 것을 간과해서는 안 된다. 이 과정에서도 지속가능발전의 개념이 중요하게 작용되어야 한다. 즉, CSR경영은 고객에게 즐거움을 제공하는 현재 상품의 능력을 해치지 않으면서도 기업이 속한 사회에 장기적으로 유익함도 제공해야 한다. 사회적으로도 유익함을 제공하며 고객에게 즐거움을 주는 제품과 서비스는 소비자의 마음속에 더욱 강력하게 포지셔닝[01]하게 될 것이다.

01 STP : Segmentation, Targeting, Positioning

1. CSR과 기업혁신

글로벌기업들은 생존을 위해서는 혁신(innovation)에 집중해야 한다고 말한다. 기업혁신의 원칙은 경영자에게 변화와 개선점을 끊임없이 찾아낼 것을 요구한다. 그것은 이러한 요구에 따라가지 못하고 새로운 제품과 서비스를 시장에 내놓지 못하는 기업은 결국 더 나은 방법을 찾아낸 경쟁자에게 시장을 빼앗기게 된다는 두려움 때문이다.

그렇지만 오늘날 급격히 변화된 자본주의 사회에서 선도적 기업은 혁신만을 얘기해서는 안 된다. '1%에 대한 99%'의 분노를 통해 경험하고 있듯이 우리 사회는 기업의 가치창출을 위한 혁신만을 주장하는 단계를 지났다. 지금 우리 사회발전의 패러다임은 조정과 통합(alignment)의 단계에서 새로운 사회적 가치를 추구하기 위해 변환(transformation)의 단계로 향하고 있다. 그러므로 기업은 선도적 CSR경영을 통하여 소비자는 물론 전체사회에 유익한 가치를 제공한다는 철학과 그 가치를 통한 상호 간 이득(mutual gain)을 창출한다는 기업목표가 정립되어 있어야 한다. 아직도 많은 기업경영자들이 이 말에 동의하지 못하겠지만 기업가치와 사회적 가치를 동시에 추구해야만 기업이 미래 시장에서 생존할 수 있다는 것을 명심해야 한다. 기업의 혁신이란 바로 이러한 자각에서 시작된다.

대기업의 슈퍼마켓(SSM)[02]사업 진출에 대한 사회적 비판을 CSR 관점에서 다시 살펴보자. 자본주의 시장원칙에서 SSM사업을 대기업이 하는 것 자체가 문제라는 일방적 매도는 위험하다. 하지만 돈이 된다면 동네 슈퍼마켓이나 빵집이나 가리지 않고 진출하는 대기업의 행동은 분명 문제가 있다. SSM사업이 골목상권에서 대기업의 우월적 지위로 단기적인 이익을 주겠지만 장기적 기업정책과 전략으로 타당한가에 대한 논의가 우선되어야 한다. 행정규제 측면에서도 허가를 내준 후에 소상인을 보호한다는 이유로 대형마트의 영업일수와 영업시간을 제한하는 것은 불합리하다. 그렇게 한다고 중소상인들의 경쟁력이 높아지는 것이 아니기 때문이다.

02 SSM(Super Super Market)은 대기업의 기업형 슈퍼마켓사업을 말한다.

SSM사업을 하지 않는 것이 곧 대기업이 사회에 대한 책임을 다 하는 것이며 그것이 CSR이 되는 것은 아니다. CSR은 SSM사업에 참여하는 대기업이 어떻게 사회적 책임을 완수할 것인가에 초점을 맞추어야 한다. 앞서 매거진 루이자백화점[03] 사례에서 혜안(insight)을 찾아내듯이 대기업이 소비자 선택권과 복지에 기여하는 것뿐만 아니라 이해관계자인 소상인들의 생존과 지속성에도 어떻게 기여할 것인가를 중심으로 노력하고 방법을 찾아내는 것이 CSR이다.

03 브라질 저소득계층을 위한 매거진 루이자백화점의 마이크로 파이낸스 서비스로서 제5장 제2절에서 설명하였다.

2. 기업의 위기상황과 CSR

기업행동(corporate behavior)이 지금 당장은 기업이익과 소비자들의 니즈에 부합되는 경우라도 미래세대는 물론 현재의 다른 소비자들과 사회 전반에 해악을 끼칠 수 있다면 결국 시장으로부터 외면당할 것이다. 즉, CSR경영은 장기적인 기업경영을 위해 지속성을 유지하는 것을 말한다.

나이키의 아동노동착취사건이 터진 후 14년이 지난 이후 또 다른 선도적 글로벌기업의 부정적 사건이 발생한다. 이번에는 혁신의 아이콘이라 불리는 애플의 하청업체에서 발생하였다. 2010년 1월부터 중국 팍스콘공장에서 열악한 근로환경에 불만을 품은 근로자의 연쇄 투신사건이 발생해 13명이 숨졌다. 팍스콘[04]은 120만 명에 이르는 노동자를 거느린 기업으로 중국 내에서도 손꼽히는 대기업이다. 뉴욕타임스를 비롯한 세계 언론들은 애플의 하청업체인 팍스콘의 부당거래와 독성화학물질 사용 등 열악한 근로환경과 조직적인 근로자 인권유린을 폭로하기에 이르렀다. 또다시 최고의 효율과 최대의 이익만을 추구하는 기업의 탐욕이 세계여론의 비난을 받았다. 노동 인권운동가들은 근로자들을 죽음으로 몰고 간 애

04 팍스콘(Foxconn, 중국명 부스캉 · 富士康)

플 아이폰의 판매를 보이콧하겠다고 나섰다.[05]

애플은 자체적으로 아이폰의 주요 부품을 만들거나 자체적으로 생산공장을 두고 스마트폰을 조립하지는 않는다. 개념을 만들고 설계를 할 뿐이다. 그러나 애플은 과거 나이키가 아동노동사건을 처음 대응했을 때처럼 하청업체가 잘못한 일이라며 책임을 회피하려고 시도하지 않았다. 대신 애플은 즉각 조사에 들어가고 해결을 위해 적극적으로 대응하였다. 또한 이 사건 이후 부품 공급업체에 대한 외부감사를 위해 미국 '공정노동위원회(FLA : Fair Labor Association)'[06]에 가입했다. IT 분야 업체가 FLA에 가입한 것은 애플이 처음이다.

앞의 사례에서 볼 수 있듯이 기업은 혁신(innovation)만으로는 기업발전의 지속성을 유지할 수 없다. 자신의 기업은 물론 하청회사와 공급사슬(supply chain)까지 관리하고 CSR경영을 하지 않는다면 언제 한순간 비판적 사건으로 인해 글로벌시장에서 외면받을지 모르는 일이다. 사회적 책임을 생각하지 않고 단기적인 고객욕구만을 쫓아 상품과 서비스를 제공하는 기업들은 설 자리를 잃을 것이다.

환경과 사회를 생각하고 현재고객의 욕구만이 아니라 미래고객의 수요와 욕구를 해치지 않는 범위에서 기업의 이익추구활동을 수행해야 한다. 20세기 초 컨슈머리즘[07]이 생겨난 후 현재시점까지 소비자의 의식수준은 급격하게 성장해 왔다. 저렴한 가격과 간편함을 무기로 소비자의 자극적 입맛에 맞춰 제공되는 햄버거가 영양은 부실하고 칼로리만 높은 정크푸드(junk food)로서 결과적으로는 고객에게 해를 끼치게 된다는 인식이 높아지는 것과 같은 맥락이다. 기업이 특정 고객에게 즐거움과 편리함을 제공하고 있다고 하더라도 그 상품으로 인해 비만과 같은 질병이 증가하고 결과적으로 사회적 비용을 발생시킨다는 점에서 전체 소비자들이 원

05 New York Times "Pressure, Chinese and Foreign, Drives at Foxconn," February 19, 2012.

06 FLA는 해외 의류 공급업체의 근로환경을 개선하라는 빌 클린턴 전 대통령의 주문을 계기로 1999년 주로 의류업체들에 의해 결성된 인권단체이며 나이키와 아디다스 등 33개 업체들이 가입하여 주로 개발도상국 공장근로자들의 작업환경 감시업무 등을 수행한다.

07 컨슈머리즘(Consumerism)은 1960년대부터 미국에서 시작된 소비자주권주의, 소비자운동을 말한다.

하지 않게 된다는 것이다. 그리고 이러한 상품에 비만세를 부가하는 것에 소비자들이 이미 동의하고 있는 사회적 변화를 기업경영자들은 유념해야 할 것이다.

3. CSR원칙과 패러다임의 변화

CSR경영만이 기업발전의 지속가능성을 보장해 준다는 사실을 되새겨야 한다. 비윤리적이고 반사회적인 기업활동은 장기적으로는 소비자에게 손실을 끼칠 뿐만 아니라 사회 전체에도 해를 끼친다. 나아가 기업의 브랜드 명성과 경영의 효율성에 손상을 주게 되며 결과적으로 기업의 생존까지 위협하게 된다. 그러므로 지속가능한 경영이 바로 사회적 책임경영이며 고객창출과 기업의 지속성은 기업의 장기전략인 CSR에 의해서만 이룩할 수 있다는 것이다.

그러나 현실에서 기업들은 수없이 많은 도전과 윤리적 딜레마에 직면한다. 이런 경우 시장의 불확실성 상태에서 무엇이 가장 현명한 사업적 결정이 될 수 있을지 어떻게 판단해야 한단 말인가? 기업의 경영자는 예언자가 아니며 높은 도덕적 수준의 종교인도 아니다. 따라서 이러한 기업이익과 윤리적 결정의 경계에서 가장 합리적 결정을 해야 한다. 그러기 위해서 경영자는 기업조직의 모든 내부고객이 지켜야 하는 CSR원칙(CSR principle)과 CSR경영방침(CSR policy)을 만들 필요가 있다. 이것은 기업의 홍보뿐 아니라 협력업체를 포함한 파트너와의 관계, 광고, 가격책정, 신제품개발 전반에 걸친 전략들을 포함한다. 치열한 경쟁시장 속의 실제상황에서도 끊임없이 기업의 사회적 책임만을 생각해야 한다면 효과적인 기업경영을 할 수 없다고 할 것이다. 그러나 CSR경영방침과 매뉴얼을 미리 준비해 둔다면 항상 능동적으로 시장상황에 대비할 수 있을 것이다.

그렇다면 과연 어떤 CSR원칙과 경영방침으로 기업의 사회적 책임문제와 효과적인 경영을 동시에 이룰 수 있을까? 저자는 CSR원칙과 패러다임의 변화를 대응적 CSR과 선도적 CSR의 두 단계로 정리하고 전환을 위한 과도적 과정(transition)을 설명한다.

첫 번째 단계는 대응적 CSR(reactive CSR)로서 적극적으로 시장의 요구에 대응하면서 기업의 혁신을 꾀한다. 이 단계에서 기업은 이윤추구활동의 직접적인 영향을 받는 이해관계자들을 반드시 고려해야 한다. 이 영역에서는 공적 이익과 기업이익이 겹치게 되므로 기업활동에도 사회적 요인이 영향을 주게 되며, 사회 역시 기업의 이익추구활동으로부터 직접적인 영향을 받는다. 이 단계는 다양한 이해관계자들이 동시에 존재하는 영역으로 기업활동의 가치사슬(value chain)에서는 사회에 대한 피해와 부작용을 최소화하려는 노력과 그 갈등을 피하려는 노력이 필요하다. 또한 법과 규범의 요구에 대해 순응해야 할 뿐만 아니라 특정 국가나 지역사회의 도덕과 윤리, 문화와 가치관을 존중하고 수용하는 태도를 가져야 한다. 대응적 CSR은 비교적 단기적인 전략단계이며 공공의 이익에 반하는 기업활동의 자제와 계획의 즉각적인 수정이 필요하다. 항상 사회와의 갈등과 긴장이 내재되어 있고 대립과 협력이 공존하는 단계이다. 이러한 대응적 CSR 단계에서 합법적이지만 무책임한 기업행동을 무수히 많이 보아 왔다.

기업은 대응적 CSR 단계에 머물러 있어서는 안 되며 다음 단계인 선도적 CSR 단계로 나아가야 한다. 이것은 전체사회의 이익이라는 공유가치의 새로운 인식으로 사회의 변환(transformation)을 추구하고, 발전의 지속성을 유지해야 함을 말한다. 그렇지만 기업은 한 번에 선도적 단계로 발전할 수가 없으며 반드시 과도적 단계를 거치게 된다.

CSR의 과도적 단계(transition)에서 기업은 기업시민으로서 사회적 양심(social conscience)을 가지고 시장과 제도의 요구수준 이상에서 기업문제와 사회문제에 접근해야 한다. 자기 기업 고유의 윤리와 도덕성을 설정하고 있어야 하며 소비자와 사회의 용인에 상관없이 기업의 기준에 따라 판단과 결정을 내려야 한다. 직접적인 이해관계자들뿐만 아니라 간접적이고 포괄적인 이해당사자까지도 주요 대상으로 하며 다양한 사회적 이슈에 대해서는 제한적이면서도 적극적인 역할을 하기 위한 전략적 접근을 시도한다. 또한 지역사회의 환경, 교육, 의료 등의 사회적 문제해결을 위해 기업 내부자원을 투입하고 종업원, 소비자, 협력업체는 물론 주주에게도 적극적인 설득과 함께 상호적 협력을 통한 시너지효과 창출에 기업경영의 초점을 맞춰가야 한다. 나아가 이러한 CSR활동의 수행으로 결과적으로는 기업과 사회의 이익 모두에 기여하게 된다. 이때는 기업과 사회의 공존의 필요성과 협력부분을 이해하고 상호이득(mutual gain)을 증진하는 방안을 모색하는 기업이익과 공공의 이익에 대한 조정(alignment)단계이며 투명한 기업경영으로 변환하게 된다.

선도적 CSR(proactive CSR)은 법률과 규범이 허용하는 기준은 물론이고 사회가 기업에 요구하는 기대치를 넘어 기업의 자발적인 노력으로 사회발전을 위한 선제적인 노력과 활동을 벌이는 단계이다. 대응적인 CSR은 기업의 이익추구과정에서 발생하는 사회의 비난과 부작용을 최소화하고 기업과 지역사회의 공생을 위해 협력을 꾀하는 반면에 선도적 CSR은 전체사회의 모든 이해관계자들을 대상으로 포함하며 이들과의 공유가치를 함께 실현함으로써 그 발전의 지속성을 유지한다.

대응적 CSR은 기업에 대한 반감과 함께 지역사회에 대한 막연한 의무를 강조하고 직접적인 이해관계자들을 대상으로 노력한다. 그러나 선도적 CSR은 지역사회가 요구하는 수준을 넘어 사회 전체에 대한 선제적 활동과 노력을 펼친다. 여론에 대한 반응도 방어적 태도를 지나 사회의 부작용과 피해를 최소화하고 기업과 사회와의 공존을 이슈로 인식해야 한다. 나아가 사회적 책임 관련 이슈에 대해 제한적이며 전략적인 접근방법에서 사회발전에 관련된 포괄적 이슈를 적극적으로 발굴하고 전파하며 사회발전의 지속성의 유지를 CSR의 핵심과제로 삼아 이를 전체사회에 설득함으로써 기업이 보다 주도적인 사회적 역할을 맡게 되는 것이다. 그러므로 선도적 CSR활동은 혁신적 기업에서 위대한 기업으로 나아가 존경받는 기업, 사랑받는 기업으로 자리매김할 수 있도록 해줄 것이다.

표 11-1 | CSR원칙과 발전 패러다임

구분 / 요인	대응적 CSR (Reactive CSR)	진화과정[08] (Evolution Process)	선도적 CSR (Proactive CSR)
사회와의 관계	갈등과 대립	대립과 협력	협력과 시너지
CSR 접근방법	동형화[09] (isomorphism)	차별화[10] (differentiation)	주도화 (initiative)
CSR 행동	반응적 (responsive)	순응적 (compliant)	선제적 (preemptive)
법률과 규범에 대한 태도	대응적 (reactive)	대비적 (preparative)	예방적 (preventive)
CSR 대상	이해당사자 (shareholders)	직·간접적 이해관계자 (stakeholders)	사회 전체 (society at large)
CSR 관점	단기 CSR은 비용	중기 CSR은 투자	장기 CSR은 인류공헌
이슈 접근	제한적 (limited)	전략적 (strategic)	포괄적 (inclusive)
측정 (measurement)	기업이익 측정	CSR 효과 측정	전체사회 이익
진행과정 (progress)	자각 (awareness)	조정 (alignment)	변환 (transformation)
가치제안 (value proposition[11])	효율성 (efficiency)	공유가치 (shared value)	투명성 (transparency)

08 대응적 CSR에서 선도적 CSR로 전환해 가는 진화과정으로 과도기적 단계

09 'Green Wash'나 'Me Too' 전략과 같이 다른 많은 기업들이 CSR을 하면 나도 따라 하는 여전히 수동적인 방식이다.

10 "My CSR is better than yours(우리 회사가 CSR을 더 잘해요)"라는 홍보성 방식이다.

11 고객의 문제, 그 문제를 푸는 방법, 그리고 그 방법이 고객에게 주는 가치에 대한 설명이다.

제 2 절 ■ 모두의 사회적 책임

2008년 서브프라임사태로 시작된 각국의 금융위기상황으로 인해 자유시장경제체제의 근간이 되는 자본주의가 과연 우리 사회를 지속가능하며 이상적인 사회로 만들 수 있는 체제인가에 대한 의문이 제기되기 시작했다. 이는 민주주의의 발생지인 그리스의 경제가 파탄지경에 이르고, 대표적 사회주의 국가인 중국이 G2국가로 부상하면서 자본주의의 지속가능성 등에 대한 논쟁으로까지 발전되었다.

또한 전 세계 국가들의 재정위기와 경제 불균형은 우리 사회의 극단적인 양극화를 가중시키면서 계층 간의 갈등을 심화시키고 있다. 북아프리카와 중동에서 시작된 민주화의 요구와 월스트리트와 같은 선진국 거리에서 자본가들에 대한 불만과 사회개혁을 요구하는 목소리가 확대되는 것이 그 반증이다. 이처럼 우리 사회는 자본주의의 위기와 함께 반기업정서가 만연한 것은 물론 계층 간, 세대 간의 갈등 또한 더욱 심화되고 있다.

이미 많은 학자들은 자본주의의 한계와 위험성을 이야기하고 있다. 또 앞으로 어떻게 변화되어 갈 것인가를 예상하며 새로운 자본주의를 기대하고 있다. 이러한 변화는 빌 게이츠의 창조적 자본주의를 비롯하여 자본주의 4.0과 같이 진화된 자본주의의 요구[12]로 나타나고 있다. 그러나 그들의 '착한 자본주의', '함께 가는 자본주의'라는 말은 자본주의의 발전적 개념에 대해서는 얘기하고 있지만, 실천적 대안으로서 실현가능하며 구체적인 사회시스템으로까지 이야기하지는 못하고 있다.

오늘날 자본주의는 우리에게 중산층의 붕괴, 청년실업, 빈곤 등과 같은 많은 사회적 문제를 안겨주고 있다. 빈부격차는 심화되고

12 인간의 이성과 이타심을 강조하며 기업의 자발적 참여를 통해 사회문제를 해결하고, 정부는 이런 기업들에 대한 인센티브를 제공하는 방식을 제안한다. 즉, '승자만을 위한 자본주의'에서 '모두를 위한 자본주의'를 추구하는 것이다.

있고 사회적 불평등과 갈등이 자본주의의 원칙(principle)을 위협하고 있다. 그러나 자본주의적 성장논리를 과거의 잘못된 논리라고 비판하는 것은 스스로 패배주의와 비관주의에 빠지게 할 뿐이다. 자본주의는 이제 스스로 새로운 길을 모색하고 있으며 모두의 사회적 책임을 뜻하는 iCSR(Individual & Corporate Social Responsibility)은 이런 문제들에 대한 해법을 제시하고자 하는 것이다.

기업에게 CSR을 얘기하면 "왜 정부도 해결하지 못한 사회적 문제를 우리에게 해결하라 하느냐"고 반문하곤 한다. 또한 일부 기업은 국가와 사회가 이렇게 기업을 못살게 군다면 해외로 나가버리겠다고 말하기까지 한다. 그러나 기업은 정부와 사회로부터 크나큰 지원과 지지를 받으며 성장을 거듭해 왔다는 것을 되새겨 보아야 한다. 무엇보다 대기업의 영향력은 공익을 위한 일을 할 수 있는 잠재력을 가지고 있기 때문에 지금 우리는 기업에게 먼저 사회적 책임을 요구하는 것이다.

CSR에 대한 사회적 요구가 자유주의 경제체제의 가치와 충돌할 것이라는 기업들의 주장 역시 이제는 설득력이 없다. CSR경영을 하는 많은 글로벌기업들이 국가나 사회로부터 스스로의 자유를 지키기 위해 '자율'을 형성하는 과정에서 CSR이 시작됐다는 것을 깨달아야 한다. 지구상 어떤 국가도 기업의 사회적 폐해와 환경적 폐해에 대해 좌시하고 있지 않을 것이고 그 즉시 국가의 개입이 시작될 것이며 기업의 자유는 더 많이 침해될 것이다. 그러므로 기업이 현재의 자유를 지키기 위해서라도 CSR은 더욱 필수적인 것이다.

만약 우리가 기업에게 자발적이고 선도적인 사회적 책임활동을 기대할 수 없다고 하더라도 그들의 막대한 영향력으로 또 다른 사회적 문제의 발생을 막을 수 있다면, 그것만으로도 충분한 성과라고 할 수 있으므로 우리 사회가 이룩해야 할 지속가능발전의 열쇠는 결국 기업이 가지고 있는 것이다. 기업 입장에서도 사회발전이 지속되지 못하여 경제성장이 둔화되고 중산층의 구매력이 크게 떨어지는 상황이 온다면 기업경영에 도움이 되지 않는다. 우리 사회의 성장과 분배가 조화롭게 이루어지면 결국 그 혜택은 다시 기업과 자본가에게 돌아올 것이다.

우리는 이 책을 통해 기부와 자선이 기업의 사회적 책임은 아니라는 것을 배웠다. 그러나 현실에서는 아직도 이러한 사회공헌 개념이 CSR로 여겨지고 있다. 우리는 대기업 CEO가 부패와 불법으로 유죄선고를 받고 나와 상당한 금액의 기부를 약속하며 "기업의 사회적 책임을 다하겠다"고 말하는 것을 익숙하게 보아 왔다. 사회의 구성원으로서 법규준수도 하지 못하는 기업인이 어떻게 사회적 책임을 다하겠다고 하는지 반문하지 않을 수 없다. 이처럼 기업의 대표들조차 CSR에 대한 올바른 인식이 없고 단지 추상적 개념수준에 머물러 있으며 심지어는 기업의 추악한 현실을 위장하기 위한 수단으로 이용하고 있는 현실이다. CSR은 기업의 위선적 사회봉사와 착한 마케팅으로 위장되어서는 안 되며, 또한 기업의 경제적 성과에 대한 합당한 평가 없이 몇 가지 비판적 사건만으로 기업의 진정성이 왜곡되고 나쁜 기업으로 매도되어서도 안 된다.

피터 드러커(Peter Drucker)는 "기업은 사회의 한 기관(organ of society)이기 때문에 기업의 목적은 사회 속에 있어야 한다"라고 했다. 이어 필립 코틀러(Philip Kotler)는 진짜 마케팅(real marketing)은 사회에 유익함을 제공하는 '사회적 마케팅(societal marketing)' 이라고 했다. 오늘날 기업의 역할은 세상을 살기 좋게 만들고 사람들을 행복하게 만드는 것이 되어야 한다는 결론에 이론의 여지가 없을 것이다.

기업의 사회적 책임이라는 말은 대기업이 지배하고 있는 현재의 경제체제에서 소외계층과 취약계층에게도 적절한 분배가 이루어지도록 하자는 의도가 있다. 그러나 그 방법에 있어서 부자의 이익을 빼앗아 가난한 자에게 나누어 주자는 것이 아니다. 기업인과 기업을 도와주어 기업 본연의 책임인 경제적 성과를 효율적으로 창출하는 동시에 우리가 처한 다양한 사회적 · 환경적인 문제해결을 위해 기업이 자발적이고 효과적으로 참여할 수 있도록 하자는 것이 바로 CSR이다.

진정한 CSR의 실현은 우리 모두의 사회적 책임이 전제되어야 한다. 기업의 사회적 책임뿐만 아니라 우리 사회 모든 이해관계자들의 사회적 책임인 iCSR(Individual & Corporate Social Responsibility)의 필요성이 요구되는 것이다. 또한 CSR의 올바 실천을 통해 기업의 사회에 대한 봉사와 자선만이 아닌 경제적 성과와 사회적 · 환경적 책임에 대한 합리적인 측정과 정당한 평가가 이루어져야 한다.

CSR은 부자와 기업에게만 사회적 책임을 요구하고 보편적 복지와 더 많은 분배를 통하여 평균점을 낮추자는 것이 아니다. CSR의 목적은 기업뿐 아니라 우리 사회의 모든 이해관계자들에게 공정한 사회적 책임을 요구하며 이를 통하여 사회발전의 균형점을 찾아가자는 것이다. 그러므로 우리가 추구해야 할 CSR은 관계중심적이어야 한다. 전체사회의 이해관계자들을 고려한 CSR정신의 비전과 전략, 자발적 기업가정신을 고루 갖춘 기업들만이 현대사회에서 성공을 거둘 수 있을 것이며, 이를 통해 공정한 사회와 자본주의의 융합과 발전이 이어질 수 있을 것이다.

따라서 우리가 추구해야 하는 CSR은 우리 사회의 모든 이해관계자들에게 공정하게 적용되고 기업에게는 합리적 평가와 인정을 받을 수 있어야 한다. 그리고 그 규범적 세부항목인 NSF CSR Index[13]는 실천적 대안을 가진 새로운 패러다임의 전환으로서 실현가능한 사회시스템으로 자리매김할 수 있는 효과적인 도구가 될

13 Next Society Foundation의 CSR평가지표

것이다. 이제 인류사회 발전의 지속성을 유지하기 위하여 기업의 사회적 책임을 넘어서 다양한 이해관계자들과의 조화로운 화합과 소통의 상생전략으로 모두의 사회적 책임을 요구하는 공정자본주의(fair capitalism) 사회로 변환되어야 할 것이다.

그림 11-1 ❙ 사회적 책임의 진화

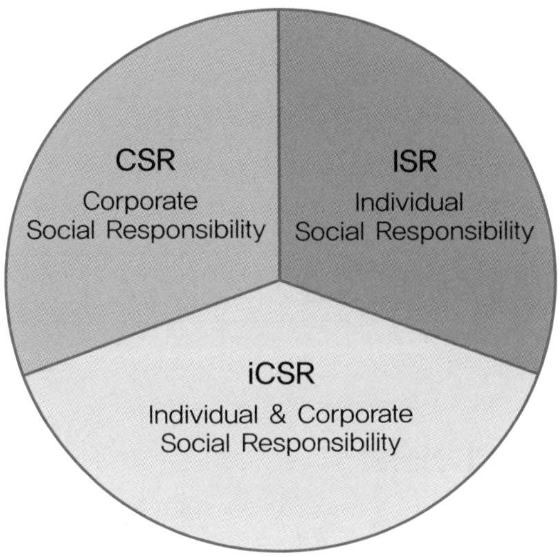

12
Chapter

New CSR

제 1 절 ■ 통합적 대안으로서의 iCSR

1. ISR과 CSR의 선순환

앞서 설명했듯이 ISR은 CSR과 밀접하게 연관되어 있다. CSR은 기업활동이 공동체에 해롭다고 전제하는 부정적인 관점에서 출발한다. 기업이 배출하는 유해가스가 공동체의 환경을 해치고, 지역주민들의 건강을 위협한다고 보는 식이다. 한편 CSR 5.0[01]에서는 기업과 공동체가 하나의 유기체처럼 서로 연관되어 있다는 가정(假定)에서 출발한다. 기업에 이로운 것은 공동체에도 이롭다고 본다. 기업이 어떤 학교에 기부를 하면 그 기부금의 수혜자는 좋은 기술교육을 받을 수 있고, 궁극적으로 기업에 필요한 훌륭한 인적자원으로 활용된다는 선순환을 말한다.

개인이 낮 시간에 불필요한 전력사용량을 줄이고 전력공급이 원활한 야간에 사용하는 것은 공동체에 이로우며 산업설비를 가동하는 기업에게도 이롭다. 이러한 행위는 사회적 책임을 자각한 개

01 CSR 5.0 기업의 사회적 책임과 역할, 김성택, 도서출판 청람, 2012. 4. 25.

인이 실천에 옮길 때 비로소 효과를 발휘한다. CSR 5.0에서 기업과 사회의 모든 현상들의 공통점은 그 뿌리가 개인에서 출발한다는 것이다. 이처럼 CSR은 ISR의 자양분이 되기도 하며, 동시에 열매이기도 하다. 모든 조직에서 형태와 성격, 규모, 이념을 불문하고 개인은 CSR 정책을 결정하는 당사자인 것이다.

ISR은 다양한 범주를 포괄하는 개념이다. 첫째, 기부나 헌혈과 같은 자선행위, 둘째, 노숙자시설이나 고아원, 양로원 등과 같은 사회복지시설에서의 봉사활동, 셋째, 아동노동이나 공정무역 등과 같은 사회적 이슈에 대한 참여, 넷째, 정직함, 타인과의 협력 등과 같은 개인의 윤리적 행동 등이 ISR의 대표적인 실천영역에 포함된다. 이와 같이 ISR활동에 적극 참여함으로써 사람들은 자신의 사회적 책임의식을 더욱 고양시킬 수 있고, 자신의 행동이 인류사회와 미래를 위해 얼마나 중요한 역할을 하는지 자각할 수 있다. 남을 도움으로써 개인은 스스로의 자존감도 높이고, 이를 통해 자신의 정신적 힐링을 체험할 수 있다. 진정한 사랑은 받을 때보다 줄 때가 더 행복한 것처럼 말이다.

2. ISR과 CSR의 유기적 관계

기업은 우리 사회 속의 생명체로서 개개인의 생활과 밀접하게 연결되어 있다. 생명체라고 표현하는 이유는 기업도 일정한 수명을 가지고 있으며 개인(個人)들과 유기적인 관계를 맺기 때문이다. 그래서 법률에서도 기업을 법으로 정해 놓은 인간이라는 의미의 법인(法人)이라고 표현하고 있고, '기업시민'이라고도 불려지고 있는 것이다. 우리에게 『깨어 있는 자본주의』로 잘 알려진 미국 벤틀리(Bentley)대학 시소디아(Rajendra Sisodia)[02] 교수는 '사랑받는 기업(firms of endearment)'이라고 표현하기도 하였다. 기업

02 미국 벤틀리대학교 마케팅 교수이며 국내에서는 『깨어 있는 자본주의(Conscious Captitalism)』와 『사랑받는 기업(Firms of Endearment)』으로 잘 알려져 있다.

들 가운데에는 사랑받는 기업들이 있는가 하면 사랑받지 못하는 기업들이 있다. 몇몇 대기업 사주들의 행동처럼 사랑받지 못하는 기업가는 도전적인 사업을 통해 부를 축적하기보다는 기업을 편법적 사익추구의 도구로 삼아 독단적 경영과 특권적 소비를 행하고 있다. 이러한 기업들의 특징은 거대한 규모로 이루어져 있다는 점이다. 규모가 크다 보니 법적 통제권 밖에 있는 경우가 종종 있어 법적인 책임에서 어느 정도 자유로울 수 있기 때문에 이들은 연성법(Soft-Law)을 적용받으면서 위법한 행동을 저지를 가능성이 높아진 것이다.

이와 같은 위법적 행동으로 사랑받지 못하는 기업가들이 상존하고 있음에도 대부분의 기업들은 CSR을 정부와 시민사회의 압박으로 인식하며 부담스러워하는 것이 현실이다. 심한 경우 CSR을 부당한 것이라고 인식하기도 한다. 특히 기업의 사회적 책임을 법적 책무로까지 강제하려는 시도에 대해서는 상당한 거부반응을 보이기도 한다. 자유경쟁과 시장원리를 기본으로 하는 자본주의 사회에서 CSR을 법적으로 제도화한다는 것은 논리적으로 맞지 않다는 것이 그들의 대체적 생각이다. 기업인들 가운데는 CSR을 진보적 사회운동으로 치부하는 사람들도 있다. 한국의 대기업들이 정부의 동반성장정책에 대해 사회주의 정책과 다르지 않다고 강한 불만을 표시하는 것이 대표적인 반응일 것이다. 오래전 밀턴 프리드만(Milton Friedman, 1970)이 기업의 사회적 책임 운운하는 지식인들을 사회주의를 선동하는 꼭두각시[03]라고 표현했는데 이러한 시각은 오늘날에도 그대로 존재하고 있다.

그러므로 iCSR은 CSR에 대한 기업들의 거부감을 우회적으로 피해가면서 환경적 · 사회적 · 경제적 차원에서 공동체의 정의를 실현해 나갈 수 있는 전략적 대안이 될 수 있다. 기업은 오로지 이윤을 창출하는 조직이며, 이 사명감에 대해서는 어느 누구도 시비를

03 New York Times, "puppets preaching pure and unadulterated socialism," 1970.

걸어서는 안 된다는 것이 자유주의자들의 한결같은 생각이다. 다만 이들도 기업경영의 책임자가 아닌 순수한 개인으로서 인간의 사회적 책무에 대해서는 아무런 거부감도 드러내지 않는다. 프리드만도 앞서 말한 기고문에서 마찬가지 입장을 취했었다.

"기업이 사회적 책임을 진다는 말이 도대체 무슨 뜻인가? 어떻게 기업이 책임을 지나? 기업이 아니라 오직 사람(people)만이 책임을 질 수 있다. 기업의 대표도 개인으로서 가족이나 혹은 자신의 양심, 교회, 각종 모임, 시민사회, 국가 등에 책임을 진다. 이러한 책임의 표현으로 수입의 일부를 자신이 가치가 있다고 생각하는 일에 기부할 수도 있고, 자신의 신념에 따라 특정 업무를 거부할 수도 있다. 그러나 중요한 것은 이때 그가 쓰는 돈이나 정열, 에너지는 순전히 그 사람 개인의 것이지 기업의 것이 아니라는 점이다. 이러한 것을 사회적 책임이라고 한다면 그것은 기업의 사회적 책임이 아니라 개인의 사회적 책임이라고 해야 한다."

분석적 시각으로 보면 프리드만의 논리가 맞다. 개인을 전제로 하지 않은 조직이란 있을 수 없기 때문에 조직이나 기업의 사회적 책임이라는 표현은 있을 수 없다. 모두 개인의 책임이다. iCSR을 CSR과 ISR의 확장된 개념으로 보면 기업과의 마찰을 피하면서도 책임윤리를 사회적 공익의 기준으로 제시하는 것이 용이해진다.

상법상 기업은 인격을 가진 조직으로 보기 때문에 법인세를 물리는 것이다. CSR을 '기업의 사회적 책임' 대신에 '법인(法人)의 사회적 책임'이라고 설명한다면 iCSR의 이해가 쉬울 것이다. 따라서 CSR도 조직의 차원에서 접근할 수 있는 논리적 근거가 충분하다. 사회체계 유지를 위해 개인에게 부과되는 책임과 의무와 같이 사회적 불평등을 해소하고 지속가능한 성장을 달성하기 위해서는 환경오염을 유발하고 공정거래질서를 해치는 기업에게 법률적 제재도 가하고 윤리적 책임도 물어야 하는 것이 당연하다.

이처럼 ISR은 CSR을 정당화시키기 위해서는 매우 중요한 요건이다. 그렇지만 ISR의 개념이 너무 부각될 경우 CSR이 지나치게 축소될 가능성이 높다. ISR은 어디까지나 CSR을 보완할 수 있는 전략적 수단이 될 수는 있어도 전적으로 이를 대체할 수는 없다. 그러므로 조정과 통합의 개념으로 iCSR의 등장은 필연적이라 할 수 있다.

3. iCSR의 이해

1) 부자의 iCSR

냉장고는 인류의 삶을 획기적으로 변화시킨 대표적인 발명품이다. 인류의 저장 · 보관기술은 신석기시대의 토기나 움집에서 시작되었다. 물론 인간의 신체를 보관하는 기술은 그 전부터도 발달했었다. 이집트 고대문명에서 발견할 수 있는 미라가 대표적인 것이다. 그로부터 수천 년의 세월이 흐른 후 인류는 냉장고라는 기계를 발명했다. 냉장고는 전기의 발명이 있었기에 가능해진 것이다. 그렇기 때문에 전기 없는 냉장고는 상식적으로 생각하기 어렵다. 아프리카 같은 곳에서는 어떨까? 아프리카는 아직도 전기라는 문명의 혜택이 미치지 못하는 곳이 많다. 전기공급이 원할하지 않은 이런 곳에서는 냉장고가 있어도 사실상 무용지물이나 마찬가지다. 식료품은 냉장고가 없어도 그럭저럭 해결할 수 있을 것이다. 인간은 지혜로운 동물이기 때문에 전기가 없어도 자연상태에서 최적의 보관방법을 터득할 수가 있다. 그런데 의약품은 얘기가 달라진다. 백신 같은 의약품은 생산과정에서 화학적 변형을 거치기 때문에 효능이 지속되기 위해서는 보관이 생명이다. 온도가 일정수준 이상 올라가는 곳에 백신을 방치하면 그 효능이 현저하게 떨어지므로 접종은 하나마나다.

이 문제를 해결한 사람이 바로 빌 게이츠이다. 빌 게이츠는 Intellectual Ventures Lab과 함께 Global Good이라는 회사를 만들었다. 여기서 만든 냉장고가 바로 백신냉장고다. 이 냉장고는 얼음과 특수구조로 설계되어 전기 없이도 한 달 넘게, 약 50일 동안 백신을 보관할 수 있다. 신라시대 석빙고와 같은 원리를 의약품 보관에 접목시킨 것이다. 간단한 발명품이지만 아프리카 주민들에게는 이것이 생명을 구하는 구세주와 같은 것이다. 아프리카 주민들에게 백신냉장고는 생명의 석빙고다. 빌 게이츠는 IT를 BT에 결합시켜 또 한 번 세상을 이롭게 하는 변화를 만들어냈다.

대부분의 사람들은 부자가 되기를 바라고 부러워하면서도 그들의 부의 축척과정을 비난하거나 심지어 그들의 기부와 자선행위도 소비의 한 형태라고 평가절하하려는 경향이 있다. 그러나 우리가 분명히 알아야 하는 것은 빌 게이츠와 같은 거부들이 사회에 기부하는 돈은 기업의 것이 아니라 개인적 차원의 재산이라는 것이다. ISR이 CSR보다 더 강조되어야 할 덕목인 사회적 당위성은 바로 여기에 있다. 사회적 책임을 다하는 단위가 자신이 속한 기업이나 조직이 아니라 순수한 개인이 될 때 비로소 윤리적 정당성이 확보된다. 기업의 몫을 사회에 떼주는 것은 여러 이해관계자들, 특히 주주들과 마찰을 일으킬 수 있으며, 이런 차원에서 CSR은 논란의 여지가 있을 수 있다. 그렇지만 자신의 순수한 재산을 자신의 뜻대로 기부하는 ISR은 어떠한 논란의 대상이 될 수 없다. 빌 게이츠의 사회적 책임행동은 ISR로서 CSR을 한 단계 더 높은 차원으로 승화시킨 iCSR의 전형(典型)을 보여주는 좋은 사례이다.

2) 사법권력의 iCSR

뉴욕의 노인이 3일간 굶주린 끝에 빵을 훔치다 붙잡혀 재판을 받게 되었다. 재판을 맡은 주심판사 라과디어(F. Laguadia)는 이렇게 판결했다. "피고가 빵을 훔쳤지만 그 양이 많지 않고 행위가 상습적이지 않다. 그래서 관용의 정신을 발휘해서 석방할 수도 있다. 그렇지만 미국은 법치주의 국가다. 아무리 경미한 범죄라도 이 사건은 엄연히 절도죄에 해당된다. 따라서 법은 법이므로 피고에게 벌금 10달러를 선고한다. 그리고 노인을 3일간 굶게 만든 사회적 책임을 물어 나에게도 벌금 10달러를 선고한다."

빅토르 위고(Victor-Marie Hugo)가 쓴 불후의 명작 『레미제라블(Les Misérables)』에서 장발장은 굶주리고 있는 조카들을 먹이기 위해 빵 한 조각을 훔쳤다는 이유로 19년간 감옥살이를 한다. 빵 한 조각을 훔친 대가치고는 지나치게 혹독한 형벌이다. 물론 단일사건으로만 19년의 형벌이 내려진 것은 아니었으며 빵 한 조각은 프랑스의 앙시앙레짐(Ancien Régime),[04] 19년간의 감옥살이는 억압적 국가질서를 상징하는 문학적 장치이다. 『레미제라블』에 대해 우리가 아는 스토리의 구조는 매우 간단하다. 영화나 뮤지컬 등에서 그려지는 레미제라블의 줄거리도 대동소이하다. 빵 한 조각을 훔친 대가로 감옥살이를 하게 된 장발장은 출소 후 사회에 적응을 하지 못하고 방황하다가 미리엘 신부를 만난다.

장발장은 그 후 개과천선해 새로운 삶을 살게 된다. 이름을 마들렌으로 바꾼 장발장은 사업에서 크게 성공하며 정치적으로도 발판을 넓혀 어느 도시의 시장이 된다. 장발장에서 마들렌 시장으로의 변신은 완벽했다. 그러나 그의 주위에는 쟈베르 경감이 있었다. 푸코(Paul Michel Foucault) 식으로 말하면 쟈베르는 감시와 처벌을 상징하는 국가의 물리적 폭력, 사법권력을 상징하는 인물이다. 쟈베르는 장발장에게서 단 한시도 눈을 떼지 않고 그를 추적한다. 국가의 사법질서와 정의를 수호하기 위해 주어진 소임을 다하는 것이 자신의 사회적 책무라고 쟈베르는 입버릇처럼 이야기하고 다닌다.

04 프랑스 혁명 전의 절대군주 정체를 가리키며, 구체제(舊體制)라고도 부른다.

그 후 장발장은 팡틴(Fantine)이라는 여인을 만나게 된다. 공장에서 저임금과 노동착취로 시달리던 팡틴은 결국 자신의 몸을 팔고, 머리카락까지 잘라서 파는 신세로 전락한다. 사회의 밑바닥으로 추락한 것이다. 팡틴은 가치의 배분이 제대로 이루어지지 않는 프랑스의 구질서를 시장의 측면에서 상징하는 인물이다. 팡틴에게는 코제트라는 어린 딸이 하나 있었다. 팡틴이 몸을 팔 수밖에 없었던 이유도 여관에 맡겨둔 코제트의 양육비 때문이었다. 결국 팡틴은 건강을 해쳐 죽음을 맞게 되고, 장발장은 팡틴을 대신해 코제트의 양육을 책임지게 된다. 코제트는 장발장의 보살핌으로 어여쁜 아가씨로 성장하고 마리우스라는 늠름한 청년을 만나게 된다. 마리우스는 소설의 사회적 배경이 되는 1832년 시민혁명의 리더였다.

소설의 말미에서는 두 사람의 죽음이 그려진다. 『레미제라블』에서 빅토르 위고가 설정한 두 축인 국가(사법질서)와 시민사회(시민의 자유)를 대표하는 쟈베르 경감과 장발장의 죽음이 바로 그것이다. 먼저 죽음을 맞이하는 것은 쟈베르 경감이다. 쟈베르는 학생들의 혁명조직에 침투해 들어와서 염탐하다가 학생들에게 붙잡혀 총살을 당할 지경에 이른다. 이때 장발장이 나서서 쟈베르를 용서하고 목숨을 구해준다. 그러나 심경의 변화를 일으킨 쟈베르 경감은 자살로써 생을 마감한다. 개인의 죽음보다 국가의 죽음을 먼저 설정한 위고의 의도는 유럽의 문화를 지배하는 중요한 가치의 표현이다. 그걸 위해 그들은 피를 흘리고 투쟁했다. 쟈베르 경감을 용서하는 장발장에게서 우리는 사랑과 용서, 관용에 의해 치유되는 국가의 폭력적 감시기구라는 메시지를 읽는다. 이것이 바로 위고가 그리는 소설의 핵심적인 주제이다. 똘레랑스, 즉 프랑스의 국민정신이라고 하는 관용의 정신이 빅토르 위고가 장발장을 통해서 우리에게 던지는 영혼의 테라피(therapy)이다.

라과디어 판사의 판결에서도 우리는 위고가 던지는 것과 같은 메시지를 읽는다. 국가가 쟈베르 경감과 같이 딱딱한 법집행자, 감시자의 역할에 충실해야 한다는 견해도 틀린 바는 아니지만 법을 지키면서도 개인의 사회적 책임을 통렬하게 반성하는 라과디어 판사에게서 우리는 개인의 책임과 우리 사회 모든 이해관계자들의 사회적 책임을 촉구하는 iCSR의 참모습을 본다.

제 2 절 ■ iCSR의 핵심가치

CSR이나 ISR이 추구하는 궁극적인 가치는 모두가 잘사는 행복한 세상이다. 나만 잘사는 세상이 아니라 더불어 잘사는 행복한 세상을 추구하기 때문에 사회와 이해관계자들에 대한 책임윤리가 필요한 것이다. 사회의 행복은 결국 개인의 행복을 총량적으로 합친 것이다. 구성원들은 불행한데 조직이 행복한 세상은 있을 수 없다.

행복을 사회적 책임과 관련해 가장 적절하게 표현한 사람은 플라톤이다. 플라톤은 사람의 행복은 남을 대하는 그의 태도에서 결정된다고 했다. 칸트는 행복을 직업윤리와 연관시켜 설명했다. 그는 행복의 첫 번째 기준은 어떤 일을 하는 것이라고 했다. 아리스토텔레스는 오늘 즐겁다가 내일 우울해지는 것은 진정한 행복이라 할 수 없다고 했다.

iCSR에서 얘기하는 행복의 범주를 지지해줄 수 있는 사람이 있다. 바로 현대사회에서 행복에 관한 메시지를 가장 실감나게 전하고 있는 프랑수아 를로르다. 꾸뻬라는 정신과의사를 등장시켜 행복에 관한 탐색을 이어나가는 를로르의 『꾸뻬씨의 행복여행』 시리즈는 전 세계인들의 폭발적인 관심을 불러일으키고 있다. 꾸뻬씨가 세계 각지를 여행하면서 직접 정리한 행복노트는 다음과 같다.

우선 행복은 상대적이라는 것이다. 를로르는 행복의 첫 번째 비밀은 자신을 다른 사람과 비교하지 않는 것이라고 말한다. 돈을 기준으로 행복을 찾으면 이 세상에서 행복한 사람은 제일 많은 재산을 가진 딱 한 사람이다. 돈 많은 재벌 2세들도 행복하지 못하다는 말이다. 권력을 기준으로 해도 마찬가지다. 한 국가의 대통령도 행복할 수 없으며, 오직 제국적 지위의 패권국가 최고통치자 한 사람만이 행복할 수 있다. 를로르는 더 큰 부자가 되고 더 중요한 사람이 되는 것이 행복은 아니라고 말한다.

두 번째 행복의 비밀은 현재시점에서 누리는 만족감에 있다고 했다. 많은 사람들이 자신의 행복은 오직 미래에만 있다고 생각하면서 현재의 고통을 인내하고 불편을 감수한다. 특히 한국의 근대산업발전을 이끌어온 기성세대들이 그랬다. 내 비록 지금은 고생하지만 돈을 벌어 가족들이 빈곤에서 벗어나면 정말 행복할 것이라 생각했다. 그러나 이제 경제적으로 여유로워졌지만 그것이 행복의 완성을 의미하지 않는다는 것을 깨닫게 된다. 이런 식으로 행복을 미래시점으로 유보하면 행복은 영원히 누릴 수 없는 가치가 되는 것이다. 행복을 목표로 여기는 것은 심각한 오류이다.

또한 를로르는 행복은 좋아하는 사람과 함께 있는 것이라고 말한다. 행복은 본질적으로 타인과 더불어 살 때만 느낄 수 있는 사회적 가치이다. 그렇기 때문에 우리는 iCSR 범주에서 서로 배려(care)하고 함께 나누며(share) 상대를 존중(respect)할 때 행복해질 수 있는 것이다.

그리고 행복은 일을 통해서 느끼는 만족감에서 출발한다고 를로르는 말한다. 그것은 각종 여론조사에서 사람들의 가장 큰 행복은 '직업(decent job)을 가지고 일하는 삶' 을 영위할 때라는 사실과 동일하다. 이것이 정부가 맨날 이야기하는 고용안정성과 기업의 일자리창출이라는 것이다. 그러므로 행복은 철학적 개념이 아니라 현실이다.

를로르가 끝으로 강조하는 행복의 포인트는 타인을 존중하고, 타인과 협력할 줄 아는 마음이다. 또한 행복은 다른 사람의 행복에 관심을 갖는 것이라고 했다. 그러므로 행복은 직업윤리와 뗄 수 없는 관계에 있으며, 이러한 점에서 행복은 iCSR의 핵심가치가 된다. 직장에서 최선을 다해 일하고 남들로부터 인정을 받을 때 사람들은 행복감을 느낀다. 좋은 직장을 만들어주는 것이 기업의 사회적 책임(CSR)이며 그러므로 기업이 바로 사람들을 행복하게 해주는 위대한 존재라는 것을 우리 모두가 겸허하게 인정해야 한다.

제 3 절 ▪ iCSR을 통한 지속가능 인류로의 변환

1. '호모 사피엔스'에서 '호모 서스티누스'로 진화 (From Homo Sapiens to Homo Sustinous)[05]

자연의 지속가능성 관점에서 볼 때 ISR은 자연의 일부분이다. 이때의 ISR은 '환경에 반응하는 생명체의 능력, 인류와 기타 생명체 및 종들의 연속성을 위한 요구'로 정의될 수 있다(Timi Ecimovic et al., 2014).

기업과 개인의 사회적 책임은 인류의 경제적 · 사회적 · 환경적 가치의 일부분이다. 각기 달라 보이는 이 세 가지 가치들은 전부 경제적 요소가 관련되어 있다. 반면에 인간 역시 자연의 일부분으

05 호모 서스티누스(Homo Sustinous)는 지속가능성(sustine)의 상식과 지성(nous)을 가진 인류(homo)라는 의미의 라틴 합성어이다.

로서 자연에 대한 개인의 사회적 책임도 함께 고려되어야 한다. 호모 사피엔스로서 인류는 그들의 부모나 학교, 사회로부터 생명의 근원이자 터전인 지구촌의 다양한 생명체들과 함께 호흡하면서 살아가야 한다는 것을 배웠다. 또한 인간이라면 누구나 환경에 적응하기 위해 그들이 무엇을 어떻게 해야 하는지를 경험으로 체득하고 교육을 통해서도 배웠다.

자연과 인간의 지속가능성에 관련한 iCSR에 대한 여러 가지 논의들은 결국 다음 세 가지 관점으로 수렴되어야 한다. 첫째, 자연으로서의 지구와 인류가 조화와 협력을 통해 이루어내는 지속가능한 다음 사회(next society)이다. 미래는 나와 상관없는 먼 시점으로만 느껴진다. 하지만 현재세대는 다음 세대들이 살아가야 할 다음 사회를 먼저 생각해야 한다. 둘째, 미래세대의 환경과 사회에 손실이나 부담을 주지 않고 현재세대의 발전을 이끌어야 하는 의무로서의 '지속가능한 발전'이다. 셋째, 자본의 효율적이고 신속한 이동을 통한 공정하고 합리적인 세계경제체제의 융합을 뜻하는 '착한 세계화'이다.

그림 12-1 ❙ iCSR에 대한 3가지 관점

- 지속가능한 다음 사회
- 지속가능한 발전
- 착한 세계화

ISR은 새로운 것이 아니며 석기시대부터 인류에게 부과되어 왔다. ISR은 자연으로부터 사회적 피조물로서 인간에게 전해진 유산의 일부이며 인류의 생존에 가장 핵심적인 것이다. 고대사회에서 인류가 그들의 도덕성과 행동이 통합된 ISR을 실천하지 않았더라면 생존할 수 없었을 것이다. 불행하게도 도시화된 사회에서 현재의 인류는 자기중심적인 도덕성과 행동으로 인해 고대로부터 이어온 ISR의 전통을 단절시켰다. ISR은 인류의 지속가능한 생존을 위해 핵심적인 가치로 다시 자리매김되어야 한다. 이러한 목적을 달성하기 위해서는 ISR을 CSR과 분리시키지 말아야 한다. 그러므로 인류는 iCSR이라는 새로운 개념으로 지속가능한 다음 사회를 위한 발전전략을 짜야 한다.

이러한 목적에 헌신하는 인류는 '호모 서스티누스(Homo Sustinous)'라고 새롭게 불려져야 한다. '호모 사피엔스'에서 '호모 서스티누스'로 진화하기 위한 전 인류의 자각과 노력이 필요한 시점이다.

2. 더불어 잘살기 위한 iCSR

글로벌 사회의 일원으로서 개인과 기업을 비롯한 우리 사회의 모든 이해관계자들의 사회적 책임을 뜻하는 iCSR은 인간의 존엄성과 인권에 대한 깊은 성찰과 의무를 말한다. 모두의 사회적 책임을 구현하기 위한 방편으로 지구촌에서 소외당하고 핍박받는 이웃에 대한 깊은 관심과 도덕적 의무를 촉구하기 위하여 iCSR은 탄생되었다. 진정한 글로벌 시민의 자격은 이러한 의무와 책임에 대한 공감(compassion)에서 완성되며 인류의 혁신 역시 이러한 사회적 자각에서 출발한다. 지구촌에서 일어나는 부당한 권리침해나 노동력 착취 등에 무관심해서는 안 된다. iCSR은 기아와 질병, 인종차별, 성차별 등에 시달리는 사람들에 대한 인간의 도덕적 의무를 실천적 행동으로 변환시키는 역할을 해야 한다.

사회적 연대를 구성하는 것도 iCSR을 실천하는 핵심적 도구가 될 수 있다. 예를 들어 AIDS 퇴치운동에서 보여주었듯이 각국의 협력과 대응은 이러한 글로벌 재앙을 극복하는 데 매우 효과적이었다. 그러나 사회적 연대와 행동만으로는 iCSR을 완성시킬 수 없다. AIDS를 극복하는 과정에 있어서도 발생지역에 대한 각종 편견, 환자들에게 대한 멸시, 비난 등은 이루 헤아릴 수 없이 많았다. 그러므로 인권과 자유에 대한 개인수준에서부터 글로벌 차원의 자각과 계몽, 교육과 홍보가 함께 이루어져야 한다. 여기에는 과학적 · 교육적 · 문화적 · 정치적 관점들이 통합되어야 한다. 아울러 정부와 기업, 시민사회와 NGO, 과학이나 의학의 힘만으로는 부족하며 모든 이해관계자들의 통합된 노력으로 교육과 홍보를 통한 효과적인 예방조치와 적절한 의학적 처치가 동반되어야 한다. 이러한 경험과 원칙은 에볼라바이러스(ebola hemorrhagic fever)와 같이 인류가 직면하고 있는 또 다른 지구촌 문제를 해결하는 데 많은 도움이 될 것이다.

21세를 살면서도 아직 극복하지 못한 질병과 가난, 문맹을 물리치기 위해 개인적 차원에서 최선의 노력이 동반되어야 함은 물론, 구조적인 불평등과 차별을 없애기 위해 인류가 서로 연대하고 노력을 집중함으로써 새로운 사회를 만들어 나가는 단계로 승화되어야 한다. 현재를 사는 우리들의 노력으로 지속가능한 다음 사회(next society)를 만들어 간다면 후세는 더불어 잘 살기 위한 iCSR의 실체적 노력과 성과를 이룬 그들의 위대한 조상을 자랑스러워할 것이다.

제 4 절 ■ New CSR이 추구하는 ISR 5.0

우리는 CSR을 정의하고 그 세부적 항목(CSR Index)들을 규정하여 실체적으로 공정하고 합리적인 척도로 기업들을 측정 · 평가할 수 있도록 했다. 이것은 우리 사회에서 무엇보다 기업의 영향력이 가장 넓고 크기 때문에 기업을 제일 먼저 대상으로 한 것이다. 이제 CSR을 합리적으로 규정하였고 필요성을 인식하였으니 CSR의 기본이 되는 ISR에 대해 보다 많은 연구를 하고 개인의 사회적 책임의 당위성을 홍보하며 이를 확산시켜야 할 때이다.

ISR은 CSR과 마찬가지로 다섯 가지 차원과 영역으로 규정할 수 있다. 첫 번째가 개인의 경제적 책임이다. 지금 우리가 사는 사회는 자본주의 사회이다. 자본이 세상을 움직이는 시대라는 말이다. 자신은 경제적 능력이 없으니 국가와 사회로부터 도움을 받는 것이 당연하다고 생각하거나 형식주의 사고와 물질경시사상으로 현실의 경제가치를 가볍게 여기고 돈벌이는 천박한 일이니 자신은 고차원적인 일만 하겠다고 한다면 사회 속에서 자신의 책임을 다하는 것이 아니다. 역설적으로 남에게 경제적 피해를 끼치지 않거나 간접적으로라도 타인과 사회에 경제적 피해요소를 만들지 않는 것 또한 경제적 책임에 속한다. 예를 들어 최상위 종교 지도자들도 자신의 수행과 선교활동은 물론 기본적인 노동을 하며 개인의 경제적 책임을 다하듯이 세상 어느 누구도 경제적 책임에서 면제되는 사람은 없다. 의식주의 해결과 경제발전은 인류번영에 가장 필수적이고 보편적 요건이기 때문이다.

두 번째는 개인의 사회적 책임이다. 인간은 사회적 동물이라고 했다. 이처럼 사회 속에서의 나, 더불어 사는 세상 속에서 개인보다 우리를 먼저 생각하고, 이기적인 행복보다는 인류와 공동체를 먼저 생각하는 개인의 사회적 책임은 말할 나위 없이 중요한 일이다.

세 번째는 개인의 환경적 책임이다. 인간은 자연의 일부이며 결국 자연으로 돌아가게 된다. 자연환경을 개선하고 온전한 상태로 보전하여 미래세대에게 물려주어야 하는 것은 현재세대의 당연한 개인의 환경적 책임이다.

네 번째는 건강에 대한 개인의 책임이다. 건강한 신체에 건강한 정신이 깃들게 된다. 건강을 잃으면 모든 것을 잃는 것이며 그로 인해 사회적 비용까지 증가시키게 된다. 자기 자신의 건강은 물론 타인의 건강과 사회의 건강 그리고 인류의 발전적 진화와 다음 세대의 건강을 위한 예방적 차원의 노력을 포함한다.

다섯 번째는 개인의 인류사회를 위한 자발적 노력이다. 인생은 단 한 번뿐이다. 자신의 삶을 되돌아볼 때 부와 권력과 명예를 얼마나 가졌었나가 성공한 삶의 척도가 아니다. 자신의 일생 동안 이타적인 삶을 살기 위해 어떤 노력도 하지 않았다고 한다면 그것은 바로 실패한 삶이라고 평가받아야 할 것이다. 지금 나는 인류사회를 위해 어떤 작고 위대한 일을 할 수 있는지 생각해야 할 때이다.

그림 12-2 ▮ 개인의 사회적 책임

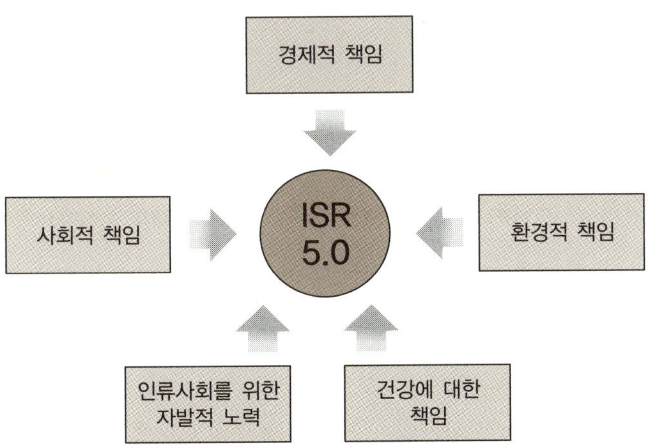

한편 ISR 5.0의 다섯 가지 단계와 수준은 다음과 같이 설명된다.

제일 밑바닥의 단계는 무책임(non responsibility)의 단계이다. 현재 우리 주위에서 가장 흔히 볼 수 있는 상황으로 타인에게 책임을 전가하고 행동의 결과는 생각하지 않는 이기심(self-interest) 속에 있다.

두 번째는 자기통제(self-control)의 단계이다. 무책임의 단계에서 지내다 보면 자신의 무책임한 행동이 결국 자기 자신에게도 손실이라는 것을 알게 되어 스스로를 통제하려는 노력을 시작하는 단계이다. 집 앞에 내다 버린 쓰레기가 오염과 악취가 되어 다시 내게 돌아온다는 것이나 법과 제도, 질서와 규범을 지키지 않으면 내가 손해를 본다는 것을 제대로 인식하게 되는 단계이다. 혹은 스스로 자신의 도덕과 윤리체계가 작동되어 자기를 통제할 수 있는 단계이기도 하다.

그 다음 세 번째는 사회지각(social awareness)의 단계이다. 개인의 부정적 행동의 인과관계(consequence)가 내 가족과 친지들은 물론 내가 속한 사회 전체에 손실을 가져오며 결국 자신에게도 손해라는 것을 깨닫게 되는 단계이다. 내가 해야 할 일이 아니라고 내버려둔 이웃 동네의 '깨진 유리창(broken window theory)'[06]이 결국 내게도 손해와 위험을 끼친다는 것을 지각하게 되는 단계이기도 하다. 사회지각의 단계가 지나게 되면 참여의 단계에 이르게 된다.

네 번째 참여(participation)의 단계는 불의와 악행에 침묵하지 않고 정의를 지지하며 작은 나의 희생만 각오하면 실천할 수 있다는 자율적 참여를 말한다. ISR에도 훈련이 필요하다. 나의 불편을 감수하고 남을 돕는 작은 ISR의 윤리적 습관들이 익숙해지면 침몰하는 여객선에서도 '나에게 주어진 책임을 다하는' 큰 ISR을 실천할 수 있는 것이다. 이러한 실체적 책임행동으로 참여의 단계를

06 BWT. 1982년 미국의 사회과학자 제임스 윌슨(James Wilson)과 죠지 켈링(George Kelling)에 의해 소개된 이론. 이 법칙은 깨진 유리창 하나를 방치해 두면 그 지점을 중심으로 범죄가 확산되기 시작한다는 이론이다.

터득하게 되면 최종단계인 공감의 단계에 도달하게 될 것이다.

마지막 단계는 공감(compassion)의 단계이다. 공감은 타인의 고통이나 불행을 함께 나누며 더불어 잘 살자는 것이다. 공감의 단계에서는 어떤 상황에서도 망설임 없이 어려움에 처한 이웃들을 자발적으로 돕게 되며 고통받는 사람들이 지구 반대편에 있다고 하더라도 어떠한 형태로든 이타적인 노력과 행동을 하게 된다. 인류발전의 지속가능성을 유지하기 위한 길이란 인류사회 전체가 서로의 형제이고 인간과 자연이 둘이 아니라는 사실을 깨닫게 되는 차원이 된다. 이 단계에 도달하게 되면 지구촌 사회는 iCSR의 범주에서 서로 배려하고(Care) 서로 나누며(Share) 서로 존중(Respect)하는 공정하고 조화로운 사회통합(social integration)단계로 진화하며 갈등과 전쟁이 없는 모두가 잘 사는 행복한 세상이 될 것이다. 바로 그것이 우리 인류공동체의 사회적 책임(CSR)이다.

그림 12-3 I ISR 5단계

우리가 당면한 현실적인 문제해결을 위해서만이 아니라 미래 인류를 위한 보편적 가치를 실현하려면 ISR이 개발되고 교육되어

야 한다. 상호존중(mutual respect)의 기본철학 없이 지역적이고 일방적 가치만을 추구할 경우 세계평화와 공동의 번영을 이룰 수 없을 것이기 때문이다. 우리가 개인의 사회적 책임을 촉구하는 이유가 여기에 있다. 상호주의에 의거한 사회적 관계는 언제든지 변화할 수 있다. 따라서 공존과 화합의 노력으로 보편적 가치증진과 범지구적 공감(compassion)수준을 이끌어 낼 수 있도록 ISR의 교육이 필요한 것이다.

그림 12-4 I Promote New CSR

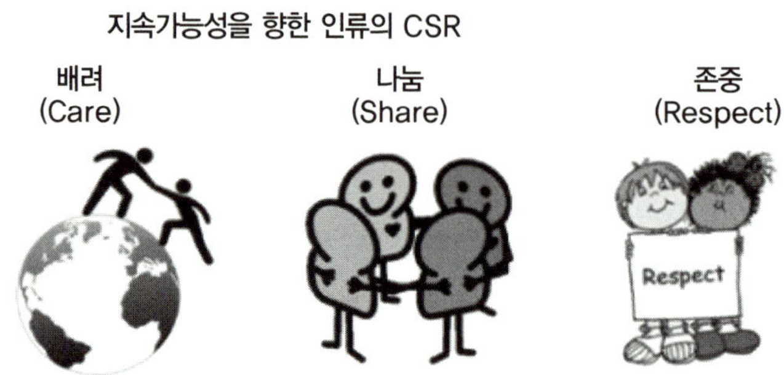

제 5 절 ■ New CSR이 추구하는 Progress 5.0

우리 사회의 발전과정을 5가지 단계로 나눌 수 있는데 그 첫 번째 단계는 이해관계자들과의 공유가치(CSV : Create Shared Value)를 인식하고 찾아내는 일이다. 그것은 이해관계자경영(stakeholder management) 차원에서의 모든 노력들을 말하며 혁신의 진행체계(innovation framework) 속에서 사회적 자각과 함께 이해관계자와의 소통(stakeholder communication)이 가장 우선되어야 하는 이유이기도 하다. 기업과 소비자, 주문자와 공급자, 비즈니스와 사회의 모든 가치사슬 속에 있는 파트너들이 서로 공유할 수 있는 가치를 찾아내는 것이 발전과 진보의 시작이다.

그림 12-5 I Progress 5.0

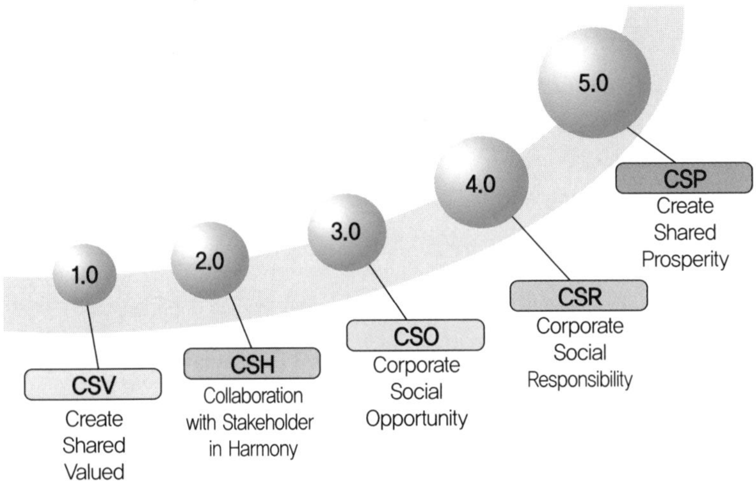

이로써 이해관계자들과의 협력과 화합(CSH : Collaboration with Stakeholder in Harmony)을 이끌어 낼 수 있으며 그것은 기업의 사회적 기회(CSO : Corporate Social Opportunity)를 찾아가는 과정이다. 이러한 과정적 요소들과 메커니즘은 이미 CSR의 일부이며 결국 그것을 찾아내어 실행하는 것이 진정한 기업의 사회적 책임(CSR : Corporate Social Responsibility)이다. 바로 이와 같은 발전의 진행을 통하여 인류의 궁극적 목표와 지향점인 공동의 번영(CSP : Create Shared Prosperity)을 이룩할 수 있게 되는 것이다.

제 6 절 ■ New CSR이 추구하는 Innovation 5.0

오랜 역사 속에서 인류의 진정한 혁신이 이루어진 것은 현대에 이르러서이다. 18세기 중엽 영국에서 시작된 기술혁신과 이에 수반하여 일어난 사회 · 경제구조의 변혁의 시발점인 산업혁명을 기점으로 인류는 혁신을 거듭하고 있다. 끊임없이 계속되는 물질적 재화의 생산에 유한한 자원을 너무나 광범하게 사용하는 조직적 경제 프로세스 속에서 사회와 환경은 그 지속성을 위협받게 되었다.

21세기를 사는 우리는 모두가 혁신을 외친다. 디지털 네트워크(digital network)의 발달, ICT기술과 바이오테크(biotech)의 발전은 소비자들을 새로운 시장 속으로 빠져들게 한다. 하지만 우리 인류가 찾아야 하는 진정한 혁신은 웨어러블(wearable) 스마트 컴퓨터를 사용하고 개인이 우주여행을 갈 수 있게 되는 것이 아니다. 우리 사회와 인류의 지속가능성을 확보하는 것이다. 그러기

그림 12-6 I Innovation 5.0의 발전단계

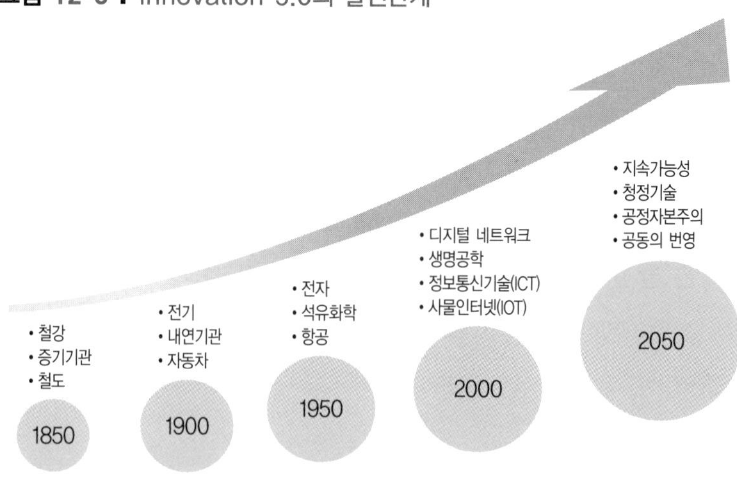

위해서는 자원고갈과 환경파괴를 피해갈 수 있는 청정에너지(clean energy)를 개발해야 하며 경제발전에 소외되는 자 없이 모두가 잘사는 사회체제와 공정자본주의(fair capitalism) 체제의 수립을 통해 인류공동의 번영(shared prosperity)을 위한 길을 찾아내야 한다. 오늘을 잘살기 위해 내일의 불행을 방조해서도 안 되고 내가 잘살기 위해 타인의, 현재세대가 잘살기 위해 미래세대의 손실과 타협(compromise)해서도 안 된다.

인류의 혁신은 지금 이대로 살아가면 안 된다는 사회적 자각에서부터 시작된다. 이해관계자들과의 소통이 필수적이며 선제적인 프로그램을 전제로 한다. 혁신은 조정과 통합의 단계를 거쳐 변환의 단계에 이르게 된다.

조정의 단계에서는 개인과 기업의 욕구와 사회적 가치가 일치하게 할 수 있는 이해관계자들과의 공유가치를 인식하고 실현하도록 노력하며, 효율(efficiency)보다 효과적(effective) 가치제안을 통하여 무엇이 우리 사회의 올바른 정의인지 새롭게 규정해야 한다.

변환의 단계는 우리 사회의 공정자본주의로의 변환을 의미하며 이 단계에 이르게 되면 지속가능성이 유지되고 진정한 공동의 번영을 이루게 되는 것이다.

조정과 통합의 중간단계에서는 창의성과 진정한 기업가정신이 발휘되어야 하는데 여기에서는 혁신적 이슈의 일치가능성(alignability)과 이해관계자 모두의 노력을 전제로 한다. 일찍이 플라톤은 정의란 '제 할 일과 제 역할을 다하는 것'이라고 규정하였다.

그림 12-7 I 혁신의 진행체계(Innovation Framework)

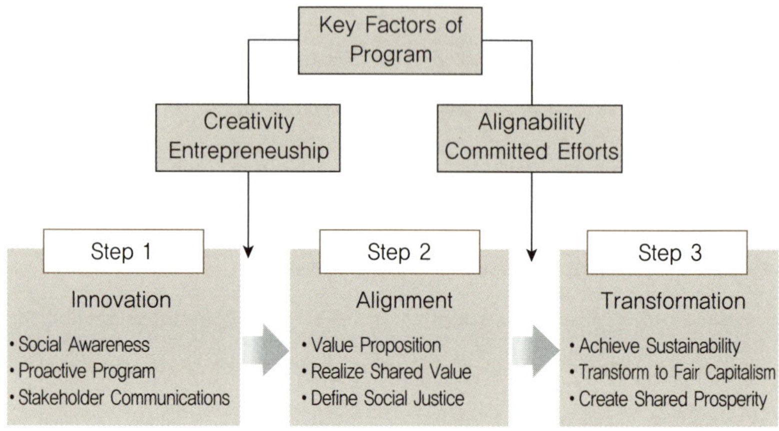

제 7 절 ■ New CSR이 추구하는 공정자본주의

ISR과 CSR을 설명하는 책에 굳이 공정자본주의 얘기까지 나와야 하는 이유는 무엇인가? 앞 장에서 우리는 ISR과 CSR이 등장하게 되는 근거가 결국 자본주의 경쟁사회 속에서 개인과 기업의 이기적 행동과 탐욕으로부터 기인한다는 것을 알게 되었다. 그러므로 ISR과 CSR의 선도적 전향(轉向)과 함께 인류사회의 화합과 지속가능한 발전을 위해서는 보다 진화된 사회체제로의 변환이 필요한 것이다.

1. 공정자본주의의 이해

태어날 때부터 가난한 것은 본인의 책임이 아니나 죽을 때까지 가난한 것은 개인의 책임이 아니라고 할 수 없다. 그러나 태어날 때와 죽을 때 모두 가난하고 다음 세대에도 가난이 이어진다면 그것은 국가와 사회의 책임이 아니라고 부정할 수 없다.

우리 사회는 평등한 권리와 공평한 분배를 요구하고 있다. 그러나 삶은 공평하지 않다. 약자는 포식자의 먹이로 제공된다. 특별한 노력이 없이도 재능과 소질을 타고난 사람들에 대한 보상은 그렇지 못한 사람들에 비교하면 매우 불공평하다. 가난한 집 아이들은 부유한 집 아이들보다 학업에서 불공평한 경쟁을 한다. 우리 사회에 재능과 자원이 분배되는 방식이 불공평하고 사회적 우연성이 부당하다는 이유로 제도를 강제하는 것은 더 큰 문제가 있다. 이것을 국가나 사회가 수정할 수 있다고 믿는 것은 더욱 위험한 일이다.

평등(equality)이 균형(balance)과 화합(harmony)을 보장하지 않는다. 평등은 상태(status)를 말하나 공정(fairness)은 방향성을 제시한다. 자연의 분배방식과 자본주의 사회의 분배방식은 공정하지도 불공정하지도 않다. 그것은 하나의 요소일 뿐이다. 공정이나 불공정은 제도가 아닌 요소들을 다루는 행위자와 방법에서 생겨날 뿐이다. 하지만 개인이든 기업이든 우연으로 주어진 선천적 재능도 사회적 자산도 자신의 이익을 위해 이용하려면 그 행위는 반드시 공동의 이익이 수반되어야 한다. 그것이 바로 공정함이며 사회적 책임의 기본이다.

2. 공정자본주의의 기본

공정자본주의는 자유시장 자본주의와는 다르게 시장 진 · 출입에 아무런 규제도 없고 가격정책의 통제가 없다고 해도 약육강식의 논리대로 중소기업의 고유영역을 침범할 자유까지 주어지는 것이 아니다. 공정자본주의는 제로섬의 무한경쟁이 아닌 효과적인 경쟁을 지향한다.

인간의 본성인 이기심과 욕구를 인정하되 그 욕구가 생산적인 방향으로 추구될 수 있도록 유도한다. 공정자본주의는 사회공헌이나 봉사활동으로 CSR을 위장하는 기업의 위선을 배제하며 법규준수를 제일의 덕목으로 요구한다. 이를 위해서는 강력한 정부의 규제가 필요하나 정부가 세세한 사항까지 통제하거나 특혜를 준다는 것이 아니라 기업의 자율로도 실현가능한 제도이다.

공정자본주의는 관계중심적이어야 한다. 공정자본주의란 자본주의를 추구함에 있어 우리 사회의 모든 이해당사자들에게 공정하게 적용되는 구체적이며 실천적인 대안을 가지는 새로운 사회체제로서의 패러다임의 전환을 말하며, 실현가능한 사회시스템으로 자리매김할 수 있어야 한다. 공정자본주의를 실현하기 위하여 기업을 비롯한 모든 조직의 사업실행에 있어 반드시 고려해야 할 다섯 가지 사항들은 다음과 같다.

첫째, 효과성이다. 목적을 위하여 수단과 방법을 가리지 않는 것이 최고의 효율이라고 할 것이다. 하지만 효율성만 추구하는 것은 마치 전쟁에서 가장 효율적인 방법으로 승리하기 위해서는 원자폭탄을 사용해야 한다는 논리와 같다. 효율보다 효과를, 그리고 결과로 인한 영향을 먼저 생각해야 한다.

둘째, 의미성이다. 조직과 기업이 수행하는 사업은 인류의 보편적 삶의 가치를 보완하거나 높일 수 있어야 한다.

셋째, 실현성이다. 조직과 기업이 실행하려는 사업의 계획은 전략적이고 현실적이어야 하며 실패로 인한 경제적 · 사회적 · 환경적 영향을 최소화해야 한다.

넷째, 지속가능성이다. 모든 중요한 경영상의 결정에서 경제 · 환경 · 사회적인 측면이 반드시 고려되어야 하며, 장기적으로 사회적 지지를 얻어야 하며, 자원의 사용이 적절해야 한다.

다섯째, 운영가능성이다. 지속가능성은 운영가능해야 한다. 지속성을 추구하는 조직과 기업의 궁극적인 목표는 성과를 위하여 업무를 추진하되, 지속가능성의 수행결과를 측정 · 평가 · 관리하여 운영가능해야 한다.

3. 공정사회와 자본주의의 융합[07]

07 A Convergence of Fair Society and Capitalism

우리는 민주주의와 자본주의를 택했다. 다시 말하면 민주주의적 자본주의 경제체제를 선택하였다. 그 결과 사회주의 경제체제보다 월등한 경제발전을 이룩하였다. 자본주의 경제체제는 예상치 못한 경제위기를 맞기도 했으나 위기 때마다 몰락하지 않고, 더욱 강력한 자본주의 체제로 진화했다. 자본주의는 대공황[08] 이후 시장실패를 계기로 정부가 시장을 통제하는 케인스(John Maynard Keynes)가 내세운 수정자본주의를 택하게 된다. 그 후 1970년대 이후의 세계경제는 자유시장 자본주의 체제로 전환하여 발전을 거듭하게 된다. 그러나 지금 자본주의 경제체제는 다시 치명적인 타격을 입고 있다. 글로벌 금융위기 이후로 더욱 강력하고 예상치 못한 경제위기들을 겪고 있으며, 우리 사회는 경제발전의 불확실성으로 인한 불안과 경제발전에서 소외된 자들의 불만이 심각한 사회문제로 대두되고 있다.

08 1930년대 미국에서 시작되었다.

우리 사회가 공정하고 지속가능하게 발전하기 위해서는 불확실성이 지배하는 경제 현실에 선제적으로 대처해야 하며 정부와 기업과 사회가 적대적인 관계가 아닌 협력관계라는 인식이 있어야 한다. 공정자본주의란 공정한 사회와 자본주의의 융합으로서 지구 반대편 국가의 고통과 어려움이 나와 관련이 없지 않다는 것을 일깨워주려고 노력한다. 후진국의 빈곤과 질병이 글로벌 시민에게도 영향을 미친다는 것과 나 혼자만 잘 살면 된다는 개인주의 의식의 한계를 일깨워 주는 새로운 자본주의를 뜻하는 것이다.

다음 사회의 새로운 자본주의는 나의 행복이 타인의 불행과 증오의 원인이 되지 않으며 '모두가 행복한 사회'를 추구하며 모두가 더불어 잘 사는 글로벌 사회를 구현할 수 있는 공정한 자본주의를 말한다. '강한 국가'보다 성장에서 소외되는 계층이 없는 '따뜻한 사회'를 위한 새로운 공유가치인식의 확대와 사회통합 노력이 공정자본주의로 가는 길이다.

공정자본주의는 사회적 이익을 달성하기 위해 기업적 논리와 이윤동기(profit motive)를 이용하는 방법을 찾는 것이다. 왜냐하면 인간은 결국 이익논리에 따라 움직일 수밖에 없는 존재이기 때문이다. 그러므로 사업적 논리와 해법에서 시스템의 혁신을 기대할 수 있으며 이러한 혁신적인 방식을 CSR에서 찾을 수 있다. 자신의 기부금을 사용해서 특정한 사회문제의 해결책을 찾을 수도 있지만 더 많은 자본과 기업적 역량을 투여하는 해법이 기부에만 의존하는 해결책보다 훨씬 더 큰 효과를 빨리 달성할 수 있다는 것이 바로 공정자본주의인 것이다.

공정자본주의의 실현을 위해서는 iCSR의 활용이 필수적이다. iCSR은 우리 사회에서 기업뿐 아니라 모든 이해당사자들에게 구체적인 책임항목과 지수를 제시하여 실제적인 우리 사회의 패러다임의 전환을 이룰 수 있는 실천적 대안으로서 새로운 사회시스템으로 자리 잡을 수 있도록 하는 효과적인 도구가 될 것이다.

공정자본주의는 기업뿐만 아니라 정부, 정당, 주주 및 투자자, 산업계, 소비자, 노동계 등 우리 사회 모든 이해관계자들에게도 공정하고 동등한 수준의 사회적 책임을 요구한다. 그러므로 공정자본주의는 우리 사회의 모든 이해당사자들이 적용되어 시대별로 동의할 수 있는 iCSR 정신을 기초로 한다. 그것이야말로 글로벌 공동체의 지속가능한 발전을 이룰 수 있는 유일한 방법이기 때문이다.

공정한 자본주의 사회를 위해 가장 중요한 요소는 지도자이다. 지금 우리 사회는 미래를 이끌어갈 현명한 리더가 필요하다. 사회적 책임은 우리 사회를 이끌어가는 정치지도자들에게도 분명히 요구된다. iCSR은 대중의 뜻에 반하는 결정을 내릴 수 있는 책임 있는 지도자의 덕목으로 요구되며 그들이 새로운 자본주의를 이끌어 나가야 한다. iCSR은 우리에게 그 방향성을 제시하기 위해 필요한 도구이다. 고위공직자들을 비롯한 조직의 리더들은 자신에게 부과된 책임을 다하는 것은 물론 사회를 위해 올바른 일을 하다가 손해를 보고 실패를 경험해도 좋다는 각오로 나서야 한다. 정치지도자들이 포퓰리즘과 거리를 둘수록 재선가능성이 높다는 것을 인식하게 해야 한다. 우리에게 지금 천재적이고 막강한 능력을 가진 지도자가 필요하다는 말이 아니다. 지금 우리는 무엇을 해야 하는지 이미 다 알고 있으며 중요한 것은 그것을 실행에 옮길 수 있는 용기 있는 지도자들이다. 지도자의 위치는 권력을 나누는 자리가 아니라 책임을 나누는 자리가 되어야 하는 것이다.

4. 이익최적화제도로서의 공정자본주의

자본주의는 불완전하고 위험하기 때문에 약자에게는 이중으로 불리한 양날의 칼과 같다고 비유한다. 하지만 그 똑같은 칼도 사용하는 사람에 따라 이웃을 다치게도 하고, 이윤을 나누고 취약계층에게 나눔을 베풀기도 한다. 그러므로 자본주의의 문제점은 이윤추구욕구 자체에 있는 것이 아니라 그런 이윤추구욕구를 어떻게 활용하느냐에 달려 있다고 할 수 있다. 아직도 많은 사람들이 기업활동의 궁극적인 목적이 투자자들을 위한 이윤극대화에 있다고 생각하고 있는데 그것은 잘못이다. 이윤극대화는 그 자체가 목적이 아니라 경제활동의 결과에 지나지 않는다. 장기적인 이윤극대화전략은 이윤극대화를 제일의 목표로 두지 않는 데 있다.

이윤을 추구하는 것은 마치 우리가 행복을 추구하는 것과 같다. 행복이 삶의 지향점이 될 수 없는 것처럼 이윤이 기업의 지향점이 되어서는 안 된다는 말이다. 행복이란 추구(pursue)하는 것이 아니라 인간이 자신의 삶을 충실히 살아갈 때 따라오는 것(ensue)처럼 이윤도 기업활동을 충실히 할 때 따라오는 부산물이 되어야 한다. 자신의 행복에만 지나치게 집착하는 사람은 이기적 자아도취에 빠져 결과적으로 불행한 삶을 사는 경우가 많다. 이와 같이 이윤만을 추구하는 기업은 사회로부터 환영받지도 못하며 결국 불행해진다.

세계에서 손꼽히는 기업의 지도자들은 돈 버는 데만 초점을 맞춰서는 아무것도 성취할 수 없고 대신 좋은 일을 하는 과정에서 돈을 버는 것이 정도(正道)라는 사실을 잘 알고 있다. 지금 우리는 인류 대전환의 문턱에 서 있다. 미래를 소재로 한 많은 영화에서 인류의 멸망 혹은 재탄생을 그리고 있다. 사회체제에 있어서도 봉건주의, 사회주의, 공산주의는 실패하였고 자본주의도 한계에 와 있다는 것을 우리는 잘 알고 있다.

전 영국총리 토니 블레어는 2009년 1월 열린 세계경제포럼(WEF)[09]에서 이제 '용병 자본주의' 시대가 막을 내리고 '이해관계자중심의 자본주의' 시대가 도래했다고 얘기한 바 있다. 문제는

09 The World Economic Forum is an international institution committed to improving the state of the world through public-private cooperation.

기업가와 지도자들이 이러한 변화를 제대로 이해를 못하고 있을 뿐만 아니라 어떻게 실현해야 할지 방향을 잡지 못하고 있다는 것이다. 우리에게 가장 중요한 과제는 다른 이해당사자들의 이익을 무시하고 나만의 욕구를 추구하는 것이 아니라 비즈니스와 관련된 우리 사회의 모든 이해당사자와 소통하며 그들과의 이익을 최적화해 나가는 것이다.

또한 공정자본주의에서 주주와 투자자들은 잉여이익에 대해서만 이익을 취해야 한다. 즉, 다른 모든 이해관계자의 손실과 사회적 비용을 다 챙겨준 다음에 잉여이익이 있을 경우에만 배당금을 지급받아야 한다는 것이다. 장기적이고 인류의 지속가능한 발전에 관심을 기울이는 기업은 모든 이해관계자들을 만족시키고 행복하게 해주는 데 초점을 맞출 것이다. 기업들이 우리 사회의 이해관계자들을 무시하고 때로 그들의 이익을 침해하면서 단기적으로 돈을 벌 수도 있다. 그러나 얼마 가지 않아 자신들의 부당행위에 따른 이익을 반환하고 더 큰 대가를 치룬다는 것을 우리는 다양한 사례를 통해 보아 왔다.

5. 사회적 공정성

우리는 기업들에게 이익을 사회에 환원해야 하며 더 많은 기부를 해야 한다는 NGO들의 주장에 별다른 이견 없이 동의하게 된다. 일부 비판적인 단체는 기업들이 기부를 하는 이유는 대부분 감세혜택을 받기 위해서라고 한다. 그러나 세금혜택을 받는다고 해서 그들의 미덕을 부정할 수는 없다. 세금으로 내거나 기부를 하고 감세혜택을 받는다고 하더라도 자기 돈으로 기부를 선택했으니 말이다.

사실 기부를 통해 실질적인 혜택을 받을 수 있는 방법은 많다.

부자들이 선택적이고 전략적인 기부활동을 통해 세금감면은 물론 자신의 생활을 보완할 수 있는 두 배의 효과를 누릴 수도 있다. 가령 자녀가 다니는 사립학교에 기부금을 내고 감세혜택을 받는다면 자녀가 포괄적 수혜자가 되므로 기부금에 대한 보상을 받는 것이다. 자선재단을 설립하고 관리인을 가족들과 친지들로 지정한다면 그것은 상속세를 줄이기 위한 것으로 그들에게 기부는 선행이 아니라 소비의 한 형태이며 공생관계의 사회를 위한 진정한 나눔은 아니라는 것이다.

부자들은 증여의 목적으로 재단을 설립해서 친척이나 친구, 심지어 자식에게 관리를 맡겨 재단으로 운영하고 있다. 자신의 이름이나 호를 딴 재단을 만들어 사람들에게 자신은 돈만 아는 나쁜 사람이 아니라는 것을 주위에 알리고 부의 세습방법으로 사용하고 있다. 똑똑한 부자들은 이런 점 때문에 몇 년에 걸쳐서 일정한 금액으로 나누어 기부하는 편법 아닌 편법을 동원하게 된다. 그러나 부자가 사회를 위해 기부를 하더라도 정부는 증여세를 부과한다. 그러므로 이러한 부자들의 선행 자체를 사회가 비판할 수는 없다. 하지만 기업가와 부자들의 기부행위가 하나의 소비형태일 뿐이라는 말이 나오지 않도록 해야 한다. 부자들이 사람들의 이목을 끄는 과시적 태도로 그들의 사회적 지위는 물론 돈으로 인격적 덕망까지 확보하려 한다는 비난과 오해를 받지 않도록 해야 한다는 말이다.

사회가 기업의 부를 축척하게 해주었으니 기업이 기부와 사회공헌을 하는 것은 당연하다는 것이 시민사회의 논리이다. 기업들이 막대한 부를 쌓을 수 있었던 것은 정부의 각종 지원과 혜택 그리고 풍부한 사회적 자본 등 유리한 사회환경과 계획경제시절이 존재했기 때문이라는 것이다.

그렇지만 기업들은 회사를 만들어 지역사회에 많은 이익을 주고 있다. 기업이 사회에 주는 이익은 기부금이나 사회공헌비용에 비교할 수 없을 만큼 큰 가치이며 NGO의 자선활동가치보다 훨씬 크다. 그것은 비즈니스 자체의 장점과 미덕이 사회에 더 큰 역할을 할 수 있기 때문이며 단순히 기부금과 자선 구호품을 나눠주는 것보다 일자리창출을 가능하게 하는 경제성장을 이루는 것이 대다수 빈곤층을 돕는 훨씬 효과적인 방법이기 때문이다. 인간은 '먹고 노는 삶' 보다 '직업(decent job)을 가지고 일하는 삶' 이 가장 행복하다고 했다. 그러므로 기업이 바로 사람들을 행복하게 만들 수 있는 위대한 존재인 것이다.

6. 혁신적 사회자본가

돈을 버는 데 혁신적이었으면 돈을 기부하는 데도 혁신적일 필요가 있다. 돈을 효과적인 방법으로 벌었다면 돈을 기부하는 데도 효과적인 방법으로 해야 한다. 전통적인 기부방법이 아닌 '혁신적 사회자본가(innovative social capitalist)' 로 변신해야 한다. 아니면 사회적 문제들에 해결책을 내놓는 창의적인 사회적 기업들을 후원하는 것도 좋다. 고기를 주는 것이 아니라 고기 잡는 법과 어망을 공급해주고 나아가 함께 고기잡이에 나서는 적극적이며 지속가능한 방법으로의 자선이 필요하다.

앞서 설명한 바와 같이 기업이 사회적 문제를 해결하는 수익성 높은 사업모델을 발견하면 기부나 정부정책에 의존하는 것보다 해결책을 훨씬 빨리 찾아낼 수 있다. 옳은 일을 함과 동시에 기업의 이윤도 높이는 수익성 높은 기회들을 찾아 실행하는 것이 진정한 CSR이며 그것이 공정자본주의로 가는 길이다.

한편, 기부문화를 이끌어가며 그 기부금에 의해 운영되는 자선단체와 구호단체 역시 기업처럼 투명하고 효율적으로 운영되어야 하며 일회성 자선에 의존하지 않고 재정적으로 스스로 지속가능해야 한다. "우리에게 돈을 주면 착한 일을 하겠다"는 주장은 더 이상 설득력을 갖지 못한다. 그들은 '따뜻한 자본주의'를 위해서 부자와 기업의 자선과 기부문화가 필수적이라고 주장하지만 NGO는 자선활동도 중요하나 수익을 창출하는 재정적 지속가능성이 더욱 중요하다.

사회적 미션을 달성하더라도 수익을 내지 못한다면 해체될 수밖에 없으며 수익을 창출하며 운영되는 '똑똑한 자선(smart philanthropy)'만이 그들이 말하는 따뜻한 자본주의를 지속할 수 있는 것임을 알아야 한다. 그들이 기업에게 경제적 책임뿐만 아니라 사회적 책임과 환경적 책임을 요구하듯이 사회단체 역시 그들의 활동에 대한 경제적 책임에서 자유로울 수가 없는 것이다. 다시 말해 기업활동으로 인한 사회적 문제에 대한 책임을 요구하고 있듯이 NGO와 시민사회단체 역시 그들의 활동으로 발생하는 경제적 손실에 책임을 져야 한다. 뿐만 아니라 조직활동과 유지를 위한 최소한의 비용은 본인이 책임져야 하는 것이 NGO의 CSR이며 그것이 합리적이고 공정한 자본주의 논리이다.

7. 공정자본주의와 기업가정신

"1%의 배만 불리는 자본주의는 필요 없다"라고 외치는 '99%계층'들의 월가 시위의 표적은 바로 자본가와 자본주의이다. 현재의 자본시스템은 재정비될 필요가 있지만 책임론에 휘둘려서 경제성장의 원동력이 자본이라는 큰 흐름을 간과하면 안 된다. 자본의 흐름이 위축돼 자본이 제대로 산업에 투입되지 않는다면 고용창출과 성장을 모두 잃게 되는 것이다. 과거처럼 일자리조차 없을 때는 불평등 이상의 고통을 겪게 된다는 것을 잊어서는 안 된다.

지난 경제위기 이후 지금까지 우리 사회는 여러 가지 힘든 도전에 직면해 있다. 서민들의 불만은 높아지고 무엇이 이 사회를 위해 도움이 되는가보다 무엇이 내게 더 이익이 되는가에 관심이 있다. 더 많은 혜택이 돌아오기 바라며 재정은 한정되어 있는데 복지에 대한 요구는 증가하고 있다. 복지시스템은 국민의 미래를 결정하는 정책이므로 장기적인 관점에서 이해관계자들과 충분한 협의와 합의에 의해 진행해야 한다. 한 번 길들여진 복지의 단맛은 다시 빼앗을 수 없으며 증가된 재정지출규모는 되돌릴 수 없으니 결국 복지규모의 변화는 더 큰 비용을 대가로 치러야 한다.

최상위 부유층 1%가 글로벌 자산의 48%를 소유하고 있다. 반면 가난한 하위 50% 인구가 소유한 자산총액은 세계 자산의 1%에 불과하다.[10] 이것은 현실이다. 하지만 민중이 분노하는 이유는 1%의 부자들에게 여전히 혜택이 돌아가고, 실업은 계속 늘어만 가기 때문이다. 부의 합리적인 분배에 분명히 문제가 있지만 부자에게 더 많은 세금을 거둬서 정부의 재정적자와 같은 문제를 해결할 수 있는지는, 자본주의체제를 말하기 이전에 더 깊이 생각하고 고민해야 할 것이다.

부자에게 세금을 더 내게 해서 결과적으로 재정수입을 높이고 공공지출을 늘릴 수 있다는 것은 너무 쉬운 발상이며 자본주의의 발전은 결국 인간의 이기심에 기인한다는 것을 간과한 실제 비즈니스를 경험하지 못한 자들의 순진한 생각이다. 오래전 아담 스미스(Adam Smith)가 말했듯이 행복한 저녁 식탁에 올라오는 빵과 고기는 농부의 도덕심과 푸줏간 주인의 사회적 책임의식 때문이 아니다. 물론 그 중에는 선한 부자와 기업가도 있겠지만 대부분의 탐욕적인 부자들은 그들의 증가된 세금부담의 복구를 위해 더욱 이기적인 행동을 하게 될 것이기 때문이다.

지속가능성(sustainability)은 기업경영에서뿐만 아니라 복지에

10 2014년 10월 14일 영국 일간지 〈가디언〉은 전 세계 부의 흐름을 추적한 크레디트스위스은행의 2014년 연례 보고서를 인용해 보도했다.

도 적용되어야 한다. 합리적 복지는 돈의 분배가 아닌 일의 분배라는 것을 알아야 한다. 지속가능성은 복지에 있어서도 마찬가지로 중요한 원칙이 되어야 한다. 단순히 '퍼주기 식' 지원이 아니라 일자리를 통해 자립할 수 있도록 도와주는 복지시스템이 지속가능한 것이다. 다시 말해 자립의지를 가진 자를 돕는 'help self help' 시스템으로서의 해법이 사회적 기업 방식일 수도 있다. 지속가능한 합리적 복지모델의 핵심은 바로 생산적 복지이다. 사회보장제도가 잘되어 있어 실직을 해도 개인이 생활하는 데 문제가 없다면 오히려 새로운 도전을 안 할 것이므로 이것은 불합리한 비생산적인 복지이자 지속가능하지 않은 복지정책인 것이다. 유럽의 연금제도에서 보았듯이 좋은 복지제도가 증가될수록 경제적 부담은 늘어나 결국에는 정부가 해야 할 일을 못하게 되는 것이다.

공정자본주의에서의 합리적 복지는 부자의 이익을 혹은 정부의 재정을 분배하는 형식이 아니라 일을 분배하는 형식을 혁신하는 것이다. 먹고 노는 삶보다 일하는 삶이 가장 행복하다는 것을 기억해야 한다. 공정자본주의는 경제원칙과 사업적 논리(business logic)에 의해서만 작동되는 가장 합리적이고 진보적인 제도이다. 그것은 결국 인류는 한정된 자원을 가장 효과적으로 분배해야 하기 때문이다. 국가가 노년과 유년의 복지를 보장할수록 청년세대에게는 기회가 덜 돌아가는 것이며 보편적 복지가 확대될수록 정작 도움이 필요한 곳에 제대로 분배되지 못한다는 사실을 알아야 한다. 노동자도 직장을 지키는 방법이 아니라 고용을 유지시키는 방법을 찾는 기업의 노력을 도와주어야 한다.

8. 국가적 비전과 기업의 역할

옛날 석수장이 세 사람이 모두 똑같은 일을 하고 있었음에도

"무슨 일을 하고 있느냐"는 질문에 대한 답은 모두 다르게 했다. 한 사람은 돌을 깨고 있다고 대답하였고, 또 다른 사람은 그저 먹고 살려고 하는 일이라고 했다. 그러나 세 번째 사람은 성전을 짓고 있다고 말한다. 대부분의 사람들은 자신이 하는 일을 돌을 깨고 있거나 그저 먹고 살려고 하고 있다고 생각한다. 하지만 굶주림과 곤궁함에 지쳐 있는 북한 주민들도 먹고 살기 위해 일한다고 하지 않고 위대한 인민공화국 건설을 위해 일한다고 신념에 차서 말하지 않는가? 지속가능발전은 '21세기 인류'가 이룩해야 하는 가장 위대한 사업이다. 인류사회의 지속가능한 발전보다 더 중요한 목표가 없고 이를 위한 기업의 활동보다 더 숭고한 노력이란 존재하지 않을 것이다. 지금 우리에게 부족한 것은 자원이 아니라 비전이다. 우리는 국가와 기업의 미션과 비전을 깨우쳐서 지속가능발전이라는 21세기 인류의 성전을 짓는 데 모두가 나서도록 해야 한다.

정부는 지속가능발전의 중요성과 그 실현에 있어서 기업이 차지하는 역할에 대해 자랑스럽고 떳떳하게 말할 수 있어야 한다. 기업들은 그들의 사업유지를 위해 정부에 로비활동을 벌이거나 회사의 단기적인 이익확보를 위해 입법과정에 영향을 끼치는 것 이상의 일을 해야 한다. 기업은 이익이 대립되는 각국 정부가 할 수 없고 NGO나 국제기구들이 독자적으로 도저히 할 수 없는 글로벌 차원의 목표를 실현하는 데 기여할 것이다. 예를 들어 2007년 1월 글로벌 차원의 기후변화에 대처하여 온실가스 감축을 위한 강력한 법률제정과 정책대안을 정부에 촉구하기 위해 GE를 비롯한 미국 23개 주요 기업과 6개 시민단체가 참여하여 발족한 미국기후행동파트너십(USCAP)[11]은 기업들이 미래의 지속가능한 지구촌 사회를 구현하는 데 주도적 역할을 할 수 있음을 잘 보여준다.

지속가능발전을 위해서 정부는 기업이 획기적 기술과 창의적인

11 United States Climate Action Partnership (USCAP) is a group of businesses and leading environmental organizations that have come together to call on the federal government to quickly enact strong national legislation to require significant reductions of greenhouse gas emissions.

비즈니스 실험을 자유롭게 할 수 있도록 기회를 마련해주는 것이 필요하다. 여기에 더하여 미래의 먹거리와 일거리를 만들어낼 수 있는 기업가들을 발굴하여 정책 차원의 합당한 보상을 주는 것도 중요한 일이다. 국가지도자의 리더십이 물론 중요하지만 기업과 기업인들도 인류적 책임감과 혁신적이고 창의적인 기업가정신을 가지고 일을 하는 것 또한 중요하다. 진정한 기업가정신은 치열한 경쟁 속에서 나만의 이득을 찾아내는 것이 아니라 기업이 지속가능한 사업에 어떤 자원과 인력, 기회를 투입할 것인가를 계획하고 추진하는 것을 의미한다.

기업의 비전이 현실과의 격차가 크면 클수록 창조적 성취도는 더 높을 것이다. 조직 내에서 비전을 공유하고 모멘텀을 높이는 것은 기업이 해야 할 과제이며 그렇게 함으로써 기업이 국가적 비전을 함께 실현하게 되는 것이다. 지속가능발전의 솔루션은 고위직 공무원이나 정치인으로부터 나오는 것이 아니라 기업인들이 경제적 가치뿐만 아니라 사회적 가치를 동시에 추구해가는 '혁신적 사회자본가' 로서의 비전과 사업을 추진해나갈 때 선물처럼 따라오는(ensue) 것이다.

사회적 책임의 이행과 그에 따른 혁신은 개인과 기업에게 부담이며 고통일 수 있다. 그러나 그 고통을 지금 감내하지 않는다면 사회 전체가 더 끔찍한 고통을 겪게 될 것이다. 혁신은 우리 사회의 수많은 이해당사자들의 일방적 주장들을 수용하는 것이 아니라 경제적 · 사회적 · 환경적 포용력의 적절한 분배와 그 형평성을 찾는 것(alignment)이며 그것은 오직 iCSR의 실행을 통해 가능한 것이다. 나아가 혁신은 사회발전의 균형점(equilibrium)을 찾아가는 것으로서 궁극적으로는 공정한 자본주의 사회시스템으로의 변환(transformation)을 가능하게 하는 것이다.

9. 모두가 잘사는 행복한 세상

우리는 민주주의적 자본주의 사회에서 살고 있다. 그러므로 민주주의의 합의과정을 가장 중시해야 한다. 사회적 합의는 정치적 포퓰리즘을 방지할 수 있는 효과적인 수단이다. 기업만 지속가능해야 하는 것이 아니라 복지도 고용도 정부도 지속가능해야 한다. 새로운 정부가 탄생될 때마다 급조되는 현란한 정책들은 제대로 실행되지도 못하고 다음 정부의 비판의 대상으로 전락하게 된다. 정부는 지속가능한 정책을 이끌어내기 위해서 이해관계자들을 고려한 포용적 정책(inclusive policy)을 쓰되 원칙과 약속은 반드시 지켜야 한다는 사회적 합의가 전제되도록 해야 한다. 혁신(innovation)도 지속가능해야 한다. 크고 새롭고 반짝이는 것이 위대한 것이 아니다. 작고 오래되고 빛바랜 것일지라도 그것을 계승하고 발전시켜 지속가능하게 만드는 것이 바로 위대함이다.

iCSR은 규제나 압박을 말하는 것이 아니다. iCSR은 개인과 사회와 비즈니스와의 합의(consensus)이며 그것으로 화합(harmony)이 이뤄지게 되는 것이다. 골프에서 핸디캡이 주어져야 공정한 경기라고 할 수 있듯이 부자와 대기업은 빈곤층과 중소기업에게 이들을 도와줄 정책적인 배려와 노력을 아까워해서는 안 된다. 돈만 벌면 된다는 식의 대기업의 무분별한 사업진출은 자제되어야 하며 영세상인과 중소기업과의 상생의 기회를 외면해서도 안 된다. 반면에 정부나 지도자들 또한 포퓰리즘정책을 추진한다 하더라도 기업에게 기회균등의 원칙은 반드시 지켜야 한다.

우리 사회는 지난 반세기 동안 많은 경제적 성과를 성공적으로 달성했다. 이제 승자독식의 시대는 지났다. 천재적 사업가가 얼마나 많은 돈을 벌었냐가 아니라 얼마나 많은 사람들이 행복을 누리는가가 우리가 새롭게 추구해야 하는 가치이다. 이제 기업은 이익

12 Paradigm shift to purpose maximization from profit maximization.

을 어떻게 극대화시킬 것인가가 아니라 목적을 극대화[12]시키고 사람들의 행복을 얼마나 극대화시킬 수 있는가를 최대의 기업목표로 설정할 때이다. 다음 사회(next society)는 얼마나 더 많은 돈을 벌었나보다 얼마나 더 많은 사람들을 행복하게 하느냐가 가장 중요한 가치이기 때문이다.

■ EPILOGUE ■

이제까지 이 책은 개인과 기업의 사회적 책임을 다양한 이론과 문헌연구를 통해 설명하였다. 자, 이제 현실을 얘기해보자. 기업이 얘기하는 고객가치창출이라는 말은 언제나 매력적으로 들린다. 하지만 단기적으로는 고객에게 합리적 가격과 편리함을 제공하여 고객가치를 높인다고 하나 결과적으로는 사회에 유익함을 주지 못한다는 것이 늘 문제이다. 그것은 저렴한 가격과 간편함을 무기로 소비자의 자극적 입맛에 맞춰 제공되는 패스트푸드가 즐거움과 고객가치를 창출하고 있다고 하더라도 영양은 부실하고 칼로리만 높아 비만이나 당뇨와 같은 질병이 증가하여 결과적으로 사회적 비용을 발생시킨다는 점에서 바람직하지 않다는 것과 같다.

월트 디즈니사는 미래세대에게 꿈과 희망을 주는 착한 기업으로 알려져 있다. 하지만 그들은 아직도 맥도날드 어린이용 해피밀의 프로모션을 위해 디즈니캐릭터를 제공하고 있다. 펩시코(Pepsi-Co)는 필리핀시장에 진출하면서 지역 청소년들이 칼슘이 부족하다는 것을 알고 CSR 명목으로 자사의 제품에 칼슘을 첨가했다고 자랑스럽게 홍보했다. 하지만 정작 그들의 탄산음료 제품은 자국의 청소년들이 다니는 학교에서는 판매조차 금지되어 있다. CSR은 단기적인 사회지향적 마케팅(societal marketing)수준의 전략이 아니다. CSR은 진정성과 투명성이 강조되는 기업발전의 장기전략이자 기업과 사회발전의 지속성을 유지하기 위한 예방적이고 선제적인 행동이어야 한다.

우리가 저가항공사를 선택하면서 최신기종수준의 안전과 서비스를 요구할 수는 없다. 다수의 사람들은 항공요금에도 미치지 않는 저가관광상품을 찾고 있다.

공급자는 원가에도 못 미치는 가격의 상품이니 서비스수준이 떨어지는 것은 당연하고 또 밑지는 장사 하지 않기 위해 선택관광을 요구하고 쇼핑투어와 팁을 요구하게 된다. 비정상적인 저가상품을 요구하는 소비자의 행동에 대응하기 위해서 조금 더 많은 짐을 실었고 유류비를 절약하기 위해 조금 더 위험한 항로를 선택할 수밖에 없었다는 것이 그들의 논리이다.

2014년 가을은 꽃게가 풍년이었으나 막상 소비자들은 실감을 못하고 있었다. 예전에는 육지로 팔 꽃게를 상자째로 여객선에 실어 바로 보냈는데 이제 더 이상 그럴 수 없게 되었다. 안전규정이 엄격해져 여객선 화물로 운송할 때에는 모든 화물을 차량에 실어 고박을 해야 하는데, 꽃게를 실을 화물차가 턱없이 부족하다는 것이다. 1~2주에 한 번 오는 화물선을 이용하면 신선도가 떨어져 다 버려야 할 뿐만 아니라 연휴와 주말에 몰리는 수요를 맞출 수 없다. 또한 어선으로는 기름값 때문에 가격을 맞출 수 없어 직접 경매장까지 갈 수도 없단다.*

상상도 하기 싫지만 만약 입석으로 고속도로를 달리고 있는 광역버스에 대형교통사고가 발생한다면 정원 이상의 승객을 태운 기업의 탐욕을 비난할 것이고 이를 단속하지 못한 당국의 무책임한 교통정책과 관리감독부재의 안전불감증을 성토하며 난리를 칠 것이다. 광역버스는 위성도시에서 서울로 이동하는 시민들을 위한 교통서비스인데 수요자 입장에서는 입석으로 고속도로를 달리니 위험하고 불안하지만 가격이 저렴하고 편리하다. 공급자 입장에서는 출퇴근시간에 지각하지 않기 위해 억지로 타겠다는 손님을 안 태우겠다고 할 수가 없는 것이다. 입석을 금지하면 지금의 버스요금으로 타산을 도저히 맞출 수가 없으니 늘어나는 서비스만큼 요금을 더 올려 달라고 하지만 당국도 소비자도 이에 대한 동의는 하지 않고 안전규정과 시민편의만을 내세운다. 설령 요금을 올려서 입석승객을 해소할 만큼 버스가 추가로 투입된다고 해도 더욱 극심해질 교통정체에는 아무런 대책이 없다. 우리는 아직도 이 문제를 해결하지 못하고 있다

과연 기업의 탐욕은 어디서부터 오는가? 모든 거래에는 합당한 대가, 즉 공정

* 중앙일보, "꽃게 풍년인데… 어민들 한숨 왜," 2014. 9. 11; TV조선, "꽃게는 풍년인데 속 타는 어민," 2014. 9. 15.

한 가격을 지불해야 한다. 세상에는 절대 공짜가 없다는 말이다. 가격은 자본주의에서 질서이며 이해관계자 상호 간의 공정한 가치를 인정해야 하는 ISR이기도 하다. 개인의 협력이 없고 개인의 책임이 동반되지 않는 CSR은 존재할 수 없다. 우리 사회에서 iCSR이 제대로 교육되고 훈련되었다면 침몰하는 난파선 속에서도 자신이 맡은 역할과 책임을 다하였을 것이며 어처구니없는 참사는 일어나지 않았을 것이다.

안 되면 되게 하라는 정신이 오늘날 우리의 성공을 이끌었다고 할 수 있다. 그러나 그것이 우리의 시대정신이 될 수는 없다. 가치의 주장은 일방적일 수가 없으며 자본주의 사회에서 가치란 결국 완전경쟁상태에서의 시장가격이라고 보는 것이 타당하다. 우리가 시장가격을 화합과 조화의 상태라고 인정해야 하는 것은 가격이 그것을 유지시킬 수 있는 질서이기 때문이다. 이러한 화합(harmony)을 유지하기 위해서는 개인의 탐욕과 이기심을 넘어 상대의 가치를 존중하고 인정하는 ISR이 전제되어야 한다. 한계효용이 한계비용과 일치되어 가격으로 결정되고 그것으로 시장조건이 만족될 때 사회적 후생도 극대화된다는 것을 명심해야 한다. 기업의 탐욕이 원인이 아니다. 기업의 탐욕 뒤에는 반드시 개인의 탐욕이 숨어 있고 개인의 사회적 책임의식 없이 기업의 사회적 책임은 존재할 수 없다.

이미 정해진 미래는 없다. 우리가 어떻게 만들어 가느냐에 따라 미래가 결정된다. 다음 세대가 제대로 살아가기 위해 다음 사회를 어떻게 맞이할 것인가는 우리 자신에게 달려 있다. 누가 악당이고 누가 영웅인지 다시 생각해보라. 그리고 누가 그들을 악당으로 만들었는지를 생각해보라. 기업은 사회와 환경을 해치는 나쁜 존재가 아니며 서민을 괴롭히는 악당도 아니다. 문제는 기업이 아니라 개인이다. 기업의 탐욕은 바로 개인의 탐욕으로부터 비롯되기 때문이다.

인류의 지속가능발전을 이룩하기 위해서는 개인이 변해야 한다. 인류의 혁신은 이렇게 살아가면 안 된다는 자각에서 시작된다. 오만과 이기심과 탐욕으로 가득찬 욕망의 깊은 잠에서 깨어나라. 영웅이 나타나서 악당을 물리쳐주기를 기대하지 마라. 해결책은 스스로 찾아내야 한다. 우리 인간은 악당과 영웅의 두 모습을 모두 가진 특별한 창조물이기 때문이다.

■ REFERENCE ■

1. 국내문헌

강병로(2011), “영국 기업의 사회적 책임(CSR)활동 동향과 한국에의 함의,”『경영경제연구』 30, pp.17-52.

강상욱(2006), “최근 미국 및 영국 SRI 동향과 시사점,”『하나금융』 193, pp.36-44.

강철규(1999), 재벌개혁의 경제학, 다산출판사, 파주.

경실련경제정의연구소(2002), 새로운 경쟁력 기업의 사회적 성과, 예영커뮤니케이션, 서울.

경실련(2007), 제1회 CSR포럼-기업의 사회적 책임(CSR)의 국내외 동향과 시민사회단체(NGO)의 역할, 서린기획, 서울.

고이 평화재단(2010), 이수경 옮김, 깨어있는 자본주의, 에이지 21, 서울.

국가청렴위원회(2006), 공기업 윤리경영 모델, 서울.

김덕호, 석지연(2010), “지배구조 특성에 따른 기업의 사회적 책임활동 수행에 대한 실증연구,”『국제지역연구』 13, pp.41-55.

김득갑(2003), 유럽 기업지배구조의 현황과 전망, 삼성경제연구소, 서울.

김민주(2007), 글로벌 기업의 지속가능경영, 교보문고, 서울.

김성택(2012), CSR 5.0 기업의 사회적 책임과 역할, 청람, 서울.

김재구, 노용진(2000), 기업지배구조 변화와 노사관계, 한국노동연구원, 서울.

대니 로드릭(2011), 고빛샘, 구세희역, 자본주의 새판짜기, 21세기북스, 서울.

딜로이트 녹색경영센터(2010), 지속 발전을 위한 패러다임 녹색경영, 영진닷컴, 서울.

라젠드라 시소디어, 데이드 울프, 잭디시 세스(2007), 권영설 역, 위대한 기업을 넘어 사랑받는 기업으로, 럭스미디어, 서울.

리치 디보스(1999), 신현규 역, 더불어 사는 자본주의, 아름다운사회, 서울.

박경서, 이은정(2004), “기업지배구조가 기업가치에 미치는 영향에 있어 일반기업과 금융기관간 비교연구,『금융연구』 18, pp.129-155.

박혜원, 한주희(2011), “기업의 사회적 책임(CSR)이 조직 구성원의 조직몰입과 조직시민행동에 미치는 영향에 관한 연구,”『조직과 인사관리연구』 35, pp.115-140.

아모레퍼시픽(2013), 아모레퍼시픽 2013 지속가능경영보고서, 서울.

유한킴벌리(2013), 유한킴벌리 2013 사회책임경영보고서, 유한킴벌리, 서울.

이남주(2005), “중국공산당 제16기 5중전회의에 대한 분석,”『정세와 정책』 2005년 11월호,

pp.1.
이상민(2002), “기업의 사회적 책임: 미국과 한국 기업의 사회공헌활동 비교,” 『한국사회학』 36, pp.77-111.
_____, 최인철(2002), 재인식되는 기업의 사회적 책임, 삼성경제경구소, 서울.
_____(2008), “이중적 CSR 체제의 기원–미국 · 독일 · 일본 · 한국의 국제비교 연구,” 『한국사회학』 42, pp.215-253.
이장원(2007), 기업의 사회적 책임(CSR)과 지속가능경영의 과제, 기업의 사회적 책임에 관한 국제 컨퍼런스, 국가인권위원회 · 전국경제인연합회 · 한국기업시민센터.
이종수(1988), 막스베버의 학문과 사상, 한길사, 서울.
이영찬, 이승석(2008), “이해관계자에 대한 사회적 책임활동이 지식경영활동 및 조직성과에 미치는 영향,” 『한국산업정보학회논문지』 13, pp.83-97.
이현숙(2006), “기업의 사회적 책임 - 영국 사례를 중심으로,” 『사회복지』 171, pp.143-146.
일본 경단련(2006), 2004년도 사회공헌활동실적 조사결과 요약, 일본경단련, 일본.
전국경제인연합회(2006a), 기업 사회봉사활동의 현황과 과제, CEO REPORT 18, 전국경제인연합회, 서울.
_____________(2006b), 유럽기업의 윤리경영 추진동향과 시사점, CEO REPORT 18, 전국경제인연합회, 서울.
_____________(2006c), 기업 · 기업재단 사회공헌실태조사, 전국경제인연합회, 서울.
_____________(2006d) 기업 사회공헌지표 개발 연구보고서. 전국경제인연합회, 서울.
_____________(2012), 사회공헌백서, 전국경제인연합회, 서울.
_____________(2014), 사회공헌백서, 전국경제인연합회, 서울.
정후식(2007), 기업의 사회적 책임(CSR): 주요국 사례와 시사점, 한은조사연구 2007-22, 한국은행, 서울.
제네랄 일렉트로닉(2010), 지속가능한 성장을 위하여, GE 2010 기업시민 보고서, 미국.
중국민생은행(2010), 중국민생은행 2009년 사회책임보고, 중국.
한국은행(2007), 기업의 사회적책임: 주요국 사례와 시사점, 한은조사연구, 서울.
현대자동차(2013), 현대자동차 2013 지속가능보고서, 현대자동차, 한국.

2. 해외문헌

Aoki, T.(2004), Corporate Philanthropy and CSR: Based on a Comparative Study on Japanese and American Corporate Philanthropy, Agency for volunteer Service, Japan.
APEC(2005), Corporate Social Responsibility in the APEC Region, APEC.
Bertelsmann, S.(2006), The SCR Navigator, UNGC, NY.

Blair, M. M. & L. A. Stout(1999), "A Team Production Theory of Corporate Law," *Virginia Law Review* 85, 247-328.

Bowen, H. R.(1953), Social Responsibilities of the Businessman, Harper and Row, NY.

Carroll, A. B.(1989), Business and Society: Ethia and Stakeholder Management, South-Western Publishing Co., Cincinnati.

____________(1999), "Corporate Social Responsibility? Evolution of a Definitional Construction," *Business and Society* 38, pp.268-295.

Carson, R.(1962), Silent Spring, Houghton Mifflin Company; Anniversary edition, NY.

Dahlsrud, A.(2008), "How Corporate Social Responsibility is Defined: an Analysis of 37 Definitions," *Corporate Social Responsibility and Environmental Management* 15, pp.1-13.

Darigan, K. H. & J. E. Post(2009), "Corporate citizenship in China," *Journal of Corporate Citizenship* 35, pp.39-53.

De Bakker, F. G. A., Groenewegen, P. & F., Den Hond(2005), "A Bibliometric Analysis of 30 Years of Research and Theory on Corporate Social Responsibility and Corporate Social Performance," *Business & Society* 44, pp. 283-317.

Debroux, P.(2007), "Corporate Social Responsibility and Sustainable Development in Asia: A Growing Awareness", 創[illegible]經營論集 32, pp.25-44.

Dill, F.(1975), "Discretion, Exchange and Social Control: Bail Bondsmen in Criminal Courts," *Law & Society Review* 9, 639-674.

Donaldson, T. & L. E. Preston, "The Stakeholder Theory of the Corporation: Concepts, Evidence, and Implications," *Academy of Management Review* 20, 65-91.

Domini, A.(2001), Socially Responsible Investing, Dearborn Press, Chicago.

Ells, R. and C. Walton(1961), Conceptual Foundations of Business, Homewood: Ⅲ, Richard D. Irwin.

Elkington, J.(1997), Cannibals with Forks. The Triple Bottom Line of 21st Century Business, Capstone Publishing Ltd., Oxford.

Foran, T.(2001), Corporate Social Responsibility at Nine Multinational Electronics Firms in Thailand: a Preliminary Analysis, Report to the California Global Corporate Accountability Project. Nautilus Institute for Security and Sustainable Development: Berkeley, California.

Freeman, R. E.(1984), Strategic Management: A Stakeholder Approach, Pitman Publishing Inc., Massachusetts.

____________, & Reed, D. L.(1983), "Stockholders and Stakeholders: A New

Perspective on Corporate Governance," *California Management Review* 25, 88-106.

Friedman, M.(1962), Capitalism and Freedom, University of Chicago Press, Illinois.

__________(1970), "The Social Responsibility of Business is to Increase its Profits," *New York Times Magazine*. 13 September, pp.122-126.

Goodpaster, K. E.(1989), Ethical Imperatives and Corporate Leadership. In K.R. Andrews (ed.), Ethics in Practice: Managing the Moral Corporation, Oxford niversity Press, New york.

Habisch, A. & H. Wegner(2004), "CSR in Germany: Progress Hindered by History," *Corporate Citizen* 11, pp.19-23.

Halme, M. & J. Laurila(2009), "Philanthropy, Integration or Innovation? Exploring the Financial and Societal Outcomes of Different Types of Corporate Responsibility," *Journal of Business Ethics* 84, 325-339.

Handy, C.(1997), The Hungry Spirit. London: Hutchinson.

Helkama, K.(1981), Toward a Cognitive-Developmental Theory of Attribution of Responsibility: A Critical Review of Empirical Research and Some Preliminary Data, Academic Bookstore, USA.

Hemingway, A. C. & P. W. Maclagan(2004), "Managers' Personal Values as Drivers of Corporate Social Responsibility," *Journal of Business Ethics* 50, pp.33-44.

Heuberger, F., M. Oppen & S. Reimer(2004), The German Approach to Civic Involvement on the Part of Business, Civil Society, Friedrich Ebert Stiftung.

Himmelstein, J. L.(1997), Looking Good and Doing Good: Corporate Philanthropy and Corporate Power, Bloomington, Indiana University Press, Indiana.

Hofielen, G. & B. Schau-Larsen(2006), CSR in Germany, DISCOVERY, Germany.

Hopkins, M.(2003), "The Planetary Bargain ? CSR Matters," Earthscan: London.

Ip, P. K.(2009), "The Challenge of Developing a Business Ethics in China," *Journal of Business Ethics* 88, pp.211-224.

Jones, T. M.(1980), "Corporate Social Responsibility Revisited, Redefined," *California Management Review* 22, pp.59-67.

Johnson, H. L.(1971), Business in Contemporary Society: Framework and Issues. Belmont: Wadsworth Publishing Company, Belmont, California.

Kawamura(2004), The Evolution of Corporate Social Responsibility in Japan(1)-Parallels with the History of Corporate Reform, NLI Research Institute, Japan.

__________(2005), The Evolution of Corporate Social Responsibility in Japan(2)-How CSR Swells Have Impacted Corporate Values, NLI Research Institute, Japan.

Khoury G., J. Rostami & P. L. Turnbull(1999), Corporate Social Responsibility: Turning Words into Action, Conference Board of Canada: Ottawa.

Kelsen, H.(1991), General Theory of Norms, Clarendon Press, Oxford.

Kilcullen, M. & J. Ohles Kooistra(1999), "At Least Do No Harm: Sources on the Changing Role of Business Ethics and Corporate Social Responsibility," *Reference Services Review* 27, 158-178.

Kolk, A. P., Hong, & W. Van Dolen(2010), "Corporate Social Responsibility in China: An Analysis of Domestic and Foreign Retailers Sustainability Dimensions," *Business Strategy and the Environment* 19, pp.289-303.

Koslowski, P.(1996), Ethics of Capitalism, Springer-Verlag Berlin · Heidelberg, Germany.

Kurihama, R.(2005), Corporate Social Responsibility, Corporate Governance and Auditing in Japan, Asia in Extenso, Japan.

Lea, R.(2002), Corporate Social Responsibility, Institute of Directors (IoD) Member Opinion Survey, IoD: London.

Lewin, A. Y., T. Sakano, C. U. Stephens and B. Victor(1995), "Corporate Citizenship in Japan," *Journal of Business Ethics* 14, pp.83-101.

Linnanen, L. & V. Panapanaan(2002), Roadmapping CSR in Finnish Companies, Helsinki University of Technology. Helsinki.

Lin, L. W.(2007), "Corporate Social Responsibility Standards in the Global Supply Chain: Resistance, Reconsideration, and Resolution in China," *Cardozo Journal of International and Comparative Law* 15, pp.330-340.

Loew, T., K. Ankele, S. Braun & J. Clausen(2004), Bedeutung der internationalen CSR-Diskussion für Nachhaltigkeit und die sich daraus ergebenden Anforderungen an Unternehmen mit Fokus Berichterstattung, Minster und Berlin, Berlin.

Maclagan, P.(1999), "Corporate Social Responsibility as a Participative Process," *Business Ethics European Review* 8, pp.43-49.

Mackeon, R.(1957), "The Development and Significance of the Responsibility", *Revue Internationale de Philosophie* 39, pp.3-32.

Marrewijk Van, M.(2003), "Concepts and Definitions of CSR and Corporate Sustainability: Between Agency and Communion," *Journal of Business Ethics* 44, pp.95-105.

Marsden, C. & J. Androf(2001), "Towards an Understanding of Corporate Citizenship and How to Influence It," *Citizenship Studies* 2, pp.329-352.

Matten, D. & J. Moon(2004), Implicit and Explicit CSR: A Conceptual Framework for Understanding CSR in Europe, ICCSR Research Paper, UK.

McFarland, D. E.(1982), Management and Society. Englewood Cliffs, Prentice-Hall, New Jersey.

McGuire, J. W.(1963), Business & Society, McGraw-Hill, New York.

McWilliams, A. & D. Siegel(2001), "Corporate Social Responsibility: a Theory of the Firm Perspective," *Academy of Management Review* 26(1), pp.117-127.

Moon, J.(2002), "CSR in the UK: An Explicit Model of Business and New Governance," *Government and Opposition* 37, pp.385-408.

________ & X. Shen(2010), "CSR in China Research: Salience, Focus and Nature," *Journal of Business Ethics* 94, pp.613-629.

Okuwaki, K.(2008), Corporate Social Responsibility in Japan: Which Model is, the Best Fit?, All Things Corporate Spring Quater. Hill and Knowlton, Japan.

O' Riordan, L. & J. Fairbrass(2008), "Corporate Social Responsibility (CSR): Models and Theories in Stakeholder Dialogue," *Journal of Business Ethics* 83, pp.745-758.

O' Rourke, A.(2003), "A New Politics of Engagement: Shareholder Activism for Corporate Social Responsibility," *Business Strategy and the Environment* 12, pp. 227-239.

Pinnet, X.(2001), Imagine Speaks Out. How to Manage Corporate Social Responsibility and Reputation in a Global Marketplace, The Challenge for Canadian Business.

Porter, M. E.(1980), Competitive Strategies, Free Press, New York.

__________(1985), Competitive Advantage, Free Press, New York.

__________(1990), The Competitive Advantage of Nations, Free Press, New York.

__________ & T. M. Kramer(2006), The Link between Competitive Advantage and Corporate Social Responsibility, Harvard Business Review 12, 76-95.

Preuss, L., A. Haunschild & D. Matten(2006), "Trade Union and CSR: A European Research Agenda", *Journal of Public Affairs* 6, pp.256-268.

Pritchard, R.(1969), "Equity Theory: A Review and Critique," *Organizational Behavior and Human Performance* 4, pp.176-211.

Ramthun, C.(2007), SR in Germany and the US, German UN Mission. Sep. 25. Speech at the UN Conference.

Rokeach, M.(1969), "Part II. Religious Values and Social Compassion," *Review of Religious Research* 11, pp.24-39.

Sethi, S. P.(1979), "A Conceptual Framework for Environmental Analysis: Social Issue and Evaluation of Business Response Patterns," *Academy of Management Reviews* 4, pp.63-73.

Social Invest Forum(2006), 2005 Report on SRI Trend in the Us: 10 Year Review.

Schwartz, J.(1996), Corporate Philanthropy Today: From A. P, Smith to Adam SMith. NCPCR Working Paper, USA.

Steiner, G. A.(1971), Business and Society, Random House, New York.

Svendsen, A.(1998), The Stakeholder Strategy, Berrett Koehler, San Francisco.

Swanson, L.(1995), "Addressing a Theoretical Problem by Reorienting the Corporate Social Performance Model," *Academy of Management Review* 20, pp.43-64.

Takala, T. & P. Pallab(2000), "Collective and Social Responsibility of the Firm," *Business Ethics: A European Review* 9, pp.109-118.

Tanimoto, K.(2002), Reconstructuring the Corporate Society Tokyo: Chikura Shobo, Japan.

Tocqueville, Alexis de.(2000), Democracy in America.NY: Vintage Books Random House: first published 1838.

Vogel, D.(2005), The Market for Virtue(The Potential And Limits of Corporate Social Responsibility), Brookings Inst Pr. Arlington.

Wang, L. & H. Juslin(2009), "The Impact of Chinese Culture on Corporate Social Responsibility: The Harmony Approach," *Journal of Business Ethics* 88, 433-451.

Weiss, M.(2005), "Which Social Responsibility for the Enterprise? The German Case," *Managerial Law* 47, pp.47-70.

Wempe, J. & M. Kaptein(2002), The Balanced Company. A Theory of Corporate Integrity, Oxford University Press, Oxford.

Whitehouse, L.(2006), "영국 기업의 사회적 책임: 정책과 관행," 국제노동브리프 4, pp.5-11.

Whittington, R. & M. Mayer(2000), The European Corporation: Strategy, Structure, and Social Science, Oxford Univ. Press, Oxford.

Wokutch, R. E. & J. M. Shepard(1999), "The Maturing of the Japanese Economy: Corporate Social Responsibility Implications," *Business Ethics Quaterly* 9, pp.527-540.

World Commission on Environment and Development(1987), Our Common Future Oxford University Press, Oxford.

Yamamura, M.(2005), 日本の企業の社的責任の系譜(その２), ニッセイ基礎REPORT, Japan.

Yotsumoto, Y.(2002), Corporate Social Responsibility of Japanese Manufacturing Companies in a Kentucky Community: A Case Study, Ph. D. Dissertation. Univ, Kentucky.

菊澤宗(2004), 比較コーポレート・ガバナンス論：組織の經濟學アプローチ, 有斐閣, Japan.

▪ INDEX ▪

국문색인

| 저자소개 |

김성택 박사는 국내 취약계층과 저개발국가의 자립역량을 돕고 있는 넥스트소사이어티재단(Next Society Foundation) 이사장과 경희대학교 경영대학 겸임교수로 활동하고 있다. 고려대학교에서 경제학석사학위를 경희대학교에서 경영학박사학위를 취득하였다. 다국적기업의 마케팅 컨설턴트로 20여 년 동안 활약하였고 국내 마케팅컨설턴트그룹에서 다년간 CEO를 역임하였다. 실제적인 기업경영과 학문연구 모두에 다양한 경험을 가지고 있으며, 특히 개인과 기업의 사회적 책임에 관한 연구에 탁월한 역할을 하고 있다. 실제로 CSR측정모형과 평가방법에 대한 국내에서 유일한 발명특허를 보유하고 있는 등 특화된 CSR전문가로서 2010년부터 '국내 100대기업 CSR 평가'(Next Society CSR Summit)에 주도적으로 참여하고 있다.

사회적 기업 연구포럼 연구위원과 경희대학교 경영연구원 수석연구위원으로 활동하였으며 주요 논문으로는 "기업의 CSR활동 성과측정모형 개발에 관한 연구-계층적 분석절차(AHP)기법을 적용하여", "기업의 사회적 책임(CSR)에 대한 평가 모형 개발에 관한 연구", "서비스품질 선택속성이 신뢰 및 만족도와 재방문의도에 미치는 영향에 관한 연구", "사회적 기업의 해외사례와 국내 정착 방안에 관한 연구" 등이 있다. 주요 저서로는 『CSR 5.0 기업의 사회적 책임과 역할』 등이 있다. 이 책은 글로벌기업들의 실제 경영활동사례와 대학에서의 강의와 연구를 바탕으로 구성하였다.

New CSR 개인과 기업의 사회적 책임

2015년 2월 28일 1판 1쇄 발행
2018년 8월 25일 1판 2쇄 발행

저 자 | 김성택
발 행 인 | 이수영
발 행 처 | 도서출판 청람
서울시 마포구 독막로 288(대흥동, 세양상가 109호)
전 화 | 02)3272-2601~2
팩 스 | 02)3272-2603
이 메 일 | crbooks@daum.net
홈페이지 | www.crbooks.co.kr
등 록 | 2000년 8월 26일 제6-0509호

ISBN 978-89-5972-432-1 93320 [정가 28,000원]